BTV

2010 BEIJING TELEVISION

YEARBOOK

2010 北京电视台年鉴

BTV 2010 BEIJING TELEVISION YEARBOOK

《北京电视台年鉴》编辑部　编

中国广播电视出版社
CHINA RADIO & TELEVISION PUBLISHING HOUSE

图书在版编目（CIP）数据

2010北京电视台年鉴／《北京电视台年鉴》编辑部编．—北京：中国广播电视出版社，2010.11

ISBN 978-7-5043-6284-1

Ⅰ．①2… Ⅱ．①北… Ⅲ．①北京电视台—2010—年鉴 Ⅳ．①G229.271-54

中国版本图书馆CIP数据核字（2010）第215354号

2010北京电视台年鉴

《北京电视台年鉴》编辑部 编

责任编辑 常 红

封面设计 丁 琳

出版发行 中国广播电视出版社

电 话 010-86093580 010-86093583

社 址 北京市西城区真武庙二条9号

邮 编 100045

网 址 www.crtp.com.cn

电子信箱 crtp8@sina.com

经 销 全国各地新华书店

印 刷 北京市翰林印刷厂

开 本 787毫米×1092毫米 1/16

字 数 492（千）字

印 张 24

插 页 40面

版 次 2010年11月第1版 2010年11月第1次印刷

书 号 ISBN 978-7-5043-6284-1

定 价 128.00元

2009年5月9日，中共中央政治局委员、市委书记刘淇，市委副书记、市长郭金龙，市委副书记王安顺，市委常委、秘书长李士祥到北京电视台检查国庆60周年新闻宣传筹备工作

刘淇（左四）、郭金龙（左三）、王安顺（左五）、李世祥（左二）、孙向东（右二）、刘爱勤（右四）、张晓（右三）、张强（左一）、张亮（右一）

2009年7月24日，国家广电总局副局长田进（前左四）一行到北京电视台新址调研，图为市委副秘书长肖培（前左五）介绍情况

市委副书记、政法委书记王安顺（左二），市委常委、宣传部长、副市长蔡赴朝（左三），市委常委、市公安局局长马振川（左一），副市长刘敬民（左四）参加《法治进行时》开播十周年座谈会

座谈会会场

2009年2月11日，市委常委、宣传部长、副市长蔡赴朝到北京电视台新址检查安全防火工作

2009年9月10日，市委常委、宣传部长、副市长蔡赴朝在市广电局局长孙向东陪同下检查北京卫视高清频道开播准备情况

2009年1月1日，国家广电总局副总编辑、宣传司司长金德龙，市委宣传部副部长肖培出席卡酷旗舰店开业仪式

北京电视台播出庆祝新中国成立60周年文艺晚会《放歌中华》

国庆晚会现场

2009年北京电视台举办了庆祝新中国成立60周年大型电视活动《青春走过60年》

北京电视台60周年国庆阅兵大型直播节目

2009年9月30日，北京卫视高清频道推出大型直播节目《我爱你 中国》

《我爱你 中国》直播机房

北京电视台记者采访参加国庆阅兵的女兵

2009年9月30日，北京卫视推出《花样年华》歌舞大赛颁奖晚会

晚会现场

2009年，国家广播电影电视总局主办，北京电视台参与承办了《情动俄罗斯——中国人唱俄语歌大型选拔活动》。中俄两国总理为“情动俄罗斯”获胜选手颁奖

选拔活动现场

2009年10月15日，北京电视台首次承办的2009中国播音主持“金话筒奖”颁奖典礼在北京卫视播出

颁奖典礼现场

2009年4月4日，北京卫视直播“2009年中华大祭祖——己丑年清明公祭轩辕黄帝典礼”获得成功

直播现场

2009年10月31日，北京电视台承办的第四届“北京影响力”颁奖盛典现场

2009年3月13日，由国家广电总局主办，北京电视台参与协办的省级卫视影视剧合作与发展战略研讨会在北京召开

北京电视台财经频道推出大型财经电视论坛——点击年关键

北京电视台影视剧2009年新春座谈会暨2008年度收视颁奖典礼

直播第十一届北京国际旅游节

北京国际旅游节盛装游行

北京电视台设在中国北京第四届文博会上的展台

2009年9月27日，北京卫视高标清同播启动仪式

高清频道播出机房

北京电视台卫视高清频道开播仪式现场

高清频道播出机房

2009年4月1日，北京电视台新址6个标清机房先后投入使用

新台址播出节目传送机房

2009年1月15日凌晨，皂君庙三个频道完成最后一次播出

2009年4月1日凌晨，苏州街卫视标清频道完成最后一次播出

2009年5月15日，北京电视台召开纪念建台30周年大会

中央党史研究室副主任龙新民（左二）、国家广电总局副局长张海涛（左三）、北京市委常委梁伟（左一）、市人大副主任刘新成（左四）出席纪念大会

纪念大会现场

庆祝北京电视台建台30周年音乐会在BTV大剧院举行

北京电视台举办建台30周年回顾展

北京电视台建台30年走过的坚实脚步

北京电视台老领导参观回顾展

2009年1月26日，《2009北京电视台春节联欢晚会》在北京卫视播出

晚会现场

晚会现场

2009年1月29日《寻找北京最美的乡村》暨《大地的颂歌——北京市纪念农村改革开放30周年大型文艺晚会》在北京卫视播出

《大地颂歌》晚会现场

2009年北京电视台“五一”晚会现场

2009年1月31日，《同贺中国年》晚会在北京卫视播出

晚会现场

2009年1月25日，《新春狂想曲2009——北京电视台动画春晚》在北京卫视和北京卡酷动画卫视同步播出

动画春晚宣传画

2009版音乐互动儿童剧《红孩子》

2009版《红孩子》演出现场

2009年10月30日，北京电视台举办的“2009北京喜剧艺术节”正式启动

陈佩斯、姜昆、朱时茂在喜剧节开幕式上

喜剧《开心晚宴》剧照

喜剧《老宅》演职人员合影

喜剧《莎姆雷特》剧照

北京电视台年度巨献——16集大型文献纪录片《我爱你，中国》

大型专题片《百花》

《百花》剧照

16集大型体育文献纪录片《与梦齐飞》

《百花》导演王淳华采访中央电视台主持人朱军

大型纪事系列片《岁月如歌》
李谷一演唱

大型纪事系列片《岁月如歌》关牧村演唱

大型纪事系列片《岁月如歌》张也演唱

《光辉岁月——新中国体育名宿访谈录》
采访徐寅生

《光辉岁月——新中国体育名宿访谈录》
采访王文教

“BTV杯国际斯诺克北京邀请赛”活动现场

第十一届全运会转播现场

“2009海洋沙滩狂欢节”现场

“首届鸟巢欢乐冰雪季”活动现场

电视剧《潜伏》首播庆典现场

电视剧《大生活》

电视剧《嫁衣》

电视剧《龙须沟》

电视剧《秘密列车》

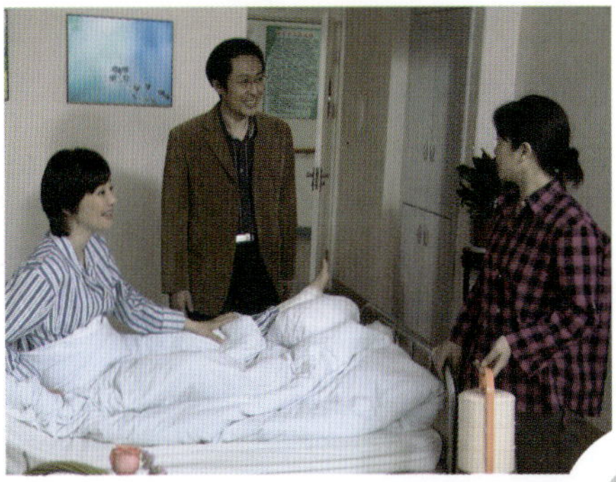

电视剧《贫富人生》

紫禁城影业公司拍摄的剧目

《苏乞儿》

《嘻游记》

《烟花恋人》

北京电视台深入学习实践科学发展观活动动员大会

深入学习实践科学发展观活动培训班

深入学习实践科学发展观活动专题报告会

深入学习实践科学发展观活动辩论会

爱岗敬业主题报告会

台领导班子分析检查报告评议会

深入学习实践科学发展观活动
群众满意度测评会

深入学习实践科学发展观活动总结大会

北京电视台思想政治工作会议

北京电视台工作会议

北京电视台党委与怀柔区杨宋镇党委“庆七一手拉手”党日活动

参观杨宋镇荣誉室

北京电视台“共产党员献爱心”捐献活动

现场捐献

台党委组织优秀共产党员和优秀党务工作者赴延安等地学习考察

财经节目中心党支部开展“向环卫工人学习”的党日活动

党办党支部开展“饮水思源，传承精神”党日活动

工会党支部就建设“职工之家”开展调研

制作部党支部组织党员、入党积极分子的家属到新大楼参观、座谈

保卫部党支部与驻台武警十四中队党支部举行庆“七一”警民共建主题活动

文艺节目中心党支部组织心连心慰问活动

播出部党支部开展参观活动

青少年节目中心党支部开展“向共和国卫士致敬”特色活动

转传部和经营管理部党支部的全体党员和入党积极分子到北京航天飞行控制中心参观学习

科教节目中心党支部组织党员积极参加红歌赛

生活节目中心党支部举办心理行为讲座

体育节目中心党支部组织党员、群众赴青岛参观中国海军博物馆

公共节目中心党支部与党办支部联合组织了“张北之行”——资助北京电视台小水泉村希望小学活动

技术设备管理部和网络信息编辑室党支部前往平谷区慰问建国前入党的老党员

行政部党支部开展“向吴大观同志学习”专题活动

要闻部党支部“志愿服务社会　真情温暖人心”特色党日活动

卫视节目中心党支部开展“节目创新　提升卫视影响力”特色活动

总编室党支部活跃文体生活，创建学习型党支部

总工办党支部邀请退休的老党员参观制作机房、播出主控机房、新闻演播室和台史展览

老干办和内退退休党员五个党支部共同组织了以“我与共和国一同成长”为主题的特色党日活动

中层干部境外培训

科级干部培训班

台领导与什邡电视台来台交流人员合影

团支部书记培训班

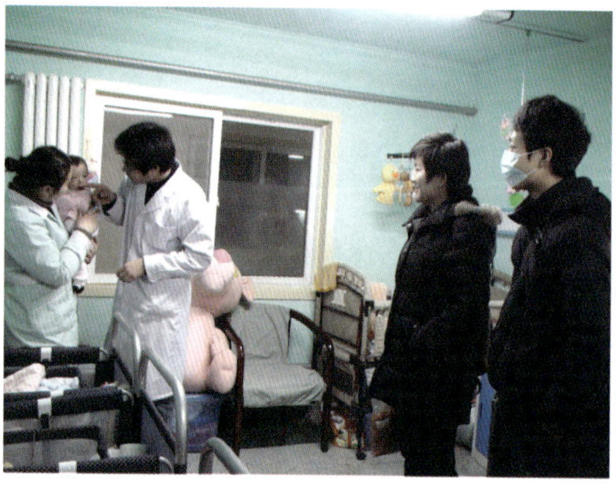

团委开展“学雷锋　献爱心”团日活动

岗位创新评选交流活动

北京电视台援建的什邡市BTV双盛小学施工现场

主持人爱心团慰问什邡小学生

BTV希望之星表彰活动

2009年BTV红歌赛——爱国歌曲大家唱现场

北京电视台职工新春联谊会开场大联唱《BTV过年啦》

新闻节目中心现场“拉票”

气氛热烈的联谊会现场

北京电视台举办2009年BTV老干部“我与共和国一同成长”主题活动

2009年职工羽毛球团体赛现场

2009年北京电视台职工桥牌比赛

2009年职工乒乓球团体赛现场

2009年在水立方北京电视台游泳代表队参加北京市记协组织的游泳比赛

《2010北京电视台年鉴》编辑委员会

周旭辉　技术设备管理部主任
余　江　信息网络管理部主任
王晓龙　动力部主任
刘纪钢　党委办公室主任
宋　莲　办公室主任
杨建忠　人事部主任
李　珍　工会主席
孙成刚　计财部主任
周久兰　监察审计办公室副主任
王兴军　行政部主任
黄剑华　保卫部主任
王开平　基建办公室主任
钱　毅　广告部主任
孙洪斌　经营管理部主任
戴巧玲　网络信息编辑室主任
刘　冰　艺委会主任
刘绍芬　老干部工作办公室主任
霍　胜　北京京视传媒公司总经理
许建海　北京紫禁城影业公司总经理

《2010 北京电视台年鉴》编辑部

主　　编：冯　平（兼）

副 主 编：闫军才

编　　辑：谷　松　茹一娟　唐晓燕　魏向东

特约编辑：黄新荣　总编室

高国华　卫视节目中心

孙湘源　新闻节目中心

陈　楠　新闻节目中心要闻采访部

贾菁莉　新闻节目中心新闻评论部

石　云　新闻节目中心新闻编辑部

李荣莉　新闻节目中心社会新闻采访部

康　健　海外节目中心

王炳川　文艺节目中心

马晓冬　科教节目中心

马银平　影视剧中心

韩　梅　财经节目中心

汪　荦　体育节目中心

于　莉　生活节目中心

刘　虎　青少年节目中心

伊国庆　公共频道节目中心

吕　沁　动画节目中心

王　瑾　总编室

宁文茹　研究发展部

王　静　总工办

余婷婷　制作部

王建业　制作部

王　峥　播出部

叶志云　转播传送部

姜世杰　转播传送部

金　雯　技术设备管理部

许之明　信息网络管理部

孙少英　动力部
陈　庆　党委办公室
刘　青　办公室
李　斌　办公室
张兰岚　人事部
李晓雁　工会
史楠楠　计财部
蒋效中　监察审计办公室
崔国飞　行政部
高志坚　保卫部
张宇青　基建办公室
周　疆　基建办公室
张晓耕　广告部
王　蕊　经营管理部
王　烨　网络信息编辑室
王晓路　艺委会
梁　爽　老干部工作办公室
韩　乔　北京京视传媒公司
杨　蕾　北京紫禁城影业公司

编辑说明

一、《北京电视台年鉴》以较翔实的图文资料，客观记述北京电视台在宣传业务、技术工作、队伍建设、事业发展、产业经营等各个方面的基本情况，反映电视事业的发展变化，是一部综合性资料工具书和史料文献的大型年刊。

二、本年鉴于2008年创刊，每年编印一卷。主要记录和反映北京电视台上一年度的宣传情况和各项事业发展成果。

三、本年鉴以马克思列宁主义、毛泽东思想、邓小平理论、“三个代表”重要思想为指导，深入贯彻落实科学发展观，坚持实事求是的编辑方针，坚持“贴近实际，贴近生活，贴近群众”的宣传原则，为广大电视工作者以及社会各界了解和研究北京电视台提供可靠信息。

四、对本年鉴有关栏目的几点说明。

《图片》——主要收录反映2009年北京电视台各方面情况的照片（“北京电视台工作会议”为2010年年初照片）。

《特载》——收录台领导撰写的有关文章和重要讲话。

《概况》——概要记录全台各部门一年中主要的工作情况。

《典型经验》——选录有关业务工作的经验、体会文章。

《专辑》——较详细介绍有关重大宣传报道活动。

《频道·栏目》——介绍各频道的基本情况、栏目设置、优秀栏目。

五、《北京电视台年鉴》的编辑工作得到本台各级领导及有关部门的关心和大力支持，在此一并表示感谢。对本书的疏漏之处与不足，恳请各界批评指正。

北京电视台史志办（本刊编辑部）

目录
CONTENTS

一、特　载

二、台庆专辑

三、概况

四、典型经验

五、专辑

六、组织机构

七、频道·栏目

一、特　　载

Beijing Television

为庆祝北京电视台建台 30 周年
中共中央政治局常委李长春同志的贺信

值此北京电视台建台 30 周年之际，谨表示热烈祝贺，并向全体干部员工致以亲切慰问！

改革开放以来，北京电视台紧紧围绕党和国家工作大局，忠实履行党和人民赋予的历史使命，牢牢把握正确舆论导向，传播时代声音，服务人民群众，为首都改革开放和现代化建设事业作出了重要贡献。

希望北京电视台坚持以邓小平理论和“三个代表”重要思想为指导，深入学习实践科学发展观，高举旗帜、围绕大局、服务人民、改革创新，努力建设导向正确、实力雄厚、受众喜爱、影响广泛的一流电视媒体，以优异成绩迎接新中国成立 60 周年，为全面推进中国特色社会主义事业作出新的更大贡献！

李长春

2009 年 5 月 13 日

为庆祝北京电视台建台30周年 中共中央政治局委员、北京市委书记 刘淇同志的贺信

北京电视台：

值此北京电视台建台30周年之际，我谨代表市委、市政府表示热烈祝贺，向北京电视台全体员工及为北京电视事业作出贡献的离退休老同志，致以亲切的问候和崇高的敬意！

北京电视台伴随着改革开放30年的历史进程，不断发展壮大，成为弘扬社会主义先进文化和时代主旋律的重要舆论文化阵地，成为展现首都形象的重要窗口，成为国内具有较强影响力和权威性的电视传媒。30年来，在中央主管部门和市委、市政府的领导下，北京电视台始终牢牢把握正确舆论导向，全面宣传党和国家的大政方针政策，及时传播事关国计民生的重要信息，充分反映社情民意，大量播出深受群众喜爱的精品力作，出色完成了北京奥运会、残奥会等一系列重大宣传任务，为统一思想，凝聚人心，鼓舞斗志，塑造精神，充分发挥新闻媒体重要的舆论引导和社会服务功能，为首都改革开放和现代化建设事业作出了重要贡献！

面对全面建设小康社会的奋斗目标，顺应实现首都经济社会平稳较快发展的总体要求，在喜迎新中国成立60周年的重要年份，北京电视台全体干部职工要进一步增强使命感、责任感和紧迫感，要始终坚持正确的办台方向，高举旗帜，围绕大局，服务人民，改革创新，不断提高舆论引导能力；要深入宣传贯彻落实科学发展观，全面宣传新中国成立60年社会主义革命和建设取得的伟大成就，及时宣传建设人文北京、科技北京、绿色北京的实践成果，制作更多更好的优秀精品节目，最大限度地满足人民群众日益增长的精神文化需要；要认真研究现代传媒的发展规律和特点，依托《北京信息化基础设施提升计划》，积极推进电视频道高清化，大力推进传统电视与新兴媒体的融合发展，不断提高高清电视与互动电视的覆盖面、传播力和影响力，努力实现首都电视事业高水平、高科技含量的可持续发展，为首都文化创意产业的发展作出贡献。

站在新的历史起点上，希望北京电视台继承和发扬优良传统，不断开拓创新，充分发挥首都优势，努力把北京电视台建成党和人民满意，技术先进、覆盖广泛、影响力强的全国一流的电视台，为推动首都文化事业和文化创意产业的大发展大繁荣，建设繁荣、文明、和谐、宜居的首善之区作出新的更大贡献。

刘　淇

2009年5月16日

在北京电视台建台30周年纪念大会上的讲话

国家广电总局副局长　张海涛

同志们：

大家好！在今天这个喜庆的日子里，我代表国家广电总局和王太华部长向北京电视台建台30周年表示热烈祝贺，向奋战在首都电视战线上的同志们和为首都电视事业作出突出贡献的老一辈电视工作者表示亲切慰问和崇高敬意，向多年来关心支持首都电视事业发展的北京市委、市政府和社会各界表示衷心感谢！

30年来，在北京市委、市政府的亲切关怀和正确领导下，经过几代电视工作者的辛勤耕耘，北京电视台从无到有、从小到大，已经成为拥有多套节目、多种形态、多种传输手段、在全国有重要影响的电视媒体，已经成为北京市新闻宣传事业的主力军。30年来，北京电视台始终坚持正确舆论导向，始终坚持“政治家办台”的方针，始终坚持团结鼓劲、正面宣传为主的原则，深入宣传我们党和国家的路线方针，深入宣传首都人民改革开放的伟大实践，围绕中心、服务大局，与首都人民同呼吸、共命运、心连心，唱响时代主旋律，弘扬社会正气，反映社情民意，传播社会主义先进文化，为首都社会主义现代化建设和改革开放提供了有力的舆论保证。特别是去年北京奥运会和残奥会的宣传报道，北京电视台作为奥运会主办城市的电视台，发扬主人翁精神，准备充分，保障有力，创造了北京电视台历史上的多项第一，为奥运会和残奥会的圆满成功作出了积极贡献。

当前，广播电视已成为我们党和政府联系人民群众的重要桥梁和纽带，是人们获取资讯信息、享受文化娱乐的重要渠道，是人们日常生活中不可缺少的组成部分。在新的历史条件下，党中央对广播电视提出了新的更高的要求，人民群众对广播电视提出了新的更多的需求，广播电视面临着高新技术突飞猛进和我国社会主义市场经济不断发展带来的机遇和挑战，广播电视与相关行业的融合竞争更加激烈，用户的争夺、阵地的争夺、市场的争夺更加激烈，广播电视发展站在了新的历史起点上。我们各级广电部门要认清形势，提高认识，未雨绸缪，迎难而上，牢固树立围绕中心、服务大局的理念，牢固树立以人为本、服务至上的理念，牢固树立开放融合、合作共赢的理念，艰苦奋斗，二次创业，推动我国广播电视大发展大繁荣。

今年4月1日，北京电视台新台正式启用，为北京电视台提高采编制作能力、推动数字化网络化应用、提高播出管理水平，奠定了坚实的物质基础。按照李长春同志和刘淇同志关于把北京电视台建成党和人民满意，技术先进、覆盖广泛、影响力强的全国一流电视台的要求，我对做好北京电视台工作提出以下六点希望：

一是要加强节目创新。要始终坚持正确的政治方向，坚持“三贴近”原则，创新节目形态，创新节目内容，打造知名栏目，推动电视频道专业化、品牌化发展，为人民群众提供更多的喜闻乐见的节目内容，不断满足人民群众精神文化需求。

二是要加强科技创新。要紧紧依靠科技进步，推动电视台数字化、网络化发展，构建满足多种播出平台需要、满足多种接收终端需求的内容集成分发平台。积极发展高清电视、网络电视、手机电视，推动传统媒体与新兴媒体融合发展，不断提高电视媒体的传播力和影响力。

三是要加强体制创新。要按照中央文化体制改革的要求和总局的统一部署，积极推动制播分离体制改革，努力形成公平竞争的节目市场。要深化内部人事、财务、分配机制改革，整合现有资源，完善激励机制，强化公益性服务。同时要培育合格的市场主体，开发新节目、新媒体，形成新产业，满足人民群众的新需求。

四是要加强服务创新。观众是电视台的服务对象。要切实增强服务意识，明确服务规范，创新服务业态，加强受众调查，倾听受众意见，真正把满足和引导观众的需求作为工作的出发点和落脚点。

五是要加强管理创新。要遵循数字化发展规律，调整生产流程，完善生产方式，创新管理制度，极大地调动各方面的积极性，极大地发挥现有资源的效益。要健全规章制度，科学管理、规范管理、严格管理，确保节目导向不出问题，确保安全播出不出问题。

六是要加强人才队伍建设。人才是电视发展的第一资源。要把队伍建设放在突出位置，加大学习培训力度，加大业务骨干培养力度，努力造就一大批名编辑、名记者、名导演、名主持人。要加强思想政治教育，用马克思主义新闻观、文艺观、价值观武装头脑。加强职业道德教育，发扬优良传统和作风，强化个人修养锻炼，提高整个队伍的政治素质和综合素养。

同志们，今年是新中国成立60周年。让我们更加紧密地团结在以胡锦涛同志为总书记的党中央周围，高举中国特色社会主义伟大旗帜，以邓小平理论和“三个代表”重要思想为指导，深入贯彻落实科学发展观，振奋精神、团结协作、求真务实、扎实工作，推动广播电视又好又快发展，为全面建设小康社会和社会主义现代化建设作出新的更大的贡献！祝北京电视台越办越红火！谢谢大家！

2009年5月15日

在纪念北京电视台建台30周年大会上的讲话

市委常委　梁　伟

各位来宾，同志们：

今天大家欢聚一堂，热烈庆祝北京电视台建台30周年。我代表市委、市政府向北京电视台建台30周年表示热烈祝贺！向为北京电视事业发展付出辛勤劳动、作出积极贡献的电视台全体干部职工和离退休老同志表示诚挚的问候和衷心的感谢！

北京电视台是首都舆论宣传和文化传播的重要阵地，是广大人民群众获取信息、丰富生活的重要渠道，是外国朋友了解北京、了解中国的重要窗口。北京电视台建台以来的30年，是我国改革开放迅猛发展的30年，也是首都各项事业取得辉煌成就的30年。30年来，北京电视台始终坚持从中央和北京市工作大局出发，牢牢把握正确舆论导向，积极宣传党的方针政策，充分反映社情民意，及时传播重要信息，大力弘扬先进文化，充分发挥新闻媒体引导舆论、传播社会主义先进文化和服务社会的重要功能，为首都社会主义现代化建设作出了突出贡献。经过30年的发展，北京电视台从成立初期无固定办公场所、仅有一套黑白频道、几十名工作人员、每天播出节目几个小时，发展到目前拥有国内一流的电视制作播出平台，具备制作播出15套自办节目和高清电视的能力，拥有3400多名工作人员，覆盖可接收人口超过8亿，收视率在北京地区保持领先，全面实现制播数字化，网络电视、手机电视等新媒体业务不断拓展，广告年收入突破20亿元，位居全国前列的大型综合电视传媒。北京电视台30年来取得的巨大成就，凝聚了老一代电视工作者艰苦创业、无私奉献的心血和汗水，也凝聚了广大青年电视工作者大胆创新、顽强拼搏的激情和辛劳，同志们为首都电视事业作出的重要贡献，得到了党中央和市委、市政府的充分肯定，也得到了社会各界和广大人民群众的高度赞扬。

近年来，北京电视台以国际化的视野、现代化的手段进一步加快发展步伐，新建了功能强大、设施先进的办公大楼，实现了数字化、网络化、智能化媒体管理，打造出一系列精品栏目和节目，涌现出一批深受观众喜爱的名记者、名编辑、名主持人，在舆论引导、队伍建设、体制创新、事业发展等方面取得了可喜的成绩。特别是在不平凡的2008年，电视台全面客观、及时准确报道地震灾情，动态化、全景式转播奥运盛况，为夺取抗震救灾胜利和举办一届有特色、高水平的奥运会和残奥会营造了良好氛围，作出了重要贡献。

同志们，奥运之后，首都社会主义现代化建设进入了一个新的发展时期，首都电视事业也迈入一个新的发展阶段。站在新的历史起点，北京电视台全体同志要继续保持饱满的精神状态和昂扬的斗志，进一步增强荣誉感、责任感和使命感，始终坚持正确舆论导向，扎实提高舆论引导能力，努力增强政治素质、理论素养和业务水平，充分发挥电视媒体优势，不断创新服务受众的方式和手段，增强电视节目的亲和力、吸引力和感染力，扎实工作，埋头苦干，朝着建设全国乃至世界一流电视台的目标阔步前进。

广大电视工作者要深入贯彻落实科学发展观，围绕中心，服务大局，认真完成好中央和市委市政府各项重大宣传任务。当前，要按照中央指示精神和刘淇同志近日在电视台检查工作时的指示要求，继续做好“扩内需、保增长、促发展”为主题的宣传报道工作，在全社会树立信心，鼓舞斗志，营造有利于推动首都经济社会平稳发展的良好舆论环境。要全力做好新中国成立60周年新闻报道和电视转播工作，大力宣传新中国成立60周年的光辉历程，突出宣传首都各项建设事业取得的辉煌成就和成功经验；要进一步明确责任，细化分工，分阶段分步骤完成好各项筹备工作，要严格落实安全责任，加大安全播出检查力度，确保电视转播万无一失，为新中国成立60周年营造昂扬向上、欢乐祥和、文明和谐的社会氛围。

要一如既往地发挥好党的喉舌作用，始终坚持正确的办台方向，认真研究现代传播规律，大力推进机制创新，积极探索制播分离，不断推进传统电视与新兴媒体的融合发展。当前，特别要抓住首都大力提升信息化基础设施建设的良好契机，积极推进电视频道高清化，不断扩大高清电视和电视互动的覆盖面，提高电视的传播力和影响力，拉动相关产业的升级和消费升级。要充分借鉴国外先进传播理念，虚心学习兄弟省市电视台在节目制作、传播技巧、媒体管理和广告经营等方面的成功经验，不断提升媒体经营管理水平，把北京电视台打造成为党和人民满意，技术先进、覆盖广泛、影响力强的全国一流电视台，努力实现首都电视事业高水平、高科技含量的可持续发展。

要坚持“三贴近”原则，适应广大人民群众精神文化生活多样性的需求，充分运用受众喜闻乐见的方式和手段，努力打造一批特色鲜明的精品栏目和频道，培养一支高素质的采编播队伍，制作播出一批弘扬时代精神、体现首都特色、深受群众喜爱的影视剧、动画片、专题片等优秀作品，为首都文化创意产业繁荣发展贡献力量。要积极传播先进文化，自觉抵制庸俗、低俗和恶俗之风，大力净化荧屏，营造良好氛围，使我们的电视节目真正起到启明心智、愉悦身心和丰富生活的作用。

同志们，科学发展、共建和谐，是当今时代发展的主题，建设人文北京、科技北京、绿色北京是我们共同的奋斗目标。希望北京电视台全体同志在新的起点上紧抓历史机遇，不断开拓创新，实现超前发展。我相信，在全台同志的共同努力下，一定会上下同心，再铸辉煌，为我们伟大祖国的繁荣富强，为首都北京的现代化建设，为我国电视事业的兴旺发达作出新的更大的贡献！

2009年5月15日

北京电视台2010年工作要点

北京电视台党委书记、台长　王晓东

北京电视台历经30年发展，已经站在新的发展起点上。谋划北京电视台全面、协调、可持续发展，要以科学发展观为指导，解放思想，与时俱进，开拓创新。

2010年是我国巩固应对国际金融危机冲击、实现经济企稳向好成果的关键之年，是完成“十一五”规划、实现全面建设小康社会“三步走”第一步战略目标的收官之年，是我市深入贯彻落实科学发展观、全面推动“人文北京、科技北京、绿色北京”建设的重要一年，是北京瞄准高端、建设世界城市的起步之年。做好北京电视台2010年工作，任务艰巨，又大有可为。

第一部分　目前形势及任务

一、从首都发展形势看BTV的使命和责任

对大势了然于胸才能明确任务，确定目标。找准北京电视台发展的方位，必须胸怀大局，放眼首都发展形势。

（一）国际金融危机使世界经济格局发生了深刻变化，北京正积极主动地瞄准高端，谋求新一轮科学发展。从经济上看，北京加快转变经济发展方式，进一步推动产业结构向高端、高效、高标准升级；进一步发挥投资、消费对首都经济的拉动作用，以提升首都经济的总体竞争力。2009年，北京成功应对国际金融危机，与第三产业的发展密不可分。目前第三产业对北京地区产业贡献率达92.1%，其中，文化创意产业成为新亮点和重要引擎。在中共北京市委十届七次全会上，“培育壮大带动能力强、市场潜力大、经济效益和社会效益好的新兴产业；提升发展现代服务业，形成二、三产业协同拉动的增长格局”成为北京经济工作的鲜明主题。

（二）成功举办奥运和国庆60周年庆典，人均GDP超过一万美元，北京立足自身发展，加快国际化步伐，建设世界城市。在从中等发达城市向发达城市迈进的过程中，北京瞄准建设国际城市高端形态即世界城市的目标，加快实施“人文北京、科技北京、绿色北京”发展战略。当前，北京结合国务院对于北京城市功能的定位，加快谋划新一轮建设和发展；加快国际化发展步伐，彰显首都的实力和影响力，努力将北京建设成为最具人文关怀、文明风采、文化魅力和创造活力的城市。

（三）长三角考察之后，全市发展紧迫感骤增，上下同心抢抓发展机遇，强化自主创新。去年10月，刘淇书记率团赴长三角地区考察之后，对全市工作提出“抢抓机遇、解放思想、勇于突破”；指出高标准是首都工作的基本要求，首善之区必须要有首善的工作，要以一流的标准、一

流的工作、一流的业绩，使首都各方面的工作走在全国前列。目前，北京正抓住国务院批复同意建设中关村国家自主创新示范区的历史性机遇，全面落实“科技北京”行动计划，强化自主创新能力，提升北京改革发展的内在活力和动力，以确保北京在激烈的竞争中继续走在全国前列。

作为北京市委、市政府的媒体机构，北京电视台的发展应与全市的发展方向和节拍相应合，作党和政府推动经济社会发展的“舆论场”，满足人民群众日益增长的精神文化需求，为促进文化创意产业发展发挥积极作用。

北京电视台的各项工作，都要放在首都发展的大背景下、坐标系中，来思考，来谋划；也应以“首善”的标准来要求，来布局。

二、从媒体发展态势看BTV面临的机遇和挑战

（一）改革催促北京电视台顺势而为

2009年8月，全国文化体制改革经验交流会在江苏南京召开，标志着从2003年开始的文化体制改革，由试点进入到全面深化的阶段。从2003年开始，中央陆续出台了一系列改革政策，目的是通过体制改革，通过培育合格市场主体、改变财政投入方式、改变事业单位内部机制，使文化资源能够得到合理配置，使宣传文化领域能够适应社会主义市场经济的要求。

应该说，文化领域的体制改革，已经制定了任务书、路线图、时间表。北京电视台作为宣传文化领域的一个重要组成部分，顺势而为、积极应变是当然的、唯一选择。

（二）竞争逼迫北京电视台积极应对

目前，中国电视媒体领域的总体发展呈现出千帆竞发、不进则退的竞争态势。21世纪第一个十年过后，我国电视业与多种媒体融合发展成为趋势，节目形态、制播方式、竞争手段、赢利模式都在发生重大变革。电信产业、新媒体产业融合加快、开放加速、竞争加剧，对电视媒体的冲击越来越大。作为首都电视台，正面临着极大挑战。

中央电视台在“资源整合、制度改革、节目创新、品牌战略”上四轮驱动，市场活力和竞争能力越来越强。2010年，中央电视台进一步明确办台思路和举措：坚持新闻立台，深化频道专业化建设；整合资源，进行体制与机制创新；建设领先全球、自主创新的视频技术平台；建设具有国际影响力和话语权的国际大台，全面提升中央电视台在国际传媒界的位置；打造国家网络电视台，占领网络视频节目传播制高点。

湖南广电节目、经营两手都硬，业绩占据全国省级卫视榜首。2009年11月，上海盛大网络和湖南电广集团共同出资6亿元人民币成立盛视影业有限公司；同月，湖南广电与青海卫视达成并购合作协议，湖南广电获得青海卫视的节目制作权和广告经营权。2009年12月18日，湖南广电启动金鹰网芒果TV新域名（www.imgo.tv），成为以互动娱乐内容为特色的国内一流视频平台；同月，湖南卫视与国内网络购物的引领者淘宝网建立战略合作关系，新旧媒体平台结合，网购优势跟快乐购的电视购物优点整合，意欲打造一个面向全球消费者的全新购物平台。

上海广播电视台提出，“要从地方电视台转为面向华语世界的内容提供商和发行商”，把SMG打造成全国性乃至国际性

传媒品牌。2009年10月，SMG进行了整体制播分离、转企改制，上海广播电视台将政策允许的节目制作业务分离出来，同可经营性资产合并，全资组建上海东方传媒集团有限责任公司。2010年1月中旬，SMG旗下新媒体运营公司——百视通与法国电信达成战略合作关系，大力推进国际化战略。

江苏广电以“做优江苏、做强华东”为目标，大举实施“大台战略”，发展势头强劲，大手笔拓展延伸电视品牌资源，规划产业布局，新成立的幸福蓝海集团不仅投资电影产业，而且依托电视台品牌、资源优势，全面启动了从制片到院线、从影院到影视基地的整个电影产业布局。

网络新媒体更是发展迅猛，特别是在网络视频领域，无论是门户网站还是专业视频网站，近期都风声水起，动作不断。包括新浪、搜狐、网易在内的各大门户网站开通视频节目，纷纷与传统媒体进行合作。据统计，截至2009年年底，中国网络视频用户已达2.4亿人，较2008年增长3844万人，据预测，2010年网络视频用户规模将达到3.88亿人，94%的网民会上网看电视。

电信产业尝试独自或与电视台或与互联网企业合作，向用户提供手机电视和网络电视服务。有的地方电信公司已制定了媒体发展战略，不但作媒介，而且要成为媒体；有的电信公司与网络、通讯社、广电媒体结成了战略合作伙伴关系，意欲在媒体领域特别是视频传播市场有所作为。

特别需要关注的是：2010年1月，国务院会议决定加快推进电信网、广播电视网和互联网三网融合，并提出了推进三网融合的阶段性目标：2010—2012年，重点开展广电和电信业务双向进入试点；2013—2015年，全面实现三网融合发展，基本形成适度竞争的网络产业格局。广电企业可以正式经营增值电信业务和部分基础电信业务、互联网业务；电信企业也可以从事广播电视节目制作和传输。此举意味着电信运营商，如中国移动、中国联通、中国电信未来可以制作节目，传输播出；广电运营商可以经营宽带业务，甚至电话业务等电信业务。这些，无疑将会对包括电视在内的媒体产业格局产生深远影响。

（三）认识优势，坚定发展信心

竞争是残酷无情的。面对越来越激烈的竞争格局，BTV怎么办？我们说，竞争和挑战不足畏惧，可怕的是在困难面前思想懒惰、不思进取；可怕的是精神萎靡，得过且过；可怕的是思路糊涂，方寸大乱。我们不能输在竞争的起跑线上，信心比黄金重要，如果我们能振奋精神，清醒头脑，充分认识北京电视台在发展中形成的优势，而且最大限度地发掘优势，利用优势，把握优势，我们完全可以在竞争中立于潮头。我们的优势：

一是市委市政府强有力的支持和关怀：市委市政府高度重视北京电视台的发展，一直以来给予强有力的支持和帮助。刘淇书记在给北京电视台建台30周年的贺信中，对北京电视台的发展寄予了厚望。市委领导的指示为北京电视台的发展指明了前进方向，也提出了新的更高的要求，这是北京电视台发展最宝贵的资源。

二是独具魅力的地缘优势：北京电视台的地缘优势来源于北京的区位优势。“北京”和“首都”是金字招牌和无形资产，也是北京电视台品牌最有价值的要素。北京的政治影响力和文化影响力在全国无与伦比，经济影响力在全国仅次于上海；北京不但是许多国际跨国公司的中国市场总部所在地，也是100多家外国使馆所在地，对外交流和国际交往的优势非常显著。这是北京电视台发展最佳的地缘优势。

三是丰富的人文资源优势：北京具有3000年建城史、800年建都史，历史和现当代文化资源深厚；北京是国家级文化艺术管理和演出机构的主要聚集地，人才资源与信息资源取之不尽；北京是全国五百强和世界五百强企业在中国总部所在最多的地方，广告资源极为丰富。北京电视台拥有的这些资源无论是数量还是质量，在全国省级电视台中都是最优越的。

四是高素质的受众优势：对电视媒体来说，观众是最大、最珍贵的资源。北京人口的文化素养全国最高，高素质的居民结构为文化产品的消费提供了广阔的市场，也为高品位电视节目的生产和消费提供了基础和保障。由于国家党政机关、大学、科研院所云集，北京电视台拥有观众的层次和影响力，其他省级电视台无可比拟。

五是一流的硬件设施：北京电视台技术系统实现了“数字化、网络化、智能化”，BTV大剧院等硬件设施水平居国内前列。北京电视台的硬件优势，国内一流。

六是鲜明的队伍优势：北京电视台的节目采编制作能力和队伍水平居于全国前列，特别是经过奥运会和国庆60周年等大活动的锻炼，一支与国际接轨、能征善战、敢打硬仗、经历过大场面的优质节目采编、制作和技术保障队伍，成为北京电视台重要的核心竞争力资源之一。

（四）正视不足，敢于争胜

在看到优势的同时，我们也要实事求是、清醒地认识不足，正视不足，知不足而后勇。与先进省市电视台相比，我们的差距和不足，主要表现在：

一是思想观念上，紧迫感、危机感不强，视野不够开阔，创新力不足。我们习惯于自己和自己比，有时候还把“一台之下、千台之上”挂在嘴边，满足于区位优势带给我们的先天优越感，看不清在激烈的媒体竞争态势面前，作为首都媒体应有的站位和高度，应有的目标和视野，以至于在挑战面前，创新乏力；甚至在暂时的困难面前，怨天尤人。

二是缺少全国性品牌栏目，媒体影响力有待提升。在北京地区，虽然收视份额位居第一，但已受到在京落地的其他省级卫视的极大挑战。在全国市场上，虽处前列边缘，但竞争力不强，与领先者相比，差距较大；特别是栏目质量，北京电视台在全国叫得响的品牌栏目偏少，北京电视台的整体品牌价值不高，与首都地位还不相适应。

三是赢收渠道单一。目前，北京电视台的产业经营收入中，广告收入占绝对主导地位，基本处于广告单一盈利模式状态，无法摊薄节目的制作成本，而且增长空间已遭遇“透明天花板”的限制。

四是产业资源分散、产业化水平低。尽管我台也尝试发展媒体产业，但是由于未对可经营性资产进行系统的整合，在管理体制和机制上还存在一些问题，使得我台产业发展仍处于低水平运营阶段，无法做大做强，更谈不上实现对事业的强有力支撑。

五是用人机制、激励约束机制尚不健全。与发展的要求相比，我台人才现状相对支撑不足；人才的发展通道单一，缺乏专业发展的上升通道；人才选用信息不够畅达，用人视野有待拓展；人才结构、人才匹配不尽合理；人才培训渠道还满足不了事业发展的需求；考核机制、激励约束机制有待进一步完善。

六是基础管理亟待夯实，制度建设和执行力需进一步加强。

最近一个阶段，我们着力制定并出台了一些全台性规章制度，着力补充、修正了相应管理规定；规范了各种申报、审批流程，明确了管理权限，提高了工作效率，但是，我台的基础管理距离一个现代化传媒机构所应有的科学化、制度化的管理水平还有相当的差距。

三、把 BTV 建设成为与首都地位相适应的电视台

应该看到，电视传媒业是意识形态鲜明、喉舌功能突出的重要舆论阵地，同时又是诸多文化产业当中具有极强的产业吸附能力、极强的资本增值功能、具有可持续发展活力的大产业。作为首都电视台，我们必须以强烈的使命感和责任感来谋划发展；必须认真思考，北京电视台的发展如何跟上北京市的发展步伐，每一个 BTV 人如何跟上 BTV 的发展节奏，如何建设与首都地位相适应的电视台。

首先，从观念上，要切实认清国情国力变化对首都工作提出的新要求，从首都的定位来思考和谋划北京电视台的发展。要深刻认识首都工作的特点和规律，深刻认识新形势下首都的功能定位和首都资源优势，要紧紧抓住和把握首都新一轮科学发展的重要历史机遇，使北京电视台的综合影响力、竞争力在全国有显著提升。

第二，要准确认识和分析北京电视台在全国广电媒体中所处的位置，科学确立下一步的战略目标、战略定位和布局。目前，传媒竞争激烈，也呈现出竞争中的一些乱象，北京电视台必须在坚守媒体的政治责任、社会功能和价值追求的前提下，找准自身定位，确立科学、可行的发展战略，同时，选准节目发展、新媒体发展、产业发展若干突破口，脚踏实地地促进发展。

第三，要高起点、宽视野，瞄准一流，发挥优势，大胆创新，加快发展。北京电视台是市属唯一电视媒体，北京电视事业能否实现高水平、高科技含量的可持续发展，取决于北京电视台的发展思路和多大的发展步伐。要从人才建设、机制建设等方面入手，切实提升北京电视台的品牌影响力和产业实力。

第四，要有动起来的紧迫感，只争朝夕，不等不靠。放眼世界，新技术浪潮扑面而来，极大地改变着媒介的发展格局；放眼国内，电视媒体百舸争流，你追我赶；作为首都电视台，我们必须以时不我待的紧迫感，动起来，抓起来，干起来，上下齐心，只争朝夕，聚精会神办节目，一心一意谋发展。

第五，要坚持文化情怀，坚守职业操守，坚定发展信心。责任引领品牌，品牌铸就高端。我们要以首都媒体应有的高端品质，践行“传播文明、文明传播”的历史使命，坚定必胜的发展信心，高标准谋划 BTV 建设，大举措推动科学发展，使 BTV 成为行业内有较强品牌力、公信力、社会影响力的媒体机构。

第二部分
2010 年主要工作和措施

一、指导思想

2010 年，北京电视台工作的指导思想是：坚持以邓小平理论和“三个代表”重要思想为指导，深入贯彻落实科学发展观，认真学习、宣传、贯彻党的十七大、十七届三中和四中全会、北京市委十届七次全会精神，紧紧围绕市委市政府中心工作，牢牢扭住发展这条主线，进一步解放思想，更新观念，着力提升舆论引导能力和宣传水平，着力完善科学发展的各项制度措施，着力推进人才队伍建设，着力构建和谐、人文的内部文化氛围，把发展当成一切工作的重中之重，一切从发展出发，一切围绕发展，一切为了发展，抢抓机遇，破解难题，真抓实干，为把北京电视台建设成为与首都地位相适应的电视台而奋斗！

二、主要工作

（一）围绕“三项安全”，狠抓基础管理，夯实发展根基

基础不牢，地动山摇。安全是电视媒体的基础和生命线。第一，要牢牢把握正确的舆论导向，确保节目内容安全。电视台是媒体机构，坚持正确的舆论导向，坚持鲜明的党性原则，坚持正确的政治方向，永远是第一要义；要严格政治纪律和宣传纪律，确保广播影视各项法律法规和管理规定落实到位；要严格节目审查制度，坚决制止虚假新闻、失实报道和有偿新闻；要坚决执行总局 61 号令，杜绝虚假广告和节目中的低俗之风。第二，严格岗位责任和流程管理，确保播出安全。安全播出是生命，稳定可靠的技术保障一刻不能放松，一点不能含糊，电视台的技术，有专业性，更有政治性。第三，强化制度落实，确保园区安全。要认真执行《北京电视台园区安全管理规定》、《北京电视台机动车管理及驾驶人员交通违法处理规定》等，加强督促检查，开展安全隐患排查，抓好安全培训，提高应对突发事件的能力。

全台干部员工务必要从北京电视台事业发展大局的高度看待安全工作，把安全工作当作北京电视台的头等大事来抓。2010 年是全市广电系统安全播出质量年，我台要以广电系统引入 ISO 9001 质量管理理念体系为契机，努力实现“三个安全”工作的机制化、常态化管理，夯实事业发展根基。

（二）围绕内容生产，提升节目质量，提升卫视在全国的影响力

内容生产是 BTV 的核心业务。要以卫视为重点，提升内容生产品质。以强烈的危机意识和紧迫感，下大力气，提升北京卫视综合影响力，保持新闻节目在全国的领先位置，力争使北京卫视在全国卫视的综合排名进入前列。

要以卫视为突破口，带动其他频道的内容生产，进一步深化和拓展频道定位、创新节目形态，积极研究、着力提升各频道节目品质，打造核心竞争力、品牌影响力、舆论引导力，2010 年，我台节目在北京地区的收视份额指标为 38.4%。

北京卫视在提升全国影响力的同时，也要不断提高北京电视台在国际上的知名度和影响力。

北京电视台作为首都台，要大力宣传北京市经济发展、社会进步的各项成就，不断提高外宣工作的质量，讲求外宣工作的实效，达到外宣工作的新水平，同时，围绕北京建设世界城市的目标，逐步树立 BTV 的品牌形象，向国际化媒体的目标迈进。

（三）以技术为引领，确保高清任务按时保质完成

科技引领电视媒体发展。要进一步解放思想、抢抓机遇，具备超前意识，留足发展空间，实现频道高清化建设跨越式发展。要搭建至少满足 5 个高清频道播出的网络平台，在确保安全的前提下，力争在 2010 年年底前完成文艺频道、体育频道高清化改造，实现高标清同播。同时积极做好 3 个频道高清节目源的储备工作，要做到稳中有序，未雨绸缪。

同时，我们必须从战略的高度，深刻认识高清交互数字电视发展对于 BTV 的重大意义；从科学性、可操作性、紧迫性三个方面进行细化研究，能做到的，不等不靠，先做起来。要按照发展高清的任务书、路线图、时间表，真抓实干，积极推进。同时，充分利用开播高清电视的机遇，拓展以高清化为核心的产业链。

（四）结合国家“十二五”规划、北京市“十二五”规划和北京文化创意产业发展五年规划（2011—2015 年）的制定，下大功夫、用大力气，研究制定我台未来发展的战略规划

规划引导发展，目标带动实践。2010 年是实施“十一五”规划的最后一年，我台要围绕“人文北京、科技北京、绿色北京”的工作大局，根据传媒竞争特点和发展趋势，认真研究、着力谋划北京电视台实现跨越式发展的新思路、新举措，制定北京电视台未来五年的发展战略规划。

规划要坚持高标准，出思路、出观点、出实招，要立足当前，着眼长远，研究提出符合北京电视事业发展趋势和客观规律的 BTV 发展战略，制定落实规划的保障措施，使《规划》成为北京电视台发展的施政方针，成为实现首都电视事业可持续发展的决策依据，成为全台干部员工共同奋斗的行动纲领。

（五）在提升广告创收能力的基础上，进一步开拓新的经济增长点，壮大我台产业实力

事业催生产业，产业反哺事业。广告经营是我台事业发展的物质基础，要进一步优化广告资源配置，做大增量，最大限度实现 BTV 品牌收益。除广告之外，要积极拓展动漫、版权交易、网络新媒体、电视购物、BTV 剧院商演、BTV 自有品牌的北京标志性体育活动等新的营收渠道。北京卡酷动画卫视要积极利用播出平台优势，打造集原创、播出、衍生为一体的动漫产业链，探索卡酷自有品牌产品的市场化。

（六）高度关注通讯信息、广电领域新技术、新媒体的应用及对电视发展带来的机遇和挑战，积极探索传统电视媒体与新媒体融合发展的新思路、新办法；研究新技术，发展新媒体，既要使新媒体成为新的舆论宣传阵地，又要使之成为新的经济增长点

新技术带来媒体新革命。当前，“三网融合”加快推进，媒体科技快速发展，传统电视已进入发展变革的重要时期，北京电视台要紧抓机遇，充分利用新技术提升传统媒体，发展新媒体。

要研究如何整合集聚北京电视台现有的新媒体资源，创新 BTV 网站和手机电视的发展，推动电视、网站和手机视频融合发展；北京电视台的互联网业务要成为北京电视台的网上传播平台，与传统电视媒体相互促进，提升北京电视台的跨媒体影响力；要大力发展网络视频业务，推进台网融合，探索建立网络电视台；北京电视台节目要充分借助网络平台、手机平台，实现电视节目在互联网上的二次开发和传播，实现传播效果的最大化，进而实现品牌和影响力的延伸。

（七）加强干部人才队伍建设，建立一支强有力的人才队伍；在人才的使用上，一切要以有利于北京电视台事业发展为标准，唯才是举、不拘一格

人是生产力第一要素。电视的竞争，说到底是人才的竞争。电视是创意产业，创意人才对事业发展起着至关重要的作用。我们将把人才培养作为一项重大战略，作为全台的一项重点工程来抓。

第一，要研究如何引进人才、用好人才、留住人才，并以制度加以保证；我们既要注重人才的发现和使用，也要注重人才的培养、开发和塑造；我们要倾力打造节目采编、播音主持、技术、经营、管理等专业人才队伍，使其成为北京电视台重要的核心竞争力资源。要在全台形成尊重劳动、尊重知识、尊重人才、尊重创造的良好风气，为各类人才成长创造宽松的环境和氛围。

第二，要建立公正、有序的干部人才选拔聘用机制和流动机制，既要做好中层干部选聘、调整、轮岗交流等工作，又要加强后备干部队伍建设，形成合理的人才梯队。要打破身份界线，扩大选人用人视野，要以“德才兼备”、“以德为先”的标准，着力选拔一批年富力强、业绩突出、群众口碑好的骨干人才走上中层管理岗位。

第三，要进一步加强人才队伍管理工作，认真完成全台各部门的定岗定编，使全台职工由身份管理过渡到岗位管理，量才录用，以能定级。要在国家法律法规和有关政策允许的范围内，以岗位设置为载体，加强派遣人员的评价、晋升、福利制度建设，提升派遣人员对北京电视台的归属感和对全台事业发展的责任感。

总之，我们的目的是，让一切有利于发展的人才脱颖而出，让各类人才有其位、得其所、尽展才能，让一切有利于发展的新思路、新举措竞相迸发。

（八）围绕深入学习实践科学发展观活动成果的落实，进一步加强党建和廉政工作

政治是一切工作的最高表现；政治工作反作用于业务工作。

第一，要按照《北京电视台深入学习实践科学发展观活动整改落实方案》确定的整改措施，确保整改工作落实到位、不出现反复；确保通过整改，促进发展。

第二，要继续深化“三项学习教育”活动，完善“三项学习教育”活动长效机制，使其成为新职工入台教育和在职职工日常考核管理工作中的常态化内容。要在已有成果的基础上，创新党支部建设的途径和模式，推动建立一批“学习型党支部”。

第三，要切实加强党风廉政建设。抓党风廉政建设，首先要狠抓廉洁从政教育和领导干部廉洁自律。要在全台有针对性地开展示范教育、警示教育、岗位廉政教育，自觉讲政治、讲正气。党政“一把手”要坚持“五个亲自”，副职领导干部要做到“三个抓好”，中心、部、室领导要一岗双责，要进一步规范权力运行，做到制度管人，制度管事。要建立健全廉政风险防范管理机制，不断强化对重点部门、重点岗位、重点环节的监督制约。

（九）加强管理，狠抓工作落实，强化执行力

办实事，求实效，得实惠，一切源自工作落实。我台已根据《市委办公厅关于加强督促检查狠抓工作落实意见》的精神，制定下发了《北京电视台关于狠抓工作落实的办法》，各部门要严格执行。工作落实，实行分级责任制，一级对一级负责，上级要对下级工作落实情况进行督促检查，对工作落实提出明确的质量和时限要求，要跟踪问效，发现问题及时解决。对重大、紧迫、难度大的工作，部门主要负责人要亲自调度、扁平管理、全力推进。下级对上级的决策和指示要认真贯彻落实，对重点工作的落实要制订预案，任务量化，要求具体，责任到人，强化执行力。

三、保障措施

（一）解放思想，统一认识

观念决定思路，思路决定出路。思想水平的高低决定着我们认识问题的深度和广度。干工作，只有想透了，把思想层面的问题解决了，我们决策的目标才会统一，行动的步调才会一致。尤其要处理好眼前利益与长远利益的关系，局部利益与整体利益的关系，开阔视野，开放胸怀，解放思想，形成共识。

（二）加强领导，凝聚信心

台领导班子要严格坚持党委领导下的分工负责制，切实发挥集体领导核心作用，勇于履行职责，善于谋划发展，敢于承担责任。要借鉴我台奥运宣传报道、国庆60周年宣传报道、高清推进工作的经验，对于涉及多个频道（部门）、需统一组织协调的台级层面重大任务，不仅需要领导层决策明确、部署科学，也需要执行层面坚定信心、认识到位、有力推进。

（三）注重实效，确保落实

要从提高决策效能和提升执行力的高度，重视落实工作，把狠抓落实贯穿实施决策的全过程，研究决策时明确落实事项，部署工作时提出落实要求，开展检查时保证落实效果，各级领导要认真解决工作落实中存在的难点问题，确保责任落实到位，务求在全台形成提高效率、突出效能、注重实效的工作氛围，提升我台整体工作水平。

2010年，北京电视台的工作目标已经明确，工作任务已经清晰。为确保完成任务，实现目标，我们再次强调：发展是第一要务，发展是硬道理。我们思考工作的着眼点是发展，我们工作的着力点是发展，我们一切行动的根本目的是为了发展，我们要在全台营造一种崇尚发展、有利于发展的浓厚氛围。只有事业发展，我们才能不辜负党和政府赋予BTV的使命和责任；只有事业发展，我们才能满足人民群众日益增长的精神文化需求，不愧对广大观众的殷切期望；只有事业发展，全台干部员工才会在BTV这个平台上实现自己的职业理想和价值追求。让我们在市委市政府以及市委宣传部、市广电局的领导和支持下，同心同德，奋力拼搏，以一流的工作标准，饱满的工作热情，最大的工作干劲，为把北京电视台建设成为与首都地位相适应的电视台而努力奋斗！

北京电视台2009年工作总结

北京电视台总编辑 张 晓

2009年，在市委市政府领导下，在市委宣传部和市广电局直接指挥下，我台高举邓小平理论和“三个代表”重要思想伟大旗帜，深入学习宣传贯彻科学发展观，紧紧围绕“保增长、保民生、保稳定”的工作大局，团结一致、开拓创新，以新中国成立60周年宣传报道为主线，以迁入新址和建台30周年为契机，以全面提升舆论引导水平、打造首都媒体优质文化品牌为重点，坚持统筹兼顾、协调发展，在壮大事业、做强产业方面再上新台阶。

一、牢牢把握正确舆论导向，不断创新节目，收视率、市场占有份额稳步攀升

经过近年来长期、不懈的努力，我台在坚持导向正确的前提下，节目生产进入良性发展，收视率连年上扬。2009年，我台全年收视实现了历史性突破。第一是首次突破“三分天下”的格局：2009年1—12月，我台市场份额保持强劲增长态势，市场份额占北京市场的39.76%，与去年同比增长了近4个百分点，增长幅度达到11.38%。分别高于中央电视台频道组和卫视频道组11.8%和20.36%，继续保持北京地区市场首位的地位，并首次打破北京市场多年的“三分天下”格局，实现历史性突破。其中我台今年有32周市场份额保持在40%以上，单周最高达到44%以上，遥遥领先于所有频道组，具有绝对优势地位。第二是我台多个频道上升显著，收视第二梯队逐渐形成：2009年我台各频道的收视份额与去年同期相比，北京卫视、文艺频道、科教频道、生活频道、体育频道、卡酷频道市场份额上升显著，其中，科教频道的收视份额增长幅度最大，达到了59%，排名提升了6名，入主北京地区频道排名前三，也是北京地区市场份额和排名提升最快的频道。北京卫视市场份额与去年同比提升了19.07%，排名跃居北京地区首位。文艺频道提升了5.98%，排名上升了1位，跻身频道排名前4名。

（一）新闻宣传围绕中心工作开展，影响力增强，舆论引导水平提升

2009年，新闻宣传报道始终围绕全市中心工作，坚持“日常报道抓质量，重大报道抓策划”的原则，充分发挥舆论引导作用。全国“两会”期间，时政记者在人民大会堂北京团开放日上，成为唯一提问的市属媒体记者，实现了“重大事件不失语、不缺位”的要求。北京市“两会”期间，在做好程序报道的同时，配合报道求新求变，做出新意。“城乡一体化新格局”、“中小企业贷款难”、“财政支持知识经济”等配合报道，内容更加贴近、形式更加鲜活，效果更加突出。

2009年1月，新闻节目中心在四川什邡建立了记者站，先后派出了八位同志在什邡驻点采访，陆续发回了一百多条新闻，策划的“温暖一家亲”、《京什携手共建家园》系列报道、专题片《大爱无疆》和大型直播《重生——纪念5·12汶川大地震一周年》，全面反映了北京援建什邡的历程和灾区群众乐观面对困难，勤劳重建家园的精神面貌。

2009年2月，新闻节目中心推出了大型年度新闻行动“记者走一线”，深入企业生产一线，报道企业在金融危机中的挑战与机遇。节目播出后，中宣部新闻局《新闻阅评》以《下基层 抓活鱼 鼓实劲 北京电视台〈记者走一线〉走出新亮点》为题专门撰文表扬。

此外，新闻、体育、财经等节目中心还成功完成了第十一届全运会、二十国集团峰会、第十二届北京科博会、第七届中国花卉博览会、第十三届上海国际车展等相关重大报道。

（二）新中国60周年宣传浓墨重彩，形成声势

新中国60周年建设、改革、发展波澜壮阔的伟大实践，为国庆60周年宣传报道提供了前所未有的重大契机。台党委会、编委会多次开会研究，提早安排、周密部署、精心策划，形成了全线出击、贯穿全年、重点突出、亮点频现、特色鲜明的报道格局。

2009年5月，从大型电视活动《青春走过60年》开始，我台的国庆宣传报道逐步升温，倾力打造了一系列主题鲜明、情感厚重的精品献礼节目。《花样年华》采用了6场歌舞比赛加1场国庆晚会暨大赛颁奖典礼的创新模式；专题片《我爱你 中国》以个人化视角，书写了新中国成立60年来家国变迁、社会进步的影像史诗，延续了《北京记忆》的品牌号召力；作为《岁月如歌》的姊妹篇，电视文艺纪录片《百花》同样在业内及观众中引起了强烈反响；体育人物系列访谈节目《光辉岁月——新中国体育名宿访谈录》，将视点放在为新中国体育作出重大贡献的体坛名宿的卓越业绩，被国家体育总局领导评价为“是为体育界做了一件非常有意义的事”。国庆盛典期间，总编室、新闻节目中心、卫视节目中心、海外节目中心、转传部、制作部等部门通力合作，圆满完成了《我爱你 中国》大型高清直播节目，在国庆大典的核心区设立了6处直播点，其他地区设立了8处直播点，直播总长近25小时，高质量呈现了国庆60周年天安门阅兵式、群众游行和联欢焰火晚会。

此外，我台还推出了大型美术专题片《江山如画60年》、百集系列宣传短片《影像家国60年》、高端访谈系列节目《区长，你好》、八集文献专题片《北京1949》、大型体育文献纪录片《与梦齐飞》等一系列献礼节目。北京卫视的5档新闻栏目也策划播出了《跨越——辉煌北京六十年》、《走进阅兵村》、《中国通·北京通》等专题专栏。

卫视、文艺和影视频道的主力剧场推出众多优秀电视剧集配合，以红色谍战大戏《潜伏》为开端，北京卫视红星剧场相继推出《闯关东（中篇）》、《爸妈都是老党员》、《相伴》等优秀剧目，影视剧频道推出了《狼烟北平》、《大生活》、《贫富人生》、《龙须沟》等优秀剧目，既有大题材、大阵容、大制作的首播、独播等年度重点力作，又有讴歌革命先驱英勇奋斗的主旋律作品，多角度、多层次、全方位配合了新中国成立60周年的宣传活动。

我台在新中国成立60周年宣传报道中不仅获得了良好的社会效果，同时也取得了良好的市场回报。直播特别节目《我爱你　中国》收视率达到2.12%，市场占有率高达8.04%；16集大型专题片《我爱你　中国》平均收视率达到2.16%，占有率达到5.90%；专题片《百花》收视率达到1.61%，占有率达到4.33%。

（三）整合资源，各节目中心频道建设有的放矢

2009年年初，刚刚成立的卫视节目中心本着“立足北京，面向全国”的节目宗旨、“文化品位、大家风范”的定位，整合了《五星夜话》、《天下收藏》、《中华文明大讲堂》等部分栏目，新创了《志愿者真情耀中华》、《聚星坊》等栏目，并承制了《清明节黄陵祭祖》、《世界魔术师大会》、《三枪拍案惊奇》等多项大型直播和录播活动。

新闻节目中心在不断强化《北京您早》、《特别关注》、《北京新闻》、《晚间新闻报道》等栏目特色的同时，开办了《新闻晚高峰》和《新闻发言人》两档全新栏目，开辟了新闻报道的新领域，也丰富了新闻报道内容。

海外节目中心明确以“遍观全球的国际视角、中西合璧的文化比较、以我为主的形象展示”为定位，新推出的日播国际热点述评栏目《天下天天谈》收视率和占有率稳中有升，品牌影响力初显。老栏目《国际双行线》强化了定位，通过特征的鲜明化、放大化，焕发了新生机。2009年，海外节目中心承担了《BTV新台址宣传片》的拍摄和制作工作，加强了BTV的形象宣传、提升了BTV的影响力。

文艺节目中心通过进一步整合资源，对各栏目进行了深层次开发，涵盖了明星访谈、影视专题、综艺互动、文娱资讯等不同风格、类型的文艺节目，使内容更加丰富多元，频道专业化特色更为鲜明。《2009北京电视台春节联欢晚会》围绕继承奥运文化财富、改革开放30周年、重建精神家园等宏大主题展开，注重打造精品细节，首播收视达到了14.75%。

科教节目中心本着压缩低迷栏目、合并同类栏目、强化优势栏目的策略，撤掉了原有的11个收视率一般的栏目，改变了以往比较无序的编排格局，实行了主打时段概念的“大时段编排”，重点打造的“三个时段”效果突出。科教频道2009年的平均市场份额已突破5.81%，和2008年同期相比增幅达到了60%。

影视剧中心创造性地提出了建立流程化分工的三级审批制和全流程贯通的项目负责制两大核心管理机制。三级审批制，保障了各项决策的科学性和民主性，有效地防范了廉政风险、降低了投资风险；而全流程贯通的项目负责制，则理顺了核心业务运转程序，激发了员工的工作活力。

财经节目中心对于《城市》、《天天理财》、《天下财经》等品牌栏目和《财经五连发》、《经济法眼》等新栏目，通过对收视率硬指标的严格要求来提升频道的硬实力，扩大财经话语权。《2009点击年关键》按季度播出，盘点国内外财经大事、解读经济政策，将“专业化、权威化、大众化”的频道定位落到实处。

体育节目中心在确保重大赛事、重点报道的同时，努力丰富体育频道的节目类型，改变“靠天吃饭”的局面。第十一届全运会期间，我台在济南开设了直播演播室，以每天十余个小时的大时段直播，较好地呈现了全运会盛况。北京海洋沙滩狂欢节、鸟巢欢乐冰雪季的举办是北京奥运场地赛后利用的有益尝试，是推动北京市文化创意产业发展的创新实践。

生活节目中心坚持“存量做强增量创新”的工作思路，在“打造都市生活服务第一品牌”的目标指导下，坚持走专业化道路，抓重点，抓亮点，抓创新，抓管理。2009 年，生活频道坚守频道定位，统一栏目定位，十余档日播节目持续挖潜并保持适度更新，《生活大调查》、《选择》两档新上日播栏目收视率达到了 2%，全年保持了北京地区晚间收视份额排名第三，全天排名第五的优质表现。

青少年节目中心坚守不低俗、高格调、大信息、新视角的原则，以成熟节目夯实基础，靠新锐节目提升影响，用大型活动整合资源。2009 年，青少年节目中心以“新北京、新青年”为频道口号，重点推出了一系列以“青春”为主打、以“新锐”为特色的新青年节目群，突破性地完成了收视指标。

公共频道节目中心在 2009 年总体收视率始终保持着稳中有升的发展态势，这得益于公共频道节目中心坚持常态节目创新，注重频道统筹策划。《这里是北京》、《红绿灯》、《四海漫游》等栏目努力研发和调整栏目的现有形态，使栏目的内在品质得以提升，频道公共服务性的定位也得以强化。

北京卡酷动画卫视设置了以 8 大剧场为支撑、以 4 档自制栏目为亮点、以外购栏目为补充的节目架构，收视形势喜人，上星覆盖人口达 3.8 亿人，成为国内目前落地范围最广、收视人口最多、市场份额最高的动画卫视频道。

2009 年，我台外宣节目的数量和质量始终名列前茅。我台的节目被选入中国电视长城平台遍布全球的美国平台、亚洲平台、欧洲平台、加拿大平台、拉美平台、东南亚平台等六个平台，收视排名前五名。到目前，长城北美平台付费收看用户已突破 10 万户，互联网覆盖了 118 万户。我台英文杂志性栏目《这里是北京》编译了多部反映北京文化、经济、生活、科技、环保、奥运等方面变化发展的专题节目，有效地传播了 BTV 在海外英语世界的声音，塑造了 BTV 良好的国际形象和口碑。

（四）突出原创，大型活动提升品牌影响力

2009 年，我台在延续原有的品牌活动的基础上，利用首都媒体的资源优势，继续推出一批富有文化品位、都市气质、时代气息的大型活动，以文化引领的姿态关注社会、贴近生活、传播文明、营造和谐。

《探红楼 · 飞梦传奇——新版红楼梦拍摄现场大型直播和互动活动》是《红楼梦中人》品牌活动的延续。这一国内首次对一部电视剧的拍摄过程进行现场直播的活动，在直播当晚创下了北京地区 4.74% 的高收视率，市场份额达到 12.99%；《红孩子》大型演出活动是我台从 2007 年起倾力打造的文化品牌。2009 年，青少年节目中心对《红孩子》进行了全新的剧本创作，使人物形象更加丰满，剧情更加充实，在 BTV 大剧场连演 10 场，入校园演出 120 场，场场爆满；已经成功举办了四届的“北京影响力”活动，2009 年群众投票总票数达到了 940 万张，参与人群覆盖面越来越广，“北京影响力”的跨区域影响力越来越大。我台主办的“首届BTV杯国际斯诺克北京邀请赛”，开启了我台举办国际顶级体育赛事的先河，比赛为国内外12家电视台提供了高水平的国际级公共信号，还创造出了非常突出的收视率；“北京喜剧艺术节”是京视传媒结合BTV大剧院的商业运营展开的一项活动，集中了国内外及海峡两岸6部具有影响力的舞台喜剧，在大剧院连续演出18场。

从2009年起，我台连续三年承办“中国播音主持金话筒奖颁奖系列活动”，我台对于这项具有广泛社会关注度且属于国家级奖项的颁奖系列活动给予高度重视，打破了以往局限于一台颁奖晚会的方式，开创性地推出了一台联欢会和一台颁奖盛典。通过精彩创意、大力推广，使“金话筒”和“北京电视台”两个品牌的影响力得到进一步提升。

此外，《“情动俄罗斯”中国人唱俄语歌大型选拔活动》、《北京印·时尚大典》、《国粹生香——2009北京京剧票友段位评授季》、《2009奥林匹克森林公园卡酷春节雪上嘉年华》、《第四届中国（北京）国际大学生动画节》等一系列活动都充分显示了我台在推动文化繁荣、提升传播价值、丰富百姓生活方面所做出的努力，凸显我台组织大型活动的能力，强化了BTV的品牌效应。

研发部根据我台事业发展需求，完成了《北京电视台主持人品牌影响力调查》、《北京电视台品牌影响力调查》、《北京卫视全国影响力调查》等系列调研课题，为我台提升品牌影响力提供基础数据和决策参考。

（五）创作生产成果显著，精品力作接连获奖

一年辛勤耕耘，结出累累硕果。我台的大型音乐诗画儿童剧《红孩子》、动画片《福娃奥运漫游记》和紫禁城影业公司拍摄的故事片《铁人》三部作品荣获中宣部“五个一”工程奖，在我台历史上创造了辉煌；2008年8月8日《北京新闻》编排获得中国新闻奖一等奖；《点燃激情，传递梦想，用身躯捍卫圣火的尊严》荣获中国新闻奖二等奖；新闻访谈《奥运会主题歌演唱者创作者专访》获得中国新闻奖三等奖；《这里是北京》被中国广播电视协会评为“新中国60年有影响的60个广播电视栏目”；朱江同志被国家体育总局评为“新中国体育发展60年全国群众体育先进个人”，受到胡锦涛等中央领导同志接见；刘文燕同志获得了“中国播音主持金话筒奖”；徐滔和桑朝辉同志被评为第六届“全国德艺双馨电视艺术工作者”。2009年度，我台共有170个节目获得各类奖项190个。另外，我台还获得了“首都中华人民共和国成立60周年庆祝活动北京市新闻宣传突出贡献奖”。王淳华、胡杨等34人获得了“首都中华人民共和国成立60周年庆祝活动北京市新闻宣传先进个人奖”。2009年，我台技术部门共有7个项目获得国家广播电影电视总局电视节目技术质量奖（金帆奖），3个项目获得科技创新奖，1人获得电视技术能手三等奖。

纵观近几年我台的节目生产，我们在充分研究我台的实际情况、广泛调研国内外电视现状的基础上，提出了一系列业务发展的新思路：整合频道资源，走专业化、品牌化发展的道路；在整合资源的同时，高度重视规划工作，针对我台节假日收视低、非黄时段收视低、青少年目标受众收视低的弱点，着力狠抓节目规划；在节目生产方式上，提倡节目制作在坚持正确舆论导向的前提下，以创意取胜，以金点子取胜，独辟蹊径，鼓励头脑风暴，培育核心竞争力。另外，以感人至深的方式表现社会主义主流价值观，电视节目在严把导向的前提下，注重节目的艺术性、可视性，寓政治性于艺术性之中。

二、加强组织保障和技术保障，确保安全生产

（一）在确保安全播出的前提下，迁址工作有序开展

按照台党委部署，在台搬家领导小组的直接领导下，我台从2009年年初开始有步骤、有计划地展开搬家工作。2009年1月15日，科教、影视、青少三个频道在新台址顺利试播，4月1日，北京卫视、文艺、科教、影视剧、体育、青少、高清频道正式在新址开播。各职能部室和其他节目中心也陆续搬往新址办公。新台址的投入使用不仅改善了原有办公条件和办公环境，更为我台的持续发展提供了有力保障。

总工办、信息网络管理部、制作部、播出部、动力部、技术设备管理部、转传部等各技术部门各司其职，紧紧围绕安全播出工作，全力做好技术设备采购招标、新老台主备光缆通路联通、新闻制播网络搭建等大量具体细致的工作，总编室会同技术部门制定了《直播网络系统管理规范》、《制播网络系统安全防护规范》等管理制度，有力地保障了技术系统的正常运行和安全播出工作。新台在采、编、播、存、管的整个电视工艺流程中，已经实现了信号采集数字化、编辑制作网络化、播出硬盘化、存储数据化、管理智能化五大目标。新台的规模、功能和科技含量都位居全国省级电视台的前列，为全面提升节目生产水平打下了良好、坚实的基础。

（二）全力以赴，确保北京卫视高标清同播顺利开播

按照市委领导“要依托首都提升信息基础设施建设规划，积极推进电视频道高清化，大力推进传统电视与新兴媒体的融合发展，不断提高高清电视和电视互动的覆盖面，以此提高电视的传播力和影响力”、“北京卫视高清频道播放进度要走在全国前列”以及“要在全国率先实现高标清同播，北京卫视高清频道要在‘十一’节前正式播出”的要求，我台按照市委宣传部和市广电局的统一部署，确定了用3年时间分三个步骤实现BTV北京、BTV文艺、BTV体育3个频道高标清同播的节目高清化目标。

为确保准时、顺利、安全实现9月28日北京卫视频道高标清同播这一阶段性目标，我台成立了高清频道建设领导小组，全台上下一心、团结协作，争分夺秒，用86天时间，做到了“六个”按时：按时完成高清技术系统搭建、按时完成高清节目准备、按时完成生产流程制定和人员操作培训、按时完成资金申报和预算审核、按时完成高清播出演练、9月28日，按时实现了北京卫视的高标清同播。我台高清节目同播率在首批实现高标清同播的兄弟省市电视台中位居前列。

目前，我台已经建成5个高清演播室，拥有2辆高清转播车，并搭建了80余套高清节目后期编辑设备系统，已经能够满足日均8小时高清节目的生产能力。

（三）保障国庆安全，“国庆平安行动”取得全面胜利

2009年3月，为确保新中国成立60周年庆典期间的绝对安全，我台成立“国

庆平安行动”领导小组，制订了“国庆平安行动”方案，明确目标、任务和职责，制定了实行严格安全检查制度、管控措施等8个文件；召开了北京电视台平安北京建设暨平安电视台活动动员部署会、国庆平安行动动员部署会、全台处级干部国庆平安行动转入实战阶段动员会，全力以赴确保实现安全播出和台内绝对安全的目标；完成了首都治安志愿者队伍的组建和注册登记工作，共招募了1100名志愿者，做好了随时出动的准备。由于工作出色，我台被北京市国庆社会治安与安全警卫指挥部评为先进集体。

三、深入学习实践科学发展观，努力构建和谐电视台

2009年，我台党员干部以“坚持科学发展，提升传播能力，创有影响力强台”为主题，参加了全市第二批深入学习实践科学发展观活动。经过学习调研、分析检查、整改落实三个阶段，通过“请进来、走出去”、座谈会、辩论会等多种形式，我台形成了《北京电视台学习实践科学发展观活动整改落实方案》，共涉及全台战略发展规划、提升北京卫视影响力、实施人才强台战略、加强企业文化建设、推动领导班子自身建设等十个方面共33项。根据群众满意度测评结果，广大职工对开展深入学习实践科学发展观活动满意和基本满意的达95.8%，活动取得了预定的效果。

我台的党建工作注重创新学习形式，提升工作档次，进一步加强了以党委中心组为龙头、中层干部为骨干、带动全台职工共同参与的思想政治教育体系建设。

我台的廉政建设工作从细化党风廉政建设责任制分工、落实廉政风险防范管理入手，全台3500多名职工根据自身情况，认真查找了廉政风险点。

2009年5月16日，我台迎来了建台30周年的纪念日，中共中央政治局常委李长春、中共中央政治局委员、市委书记刘淇给我台发来贺信，对我台30年来取得的成绩给予充分肯定。台党委把握机会、乘势而上，通过举行隆重而简朴的纪念大会，举办台史展、纪念音乐会、出版纪念书籍等一系列活动，适时进行了爱岗敬业教育，提高了全台干部职工的凝聚力和战斗力。

四、围绕中心工作，完善管理手段，提升服务水平

2009年，各职能部室围绕全台中心工作，服务大局，各司其职，密切配合，通过不断完善管理手段，提升服务水平，保障全台各项工作顺利进行。

行政部在搬家过程中为全台各部门提供了周到细致的服务，确保搬家工作的有序进行；安全圆满地完成了苏州街办公区约5万平方米的装修改造工程；建章立制，加强对物业公司的监管力度，实现了新台在投入使用的第一年安全、平稳运行。2009年，我台获得了“北京市2009年度交通安全先进单位”、“北京市爱国卫生先进集体”、“首都全民义务植树先进集体”等荣誉称号。

北京电视中心建设办公室及基建办公室进一步完善了新台址工程的整改、项目结算工作。我台新址被评为“北京当代十大建筑”，荣获了“中国建设工程鲁班奖”和“中国土木工程詹天佑奖”。

我台的安保工作以“平安国庆行动”为主线，认真制订工作方案，完善内部防

范措施，严格落实各项安全责任制，加强检查，全年未发生任何火灾、治安等事故。2009年，我台被评为“北京市消防工作先进集体”、“首都国家安全先进集体”和“首都‘迎国庆、讲文明、树新风’活动先进集体”。

我台的培训教育紧紧围绕中心工作展开，举办了管理技术岗位科级干部培训班、高清电视业务系列讲座、安全消防与逃生演练等培训，共计383批次，17292人次，针对性强，效果突出。

另外，在2009年，台办公室加强整章建制工作，努力提高服务质量，增强服务意识；计财部服务与管理并行，积极配合节目生产、高标清频道建设；工会积极推行民主管理、民心工程，组织了红歌会、羽毛球赛等丰富多彩的文体活动；共青团活动渠道继续拓宽，先后举办了多项主题活动；老干部工作在特色上下功夫，注重把工作做细做活。

五、逆势而上，经营创收稳步增长

2009年，面对全球金融危机的冲击，我台积极应对，逆势前行，适时调整了经营策略。

广告经营以“保存量，争增量”为目标，将“对外提升服务、对内加强管理”作为主要任务，广告收入达到26亿元，连续3年实现了广告收入的稳步增长，加上其他收入2.64亿元，2009年我台总收入达到28.64亿元。另外，我台电视产业发展集团（含下属公司）收入1.13亿元，亏损47万元；京视传媒公司（含下属公司）总收入6964万元，实现净利润527万元；卡酷动画公司（含广告收入5000万及下属公司收入）总收入1.13亿元，实现净利润2456万元；紫禁城影业公司总收入1836万元，实现净利润305.82万元。

六、积极谋划新媒体发展，大力发展文化创意产业

2009年，我台在发展电视事业的同时，积极谋划产业延伸，以京视传媒公司和卡酷动画公司两大产业平台为依托，加快文化创意产业发展的步伐。

依托我台节目品质的提升以及经营策略的调整，2009年，京视传媒公司的节目发行业绩大幅提升，表现突出的栏目有《法治进行时》、《养生堂》、《非常故事会》、《大城小事》、《谁在说》等栏目，发行收入突破了1100万元；新媒体业务方面，版权发行收入突破了600万元；经营手机电视业务的北京京视中信数字传媒有限公司2009年上半年正式运营，这标志着我台进军新媒体的战略目标又迈上一个新的台阶。

卡酷动画公司是我台面向市场、进军电视传媒产业的另一支重要力量。以“卡酷”为主品牌，辅以“卡酷全卡通”、“卡酷七色光”、“卡酷全景界”等子品牌，卡酷动画公司成功实施了品牌推广战略，并着手构建了包括动漫衍生品开发、版权经营、玩具销售在内的动漫全产业链。

2009年5月，BTV网站进行了全新改版，对网站的内容、网站结构、发布规则进行了重新梳理整合。配合大型活动和重点节目，做好网络宣传和专题报道工作。“BTV在线”网站经过一年的运作，视频保有量已达32351条，8632小时，单日最高访问量达到78万页，单日最高访问人次达到24万。

回顾2009年，这些成绩的取得，得益于市委市政府的正确领导和关心支持，得益于市委宣传部、市广电局的指挥和部署，得益于台党委的科学决策，更得益于全台干部职工的团结协作和奋力拼搏。我们深刻认识到：牢牢把握正确的舆论导向，坚守媒体的社会责任，是我们的立台之本；坚持传统电视与新兴媒体的融合发展，事业和产业并举，是我们的强台之路；坚持不断创新，提升品牌影响力，是我们北京电视台事业做大做强的保障。

在看到成绩的同时，我们也应该清醒地认识到工作中存在的不足与薄弱环节：一是管理水平有待进一步提高，我们在健全制度，狠抓落实上还存在薄弱环节，“10·14”重大播出事故就是一个例证；二是节目质量有待进一步提升，我们要在内容创新、内容研发上下大力气，不断满足人民群众日益增长的精神文化需求；三是人才队伍建设有待进一步加强，要做到事业留人、政策留人、感情留人、待遇留人；四是经营渠道有待进一步拓展，要积极开辟新媒体阵地，形成合力，开发新的经济增长点；五是企业文化、品牌建设有待进一步提高，要营造“聚精会神搞建设，一心一意谋发展”的良好氛围。这些都需要我们在2010年的工作中下大力气加以解决。

在新的一年里，我们的任务依然艰巨而繁重，我们坚信：在市委宣传部和市广电局的正确领导下，北京电视台将紧紧围绕科学发展这一主题，解放思想，更新观念，改革创新，求真务实，努力开创北京电视台工作的崭新局面！

努力推动思想政治工作与宣传业务工作的“一体化”

北京电视台党委副书记　王　云

思想政治工作是中国共产党在各个历史时期的重要工作法宝，是巩固地位、赢得民心、凝聚力量的可靠手段。改革开放以来，中央高度重视思想政治工作在推动社会主义现代化建设过程中的基础性作用，提出了“思想政治工作是经济工作和其他一切工作的生命线”的重要观点，赋予了思想政治工作新的责任和意义。

北京电视台是北京市委、市政府的主要宣传舆论机构之一，宣传业务工作本身就是全市思想政治工作的重要载体，通过生动形象的电视节目开展思想政治工作、发挥好党的舆论阵地作用是首要的工作职责。因此，做好北京电视台广大干部职工的思想政治工作，不断提高电视工作者的政治意识、责任意识、大局意识，进而服务全市思想政治工作大局，具有特殊的重要性。

建台30年来，北京电视台几届党委将抓好职工思想政治工作放在重要位置，逐步建立起了思想政治工作的政策规范、制度体系、工作队伍，不但有效保证了全台队伍状况的健康稳定，而且也为坚定办台方向、提升舆论引导能力发挥了积极的作用。

与此同时，职工数量持续增加，人员结构日趋复杂化，35岁以下的青年职工占到近半数，人员工作分散，知识层次和思想状态趋于多元化。此外，随着外部经济、社会、文化环境的改变，也给思想政治工作带来了不小的难度。如何适应我台干部职工队伍的思想状况和工作状况，有的放矢地做好相关工作，成为我们始终关注、并着力解决的问题。

近几年，我们一直在努力探索思想政治工作的有效途径，在机制上，实现部门主任和党支部书记“一肩挑、两手抓”，提高思想政治工作主体的积极性；在形式上，创造性地提出并实践一年一度的“党支部特色活动”，赋予基层思想政治工作更强的感召力；在内容上，突出干部人才队伍培训教育的地位和分量，使思想政治工作更加务实。尤其是近两年来，我们提出了实现思想政治工作与宣传业务工作“一体化”的工作目标，即不断增强思想政治工作的主动性、动态性、时效性，将思想政治工作与宣传业务工作统一规划、统一布置、统一管理、统一监督、统一考核，努力做到二者融为一体、共同推进，以思想政治工作的力量推动宣传业务工作不断迈上新台阶，用宣传业务的平台提供给思想政治工作广阔的发展空间。

为了努力推动思想政治工作与宣传业务工作的“一体化”，我们不断下移思想政治工作的重心，避免与广大普通党员群众相脱节的工作形式，全面创新新闻宣传一线和技术保障一线的思想政治工作途径，尤其是力争在重大宣传报道工作中发挥主动的作用。在2008年的抗震救灾报道和奥运宣传报道工作中，通过主动探索业务工作繁重时期思想政治工作的开展方式，宣传业务工作与思想政治工作的无缝对接，强化对一线人员的关心，全力发挥党支部在关键时刻的战斗堡垒作用，着力发挥支部内共产党员的先锋模范作用等凝聚起了全台参与抗震救灾的责任意识，为奥运宣传注入了活力，表现出思想政治工作与宣传业务工作“一体化”的强大动力。

作为我们探索思想政治工作的一种工作模式，实现“一体化”并不仅仅在于思想政治工作舞台和工作力量的位移，而是要寻求更加符合实际、更有渗透能力的工作内容和工作手段，使思想政治工作富于生命力和吸引力，利用思想政治工作激发人的思想觉悟、丰富人的精神境界的优势，促进宣传报道工作的完成水平不断迈上新的台阶，在更深层次上实现“围绕中心、服务大局”的目标。经过初步的摸索和实践，我们觉得，实现思想政治工作与宣传业务工作在“一体化”要求下的创新发展，有几个方面的工作经验：一是台党委对全台思想政治工作的高度重视和领导班子成员在思想政治工作中的率先垂范。二是建立了分层管理、责任明确的思想政治工作体系。三是不断丰富思想政治工作的形式和内容，以生动形象的工作模式吸引人、感染人、鼓舞人。四是建立了思想政治工作应急反应制度。五是建设了一支高素质的服务型思想政治工作团队。这些都是推动思想政治工作与宣传业务工作“一体化”的源泉。同时，经过对近年思想政治工作资料的研究分析，我们也发现了一些存在的问题：首先，激发广大党员群众共同参与思想政治工作的能力还比较有限，大家的积极性、主动性没有被充分调动起来，思想政治工作在宣传业务一线还有很大的发展空间；其次，各宣传业务部门党支部发挥思想政治工作作用的意识和能力还不均衡，个别党支部的组织能力比较薄弱；再次，有些思想政治工作的具体做法还不甚成熟，有的还比较生硬，或是重形式轻内容，使得思想政治工作与宣传业务工作存在“两张皮”的现象，得不到广大一线职工的认同；还有，思想政治工作在融入宣传业务工作的过程中，也在某种意义上丧失了部分政治性、理论性，如何解决这些矛盾还有待进一步探索。这些问题，需要我们在继续探求新形式、新内容的过程中逐步加以解决。

从思想政治工作与宣传业务工作“一体化”的初步实践来看，推动实现“一体化”的思路是正确的，也是切合北京电视台自身发展实际的。为了进一步推动思想政治工作科学、持续、有效开展，我们应该从以下几方面继续努力：

一是明确思想政治工作的主体责任，强化主动性。要进一步健全和完善思想政治工作队伍的结构体系，在党委、思想政治工作部门、各党支部的框架基础上，根据宣传业务工作的实际需求，加强党组织的应变反应能力，拓宽临时党支部、党小组的作用，探索党员先锋岗、党员服务志愿队等形式，使基层组织建设更加切合于宣传业务工作的过程。同时，继续深化部门主任与党支部书记“一肩挑、两手抓”的工作机制，将思想政治工作责任考核纳入干部年度考核，使工作主体的责任更加明确。

二是加强对思想政治工作发展趋势的研究，增强前瞻性。要使“一体化”的过程能够与时俱进，就要在整体上理解宣传业务工作的长期发展趋势，瞄准宣传业务的难点、热点、焦点、重点，创造性地开辟思想政治工作的新领域。比如，如何针对80后年轻职工的多元需求，推出量身定做的个性化思想政治工作方案？如何进一步利用手机短信和网络工具平台，赋予思想政治工作时尚感？如何建立思想政治工作的考核体系和评价机制？都是需要重点研究的内容。要准确把握住宣传业务工作改革变化可能对广大干部职工的思想和行为产生的影响，把工作做在前面，把矛盾化解在初期，使思想政治工作真正成为宣传事业的可靠保障。

三是不断创新工作形式，加大丰富性。要调动各方面的积极性，共同创造性地做好思想政治工作。经常性地推广思想政治工作的好做法、好经验，特别是基层党建、一线党建工作的新形式，为全台思想政治工作积累素材。在“党支部特色活动”已经取得显著成效的基础上，力争用三年时间，探索和实践1~2个新的、得到大家热情参与的思想政治工作模式。要通过经验交流等形式，加强党支部之间的合作与沟通，开辟思想政治工作的新领域。

四是注重对思想政治工作集聚效应的深入挖掘，加强品牌性。要在实践、总结、完善、再总结的过程中，不断深化思想政治工作在宣传事业发展过程中的内涵和作用，使思想政治工作成为宣传业务工作开展的重要支柱，提高广大干部职工的认同感和支持度。同时，要对一些有效的做法进行挖掘、提炼和归纳，形成一些品牌性的工作形式，加以推广和宣传，争取形成一些在全市乃至全国有影响的思想政治工作开展途径。

五是进一步强化思想政治工作与宣传业务工作的融合性程度，赋予科学性。要就思想政治工作与宣传业务工作如何相互配合，建立健全相关的工作制度、服务机制和实施方案，形成规范化的工作流程，使思想政治工作在宣传业务一线能够起得来、做得出、做得好。在此基础上，择时制定《北京电视台思想政治工作管理服务制度》，使思想政治工作的运行有章可循，也为北京电视台的持续发展留下一笔宝贵的制度财富。

六是高度重视企业文化建设的推动力，追求文化性。要把企业文化建设作为当前和今后一个时期全台思想政治工作的主要内容之一，充分理解企业文化建设对于宣传业务健康发展的重大意义，以企业文化建设为思想政治工作与宣传业务工作“一体化”的支撑重点。对于企业文化建设，要边提炼边实践，在几年前通过大讨论的形式提炼出的“传播时代强音，服务首都百姓”的BTV精神和“求真务实、敬业创新、艰苦奋斗、团结守纪”的BTV作风的基础上，结合新的形势和时代特点进一步深化和凝练BTV精神和BTV作风的新内涵，形成更为科学规范的行为准则。同时围绕构建和谐电视台、和谐部门开展广泛的交流讨论，统一思想认识。以提升广大职工的归属感、向心力为目标，耐心细致地帮助大家解决现实问题和思想问题，在营造氛围、化解矛盾上做足文章。

关于北京电视台未来战略及其实施保障的几点思考

北京电视台副台长　邵宣堂

按照科学发展观的要求，北京电视台的发展方向是要成为主业突出、核心竞争力强的跨媒体大众传媒，成为有力引导公众舆论、有效传播社会主义核心价值观念的重要阵地，成为有强大影响力、辐射力、有可持续发展能力的文化创意产业旗舰。那么，在制定战略发展目标、实施谋划发展路径的过程中，应着力考虑哪些问题呢？

一、关于北京电视台未来发展总体战略规划的制定

2010年是“十一五”的最后一年，北京广电系统“十二五”规划及北京文化创意产业五年发展规划也正在起草制定。已经走过30年发展历程的北京电视台正处在谋求跨越式发展的关键时期，集全台之智认真研讨、充分论证，拟定、推出北京电视台未来数年的战略发展目标、发展思路、

发展路径显然是我们应着手操作实施的一项重要工作。战略规划的确立和推出，理应成为北京电视台未来数年发展的理论依据和有力保证。

（一）关于战略目标的设置和确立

作为一个首都大台，北京电视台战略发展目标的确立应遵循和体现这样一些原则：应当与国家发展战略和文化体制改革的总目标协调；与首都社会发展目标和文化产业发展目标协调；与电视产业发展规律协调；与新兴媒体发展方向和发展规律相协调；应体现政治效益、社会效益和经济效益的协调统一；同时，应体现追求卓越、勇于创新的价值追求。关于战略使命、战略目标的表述可以在充分论证的基础上进行选择，但我以为有几个指标是必备的：

第一，国内一流，第二，国际著名，第三，品牌媒体。所谓“国内一流”，是指传播能力（覆盖率、收视率）、综合实力（广告和多种资源经营能力）、品牌竞争力（数量和质量）进入全国市场（包括中央电视台在内）的第一阵营，也就是进入并长期保持在前3名之内。所谓“国际知名”，是指在国际电视同行中知名度、认可度较高，是各国电视机构寻求在华合作伙伴的优选对象之一。所谓“品牌媒体”，是指发展的速度、质量、势头稳定、健康、向上，体现首都大台的高品质、高品位。

要想“成为一个国内一流、国际知名的品牌媒体”，北京电视台起码要实现下列经济指标：（1）节目覆盖：全国覆盖到达人口超过9亿；（2）收视市场份额：在本地市场稳定在45%左右，在全国市场超过2%，在重点市场达到5%；（3）广告收入：年广告收入和总收入分别达到或超过30亿元和40亿元，且保持稳定增长的势头；（4）节目：成为全国电视节目制作量（包括电视剧和电影）和播出能力最大的电视台之一；（5）创新：成为全国电视台中节目（栏目）创新能力（数量和质量）和营销能力最强的电视台之一；（6）品牌：成为全国电视台中个性最鲜明、品牌栏目和品牌主持人数量最多以及社会影响力最大的电视台之一。

我认为，北京电视台战略路径的选择必须遵循以下原则：一是协调性，即与北京电视台选择的战略定位和战略目标保持高度的协调性。协调产生合力。二是独特性，即北京电视台选择的这条战略路径必须是竞争对手们没有注意到或者自觉选择或者给予高度重视的。独辟蹊径，才能出奇制胜。三是有效性，即北京电视台选择的这条战略路径必须是低成本、高效率的。有效才有用。四是开放性，即北京电视台选择的这条战略路径必须是有利于资源进出的。五是可持续性，即北京电视台选择的这条战略路径必须是持久的、连续的、没有极限的。可持续才是健康的发展。

（二）关于对现存问题的正视和分析

北京电视台在目前发展中面临着许多不容回避的问题。

1. 卫视全国影响力不够，距目标还有相当的距离。在北京地区市场上，虽然收视份额稳居第一，但已受到在京落地的其他省级卫视的严峻挑战。在全国市场上，虽处第一阵营，但竞争力不强。

2. 品牌率低，缺少全国性品牌栏目。无论是从自己的栏目总量来看，还是与全国强台相比，北京电视台在全国叫得响的品牌栏目和主持人数量都偏少，影响了北京电视台的整体品牌价值。

3. 创收渠道单一，节目商品率低。目前，北京电视台的产业经营收入中，广告收入占绝对主导地位，节目版权收入等所占份额很小，基本处于单一盈利模式状态。

4. 产业资源分散，产业化水平低。尽管“京视传媒”作为北京电视台的市场主体在进行运营，但是由于资源配置不到位，未能对可经营性资产进行系统的剥离和整合以及管理体制和机制面临的一系列问题，使得北京电视台产业发展处于低水平运营阶段，无法有效吸纳社会资本，无法实现对事业的强有力支撑。

5. 资金压力大。从未来发展必要的资金投入来看，北京电视台存在着对资金的强烈需求。媒资管理系统运行、高清频道运营、卫视落地覆盖、优秀电视剧购买、视频网络建设、电视购物发展等一系列项目形成了较大的资金压力。

6. 用人机制、激励约束机制尚不健全。与发展的要求相比，电视媒体的人才现状相对支撑不足。如，人才的发展通道单一，缺乏专业发展的上升通道，使人才在专业上缺乏上进的动力；人才选用信息不够畅达，视野、渠道不够宽；人才培训渠道少；人才结构、人才匹配不合理，等等。

二、关于北京电视台发展战略的实施和保障

北京电视台要完成既定的战略定位和战略目标，应该着力在以下几个方面谋划发展：

（一）建立良好的公共关系系统

北京电视台发展战略实现的一个重要条件就是要紧紧依靠和积极争取北京市委、市政府的支持，在市委宣传部和市广电局的直接领导下，协调好与社会和相关产业、机构的关系，营造一个良好的战略发展环境。

（二）抓制度建设，规范内部管理，提升执行力

现代电视传播系统，不仅技术繁杂、环节众多，而且与外界互动性强、影响力大，如果没有良好的内部管理和周密的组织协调，就不可能实现系统的协调一致、安全高效运转。因此，电视台的管理应有严格的纪律、明确的要求。加强内部管理，既要有严格周密的制度规范，包括工作细则、技术标准、操作规范和责任追究制度；也要有严密的检查落实制度，要按照“职责要明、管理要细、配合要好、考评要严、保障要实”的要求，建立健全我台各项规章制度，狠抓落实。各项制度不仅要有严格周密的规范细则，也要有严密的落实检查措施。要理顺关系，优化流程，提高效率，减少重复环节，持续提升管理水平。

（三）加大必要的资源整合和投入力度

比如在发展新媒体方面，北京电视台应在发展最快、前景最好的网络媒体、手机媒体以及其他新型媒体上有突破性进展。这就需要积极整合现有的新媒体资源，加大投入力度。

（四）选择突破口，探索实施机制创新

北京电视台的运营依赖的是一个庞大的机制系统，包括用人机制、生产机制、成本核算机制、激励机制、考评机制等。北京电视台只有进行系统创新和创新系统两个过程，才能达到提高内部活力的目的。

除了上述几个方面外，北京电视台要顺利实现发展战略规定的定位和目标，还

需要“完善一个安全预警系统”、“构建两种力量机制”、“实现三个构建、三个转变”、“强化四个平台”、“提高五种竞争能力”。

完善“一个节目安全预警系统”。安全问题对电视台至关重要。北京电视台的节目安全预警系统应当由安全生产、安全审查、安全播出、安全落地和安全危机处理五个环节构成。

构建“两种力量机制”。即：压力分解机制。作为一个政治、经济、文化和娱乐诸属性集于一身的特殊机构，电视台受到的压力也来自上述各个方面。如何有效地将来自各个方向的压力合理地分解而不是集中于一人或一部分人，不但是一个民主管理的问题，而且是一个科学管理的问题。北京电视台未来的压力分导机制有三大要点：一是自上而下。即各种压力首先集中于北京电视台的最高层，再自上而下，由点到面，逐级分解、缓解、消解。比如，在组织上成立一个与编辑委员会平行的经营管理委员会。二是终端管理。即压力具有指向性和终点性。压力的终端往往是问题的承载者，也是管理的重点所在。三是目标责任制。即压力的消解、转化或消失必将形成一个新的结果。这个结果的合目的性以及多大程度上合乎组织的目标或内外部期待是可以考评的，或可以作为奖惩部门或个人的依据。可结合即将推行的事业单位人事制度改革“三定”工作，积极推行各个层级的目标责任制管理。

动力传导机制。内动力的形成和发挥机理是一个复杂的系统构成。包括北京电视台未来的动力传导机制包括四个主要部分：(1) 加减机制。即用报酬的增加或减少来激励员工的工作热情和积极性。主要针对员工。但这种物质刺激的办法有一个限度，对部分人不敏感，对部分人不适用。(2) 上下机制。即用职务或职称的晋级或降低或者免除的办法来激励员工的工作责任心和主动性。但职务毕竟有限，适用的人更少。主要针对干部。(3) 高低机制。即用给员工创造学习、进修、培训、出国学习等提高素质的办法来鼓励员工在业务上积极进取，尽心尽力尽责。主要针对业务骨干。(4) 进出机制。即每年可以拿出一定的长期或短期用工合同名额奖励或者处罚不同的员工，实行优进劣出。北京电视台应当采用长期用工、中期用工、短期用工的概念，强化人格平等观念，弱化工制优越意识，实现从身份管理向能力管理、业绩管理的模式转变。

实现“三个构建”、“三个转变”。“三个构建”是指有三个资源循环系统需要构建，即：(1) 内部资源循环系统。内部资源循环要求北京电视台所属的资源在内部实现最大限度的优化配置和共享，包括节目资源循环、信息资源循环、人力资源循环、技术资源循环、经营和管理资源循环等子系统。(2) 外部资源循环系统。外部资源循环要求北京电视台的资源和社会资源实现最大限度的对接、兼容、共创、共享，包括资本资源循环、人才资源循环、经营资源循环和市场资源循环等。(3) 境内资源与境外资源循环系统。北京电视台的覆盖和传播虽然不以对外为主，但是，身处国际大都市和全球信息传播一体化的背景，必然使其与国际媒体频繁接触、交流，进而寻求资源、项目合作，取长补短。事实上，国际资源的丰厚不仅是北京电视台的优势资源之一，也是迅速提高竞争力和影响力的捷径之一。

“三个转变”主要是指：（1）实现外部资源的“内化”。即以外补内，以内御外，充分利用社会资源、市场资源、国际资源办电视，做节目，搞经营，谋发展，图跨越。（2）实现内部产品的“外化”。即从以内需为主的自给自足型生产方式向社会化、商品化、市场化的现代性生产方式转变，大大提高多次播出、永久性播出、跨地域播出和跨国播出电视节目制作的比例，降低一次性播出和本地播出电视节目制作的比例，提高效益，降低成本，扩大影响力。运用的手段主要包括：在政策允许的前提下，部分节目中心进行公司化或模拟公司化运营。（3）实现经营方式的转化。即从单纯追求政治安全、高收视率和广告经营额的传统经营方式向追求社会文明与和谐、高市场品牌价值和高社会影响力的经营方式转变。

强化“四个平台”。即把北京电视台建设成为优秀节目的汇聚平台、优良资本的运营平台、优异人才的表现平台和优越战略的运营平台。

提高“五种竞争能力”。即强大的节目制作能力、高效的节目覆盖能力、可持续的节目创新能力、差异化的品牌孵化能力和科学的市场营销能力。上述五种能力既是手段，也可以视为战略的子目标之一。

贯彻落实科学发展观
积极主动做好我台高清项目建设

北京电视台总工程师　田　方

今年根据市委关于开展深入学习实践科学发展观活动的部署和要求，我认真参加了台党委组织的各项学习活动。按照台党委提出的我台要着力提升舆论引导水平和宣传水平，着力推进制度建设和队伍建设，着力构建人文、和谐的文化设施，努力发挥优势，抓住机遇，破解难题，在新的历史起点上，坚持科学发展，提升传播能力，创有影响力的强台的建设目标，结合学习，就如何结合工作做好贯彻落实进行了一些思考。特别是最近我台党委多次开会学习蔡赴朝部长11月16日在我台主要领导职务变动会议上提出的把握舆论导向、加快创新步伐、健全管理制度、抓好队伍建设等四个方面提出的要求，为我台和我个人当前和今后一个时期的工作指明了方向。12月3日，市委副秘书长肖培，市委宣传部副部长严力强，市广电局局长孙向东，来台听取BTV文艺、体育频道高、标清同播工作汇报时，对我台2010年高清化工作提出了明确要求。12月4日上午，台党委在27层会议室召开党委扩大会议，研究和落实上级领导的指示精神。通过理论学习和上级领导指示精神的学习，结合自己分管的技术工作，自己对贯彻落实科学发展观，做好电视台的技术工作有了一些新的认识。

一、对坚持以科学发展观指导广播电视工作的认识

十七大提出的科学发展观，深刻反映了我们党对发展问题的新认识，反映了当今世界和当代中国的发展变化对党和国家工作的新要求，是马克思主义中国化进程中的历史性飞跃，是社会主义现代化建设必须长期坚持的根本指针。科学发展观能够有效解决新世纪新阶段发展中遇到的新矛盾新问题，是推进改革开放和社会主义现代化建设的新法宝。

十七大报告突出强调了加强文化建设、提高国家文化软实力的极端重要性，对兴起社会主义文化建设新高潮、推动社会主义文化大发展、大繁荣作出了新的部署。提出要推进文化创新，增强文化发展活力。在时代的高起点上推动文化内容形式、体制机制、传播手段创新，解放和发展文化生产力，是繁荣文化的必由之路。广播电视作为意识形态和社会价值的传播工具，是党和政府的“喉舌”，是沟通党和人民的桥梁，肩负着宣传党的路线方针政策和反映人民呼声的重任，成为最重要的宣传党的方针政策和进行精神文明教育的手段之一。广播电视要坚持科学发展观，繁荣和发展广播电视事业，始终把最大限度满足人民群众精神文化生活需求作为工作的出发点和落脚点，主动担负党和政府赋予的责任。

二、对发展高清电视的认识

随着我国经济的快速发展，人们的生活水平在不断提高，人民群众文化消费呈现多样化、多层次、多方面的特征，老百姓期待更多高质量、多姿多彩的优秀文化产品，期盼更加优质的文化服务。人民群众生活质量的不断提高给我们广播电视创造了新的需求和机遇。

科技的进步，各种新技术的应用，拓宽了广播电视的传播手段，扩大了广播电视的发展空间。对于广播电视行业而言，提供内容丰富、品质更高的高清电视服务是顺应技术发展潮流、满足人民群众需要的重要举措。

高清电视是一个发展趋势，从模拟到数字，从标清到高清，这个趋势一方面是我们自身的节目质量、水平会提高，观众可以享受到更高级的身心的服务。高清电视是电视发展的必然趋势，是电视数字化的重要组成部分，是推动经济社会发展的客观需要，是发展先进文化满足人民群众精神文化需求的必然要求。

发展高清电视，一方面给我们带来很好的视觉、听觉体验，无论是画面、音质都给我们带来标清电视无法比拟的体验，尤其是文艺节目、体育比赛、旅游地理等节目，这些节目在视觉、听觉质量上都有更高的要求。实现电视高清化，是人民群众的需求与期待。另一方面，我们发展高清电视对于拉动内需，带动相关产业的发展也非常重要。在高清电视的发展当中，产业链是一个非常完整的链条，从高清的制作层面来讲，目前全高清、全网络的基本格局具备了基本成熟的产业链，在这个过程中，相关厂商发挥了积极作用。

中央领导高度重视高清电视发展，广电总局对电视高清工作站得高、看得远、思路清、决心大，决策非常果断。根据中央领导指示精神和“鼓励发展、统筹兼顾”的原则，广电总局提出了促进高清电

视发展的思路和规范发展的要求，整体推进电视频道的高标清同播，推动高清频道规模化、集约化发展和规范发展，使得高清电视从制作、播出到传输、接收协调发展，使电视观众能同期看到多套真正高清晰度的电视频道，培养高清晰度电视市场，引导观众对高清晰度电视的信任度。广电总局将高清电视列入2009年广播影视工作重点，在反复调研的基础上，明确了高清电视的发展思路和政策，这为保证高清电视开好头、起好步以及今后的健康发展打下了良好基础。9月28日，广电总局启动中央电视台第一套节目和北京卫视、上海东方卫视等9个卫视频道的高、标清同播，加上中央电视台原有的高清综合频道，可同时向观众提供10个高清电视频道，标志着中国高清电视发展步入了一个新阶段。在此基础上，广电总局将继续做好高清频道规划、集中传输、宣传推广等服务工作，为高清电视发展和广播电视数字化创造良好的环境。

我市的高清电视发展得到了市委刘淇书记等领导的亲切关怀和指导，市政府投入资金近80亿元，推动高清工作，这是北京市历史上对宣传口一次性投入资金最大的一次。市委、市政府把大力推动高清电视作为推动文化大发展大繁荣的直接具体体现；作为主流媒体与先进技术结合提高吸引力、感召力、凝聚力，惠及百姓精神文化需求，促进广电产业升级，拉动内需一举多得的好项目、好工程。

高清化的效益显现有一个过程，我们要看到高清电视的美好发展前景，从当前我台自身看，短期投入会大于产出，但从高清产业链看，其综合效益已经显现，比如：推动了平板电视的销售，带动了歌华有线从“看电视”到“用电视”的转变，促进了首都相关高清产业发展；从电视台发展趋势看，高清化发展是迟早的事，对我们来说，晚做不如早做，被动干不如主动干。我台要积极建设高清技术系统，把电视节目高清化播出工作做好做实，在实现高清化技术手段后，提高高清节目内容质量，打造高清节目的品牌化。

三、积极主动做好我台高清项目建设

按照市委、市政府对我台高清电视技术发展的要求，我台积极推进电视频道高清化，第一期工程已经完成，北京卫视已于今年国庆节前实现高标清同播，我台也是全国第一批实现卫视高清化的电视台。上级领导对我台卫视频道高、标清同播工作给予了肯定，同时对我们下一步的工作，提出了更高的标准和更严格的要求。目前我台正以技术为先导，制定第二期规划，完成上级下达的文艺频道和体育频道实现高清化的任务。

如何落实上级领导的指示精神，我们必须解放思想，统一认识，积极主动做好高清建设。科技引领着电视台的发展，我们必须以战略的眼光，深刻认识高清电视发展对于北京电视台的重大意义；要从首都经济发展，特别是信息化提升战略的高度，看待北京电视台的高清化工作，进一步开阔视野，真抓实干；要抢抓机遇，主动出击，看到与中央台和兄弟省市台的差距，与网络发展的距离，无所作为就会被淘汰，我们必须要从被动的完成任务真正转变到主动抢占先机；要不折不扣地落实好上级指示精神，狠抓落实，力争超量完成，从科学性、可操作性、紧迫性三个方面进行细化研究，认真落实。

在做好第二期高清项目建设的同时，我们技术工作还要坚持做好以下几个方面的工作：

1. 要继续强化安全播出工作，确保节目优质、安全播出

在这方面，我们有深刻的教训。我们要把安全播出作为我台技术工作的头等大事抓紧抓好，进一步健全制度，抓好岗位责任制的落实，使所有播出一线的人员岗位明确、职责分清、奖罚分明；要及时总结新技术系统运行后存在的问题，对系统缺陷、工作流程及时进行整改、修正；要经常组织演练，使一线人员人人具有熟练的操作技能和快速处理突发事件的能力。

2. 高度关注广电领域和新的技术发展趋势，大力发展新媒体，开辟新的经济增长点

科技的发展已经使得广电不是传统意义上的广电，而是呈现以传统业务为主的多项新媒体业务并行的新的发展方向。我们要统筹规划，加强IP电视、手机电视等数字新媒体的应用研究，充分发挥广播影视的内容优势，开发适合北京电视台的发展的新业务，挖掘新的业务增长点。

3. 研究探索制定新的工作流程、管理体制，同时按照中央关于广电总系统制播分离改革工作的总体要求，努力探索、稳步推进我台制播分离工作

为适应新大楼技术系统的运行，要不断研究探讨并制定新条件下的工作流程和新形势下的技术管理模式与管理体制，以适应智能化、自动化、专业化、信息化的工艺流程，提高制作、播出的能力技术质量，提高新系统的运营效率。同时，在深入调研、全面掌握我台产业资源现状的基础上，配合台内改革，深入论证，努力探索，按计划、有步骤地推进实施我台制播分离改革工作。

4. 实施人才强台战略，加强人才队伍建设

我台通过2008年奥运会的转播和高清项目建设，培养、储备了一批技术人才，在此基础上，要进一步规范技术人才的选拔、培养、使用机制，储备各方面的技术人才；同时要加强技术人员对新大楼环境的适应、新系统的掌握、新工作流程的熟练强化培训，使新的技术系统、高清技术系统尽快发挥更大作用。

追求高收视率与坚持正确舆论导向

北京电视台副总编辑　张　强

广告商在选择投放渠道和平台时，往往会以电视节目收视率作为最主要的参考指标，“收视率”的高低决定着该媒体经济收入的多少，也就在一定程度上演变成了评价电视媒体发展好坏的重要标尺。然而，收视率所代表的经济利益趋向，不应该与媒体的社会责任发生冲突，因为从长远来看，只追求经济效益而不顾社会效益

的行为，必将损害电视媒体行业的健康、稳定和科学的发展。

一、正确认识收视率

收视率是观众收视行为的科学量化和评价，因此收视率就必须会在媒介的整个经营过程中起到举足轻重的作用。

1. 收视率为媒介经营者经营频道和节目提供了重要的参考

媒介经营者经营频道和节目的目的，是为了吸引观众的注意力，要想吸引更多的观众，就必须了解观众的收视习惯和偏好等，并以此为依据，制作相应的节目内容，调整和优化频道节目的编排。收视率数据来源于对观众的科学调查，是对观众收视行为、收视节目等方面的描述和反映，因此，它越来越成为媒介经营者经营频道和节目的“谋士”。

2. 收视率数据也是评价广告投放效果的客观依据

广告商更关注的是广告投放的效果，因此，他们关注的不是节目的内容和形式，而是收视这些节目的观众群体的“质”和“量”。他们强调广告产品的目标定位与观众群体的结构一致，保证广告投放的针对性；强调一定的观众规模，保证广告传播的范围；强调观众群的稳定性，保证广告的信息传播的深度，使观众尽量记住广告的内容，最终去购买广告所宣传的产品。因此，收视率数据也是评价广告投放效果的客观依据。

观众、节目、广告是电视媒介经营的三大核心因素，它们之间存在着相互制约、相互影响的关系，媒介经营就是三大要素不断变化、组合的过程，通过节目和观众的组合，优化节目观众定位和节目编排，通过观众与广告的组合优化媒介的到达，最终以优化的媒介到达吸引广告商的投放，获得回报。收视调查的作用就是为这三大要素的优化组合提供科学、客观的依据。

然而，就在收视率在媒介经营角度发挥着重要作用的时候，很多负面作用也显现了出来。因为收视率影响广告收益，收视率也就成了衡量节目质量的标准，成为了节目生产和播放的目标，从而成为了时下一些节目迎合庸俗、低俗之风的源头。另外一些格调高雅、品质上乘的作品，往往会出现“叫好不叫座”、“曲高和寡”的局面，社会反响非常好，收视率却不理想，如果一味地追求收视率，则会导致这些节目渐渐失去生存的空间。因此，从马克思哲学角度出发，一分为二的、辩证的认识收视率的积极作用和消极影响，对于电视传媒业的健康有序发展十分必要。

二、电视媒体应始终将社会责任放在首位

坚持科学发展观，根本目的就是为了实现更好更快的发展。落实到广电传媒行业，重要发展目标之一就是做强做大广播电视事业，进一步增强党和政府“喉舌”作用。北京电视台必须巩固主流媒体的主体地位，发挥主导作用，增强舆论引导能力，这些都是在任何时候都不能忘记和松懈的。

1. 电视媒体应始终坚持正确的舆论导向

新闻宣传工作怎样才能坚持正确舆论导向，提高舆论引导能力？胡锦涛同志在考察人民日报社时提出了“五个必须”的要求：第一，必须坚持党性原则，牢牢把握正确舆论导向。第二，必须坚持以人为

本，增强新闻报道的亲和力、吸引力、感染力。第三，必须不断改革创新，增强舆论引导的针对性和实效性。第四，必须加强主流媒体建设和新兴媒体建设，形成舆论引导新格局。第五，必须切实抓好队伍建设，增强凝聚力和战斗力。要按照这“五个必须”的要求，切实增强责任意识，坚持正确的舆论导向。

电视媒体要把坚持正确导向放在新闻宣传工作的首位，坚持团结稳定鼓劲、正面宣传为主的方针。要坚持新闻的党性原则，严格宣传纪律，在重大问题、敏感问题、热点问题上坚决把好关、把好度。

2. 电视媒体应以传播先进文化为己任

电视台是重要的思想文化宣传阵地。电视剧作为当今社会最具影响、最大众化的文艺形式，在传播先进文化、弘扬社会正气、提升人们的精神境界和审美品位方面发挥着十分重要的作用，有着特殊的地位。每一个电视台都应该以坚持社会主义先进文化的前进方向、建设社会主义和谐文化的高度为目标，进一步增强政治意识、大局意识和责任意识，完善管理制度，健全管理手段，规范电视剧播出管理，维护行业良性、有序发展。

3. 电视媒体应恪守媒体社会责任

电视媒体的任务之一是为人民群众提供基本的公共文化服务。为保护观众正常的收视权利，满足观众应有的收视审美和娱乐诉求，如果单纯为了追求收视率和短期利益，就会不自觉地搅乱正常的电视节目播出秩序。作为公益事业，电视媒体应积极满足观众多方面的精神文化需求，各省级卫视综合频道尤其要起到模范和垂范作用。

电视传媒应认真坚持以上三个方面，始终把社会效益放在首位，无论在任何时候都不能放松，因为这正是社会主义新闻事业所必须遵循的根本原则。

三、两者之协调与统一

坚持科学发展观，就是要坚持全面协调和可持续发展。对电视媒体而言，引导社会舆论、创造良好社会效益是其作为社会公器的义不容辞之责；同时作为市场化进程中的一部分，电视媒体具有促进自身发展，实现自身经济效益的必然需求。如何在赢得最大化社会效益的同时获取最大化经济效益？如何做好对高收视率和正确的舆论导向之间的协调，是落实和践行科学发展观的重要课题。笔者在此提出一些简单的思考。

1. 以责任兼顾社会经济两方价值

责任将能有助于在新社会背景下解决电视媒体社会效益与经济利益两者之间的矛盾，这对于未来媒体的更进一步发展是具有实质性意义的。当社会效益与经济利益发生矛盾时，责任将能使两者较好地统一起来，因为无论社会效益还是经济效益，电视媒体最终都要通过受众这一群体去获得实现，因此，始终以社会责任感为主导、坚持行使媒体监督权的媒体，虽然一定程度上丧失了眼前的利益，却是在积累未来发展所需的媒体信誉度和公信力，从而提升媒体价值，吸引更多企业客户的加盟，最终实现经济利益最大化。

2. 以科学发展观为指导建立更为合理健康的电视节目综合评估考量体系

目的决定手段，手段决定结果。如果电视传媒应以科学发展观为指导，努力寻求经济效益和社会效益的平衡点，这一目的就决定了我们需要在收视率这一简单客观数据的基础上，建立更为科学、完整、健康的电视节目综合评估考量体系，杜绝“唯收视率”的可能。这样的综合考量评估体系，更像一把多维度的标尺，它就像一个路标，将会引导电视节目生产制作和播放向更有益的方向发展。早在2005年年初，中央电视台就曾提出绿色收视率的观点，强调可持续发展理念。在电视节目综合评估考量体系中，除了收视率指标，还应引入影响力、满意度、美誉度、社会责任价值等指标，强调收视率与满意度的协调发展，力求提高收视率的含金量和美誉度。

3. 将提升媒体的社会影响力作为重要发展目标

媒体的社会影响力直接制约着媒体作为党和人民喉舌的基本功能的实现。而媒体的社会影响力恰恰是由两方面决定的：其一，以覆盖率、收视率和收视份额为框架的客观收视占有率体系，覆盖率、收视率和份额越高，说明这个媒体能够把触角衍生到更为广泛的民众中间，能够更为广阔的传播党和人民主流声音；其二，媒体的可信度，即观众对于该媒体的认可程度和信任程度，如果一个媒体失去了观众的信任，将极大损害其传播的效果。而这一点恰恰与媒体是否坚持正确的舆论导向，是否把社会效益、社会责任放在首位息息相关。因此，如果把提升媒体的社会影响力作为重要的发展战略目标，将会有助于以上两点的协调统一。

让心中的梦飞腾而出

——谈《与梦齐飞》的创作过程和创作感想

北京电视台副总编辑　朱　江

2008年北京奥运会、残奥会后，胡锦涛总书记在总结表彰大会上强调：体育是社会发展和人类文明进步的重要标志，是综合国力和社会文明程度的重要体现……我们要坚持以增强人民体质、提高全民族身体素质和生活质量为目标，高度重视并充分发挥体育在促进人的全面发展、促进经济社会发展中的重要作用，实现竞技体育和群众体育协调发展，继续发展群众体育事业，继续提高体育运动技术水平，继续推进体育改革创新，进一步推动我国由体育大国向体育强国迈进。

奥林匹克运动的先驱顾拜旦先生在《体育颂》中说：体育是美丽、艺术、正义、勇敢、荣誉、乐趣、活力、进步与和平的化身。

中国的第一位体育学教授马约翰先生也曾反复论述说，体育是培养健全人格的最好工具。

面对着领导同志的号召和体育先贤们

的论述，我们时常地、反复地在想，做体育传媒、体育电视，我们的准确定位究竟是什么，我们的社会功能究竟有哪些，逐渐地，越来越坚定的，我们树立了这样一个理念，就是在追求收视率和追求广告额之先，第一位的首先是应该勇敢地、毫不犹豫地承担起我们的社会责任。竞技体育也好，群众体育也罢，体育和体育电视，最终的目的都是促进人的进步，促进社会的进步，而收视率和广告额只是完成这一伟大历史任务过程中的一些手段和方法。换句话说，只对收视率和广告额负责任的媒体不是一个好媒体，没有社会责任感的媒体不是一个合格的媒体。正是基于这样的理念支撑和思想驱动，在取得国家体育总局宣传司的首肯后，由北京电视台体育节目中心为纪念改革开放30年而创作的大型体育文献纪录片《与梦齐飞》应运而生。

下面，从三个方面谈谈《与梦齐飞》的创作过程和创作感想。

一、《与梦齐飞》的创作过程

历经改革开放30年，中华民族迎来了伟大复兴的时代，百年强国梦正在逐步实现。中国体育本身就是国家和民族兴衰荣辱的一部分。胡总书记讲，体育是社会发展和人类文明进步的重要标志，是综合国力和社会文明程度的重要体现。事实确实如此，纵观中国改革开放30年的历史，体育以“振兴中华”口号的提出为代表每每充当改革开放的先行者和推动者，同时又在改革开放的大潮中迅速成长和发展。体育的命运和国家的命运紧密相连，中国体育既是改革开放的受益者，也是改革开放的贡献者从梦想到梦圆，从起飞到腾飞，在追求光荣与梦想的历程中与改革开放共存同行。在纪念改革开放30周年的重要历史时刻，中国体育、中国体育电视传媒不能缺位、不能失语，这是我们的创作初衷。

最早提出要拍摄一部大型体育文献片是在2007年的夏天，因为在我们埋头筹备奥运报道的过程中发现，中国体育电视史上还没有一部比较系统、比较权威的记录新中国体育发展史的文献片。我们希望北京电视台体育节目中心能做这件事，为此我们向国家体育总局宣传司的领导提出了这一想法。2008年9月下旬，残奥会刚刚结束，我们就调集了上百人的队伍，投入了数百万的资金，开始投入前期拍摄工作。2008年的冬天，我们又向国家体育总局的相关领导做了进一步的汇报并最终确定改革开放30年献礼篇《与梦齐飞》的选题。

《与梦齐飞》一共做了16集。第一集《难忘历程》是开篇；第二集《体育凝聚力量》主要是以20世纪80年代初为背景，表现了体育在改革开放中的排头兵作用；第三集《奥运跨越》力图表现中国体育对于奥运规律的认识和把握；第四集《追梦之旅》写了两次申奥；第五集《职业化探索》；第六集《法治体育》；第七集《对兴奋剂说“不”》；第八集《行者无疆》主要探讨体育传媒的功能定位；第九集《体育创造财富》主要是对中国体育产业的盘点；第十集《健者常乐》和第十一集《少年强》选取了提高少年身体素质，提高全民身体素质的角度；第十二集《他们是明星》和第十三集《关爱》从运动员个体出发进行了讨论；第十四集《脚印》主要是写北京奥运会；第十五集《举国体制与时代同行》；第十六集《向体育强国迈进》是全篇的收盘。《与梦齐飞》共16集，每集 50 分钟，以“大体育”的视角，把中国体育放在改革开放的大背景下去叙述和评说；《与梦齐飞》前后采访了 260 多位国内外人士，有国际奥委会的萨马兰奇、亚克·罗格等，有 NBA 的大卫·斯特恩，有总局和各司局的大部分领导，有郎平、姚明、刘翔、邓亚萍等。

二、《与梦齐飞》的业界反馈

国家体育总局刘鹏局长对《与梦齐飞》批示写道：“这 16 集我全部看了，拍得很好。不但系统全面，还有深度，把握的角度很得当，且有重要史料价值，很有宣传和普及体育的作用。……”

中国奥委会副主席吴寿章同志说，片子做得非常好，用一个词概括就是“高屋建瓴”，这部片子是站在改革开放全局的高度看体育，因此就决定了它的视野必然是非常开阔，这也是这部片子和之前的一些纪录片最大的不同。

总局原政法司司长，已经 73 岁的王鼎华同志说，之前讲改革开放的纪录片很多，但没有一个是讲体育的，这个片子很及时，也很完整地展示了中国体育 30 年来的发展成就，也从一个侧面歌颂了改革开放。

《人民日报》资深体育记者汪大昭则认为，《与梦齐飞》的出发点并不仅仅局限在体育，它的最大特点其实是跳出了“就体育论体育”的传统思路，把中国体育置于改革开放的大背景下，用观点统领，用事实说话，深刻揭示了中国体育与国家的命运紧紧相系，中国体育不仅是改革开放的受益者，也是改革开放的贡献者这一核心内涵。汪大昭还对“年轻但不浮躁，谦虚而又充满抱负”的制作团队表示十分欣赏。

新华社体育部副主任许基仁则用“大气”和“权威”四个字概括了他对《与梦齐飞》的评价，并特别指出，260 人的专访本身就是“无价之宝”。

新华社高级记者，北京奥组委媒体运行部副部长徐济成同志在看完了 16 集 720 分钟的节目后，用“激动”、“深思”和“期待”三个词谈了他的内心感受，他认为这部片子“还原了新闻的本质，还原了体育的本质”，他还建议进一步挖掘这部片子的价值，让这部片子走出国门。

《与梦齐飞》在纪念改革开放 30 年的纪录片评比中荣获银奖。中国广电协会纪录片委员会副会长冷冶夫谈道：刚拿到片子的时候，觉得应该是讲体育 30 年的历史，但是看完之后，觉得它不是新闻类的专题片，因为它有历史的纵深感；也不是纯纪录片，但它又有一个一个的人物故事，也用到了纪实手法；也不能归类为科教类专题片，但是像《对兴奋剂说“不”》这一集中又有对兴奋剂准确的科技定位。专家对这部片子最感兴趣的就是它多元融合的方式，显得更时尚、更跳跃。

三、感受和思考

（一）《与梦齐飞》集中体现了我们对于体育本质的再认识和再阐述

在这部片子的创作过程中，始终有同志怀疑和担心这会不会是一部行业成就片，或许起一点吹喇叭抬轿子的作用，但可以肯定地说，这部片子不是一部行业成就片。我们的初衷和从片子的效果来看，这部片子是我们对体育本质的再认识和再阐述，所以我说，这是“让我们心中的梦飞腾而出”。

长期以来，我们的体育报道太过注重

竞赛、输赢、技术、奖牌等，体育传媒界的许多同志都希望我们的体育报道能再广阔一些、再深入一些。

我们在思考北京奥运会给我们带来了什么这个问题时也深深地感到，奥运会是一次竞技体育的盛会，但绝不仅仅是体育的，它是经济的、文化的、社会的……

顾拜旦是一个音乐家，但他为什么钟情于奥林匹克运动？中国著名的体育学教授马约翰先生说体育让人成为了真正的人，他为什么对体育有这样的认识？

基于上述种种思考，我们坚定了要把体育放在社会发展的大背景下去认识和描绘的理念，所谓的“跳出体育看体育”。我们认为，体育为社会和人类进步推波助澜，而社会和人类进步又从根本上决定着体育的兴衰存亡。我们认为，随着中国社会向全面小康的跃进，体育越来越成为人们的一种生存状态，它的社会作用和重要程度会越来越呈现出来，它的生存空间、文化空间和产业空间都会越来越广阔。所以，在考虑片子的谋篇布局时，坚决地舍弃了编年体，而采用了主题结集的方式；在选题上，尽量不回避敏感话题，在政策允许的范围内去挖掘深层次的社会内涵。

（二）《与梦齐飞》再一次成就和强化了多方合作的模式，我们应加以珍惜和发扬光大

片子立项伊始，就得到了国家体育总局各级领导以至最高领导的批准和支持，所以此部专题片能以总局主办，媒体承办的形式出现。总局的领导、业界前辈、各司局和项目管理中心的领导先后接受采访和给予指导。在片子创作最关键的时候，受总局宣传司委托每周召集一个协调会，这样的协调会一直开了十几次，为片子高质量的按时完成起到了保驾护航的作用。这是政府机构同媒体机构一次互相推动，效率极高的成功合作。

新华社体育部主任高殿民、副主任许基仁、高级记者徐济成、《人民日报》高级记者汪大昭，中央电视台体育节目中心原主任马国力、现任主任江和平、华奥星空的总裁曹勇等同志都亲自参与片子的创作和接受采访，所以说，这也是中央媒体与我们地方媒体、纸媒体、网络媒体和电视媒体的一次成功合作。

当然，这部片子也是体育界和传媒界的一项成功合作，是专家学者同编辑记者的一次成功合作。在片子的创作过程中，各方的专家、学者、金牌教练员、运动员等给予了大力支持和具体的指导。与其说这部片子是我们对体育本质的一次再认识和再阐述，不如说是它描绘和实现了大家心中的体育强国梦。

（三）体育报道要在重要的时刻不缺位、不失语，如何把握规律，付诸实践，需要我们不懈努力

举以下两个例子，也许可以从某个侧面反映当前中国体育报道存在的问题，值得我们去关注和思考。新华社高级记者、原任北京奥组委媒体运行部副部长的徐济成曾经谈到这样一个现象：2008年北京奥运会中国获得了那么多的金牌、奖牌，但在奥运会的主新闻中心MPC给各国代表团官员及教练员、运动员设立的新闻发布室里，却极少见到中国代表团的发布会，而更多的是欧美国家代表团的发布会。当时，奥组委的同志和总局宣传司的同志为此也很着急。这里其实反映出了一个如何利用好传媒的问题，如何争取话语权，如何给国际社会媒资的问题。再一个例子。中国广电协会纪录片委员会副会长冷冶夫在谈到纪念改革开放30年的纪录片评比的问题时谈道：此次评奖有200多部1300多集作品参加，但涉及体育的只有《与梦齐飞》这一部，16集，评奖中大家也对北京奥运会最后没有做出一部压得住阵脚的收盘之作表示遗憾，也许可以期待8月8日开幕一周年的时候能够出现。

不得不说，上述现象与我们这样一个奥运奖牌大国相匹配吗？不得不思考，体育报道要做到在重要时刻不缺位、不失语，如何把握内在规律？如何付诸实践？这需要我们不懈努力。

浅谈科学发展观对报道突发公共事件的指导意义

北京电视台副总编辑　张　亮

我国目前正进入改革开放的关键阶段，既是黄金发展期，同时又是矛盾凸显期。在经济转轨、社会转型的进程中，社会矛盾和社会问题日益增多，可能引发经济风险和社会危机的不确定因素也随之增加。科学发展观理论在这种背景下应运而生，强调处理好人与自然、人与人的关系，实现全面协调可持续发展。因此，重视突发公共事件的预警和处置，是落实科学发展观的重要内容。

在处置各类突发公共事件中，科学发展观是正确行动的先导，是凝聚人心共同应对危机的思想法宝。因此，如何进一步坚持科学发展观，做好突发公共事件的新闻报道，这既是新闻媒体履行职责的表现，又是配合党和政府提高执政能力、动员全社会力量防范化解危机的需要，有着十分重要的现实意义。

一、把握发展脉搏，提高媒体对突发公共事件的预警能力

在突发公共事件新闻报道中坚持科学发展观，首先要坚持用科学的眼光来看待我国的当前形势，未雨绸缪，提前应对。一般来说，突发公共事件按其发生过程、性质和机理分为四大类，即自然灾害、事故灾难、公共卫生事件及社会安全事件。任何一类突发事件如果处置不当，都有可能对经济、社会造成严重伤害，甚至形成复合危机，进而影响政局的稳定。我国目前处在突发公共事件的高发时期。在未来很长一段时间内，我国都将面临突发公共事件所带来的严峻考验。

自从“非典”事件后，我国逐步完善了突发公共事件的应急管理。2003年出台的《突发公共卫生事件应急条例》规定，国家建立突发事件的应急报告制度、举报制度、信息发布制度。2006年1月8日，

国务院发布《国家突发公共事件总体应急预案》，把突发公共事件的传播纳入整体应急管理机制。2008年5月1日，《中华人民共和国政府信息公开条例》正式施行，“突发公共事件的应急预案、预警信息及应对情况”属于信息公开的内容之一。随后，中共中央办公厅、国务院办公厅印发了《突发公共事件新闻宣传报道应急办法》，对突发公共事件新闻报道工作进行了规范，强调要正确引导国内舆论，积极影响国际舆论。这一系列规章条令为新闻战线应对突发公共事件提供了制度保障。

在做好应急制度建设和机制建设的同时，媒体的危机预警功能非常重要。美国学者拉斯韦尔1948年在他的《社会传播的结构和功能》一书中，明确把环境监测、联系社会和传递文化列为传媒的三大功能，而环境监测是三大功能之首。他认为，对各种自然灾害和其他突发性事件进行报道，为世人敲响警钟，是传媒监测环境的主要内容。

事实证明，危机的发生往往有一个酝酿过程，在这个过程中媒体的危机预警功能必不可少。如果缺少媒体的预警和监督，当突发事件来临时，政府和公众可能措手不及，贻误战机，最终酿成更大的危机。预防传播机制的作用就是警钟长鸣，未雨绸缪，防微杜渐，有备无患。恰当的危机预警有利于提高公众心理承受能力，提高全社会的免疫力，为化解公共危机赢得思想准备和行动准备。

二、引领舆论，发挥媒体作为动员者和组织者的社会功能，协调政府和民众力量共同应对危机

科学发展观的第一要义是发展。为了实现全面协调可持续发展，新闻媒体必须时刻坚持正确舆论导向，特别是在突发公共事件中，正确的舆论导向是应对危机的生命线。当危机突然到来时，媒体是在政府与公众之间扮演着信息沟通者和“意见领袖”的重要角色，是帮助政府预防危机、缓解危机、化解危机的重要力量。

有大众传播学者曾经指出，成功化解危机有三个要素：第一是政府部门积极有效的应对；第二是民众的配合参与和自我调适；第三则是媒体“第一时间”的反应。政府、媒体和民众是大众传播系统的三个角色，传媒在公众与政府之间搭筑了一个畅通的信息交流之桥梁。

政府是社会公民权利的代表，代表人民管理社会公共事物，代表人民利益对发生的灾害进行应急处置。

新闻媒体的职能是通过正确、冷静、客观地传递政府声音来引导大众，通过设置舆论焦点塑造政府突发事件应急处置的良好形象，并在满足公众信息需求的过程中保持社会正常运转，起到安抚民心的稳压器作用。同时，媒体应当是公共利益的代言人。在一个公民声音不断强化、放大的社会里，我们的新闻报道应该重视并体现广大公民的意见、呼声，特别是尊重并维护公众的社会知情权、社会参与权、意志表达权与民主监督权。

传达政府意志，聆听民众声音，发挥舆论力量，在公众与决策层之间构筑一个互动的理性交流空间，动员全民力量预防危机、缓解危机、化解危机，这就是媒体在公共突发事件来临时的主要功能。

三、统筹兼顾，准确把握突发公共事件的处理原则，注重传播效果

科学发展观根本方法是统筹兼顾。具

体在处置突发公共事件中，新闻报道工作要综合考虑各方面的情况，兼顾各方面的需求和利益，在统筹下有序推进、在兼顾中从容应对。决策要科学，处理问题更要稳妥。

突发公共事件新闻处理原则，最根本的就是要占领“工作主动权”。政务公开的一个原则就是：“公开为原则，不公开为例外。”不公开的信息包括涉及国家机密以及公开后可能会危及公共利益的内容。而信息公开应当是政府危机管理中的常态，并且要反应迅速，尽可能在第一时间发出权威声音，否则，“当真理还在穿鞋的时候，谣言已走到千里之外”。

另一方面，有些媒体借机进行新闻炒作，渲染血腥、暴力，甚至不负责任的煽风点火，这也是有悖科学发展观的精神的。我们知道，媒体的一个作用就是容纳矛盾，化解冲突。对于危机的过度渲染、对政府局部失策的过度指责，只会加剧矛盾，无益于危机的解决。一个理性的舆论环境在危机到来时是至关重要的。信息的无序发布和报道失控可能导致难以预测的后果。在2008年抗震救灾报道中，北京电视台记者在受灾群众安置现场看到，一些受灾群众由于没有及时领到救济物质而情绪激动，经过认真考虑，记者认为这不是抗震救灾工作的主流，这件事情不值得报道。在地震发生几天后，记者路过一片稻田，看到受灾群众开始自发地耕种，敏锐地发回了一条《现在早种点，将来多收点》的新闻，这也是在电视媒体上第一次出现关于受灾群众生产自救的现场报道，激励更多的人们投入到重建家园中。

在现阶段，稳定是压倒一切的政治任务，特别是在危机蔓延的时候，媒体既要成为信息传播的绿色通道，又要成为安抚民心的“稳压器”。媒体要始终坚持以对党、国家、人民高度负责的态度，从维护社会大局的原则，高度重视新闻处理工作；其次，又要坚持注重新闻处理技巧和艺术，避免情绪化，避免流言蜚语冲淡主流媒体，牢牢掌握报道工作的主动权。

四、以人为本，在突发公共事件报道中体现人文情怀，体现新闻的“温度”

以人为本是科学发展观的本质和核心。在由“管理型政府”向“服务型政府”转变之后，党和政府牢牢树立以人文本的执政理念，在公共危机中突出表现为优先解决民生问题，特别是困难群体的民生问题，切实维护人民生命财产安全。

广大民众是突发公共事件的受害者，也是该类事件的处理者和实施者。应急报道工作必须坚持走群众路线，把发动群众、依靠群众、为了群众贯穿始终，把实现好、维护好、发展好最广大人民的根本利益作为一切工作的出发点和落脚点，在新闻报道中彰显媒体人文精神和人文关怀。换句话说，就是坚持以人为本，做有“温度”的新闻。

坚持以人文本，首先要充分满足公众的知情权。安全需求是人的最本能的需求，而知情权与安全需求紧密相关，因此突发事件中满足公众知情权是公众最朴素的要求，也是公民实现其他权利的基础，这也是马克思主义新闻观在实际工作中的具体体现。

坚持以人文本，还要尊重人的生命。抗震救灾中，党和政府将人的生命视为第一位的，只要有一线希望，绝不放弃抢救。

通过媒体报道，我们为一次次成功的营救而欢欣，为一个个生命的逝去而默哀。正是因为对生命的尊重，才使得我们排除万难与时间赛跑、与死神抗争，展现了举世瞩目的“中国速度”、“中国力量”。

坚持以人文本，还要善于在突发灾难中传播人性的伟大与光辉。在地震救援开始后，“敬礼男孩”、“可乐男孩”、“芭蕾女孩”等一个个故事通过媒体迅速传播，深深打动了无数人的心。记者没有聚焦那些血淋淋的画面，而是重点记录了那些奋不顾身抢救伤员的救援人员和来自四面八方的志愿者，歌颂了灾民自强不惜的坚强精神，从而鼓舞人们投入到抗震救灾、重建家园的行动中。

新闻媒体坚持以人为本的人文情怀，急民之所急，吁民之所盼，为人民群众的根本利益奔走宣传，这样不仅有利于危机的善后处置，而且在全社会形成了尊重生命、患难与共的氛围，极大地起到安抚人心、疏导情绪、振奋精神的作用。

中国特色社会主义理论体系是指引我们前进的旗帜，科学发展观是做好突发公共事件新闻报道的理论指导。当今中国已经进入公共突发事件频发时期，我们党和政府已经将危机应对能力视为执政能力的重要内容，高度重视危机的预防和处置。在这个过程中，新闻媒体必须认真践行科学发展观，自觉维护党和政府的威信，保障公众权益，在政府与公众之间发挥桥梁纽带作用，成为预防危机、缓解危机、化解危机的重要力量。

二、台庆专辑

回顾三十峥嵘岁月　展望明天再谱华章

——北京电视台举行纪念建台30周年大会

办公室

5月15日上午，北京电视台在新落成的BTV大剧院里召开了纪念北京电视台建台30周年大会。中央党史研究室副主任、老台长龙新民，国家广电总局副局长张海涛，北京市委常委梁伟，市人大常委会副主任刘新成，市政协副主席王伟，中国文联党组副书记、副主席、台老领导李牧，中国记协党组书记翟惠生，中国广播电视协会会长李丹，文化部原副部长、老台长陈昌本，中国电视艺术家协会原主席杨伟光，中央电视台副台长何宗就，市委宣传部副部长严力强，市广播电影电视局局长孙向东以及海淀区、朝阳区、市记协、市广电学会、北广传媒集团等单位和北京电视台的历任老领导应邀出席了大会。

中共中央政治局常委李长春，中共中央政治局委员、北京市委书记刘淇等领导给北京电视台发来贺电。领导同志在贺电中充分肯定了北京电视台在改革开放以来，紧紧围绕党和国家工作大局，忠实履行党和人民赋予的历史使命，牢牢把握正确舆论导向，传播时代声音，服务人民群众，为首都改革开放和现代化建设事业作出的重大贡献。

台长刘爱勤在大会上做了题为《站在新的历史起点上，再创首都电视事业新辉煌》的主题发言。转传部主任王喆和文艺节目中心主持人徐春妮分别代表在台工作30年的老职工和青年员工发言。为了感谢老职工为北京电视台事业发展付出的辛劳和作出的贡献，还向他们颁发了“感谢您与BTV一起走过30年”纪念杯。国家广电总局副局长张海涛和北京市委常委梁伟同志分别在大会上做了重要发言，充分肯定了北京电视台30年取得的瞩目成绩，并对今后的发展提出了新的要求和期望。

敢为人先 勇争第一
北京电视台建台30年创造全国33个“第一”

1. 开播全国第一个天气预报节目。1980年5月1日，北京电视台在全国电视台中率先播出天气预报节目，开始没有画面，由美工写在画板上。后来利用北京风光、名胜古迹图片做背景，播出当晚和次日白天的天气预报。

2. 开创全国第一个电脑字幕图形处理系统。1983年12月，北京电视台与北京市计算机研究所联合研制电脑字幕处理系统BCT，在电视屏幕上显示成功并正式投入使用，为全国首创。

3. 开办全国第一个舆论监督电视栏目《观众之声》。1984年4月，北京电视台开办了一个旨在密切政府与人民群众联系，倾听群众呼声的电视专栏节目《观众之声》，这是全国第一个开办的舆论监督电视节目。

4. 全国第一次拍摄万里长城。1984年年初，北京电视台文艺部拍摄音乐艺术片《长城交响诗》，这是全国电视界首拍万里长城。此后，北京电视台又联系辽宁、河北、山西、陕西、宁夏、甘肃、新疆等省级电视台再拍万里长城。艺术片《长城交响诗》作为爱国主义教育片，由时任全国政协主席邓颖超提名，转送130多个国家和我国驻外机构及华人、华侨团体。

5. 开办全国第一个知识竞赛节目。1985年春节，北京电视台开播了《家庭百秒知识竞赛》节目，从除夕至正月初四连续播出5个晚上。该节目把知识性、趣味性、娱乐性融为一体，生动活泼的形式，健康有益的内容，吸引了广大观众，受到各界好评。国庆期间，又在人民大会堂举办了《新中国同龄人家庭百秒知识竞赛》，把这个节目推向高潮。

6. 播出第一部长篇电视连续剧《四世同堂》。由北京电视台所属北京电视制片厂摄制的28集电视连续剧《四世同堂》，于1985年抗战胜利40周年时在北京电视台播出，在社会上产生轰动效应。

7. 开办全国第一个少儿杂志栏目《七色光》。1988年，北京电视台推出每天播出50分钟的少儿杂志性栏目《七色光》。栏目主题歌被选入中小学音乐教材。2000年《七色光》栏目获得由团中央、中央文明办等单位授予的青少年维权岗。该栏目播出的节目曾多次获得国家级大奖。

8. 开办全国第一个老年电视栏目《金色时光》。1988年，北京电视台推出全国首个服务于老年观众的电视栏目《老年之家》，1989年更名为《金色时光》。该栏目适应北京逐渐迈入人口老龄化城市行列的新形势，通过多种形式播出老年人喜闻乐见的节目，满足了老年人日益迫切的精神文化需求。

9. 开办全国第一个《一周新闻综述》

聋哑人新闻节目。1989 年 5 月 5 日，北京电视台率先开办了服务于聋哑人的新闻节目《一周新闻综述》，每周日 18:16—18:36播出，特聘北京市聋哑学校教师担任手语报道员。

10. 开办全国第一个中老年时装模特大赛节目。1990 年春节，北京电视台《金色时光》栏目推出了特别节目《今日风光正好——首都中老年时装模特大赛》，200多名中老年朋友勇敢地走上了非常陌生的T 型舞台，向世人展现了中老年人积极向上的生活态度和特有的精神风貌，开创了全国范围内中老年时装模特表演的先河。

11. 开办全国第一个早间新闻资讯类栏目《北京您早》。1991 年 7 月 31 日，北京电视台《北京您早》正式开播，青春靓丽的主持人，新鲜活泼的节目内容，紧凑明快的编排节奏，别开生面的包装手段，开创了全国早间电视新闻节目的先河。

12. 开办全国第一个省级有线电视台。1992 年 5 月 4 日，北京有线电视台开始试播，1993 年 4 月 28 日正式开播。这是全国开办的第一个省级有线电视台。

13. 开办全国第一家图文电视。1992年，北京电视台创办的图文电视，采用中文代码制，随 6 频道 24 小时同步播出。

14. 全国第一家开办多语种电视外语节目。1992 年，北京电视台举办了全市英语演讲比赛，拉开了开辟多语种外语节目的序幕。此后，先后开办了英语、日语、俄语、德语、法语、西班牙语、阿拉伯语、意大利语、韩语等外语节目，在全国电视台中，起到了开先河的作用。

15. 全国第一家直播 NBA 赛事。1992年，北京有线电视台通过 ESPN 频道直播美国 NBA 篮球赛，这是国内最早直播 NBA 赛事的电视台。

16. 开办全国第一个电视购物节目。1992 年 11 月 5 日，北京电视台开办了《电视商场》节目。该节目是一档集广告性和服务性于一体的节目，采用主持人的方式，把电视广告、电话购物、指导消费、购物咨询有机地结合起来，在商家、厂家与消费者之间架起一座桥梁，在国内首开电视购物之先河。

17. 全国第一个实施财务内部核算管理体制和会计电算化。1993 年 4 月，北京电视台计财部制定并实施台内有偿使用机器设备及后勤保障有偿服务核算方案，极大地提高了机器设备的使用效率，加强了电视节目的成本核算。同年，在中国科学院软件所的支持下，研制开发了一套电视系统的财务软件，实现了会计电算化。

18. 在全国第一个实行制作机房收费改革。1993 年，北京电视台制作部制定并实施了《制作机房收费管理运作方案》。该方案的实施，使制作机房的使用和管理向科学化、规范化、标准化迈进一大步。

19. 全国第一个引进国外先进模式推出电视栏目《东芝动物乐园》。1994 年 10月 23 日，北京电视台引进日本节目样式和创作模式，经过本土化创作，开办了集游戏、益智、动物秀、真人秀于一体的大型综艺节目《东芝动物乐园》。该栏目开播12 年，在全国电视观众中产生了广泛的影响。

20. 开办全国第一个《时尚装苑》栏目。1994 年，北京电视台推出《时尚装苑》栏日，至今已播出 16 年之久。该栏日集时装潮流、穿着技巧、化妆造型、美容健康、生活方式等于一体，是国内迄今为止开播时间最早、播出时间最长的时尚电视栏目，曾多次获得国家级大奖。

21. 全国唯一一个获得世界文化遗产地拍摄权。北京电视台是中国唯一一家获得联合国教科文组织授予的在世界范围内拍摄世界文化与自然遗产地权力的电视台。这项拍摄活动自1995年6月开始，1996年11月起在北京电视台播出节目，先后奔赴23个国家，拍摄188个遗产地，制作节目169集。

22. 创办全国第一个“大众经济快餐”《北京特快》。1995年7月1日，北京电视台开播的《北京特快》，是一个创新电视经济新闻理念和节目样式的大众经济生活节目。该栏目播出后，受到电视观众、新闻学术界和电视业界的普遍关注。

23. 全国第一个创办外国人唱中国歌大赛。1995年，北京电视台在国内首创《歌从这方来——外国人演唱中国歌曲大赛》。该节目至今已开办15年，形式不断变化，内容不断丰富，名称也在发生变化，目前已成为享誉全球的品牌节目。

24. 开办全国第一个以民生为主要内容的生活频道。经国家广电部批准，北京电视台和北京有线广播电视台联合开办的生活频道于1996年11月8日开播，这是全国第一个以关注民生、服务百姓生活的专业电视频道。

25. 全国第一个开通双声道立体声电视广播。1997年5月16日，北京电视台召开新闻发布会，宣布开通“双声道、立体声数字声音电视广播”（俗称“丽音”）。这是国内最早开通的立体声电视广播。

26. 推出全国第一个多米诺骨牌直播节目。1999年12月31日，北京电视台与日本TBS联合举办《中日友好多米诺骨牌》大型直播节目。该节目不但创造了多米诺骨牌吉尼斯世界纪录，而且第一次实现了冲击多米诺骨牌吉尼斯世界纪录的现场直播。2000年中日再次合作并再创多米诺骨牌吉尼斯世界纪录。

27. 开办全国第一个青少频道。2001年12月20日，经国家广电总局批准，北京电视台青少频道开始试播，2002年1月1日正式开播。这是全国第一个主要服务于青少年的专业电视频道。

28. 开播全国第一个动画频道。经国家广电总局批准，北京电视台于2004年9月率先开播北京卡酷动画频道。这个频道立足北京，涵盖沿海，辐射全国，覆盖人口3.9亿人。

29. 研发全国第一套广告硬盘数字播出系统。2005年，北京电视台播出部自主研发建成了《远程多频道广告硬盘数字播出系统》，实现了广告播出流程网络化、自动化、数字化。该科研项目获国家广电总局科技进步一等奖。

30. “红楼梦中人”电视选拔活动创造四项全国第一。由北京电视台与中影集团等联合举办的“红楼梦中人”大型电视选拔活动，创造全国四项第一：一是时间跨度、分赛区规模第一。历时10个月，设立十大赛区，而且是大陆电视台第一个在台湾设主赛区。二是报名人数和选拔活动规模第一。全球共有40余万人通过网络报名参加活动，经过海选68名选手汇集北京参加总决赛。三是网站访问量和投票人数第一。北京电视台网站总访问量3.14亿，约9000万人参加投票活动。四是节目制作和播出量第一。从选拔到总决赛共制作播出节目52集，约4000多分钟。

31. 拍摄第一部以奥运吉祥物为主角的动画长片。经北京奥组委授权，北京电视台拍摄的百集动画片《福娃奥运漫游记》是迄今为止奥运历史上第一部规模最大，以奥运吉祥物为主角的动画片。独特的创意、国际化的制作水准、出色的播出效果，使该片获得多项大奖。

32. 全国第一家举办奥运圣火传递百日大直播。2008 年 3 月 24 日至 8 月 8 日，北京电视台隆重推出以“和谐之旅”为主题的奥运圣火传递百日大直播节目，历时 138 天，走访五大洲 19 个境外城市和 113 个国内城市，是国内直播时间最长、规模最大的一次大型直播活动。

33. 建成目前全国规模最大、最早投入使用的以数字化为基础、网络化为核心的制播体系。已经建成并投入使用的北京电视台新址，在采、编、播、存、管的整个电视工艺流程中，实现了“信号采集数字化、编辑制作网络化、播出硬盘化、存储数据化、管理科学化”五大目标。

站在新的历史起点上
再创首都电视事业新辉煌

——在北京电视台建台 30 周年纪念大会上的讲话

刘爱勤

尊敬的各位领导、各位来宾、同志们、朋友们：

今天，我们在这座新落成的 BTV 大剧院里欢聚一堂，共同庆祝北京电视台成立 30 周年，感到十分高兴。纪念生日，回顾历史，是为了总结经验，凝聚力量，谱写电视事业新的篇章！今天，各位领导和我们电视台的老领导、老同事也一起出席这次纪念大会，对我们是鼓励，是鞭策，是支持，也是促进，我谨代表北京电视台的全体职工向各位领导表示热烈的欢迎！

北京电视台的诞生，恰好是我国改革开放、建设中国特色社会主义刚刚起步的伟大历史时刻；北京电视台成长壮大的 30 年，也恰好同步于当代中国正在发生伟大而深刻变革的历史时期。可以说，北京电视台走过的 30 年，是艰苦创业、奋发进取的 30 年，是改革创新、不断攀登事业高峰的 30 年。

1979 年 5 月 16 日，在新街口外大街 14 号一栋租借来的简易小楼里，北京电视台开播了。当时，为数不多的录像、制作设备是兄弟电视台淘汰下来的，新闻演播室是用卫生间改造的，发射台机房租用的是宣武饭店的顶层楼房，每天播出的是一套几个小时的黑白电视节目，主要内容是转播电视教学节目和租播电影片。全台五六十名工作人员绝大多数是刚从广播电台、大学校门走出来的年轻人，就是他们，凭借崇高的职业责任和顽强的拼搏精神，因陋就简，白手起家，开创了北京电视台最初的事业。到建台一周年时，北京电视台开办了新闻节目《简明新闻》，开办了服务性节目《北京地区天气预报》，从此，《北京地区天气预报》就成为全国电视台第一个气象服务节目，《简明新闻》就是如今《北京新闻》的前身。

30年来，一代代电视人不懈努力，以办好节目、丰富荧屏、发展事业、壮大实力为目标，尽心竭力为首都观众提供丰富的精神文化产品。1985年，由北京电视台所属北京电视制片厂摄制的电视连续剧《四世同堂》播出后，引起社会强烈反响。此后，一批植根于现实生活的电视剧《渴望》、《编辑部的故事》、《北京人在纽约》等相继播出，《北京新闻》、《今晚我们相识》、《东芝动物乐园》等一批栏目深入人心、家喻户晓，受到了广大电视观众的青睐。2001年，北京电视台与北京市有线广播电视台合并后，重新配置频道资源，合理安排频道布局，频道专业化、栏目个性化、节目精品化建设得以迅速推进。2006年下半年以来，在媒体激烈竞争的态势下，面对事业发展的迫切需求，北京电视台加快了改革发展的步伐，全面启动以北京卫视为龙头的北京电视台总体品牌建设，从战略、机制、资源、人才、节目等方面对北京卫视重新规划布局，以“新闻、大型活动、电视剧、品牌栏目”为“四轮驱动”，以“文化品位、大家风范”为风格定位，努力将北京卫视打造成面向全国公众的主窗口，打造成为北京电视台构建全国乃至国际政治话语权、社会话语权、文化话语权的主要阵地。同时，从管理机制、经营模式等方面进行了一系列的创新、改革、调整，有效地激发了节目生产活力，提高了BTV总体品牌影响力。特别是在奥运会、残奥会的宣传报道中，凸显了北京电视台的传播力，展示了奥运主办城市电视台的良好国际形象。目前，北京电视台无论是在规模、功能还是科技含量上都位居全国电视台前列，在采、编、播、存、管的整个电视工艺流程中，已基本实现“五大目标”，即“信号采集数字化、编辑制作网络化、播出硬盘化、存储数据化、管理科学化”。全台现有从业人员近4000人，包括韬奋新闻奖、范长江新闻奖获得者在内的一大批年富力强、奋发有为的优秀人才正脱颖而出，成长为北京电视台各个岗位上的骨干力量。全台现有频道14个，其中包含10个标清频道，1个高清频道，2个数字付费频道和1个外宣频道，年播出电视节目约88000小时。截至2008年年底，北京卫视覆盖可接收人口突破8个亿。北京电视台国际频道在长城平台播出的节目覆盖美国、加拿大、拉美地区、欧洲及亚洲大部分地区，同时我们还与纽约中文卫视、CNN等多家境外媒体建立了传播我方声音的播出渠道，有力扩大了北京电视台的对外影响力。事业在发展，实力在增强。2008年，北京电视台广告创收达到25亿元，比2006年翻了近乎一番，总资产迅速增加至50亿元。

在30年的历史进程中，北京电视台开拓创新、奋进不止，引领行业潮流，创造了中国电视史上的多项“第一”：播出了我国第一部大型长篇电视连续剧《四世同堂》；开办了全国第一个早间新闻资讯类栏目《北京您早》；开办了全国第一个电视购物节目《电视商场》；创办了全国第一个外国人唱中国歌大赛的节目形态；开办了全国第一个以民生为主要内容的生活频道和全国第一个主要服务于青少年的专业频道——青少频道；开播了全国第一个动画频道，并率先实行产业化运作；大型文化活动“红楼梦中人”创造了报名人数、活动规模、网站访问量和投票人数等四项全国第一的纪录，获得了广泛的社会反响；建成了目前全国规模最大、最早投入使用的以数字化为基础、网络化为核心的制播体系。

各位领导、同志们、朋友们：

在同行业中，北京电视台虽然成立较晚，但是却在短短30年间，迅速成长壮大，发展成为国内具有较强影响力和权威性的媒体之一，发展成为弘扬社会主义先进文化和时代主旋律的重要舆论文化阵地，这其中，凝聚着党和国家领导人的亲切关怀，凝聚着国家广电总局、市委市政府、市委宣传部、市广播电影电视局的正确领导和大力支持，凝聚着社会各界和观众朋友们始终不渝的关心和厚爱！在这里，请允许我代表台党委向曾经在北京电视台工作过的老领导、老同志们致以崇高的敬意！向关心和支持北京电视台事业发展的各级领导、各界朋友们表示衷心的感谢！

我们深深感到，北京电视台的成长和进步，浸透着一代代电视人辛勤耕耘的心血和汗水。30年来，历任台领导班子始终秉承“政治家办台”的办台理念，始终传承“服务时代、服务社会、服务百姓”的传媒精神，改革进取，薪火相传；我们的记者，不论春夏秋冬、严寒酷暑，深入各行各业、深入社区街道，记录生活万象，传播时代强音；我们的编辑，夜以继日，不懈耕耘，在机房里度过了无数个不眠之夜；我们的技术人员，坚守岗位，保障安全播出，从未有丝毫懈怠；我们的职能部室人员，兢兢业业，恪尽职守，全力为宣传一线服务……全台上下，形成了聚精会神办节目、一心一意谋发展的良好氛围。正是那些曾经和正在为北京电视台作出贡献的每一位干部及员工，构筑了今天北京电视台事业发展的钢筋铁骨！让我们对他们的倾情奉献和辛勤付出再次表示衷心的感谢！

各位领导、各位来宾、同志们、朋友们：

在30年的发展历程中，北京电视台积累了宝贵的经验，形成了优良的传统，这些经验和传统将成为未来发展中我们必须坚持的重要准则。

第一，坚持牢牢把握正确的舆论导向，把社会主义核心价值观熔铸在内容产品之中。舆论导向正确，是党和人民之福；舆论导向错误，是党和人民之祸。30年来，北京电视台始终以旗帜鲜明的政治姿态与党中央保持高度一致，始终以独具的媒体优势，传播时代强音。在1989年政治风波、90年代初期市场通货膨胀、北约轰炸我驻南联盟大使馆、2003年“非典”防疫等重要关头，在各种社会思潮互相碰撞、互相交锋之际，北京电视台立场鲜明，观点明确，引导有力，不缺位，不失语，为保持经济发展、社会稳定和国家安全，发挥了重要作用。30年来，无论是在突发事件、重大报道中，还是在日常栏目、大型活动中，北京电视台都始终以做一个有责任、敢担当的主流媒体为己任，把社会主义核心价值观熔铸在内容产品之中，反映舆情民意，传播先进文化。

第二，坚持以观众为本，贴近实际、贴近群众，贴近生活。在30年的发展中，北京电视台牢固地形成了以观众为本、服务至上的传播理念。无论是《北京新闻》这样的重点新闻栏目，还是如《众志成城抗震救灾》、《光荣与梦想》这样的大型直播报道，我们始终在节目中突出人民群众的主体地位，镜头对着老百姓，反映生活；镜头交给老百姓，挖掘焦点；镜头吸引老百姓，鼓励参与。我们建立了96168服务热线、网络服务站点等，大量的新闻素材来自于生活，大量的民生节目深入到社区和群众中去拍摄。30年来，北京电视台与观众建立了愈来愈紧密的互动联系，把节目深深植根于群众中，把群众满意不满意作为衡量工作的重要标准。

第三，坚持求真务实、创新发展。30年来，我们始终用创新的精神、用求真务实的态度来推动各项工作，不断解放思想，更新观念，积极探索，大胆尝试。近年来，我们在管理机制创新、经营模式创新、节目形态创新上取得了一定成绩。在一年一度的“春节晚会”已经多少引起观众审美疲劳的情况下，我们大胆进行观念、内容和模式的探索创新，使“春晚”不再只是一场晚会，而是成为包含活动预热、内容征集、市民期待、氛围延伸等元素的社会文化事件与活动，取得了良好的社会反响，实现了节目收视和社会效益的双丰收。为了鼓励节目创新，我们下大力气从机制保障、人才保障、资金保障等方面加强我台节目创新研发的力度。创新，正成为推动北京电视台快速发展的强劲动力。

第四，坚持品牌建设，不断提升和扩大北京电视台的竞争力、影响力。品牌是电视台的无形资产，是保持和提升电视台核心竞争优势的重要体现。在30年的发展中，北京电视台始终重视品牌打造，培养了一大批观众耳熟能详的品牌栏目，如《北京新闻》、《法治进行时》、《天下收藏》等；培养了一大批深受观众喜爱的主持人，如老一代的丛薇、余声、赵宁，新一代的徐滔、文燕、春妮等，他们共同成就了观众难以忘怀的BTV品牌符号。近年来，我台将BTV品牌工程体系化、科学化、对象化，全力打造北京电视台“六个一”工程：每年抓一部具有自有品牌、自主知识产权的电视剧，每年拍摄一台具有雄厚演员阵容和广泛影响力的春节晚会，每年打造一个体现首都地位、文化品位的大型活动，每年培养一档内容创新、观众参与的成功栏目，每年推出一个或多个个性鲜明、观众喜爱的优秀节目主持人，每年拍一部有文献价值的纪录片。从节目培育机制、考核机制、奖惩机制等方面鼓励和推动像《真情互动》、《中华文明大讲堂》这样的品牌栏目的出现；鼓励和推动像《红楼梦中人》、《龙的传人》这样的品牌活动的诞生，鼓励和推动更多的像《北京记忆》、《岁月如歌》这样体现社会价值、体现文化特色、高品位的品牌力作的诞生。

第五，坚持事业、产业并举，以事业为基础，以产业反哺事业，面向市场，抢抓机遇。面对现代传媒日新月异的竞争发展态势，面对新媒体汹涌而来的巨大冲击，北京电视台在发展传统电视事业的同时，加快了新媒体战略布局，快速推进包括BTV在线、北京宽频、手机电视等在内的新媒体业务，同时，合理规划调整产业布局，通过进入动漫市场、版权交易市场、影视节目制作市场和新媒体市场，全面拓展北京电视台的产业运营空间，力图在保持广告经营既有优势的前提下，获取更大的经济增长能力。我们利用卡酷动画频道集播出、制作、运营三大平台为一体的优势，努力打造功能完善、协同优势突出的动画产业链，推动首都动漫产业的发展。我们按照中央文化体制改革思路，充分发挥市场主体作用，通过内外资源的有效循环和集成，在资源配置上形成重点突破，实现在传统电视播出平台上拓展新的内容赢利空间，在拥有自主版权的内容上拓展新的传播渠道。通过产业的发展壮大更好地支持事业的发展。

第六，坚持管理制度建设和企业文化建设，为电视台可持续发展提供有力保障。30 年来，随着我台事业发展规模的扩大、岗位分工专业化程度的日渐加深，管理成为了一个突出课题。一方面，我们坚持以人为本的理念，把员工视为发展的根本，不断强化员工的归属感，形成尊重人、信任人、关爱人、成就人的氛围，以事业引人，以制度管人，以待遇留人，以业绩成就人；另一方面，我们逐步建立和完善了科学、规范的管理制度，一是立足于效率，能够确保各项工作有序开展；二是立足于公平，能够得到最大多数人的认同；三是立足于发展，能够适应新的环境和情况。特别是近三年来，我们进一步完善了目标管理责任制度、节目考核评价制度、干部选拔聘用制度、人事管理制度、人才培养体系、财务管理制度、思想政治工作体系等各项制度。通过管理流程的优化、目标责任的落实、激励机制的完善，构建起科学有序的管理系统，为北京电视台的可持续发展奠定了坚实基础。

各位领导，同志们，朋友们：

30 年来，经过一代代人的艰苦努力，北京电视台取得了辉煌的成绩。但是，成绩属于过去，未来任重道远。我们清醒地看到，北京电视台的宣传工作，同党和政府的要求相比，同人民群众对文化需求的新期待相比，同事业发展的无限空间相比，还有相当的差距。在新的发展起点上，我们要按照中央的精神，按照市委市政府的要求，牢牢把握正确的舆论导向，进一步提升舆论引导水平，高举旗帜，围绕大局，服务人民，改革创新；我们要以丰富的电视表现形式，全面宣传新中国成立 60 年社会主义革命和建设取得的伟大成就，宣传建设“人文北京、科技北京、绿色北京”的实践成果；我们要充分发挥首都优势，打造文化厚重、内容精彩、辐射强劲的影响力强台；我们要凭借首都大力发展文化创意产业的东风，努力发展成为区域内电视事业产业、创新创意和品牌建设的主导力量，实现首都电视事业高水平、高科技含量的可持续发展！

在前进的道路上，我们要始终坚持用科学发展观的理论指导北京电视台的各项工作，坚持一个理念：价值凝聚力量。兼顾两个发展并重：事业发展与产业发展并重，现实发展与长远发展并重；立足三个面向：面向受众、面向市场、面向国际；构筑四大产业平台：广告增值平台、动漫衍生平台、新媒体运营平台、版权交易平台；打造行业五个一流：人才一流、节目一流、技术一流、管理一流、创收一流。

遵循价值传播、文化引领、科学布局、持续发展的前进路线图，我们将努力把北京电视台建设成为高品位的、有国内国际影响力的大型现代传媒，建设成为弘扬社会主义先进文化和时代主旋律的重要舆论文化阵地！

面对未来，我们深深感到，责任重大，任务艰巨，使命光荣。我们一定会更加兢兢业业地工作，不辜负各级领导的信任和期望，不辜负社会各界的信任和期望，不辜负广大电视观众的信任和期望，敢于变革、勇于创新，不惧风险，迎难而上！北京电视台的全体干部职工有决心、有信心在市委市政府的领导下，以建台30周年为新的历史起点，同心同德，汇聚力量，凝聚智慧，开拓奋进，再创首都电视事业新的辉煌！

坚定信心 继往开来 再创辉煌

王 喆

各位领导、各位来宾、各位同事：

大家好！

今天，我们在这里聚会，隆重庆祝北京电视台建台30周年，我能够和大家一起度过这美好而又难忘的时光，心情感到格外喜悦和激动。作为一个把人生最美好的岁月都贡献给了北京电视台，与北京电视台一起成长的老职工，经历了北京电视台的风雨变迁，目睹了北京电视台的巨大变化。我们从最早使用电子管摄像机，1个频道播出，发展到今天使用数字标清、数字高清设备，10个常规频道播出，1个高清频道及1个国际频道播出。我们从1977年组建8人北京电视台筹备小组，发展到2009年3000多名在编职工。尤其在2008年北京奥运会及残奥会的转播中，我台的转播工作得到领导们、BOB的专家及国外电视同行的一致好评。北京电视台已经成为中国最具影响力和竞争力的主流媒体之一，我们对北京电视台30年的发展感到无比骄傲。为我们能够加入北京电视台这个团队感到十分欣慰，为我们能亲身参与北京电视台的建设、发展而倍感自豪。回顾历史，北京电视台全体职工始终保持艰苦奋斗，自强不息的优良传统，始终保持认真严谨、求真务实的工作作风，始终保持“献身、负责、求实”的行业精神，正是这种优良传统、工作作风和电视人精神，才有了北京电视台从无到有，从小到大，从弱到强的巨大变化，北京电视台如今辉煌成绩的取得，是我台全体职工努力奋斗的结果，是我们北京电视人的光荣。回首往昔，30年中每天都是一个值得回忆的日子，因为每天对于我们自己来说都是一个新的起点。30年的同舟共济，我们这些老同志成为了亲密战友，在我们年轻的日子里，曾经为了北京电视台的发展而并肩战斗，如今岁月渐老，我们带着抹不掉的回忆，迎来了充满希望与梦想的今天。当我们快乐、当我们幸福、当我们为了成功而欣喜的时候，我们格外的相信自己，相信付出总会有回报，可我们并不会轻易骄傲，我想，我们可以继续努力工作、并肩战斗，为了北京电视台更加美好的明天而付出我们全部的精力与智慧。

风风雨雨、坎坎坷坷地走过了30年，

说真的，很难、很艰辛、有时也很疲惫，这条路充满着喜怒哀乐、悲欢离合，但我们从未后悔过。今天，我们感到自己真正的成熟了很多，也自信了很多，请领导和同志们放心，我们这些与电视台共同成长的老职工们，有足够的能力去面对一切困难，完成领导交给的各项任务。当然，我们今天所拥有的这些，多亏了领导们、同志们、朋友们的帮助、鼓励和支持！在这里我们诚心地说声："谢谢！谢谢你们给了我们自信和力量。朋友们，相信自己，为了美好的明天共同加油吧！"

请领导们放心，我们一定会按照科学发展观的要求，用我们学到的知识为北京电视台的可持续发展贡献自己的力量，我们要继续努力学习，开阔视野，接受新知识，储备新能量，提升思想境界，有效地把学习成果转化为生产力，不断提高自己的业务水平。以"坚持科学发展、提升传播能力、创有影响力强台"为指导，为北京电视台的发展贡献自己的全部力量。

展望明天，北京电视台正朝着更高的目标迈进，朝着更好的方向发展，作为北京电视台的老职工，我们感到非常高兴。看到一大批年轻有为的同志承担起北京电视台的发展、建设重任，并且在自己的工作岗位上取得了不少成就，我们感到无比欣慰。

"科学技术是第一生产力"，"人才资源是第一资源"是党中央根据国内国际形势的发展变化作出的科学判断。我们是在电视台工作多年的老同志，积累了丰富的工作经验，我们会毫无保留地传授给年轻同志，为我台的人才培养作出应有贡献。电视事业前程似锦，借这次庆典的机会，我们衷心地祝愿北京电视台蒸蒸日上，新老职工联手，再创辉煌。

祝全台职工幸福安康！谢谢大家！

永远满怀希望

徐春妮

尊敬的各位领导、各位来宾、同志们：

今天是庆祝咱们北京电视台30岁生日的大喜日子，我非常荣幸也很激动，代表年轻同志在这里发言。我发言的题目是《永远满怀希望》。

30年前的今天，在小西天那座小楼里厕所改造的演播室中，风华正茂的王喆主任和几十位前辈，正在紧张忙碌地准备开播，并像我们今天一样激动、兴奋和满怀着希望，而那时的我刚刚出生不久；十年前，我终于走进了在苏州桥那座对那时的我来说已经是宏伟建筑的电视台大楼，录制第一期《SK状元榜》节目的时候，我现在几乎都无法描述当时是怎样的对未来充满着希望。

30年的时间里，我们的电视台已经从借来的简易小楼，变成了今天我们自己的摩天大厦，我想即便是今天到场的前辈们可能也无法想到，我们可以取得如此巨大的发展；我也从一个青涩的小姑娘，变成了一名能够代表电视台获得金鹰奖、金话筒奖等政府大奖的主持人，那时的我不敢想象，今天我可以在如此重要的场合信心十足地发言。

刚才，在台下听台长讲到我们30年来所取得的伟大成绩，我的心里充满了骄傲和自豪，那些成绩汇聚了一代代BTV人艰苦奋斗、不畏艰难险阻，永不放弃的心血，它激荡着一种精神，一种拼搏奉献的精神，一种自强不息的精神。

我们的北京电视台，经历了30年的磨砺和奋斗，穿过30年的坎坷和沧桑，走过30年的挫折与辉煌，它像一首歌，有着高低起伏的和谐旋律；它也像一条河，后浪推着前浪不断前进……

当然在这个时候，我们也更应该有清醒的认识，这是一个新的起点，时代的步伐要求我们不断超越。在前辈精神的指引下、在现任领导带领下，我们没有理由不信心十足，开拓进取，取得更大的成绩，我们没有理由不对未来充满希望。但我们深知希望不是盲目的乐观主义，不是对困难轻描淡写，不是对可能出现的艰难险阻置若罔闻，更不是袖手旁观、畏首畏尾。尽管有时现实未必尽善尽美，但希望永远是我们心中的信仰，只要我们勇于探索，希望就在不远的前方。

此时此刻，我们前所未有地意识到责任和使命，我们需要有大家风范，使BTV这个光荣的品牌更加响亮；我们需要坚定的信念，弘扬我们这个时代，伟大的社会主义祖国所需要我们传递的主流价值观；我们需要恪守行业道德规范，绝不允许因个人的失误使我们这个荣誉的团队蒙羞；我们需要扎扎实实的作风，重视每一个细节；我们需要广阔的心胸、精华内敛的气质、坦坦荡荡，真诚地面对信任我们的观众和每一个团队的成员；我们需要提高专业水准，不断制作出最好、最有影响力的节目以配得上我们国家首都电视台应该有的地位……

作为一名有13年党龄的老党员，请允许我在这里代表全台的年轻同志，庄严承诺：我们已经做好了准备，传承前辈们的精神，去承担更大的责任。我们坚信通过不断的努力，可以使我们的电视台，成为在全国，乃至全世界更有影响力的强台，请领导和老同志们相信我们！

我们从来都不是一个畏惧竞争、害怕困难的团队，对于未来我们充满自信，所以让我们清醒自己的存在，让我们更加大胆地去面对竞争与选择，让我们在重重困难的涤荡中变得更加坚强，让我们在残酷竞争的疾风后留下累累硕果，让我们在不断向上的崎岖山路上攀越一个又一个山峰！年轻的同志们，让我们永远满怀着希望，像所有矢志奋斗的人一样，一路披荆斩棘，走得更远，变得更强！

祝我们的北京电视台30岁生日快乐！谢谢！

中共北京市委办公厅的贺信

北京电视台：

在新中国成立60周年之际，欣闻北京电视台迎来了建台30周年，谨向贵台全体工作人员致以热烈的祝贺和诚挚的问候！

30年来，贵台在市委、市政府的领导下，牢牢把握正确舆论导向，积极宣传党的主张，充分反映人民心声，及时传播重要资讯和多姿多彩的优秀精神文化产品，为满足人民群众日益增长的精神文化需求和推动北京市经济社会发展发挥了积极的作用，已经成为具有一定影响力和传播实力的媒体之一。

值此建台30周年之际，衷心希望贵台以邓小平理论和“三个代表”重要思想为指导，深入贯彻落实科学发展观，按照党的宣传工作部署，全力抓好各项宣传任务，努力营造良好的舆论氛围和社会环境，在继承的基础上不断开拓创新，推动各项工作取得更大成绩！

让我们在长期以来形成的友好合作关系基础上，进一步携起手来，相互学习、相互支持，共同为加快建设“人文北京、科技北京、绿色北京”而不懈努力！

2009年5月8日

中央电视台的贺信

北京电视台：

值此贵台建台30周年之际，谨向你们表示热烈的祝贺。30年以来，贵台始终坚持正确舆论导向，坚持改革创新发展，通过几代电视人的艰苦创业，锐意进取，辛勤耕耘，已经成为国内外具有重要影响力和传播力的媒体之一，在首都经济建设和社会发展进程中发挥着不可或缺的重要作用，为中国电视事业作出了突出贡献。

几十年来，中央电视台一直得到贵台的大力支持，双方建立起了良好的合作关系和深厚友谊。愿我们今后进一步深化交流与合作，齐心协力、携手共进，在新的历史起点上，为促进中国电视事业繁荣发展、为增强国内国际传播力、为提升国家文化软实力做出新业绩、创造新辉煌！

2009年4月27日

天津电视台的贺信

北京电视台：

值此北京电视台30周年台庆之际，天津电视台谨致以最热烈的祝贺和最美好的祝愿！自1979年5月16日成立以来，北京电视台开拓进取，辛勤耕耘，把握时代脉搏，改革创新图强，各项事业取得了令人瞩目的发展成就，已成为国内外具有一定影响力和传播实力的媒体之一，在首都经济建设和社会发展中发挥了重要作用。

30个春秋携手同行，30载耕耘硕果累累。我们相信北京电视台将以建台30周年为契机，继续朝着“全国一流、亚洲领先、世界前列的电视台，并实现人才一流、节目一流、技术一流、创收一流、管理一流”的既定目标迈进。天津台愿与北京台携手创伟业，同心向未来，大力推动电视大发展大繁荣，谱写电视发展新的篇章。

2009年4月16日

上海文广新闻传媒集团的贺信

北京电视台：

欣闻北京电视台即将迎来建台30周年华诞，我们谨向贵台表示热烈而诚挚的祝贺！

北京电视台作为全国重要的新闻媒体，始终牢牢把握正确舆论导向，宣传社会主义核心价值体系，在通达社情民意，丰富广大人民群众精神文化生活等方面发挥了重要作用，为社会的发展作出了突出贡献。北京电视人艰苦奋斗、勇于开拓、锐意进取、改革创新的精神值得我们上海广电人学习借鉴，发扬光大！

北京电视台与上海广电人有着深厚的友谊，双方互信协作，共同进步。我们期待并真诚希望今后与贵台加强合作与交流，为中国电视事业谱写更美的华章！

值此北京电视台30周年大庆来临之际，我们衷心祝愿北京电视台基业常青、兴旺发达！衷心祝愿全体同行身体健康，工作顺利！

2009年4月30日

重庆广播电视集团（总台）的贺信

北京电视台：

值此春暖花开、万物复苏之际，我们共同迎来了贵台30周年华诞。这30年是北京电视事业蓬勃发展的30年，也是北京同仁们锐意进取，改革创新的30年。在此，重庆广播电视集团（总台）全体员工向你们表示热烈的祝贺。

30年来，贵台通过几代电视人的艰苦创业、辛勤耕耘，积极推进电视宣传、技术、体制机制、经营管理等各方面的改革创新，为广播影视的发展繁荣注入了巨大活力和强大动力，极大满足和丰富了人们的文化娱乐、信息资讯需求。面对激烈的市场竞争，你们勇于面对，合理资源配置，优化频道结构，丰富节目内容，拓展盈利模式，不断增强自身实力和市场竞争能力，实现了全面、协调、可持续的发展，创造了北京电视辉煌的成就！

启奏时代强音，共谱盛事华章！我们诚挚地希望重庆广播电视集团（总台）能与贵台友好合作，携手进步，祝愿北京广电事业彩云追月光景好，龙腾虎跃步步高！

2009年5月6日

北京人民广播电台的贺信

北京电视台：

欣闻贵台迎来建台30周年华诞，北京人民广播电台谨致以最热烈的祝贺和最美好的祝愿！

30个春秋风雨征程，30载耕耘硕果累累。北京电视台在激烈的媒体竞争中，坚持不断改革创新，取得了辉煌业绩，频道数量、节目制作能力、技术水平、经营创收等方面均居于领先地位，成为中国具影响力和竞争力的主流媒体之一。特别是近些年来，北京电视台解放思想，与时俱进，锐意进取，培养出一批又一批优秀记者、优秀主持人，推出一批又一批贴近实际、贴近生活、贴近群众的好节目、好作品，深受北京乃至全国观众的喜爱。

30年来，北京人民广播电台与北京电视台结下了深厚的情谊。多年来，两台利用沟通的便利，在广播电视宣传和改革发展各个方面相互学习，相互促进，共同进步，建立了深度、广泛的合作关系。今后，北京人民广播电台愿与北京电视台一道，携手创伟业，同心向未来，在文化体制改革大潮中，共同谱写北京市广电事业发展新的篇章。

值此30而立之年，又逢新址乔迁之喜，也衷心祝愿北京电视台大展宏图，再创辉煌！

2009年4月28日

四川什邡市委、市政府的贺信

北京电视台：

值此贵台成立30周年之际，谨向你们表示热烈的祝贺！

北京电视台成立30年来，始终坚持正确的舆论导向，坚持“三贴近”原则，服务中心、服务大局，取得了优异的社会效益和经济效益。在此，向你们表示崇高的敬意！

“5·12”特大地震发生后，北京电视台给予了我市巨大的支持和援助，全方面宣传报道什邡市抗震救灾和灾后重建工作，多角度宣传报道北京市对口援建的各项工作。北京电视台优质高效的宣传报道工作，为我市抗震救灾和灾后重建提供了强大的精神动力，极大地鼓舞了参与北京对口援建工作全体将士的斗志和激情。在此，向你们表示深深的谢意！

祝北京电视台再上台阶，取得更加辉煌的成就！

2009年5月15日

一流阵容汇聚庆祝生日
经典曲目荟萃彰显风范

——纪念北京电视台建台30周年交响音乐会举行

文艺节目中心

5月16日，汇聚中国古典音乐最强阵容的纪念北京电视台30周年交响音乐会在北京电视台剧场举行，有关领导、社会各界人士及几代北京电视台电视人到场，在一首首家喻户晓、耳熟能详的经典交响乐曲中，共同庆祝北京电视台的30周岁生日。

北京电视台台庆交响音乐会由享有盛誉的中央歌剧院交响乐团担任演奏，音乐会特别邀请了中国第一位交响乐、歌剧女指挥家，原中央歌剧院首席指挥郑小瑛担任指挥，中央歌剧院院长、中央音乐学院指挥系主任、著名指挥家俞峰同时担任音乐会指挥。

音乐会上，理查·施特劳斯的交响诗《查拉图斯特拉如是说》、埃尔加的《威风堂堂进行曲》等世界音乐史上的经典交响乐作品一一呈现。著名小提琴演奏家薛伟演奏的小提琴协奏曲《梁山伯与祝英台》之《化蝶》、著名钢琴演奏家陈萨弹奏的钢琴协奏曲《黄河》等经典中国音乐作品表达了走过30年的北京电视台立足北京，放眼世界的中国风范。音乐会上著名歌唱家幺红演唱的约翰·斯特劳斯的《春之声》、著名男高音歌唱家戴玉强演唱的普契尼的《今夜无人入睡》获得观众阵阵掌声。在这场庆祝北京电视台30周年的音乐会上，由众多北京电视台主持人表演的合唱《我和我的祖国》抒发了新一代电视人对祖国的热爱和创新奋进的情怀。

与会各界人士和观众代表表示，北京电视台在迎来30周年庆典之际，这台阵容一流、曲目经典的交响音乐会，立意高、品位新、阵容强，彰显了北京电视台的大台气象和国际视野。

BTV

Beijing Television

三、概　况

卫视节目中心概况

卫视节目中心

2009年，是北京电视台卫视节目中心成立的第一年。本着“立足北京，面向全国”的宗旨，坚持“文化品位、大家风范”以及“都市感、时尚感、现代感”的理念，整合了北京卫视播出包括《五星夜话》、《天下收藏》、《中华文明大讲堂》、《身边》等原隶属其他中心的节目，创办了周播节目《档案》、《志愿者真情耀中华》以及准日播节目《聚星坊》等新栏目，举办了《清明节黄陵祭祖》、《世界魔术师大会》、《金话筒落户北京台》、《十大建筑评选揭晓》、《我爱你，中国——庆祝新中国成立60周年特别节目》等大型直播和录播活动，各项业务平稳发展，节目质量明显提升。

创新谋发展　创新见效益

勇于尝试、不断创新的工作理念既体现在节目制作上，也贯穿于中心各部门和科室的日常工作中。

节目不断创新，有效拉动收视率。老牌栏目《身边》重新定位，集中体现在七个“新”上：新的形象定位、新的节目创作理念、新的视野、新的面孔、新的做法、新的品牌发展思路和新的管理。访谈栏目《五星夜话》将高端文化类节目“平民化”，制作了如“舌战三国”、“北风吹过的记忆”、“两岸故宫跨海团圆”等，把阳春白雪与下里巴人很好地统一起来，在满足小众口味的同时吸引了更多的大众。《天下收藏》大胆尝试和创新，给鉴宝类文化节目注入了娱乐元素，增强了节目的可视性。

深化“轮耕”制度，通力打造周末黄金档综艺节目。卫视节目中心在保持常态栏目播出质量的同时，采取更加开放的方式面向全台乃至全国招标新节目方案。为提升周末综艺黄金档节目的竞争力，由卫视节目中心牵头，全面展开了针对2010年周末黄金档综艺节目的招标工作。本次招标共收到投标文案28件，其中包括7家来自光线、欢乐、喜地等在内的大型传媒机构递送的文案11件，个人递送文案9件，卫视节目中心大型活动部递送的文案8件。通过初步审核，最终确定了其中的18件文案参加于11月8日召开的“卫视节目中心周末大型综艺节目”招投标工作评审会。10位业内专家以及19位不同年龄段的热心观众组成的评委阵容，高质高效地完成了对18件节目方案从阐述到质询到打分的一整套工作。卫视节目中心还将借鉴国外先进的“季播”概念，使招标工作常态化，充分利用各种资源，建立节目储备库，尝试“制播分离”机制，通过多种方式吸纳、培育优秀节目资源与人才，把北京卫视办成精品节目的播出平台。

建立一整套节目评估体系和追踪观众反馈的长效机制。2009年，卫视节目中心制定了一整套的关于新节目、新项目的准入规范条例，并由专门人员定期对节目方案、大型项目进行评估。同时卫视节目中心首次建立起观众测评和专家意见两套评价体系，形成了以业内知名专家、电视策划人、评论人为主体的核心智囊团，同时还成立了北京电视台首个96168观众社区，吸纳忠实观众千余名，作为节目测评的主体。

优化现有配置，实现资源整合

对原有栏目重新整合、定位。卫视节目中心将两档同样具有公益慈善性质的节目《真情》和《志愿者真情耀中华》进行合并，推出了全新的《志愿者真情耀中华》，在节目本体保持不变的前提下，有效地规避了无谓的资源浪费。

整合台内多种节目资源，建立动态编排机制。卫视节目中心牵头，在暑假期间与总编室、影视剧中心、动画中心、科教中心、青少中心等多个部门协调，确定了“健康假期快乐成长”的编排主题，制定出适合青少年受众收看习惯的节目源，推出了四部电视剧和一套经典节目精编。这次动态编排的尝试不但将北京卫视下午时段的青少年受众提高了12%，更重要的是与总编室建立了节假日和非黄金时段的动态编排机制，使这项工作从空白变为常态。

开展多项资源互换和商业活动合作。卫视节目中心发挥自身播出平台的优势，先后与陕西卫视、北京演出集团、北京光线传媒等单位合作，完成了《2009年黄陵祭祖》大型直播节目、《图兰朵》的录播制作以及电影《阿童木》北京首映式的播出合作等工作。

加强宣传推广，树立品牌意识

建立了立体的节目预告体系。卫视节目中心除了运用传统手段在平面媒体上开展自制节目详细预告外，还联系、开发了城市电视、楼宇电视等户外媒体，实现了每周三天、每天两次的重点栏目、重点活动和电视剧的宣传。

拓展了立体化的宣传推广体系。卫视中心确定了一批包含平面媒体、广播电视媒体、网络媒体、户外媒体及其他新兴媒体在内的重点合作伙伴并进行深度合作开掘。综合管理部携手《身边》、《中华文明大讲堂》、《档案》等栏目组共同策划了“北京路传奇”、“王蒙新书发布”、“档案节目录制现场探班”等多项品牌推广及节目宣传活动，并建立起职能部门与业务部门之间长期互动的良性合作关系。

确立北京卫视的品牌宣传推广方案，打造全国性的播出平台。卫视节目中心通过招投标确定了合作公司，用于卫视频道的整体包装，同时抓住高清开播的契机，推出了以高清格式拍摄的外景宣传片并在各档新闻节目的片尾进行播出。

新闻节目中心概况

新闻节目中心

2009年，北京电视台新闻节目中心立足“文化品位、大家风范”的频道定位和“立足北京、面向全国”的传播理念，以“坚持科学发展，提升传播能力，创有影响力强台”为目标，推出了一系列新闻改革创新举措，谋求北京卫视新闻节目影响力由首都向全国辐射。

一、加大新闻节目改版力度，增加北京卫视新闻时事节目的播出比重，突出首都特色、国际视野和评论力度

2009年，北京卫视新闻改版最大的变化，就是在保持以《北京新闻》、《特别关注》、《北京您早》为代表的传统品牌栏目的特色和优势的基础上，创办了一档以首都都市新闻为特色的《新闻晚高峰》，并将原《直播北京》改版扩容为《晚间新闻报道》。2009年，北京卫视新闻节目占卫视全天首播节目播出量的40%，占卫视全天播出量的近1/4，是北京卫视的重要支柱，特别是在晚间18:00－24:00时段，北京卫视新闻时事节目的播出比重和收视比重在35个城市中名列省级卫视第一。

《新闻晚高峰》：追求首都特色与国际视野的结合，打造北京卫视“大家风范”的高端品质。从2009年1月1日起，每天18时，《新闻晚高峰》以直播形态登录北京卫视。这是一档具有首都特点的都市新闻，立足首都，直面政府百姓关注的新闻话题。栏目突出都市化品质，主打新闻“高峰”的理念，即新闻容量的高峰、新闻速度的高峰、新闻深度的高峰、新闻视野的高峰、新闻现场的高峰。开播以来，《新闻晚高峰》以时尚的包装、快节奏的编排和丰富的信息迅速脱颖而出，28分钟平均播发新闻30～50条，含本市新闻、国际新闻、体育新闻、晚报速读、路况直播、SNG直播、高峰人物等板块，直播中随时插播最新消息，此外，还为北京都市人群提供当晚的出行指南，集新闻性、服务性于一身，收视率比上年同时段提升62%。

《晚间新闻报道》：加强深度报道和新闻评论力度，设置引导公共议题，强化北京卫视的话语权。从2009年1月1日起，《晚间新闻报道》时长由30分钟扩容为50分钟，充分体现“梳理新闻，分析背景，提供观点”三大功能。《晚间新闻报道》追求新闻的深度、言论的力度，加大评论的分量，着力打造BTV在重大事件、热力话题中的话语权与影响力。栏目最大的变动是全新推出的新闻评论板块——《晚间观察》、《晚间聚焦》和《新闻发言人》，通过嘉宾访谈、述评等报道形式，追踪分析新闻热点，引领大众公共话题。国内外重大新闻事件都成为了《晚间观察》的话

题，一批知名专家学者作为新闻观察员走进演播室，进行权威评述，凸显了北京卫视抢占舆论高地、发出自己声音的立场。

《新闻发言人》是北京电视台与国务院新闻办公室合作推出的我台第一档国情报告类新闻评论栏目，实现了北京电视台新闻平台高端化的突破。栏目与国务院新闻办公室通力合作，深度解读国务院新闻办公室及各大部委的新闻发布会，并在第一时间专访新闻发言人和权威专家，对重大国情及新闻背景进行深度挖掘、调查分析，丰富了新闻发布会的内涵和外延。从2009年1月23日在《晚间新闻报道》开播以来，《新闻发言人》所坚持的“政府声音、公众立场、民生解读”的创作原则已获得社会各界的良好反馈，在各大部委中产生了良好的影响力。同时，栏目利用新闻发布会的相关信息及资源，在各档新闻播发了一系列深度报道节目，提升了北京电视台新闻节目的评论性和思想性。《新闻发言人》作为北京卫视重要的舆论阵地，逐渐得到社会认可，初步形成节目品牌。节目得到了国务院新闻办主任王晨同志的热情表扬，并在2009年底收到了国务院新闻办公室的感谢信。市局《收听收看》评价《新闻发言人》节目“特色突出”。

《晚间新闻报道》的改版加强了北京电视台在舆论引导和议题设置中的话语地位，在高端受众中取得良好反响。

《北京新闻》等其他几档新闻栏目坚持改革创新。2009年，作为龙头节目《北京新闻》坚持时政改革，紧跟时代热点，策划推出“建设三个北京”、“贯彻落实科学发展观”、“扩内需保增长”、“记者走一线”、“岁末年初走一线”、“乡村新发现”等重点专栏，既做好规定动作，也做好自选动作，积极引领社会舆论。

2009年，《特别关注》和《北京您早》继续坚持贴进性的节目特点，结合自身风格策划了一批时效性强、信息量大和选题视野宽的内容，广受好评的“防控甲型流感”系列和“二十四节气”的报道都出自策划之笔。

围绕重大题材与突发事件，新闻节目中心调动直播、现场报道的手段，组织策划、现场调度、报道制作水平日臻成熟，直播报道、现场报道已趋向常态化，新闻的时效性与鲜活性得到了极大提高。

以各档新闻栏目为代表，北京卫视的“大家风范”表现在新闻节目理念上，就是坚持首都特色与国际视野的结合，用首都视角编排新闻。早间新闻节目《北京您早》这几年一直强调的“第一时间看北京、看中国、看世界”；《晚间新闻报道》对重大国内外新闻的敏锐跟踪，都是这种新闻理念的体现。这几年，新闻节目中心同新华社、中国国际广播电台、中央电视台等建立了密切的新闻合作渠道，他们的第一手资料“为我所用”，大大拓宽了报道内容和视角。

此外，还充分利用SNG直播车、景观摄像机、气象直播等先进直播理念和手段，对影响首都市民生活的重大新闻事件进行直播，增强新闻的时效性、贴近性。

二、围绕新中国成立60周年，策划推出大型纪录片、大型直播，体现北京卫视与祖国“同呼吸、共命运”的赤诚情怀

推出大型纪录片《我爱你　中国》。由新闻节目中心制作的纪念新中国成立60

周年大型纪录片《我爱你　中国》于2009年9月14日开始在北京卫视晚间黄金时段播出。该片采用数字高清格式拍摄，以60年来新中国的民间生活现场为舞台，通过还原呈现一代代中国人与共和国水血交融的青春岁月，追寻不灭的理想精神与强国情怀，是一部书写国家变迁史、物质进步史、精神文明进化史和国民心灵史的影像史诗。

推出大型直播《我爱你　中国》。北京电视台新闻、卫视、海外节目中心于9月30日22点30分—10月1日23点18分推出大型直播特别节目《我爱你　中国》，这是北京电视台历史上时间最长、规模最大的超大型直播节目，也是本台迁入新址并完成高清化改造后推出的第一次大型直播活动。

——本次直播24小时播不停。从国庆节前夜开始紧扣国家阅兵游行重大事件的发展进程，集现场报道、背景介绍与事态分析于一体。直播以自制节目9小时30分为主体，CCTV直播信号8小时，日播新闻节目1小时，汇编《我爱你　中国》专题片6小时。

——14个单边注入点体现首都大台实力。尤其是本台首次在国庆大典的核心区设立6处直播点，在市交管局、市气象局、市交通委等设立3个直播点；在北京部分有代表性地区设立5处直播点。

——近40次现场连线，突出进行时感和现场感。大量采用现场直播连线，介绍阅兵、游行、联欢、焰火晚会最新情况，公交地铁、卫生医疗、安保、交管、气象以及阅兵队伍、游行队伍的最新进展。

——38位国庆阅兵游行的组织者和亲历者在庆典后的第一时间走进演播室参与访谈。其中包括阅兵亲历者、游行组织者和焰火晚会的主创团队张艺谋、蔡国强等，反映出BTV极强的影响力和号召力。

——纽约、洛杉矶、东京、莫斯科、伦敦等10多个城市连线打造全球概念。

——本次直播还同时在BTV网站、新浪、搜狐以及手机电视进行视频直播，实现了电视媒体与新媒体的成功合作。

日常国庆报道加强策划，推出一大批精品力作。为了迎接新中国成立60周年，《北京新闻》栏目提前策划，认真组织，精心制作，推出《跨越——辉煌北京六十年》、《我和我的祖国》、《魅力北京　喜迎国庆》、《迎国庆　讲文明　树新风　展现北京新风采》等迎接国庆系列报道，从多个层面、不同角度展示共和国成立60年来首都翻天覆地的变化，展现北京市民爱国热情，尽显北京迎国庆、讲文明、树新风的热烈氛围，受到了中宣部新闻阅评组的高度赞扬。《晚间新闻报道》推出“中国通　北京通”特别报道，视野投向国际，《特别关注》推出“走进阅兵村”等系列报道。

2009年9月10日中宣部《新闻阅评》表扬《北京新闻》迎国庆报道“力度大形式新”，“展示首都新发展新成就新面貌”；2009年9月29日中宣部《新闻阅评》表扬纪录片《我爱你　中国》以“当事人、见证人的生动口述表现重大题材”，评价《我爱你　中国》“反响热烈”。

三、实施“走出去”战略，推出一系列大型活动和重点报道，让媒体影响力从首都向全国辐射

“走出去”，不仅仅体现在新闻发生地点、记者采访地点的空间变化，还体现

在走出对媒体功能简单理解的框框，主动将媒体变为社会公共平台，凝聚全民力量，共同建设和谐社会。

在什邡建立工作站，利用媒体影响力支援灾区重建。2009年1月，北京电视台在北京援建四川灾区对口城市——什邡建立了工作站，派出三名记者常驻什邡，发回大量灾区重建第一线的鲜活新闻。什邡工作站的设立是北京电视台实施“走出去”战略的重要一步。截至目前，新闻节目中心先后派出十来位同志在什邡驻点采访，陆续发回一百多条新闻，锻炼了队伍，积累了外埠采访经验，提升了北京电视台的影响力和知名度。

2009年春节，北京卫视推出大型新闻行动“温暖一家亲”。记者奔赴什邡采访慰问，与当地群众共度除夕，并将从北京筹集的慰问物资140余箱、4600余件，发送到灾区群众和北京援建者手中。同时，北京电视台邀请来自灾区的六户家庭来到北京，在栏目主持人的带领下，和北京家庭共度佳节，京什两地共同上演了爱心接力的感人场景。

2009年5月12日，北京卫视推出大型直播《重生——5·12汶川大地震一周年纪念》，这是新闻节目中心搬入新台址之后举行的首次大型直播，为了先人一步，北京电视台提前数月就开始了策划，直播嘉宾“芭蕾女孩”李月、知名学者于丹早在4月初就已经被北京电视台提前“预定”，整体节目取得了非常好的传播效果。

同日推出的大型专题片《大爱无疆》，全面反映了北京援建什邡的历程。大型直播《重生》、大型专题片《大爱无疆》以及《北京新闻》推出的系列报道《京什携手 共建家园》，站在党和政府的高度，从百姓视角真实全面地介绍了震区群众以及北京援建者的现状和感人故事，让所有人更加坚信那里的明天会更加美好。上述报道多次获得市委宣传部、北京前指、什邡市委和当地人民的好评。

推出一系列大型新闻行动，深入新闻一线，捕捉时代热点，发挥媒体功能，凝聚全民力量。为了提振社会各界应对经济危机的信心，《北京新闻》于2009年2月推出年度大型新闻行动《记者走一线》，有力地配合了政府中心工作，积极宣传“扩内需、保增长、促发展”。新增的“记者手记”板块以“点睛之笔”强化报道主题，提高了新闻感染力。

2009年5月，《北京新闻》又推出大型新闻行动“乡村新发现”，记者走到田间地头进行蹲点式采访，以“三贴近”原则报道新农村建设。这两个系列报道多次受到中央阅评员和市委宣传部的表扬。

此外，2009年年初，中原大地大旱，尽管北京并未受到太大影响，北京电视台还是派出了多组记者深入河南等地，在北京卫视各档新闻栏目推出《抗旱第一线》特别报道；2010年3月，西南旱情告急，北京电视台紧急派出三路记者赶往旱情最为严重的云南、广西、贵州等地进行实地采访报道，北京卫视各档新闻节目从3月22日起开辟专栏“西南抗旱第一线”，实时播出来自抗旱一线的最新消息，鼓舞全国人民联手抵御自然灾害。

这一系列举动体现了北京电视台关注社会热点、勇于承担社会责任的媒体形象。

四、搭建符合现代电视传媒竞争及电视新闻发展规律的生产平台及管理体系

早在2004年，北京电视台对新闻节目

生产流程与管理架构进行了改革，第一次实现了采编分离，引入了覆盖全中心的非线性新闻编辑系统，建立了统筹指挥、分工协作、资源共享的采编管理平台。新闻节目中心下设新闻编辑部、要闻采访部、社会新闻采访部、新闻评论部和综合管理部五个部门，在五大部门基础之上，搭建起以主任办公会为指挥中心、以编务会为业务枢纽的采编运行流程。

以2009年新台搬迁为契机，新闻节目中心在信息网络管理部的协助下，在全国电视台中率先开发启用新闻舆情应用服务系统，全新构建的新闻发稿中心成为新闻节目生产与管理的神经中枢。新闻节目中心形成了节目策划、选题申报、采访执行、栏目编排、三级审片、安全播出、应急报道等一系列科学化、制度化的生产平台及管理体系，新闻节目的日常管理实现精细化、规范化。其中，舆情监测系统依托互联网技术，实现了对国内主要媒体，尤其是首都媒体舆情信息的实时监测和分析整理。舆情编辑每天提交两份舆情报告，作为寻找选题、研究媒体动向、考察记者是否漏题漏发的依据。节目评价方面，我们建立起一个节目考评机制，依照考评规则和分值标准，对各档新闻统一打分，考评结果与效益工资直接挂钩。这种考评制度鼓励了记者多出好稿，促进了业务研讨之风。

文艺节目中心概况

文艺节目中心

2009年，北京电视台把“以深层次的综艺内容打造北京电视台的前沿看点，以新形态的文娱形式提升北京人的生活品质”作为文艺频道的主要目标，通过整体策划和系统设置栏目，使文艺频道涵盖了明星访谈、影视专题、综艺互动、文娱资讯等不同风格、类型的文艺节目，为广大观众提供了丰富多彩的精神食粮。

一、精心组织，周密策划，办好国庆60周年文艺节目

为隆重庆祝新中国成立60周年，从8月24日至10月12日，文艺节目中心推出一批节目形态多样，内容丰富多彩，主题积极向上的大型文艺节目，产生了良好的社会反响。

20集大型电视文化纪事片《百花》。纪事片《百花》，是北京电视台为庆祝新中国成立60周年而拍摄的献礼片，是对60年来新中国社会主义文艺大繁荣、大发展的一次深情梳理，同时，也是以首都台的胸襟和人文情怀进行的一次追寻精神家园的旅程。节目在北京卫视开播后在观众中引起了极大反响，大家纷纷通过热线电

话及网络表达自己观看后的激动心情，对新中国成立60年来社会主义文艺的繁荣发展和取得的一系列成绩表示了由衷的骄傲和祝贺。

“花样年华”歌舞大赛。由市委宣传部、市教育工作委员会、共青团北京市委、北京电视台共同主办的“花样年华”电视歌舞大赛自2009年2月启动，吸引了在京高校师生和社会青年的目光。经过初赛和复赛，组委会从首都80余所高校选送的400余个节目和从100余支社会团体的200余个节目中筛选出50个优秀节目进入了电视比赛环节。7月18日至26日，进行了5场电视擂台赛的录制，参与院校包括清华、北大、人大、北师大、理工大、中国传媒大学等在内的40多所首都高校，2000余名青年展示了他们在重唱、合唱、舞蹈、器乐演奏、音乐剧等方面的才华。

10月2日晚，北京电视台庆祝新中国成立60周年大型文艺晚会“花样年华 放歌中华”在北京卫视播出，几乎所有节目都由首都各大院校的学生出演，这些节目都是在“花样年华”电视歌舞大赛的基础上优中选优、精心组合、编排包装出来的，学子们的表演不是专业胜似专业，充分展示了他们特有的青春与激情。

《足迹》·中国曲艺六十年——《笑动2009》“十一”特别节目。国庆前夕，《笑动2009》与中国曲艺家协会共同制作了11集大型纪录片《足迹》。该片以新中国曲艺发展的脉络为主线，全面、深入地回顾了曲艺事业成长的轨迹，见证新中国社会主义事业大发展、大繁荣的辉煌历程。该片以作品展示和采访为主，涵盖了各个地区不同的曲艺类别。片中历数具有鲜明时代特色和历史风貌的近百段曲艺作品，挖掘作品中的时代印记，探寻作品背后鲜为人知的故事。栏目组遍访大江南北曲艺名家，行程万余公里，探访老、中、青三代艺术家近百位，其中既有久别舞台的老艺术家，又有时下当红的著名笑星，获得了极为宝贵的一手资料。

“我们生活的年代”——《每日文娱播报》庆祝新中国成立60周年特别节目。“回放我们的时代，讲述光阴的故事”。为了庆祝新中国成立60周年，《每日文娱播报》栏目组织骨干力量，精心打磨了十期特别节目《我们生活的时代》。该系列节目以十年时间跨度为一个阶段，分别邀请了葛存壮、宋丹丹、张明敏、韦唯、孙楠、赵薇、王宝强等各个时期成长起来的明星担任年代讲述人。同时采访了谢芳、于洋、李光羲、郭凯敏、陈宝国、苏有朋、高晓松、唐国强、李谷一、六小龄童等大批明星，通过他们的真情讲述，回顾和梳理60年中的热点文艺事件，展现不同年代人物的思想碰撞，引发对各个时代文化事件、文化现象的解析和讨论。

“歌唱祖国”——《百姓秀场》国庆特别节目。国庆前后，《百姓秀场》特别策划了两期以“歌唱祖国”为主题的特别节目。《歌唱祖国——林妙可》，曾在2008年北京奥运会开幕式上演唱《歌唱祖国》的少女林妙可，再次走进了《百姓秀场》国庆特别节目的演播室，为观众带来了《歌唱祖国续篇》，展现了这位红衣少女的幸福童年以及她在今天对这首歌的独特理解。《唱出百姓的心声》节目由京城百姓喜爱并推崇的“超级民星”和著名歌唱家合作演唱了《山丹丹开花红艳艳》、《我的祖国》、《红星照我去战斗》、《祖国一片新面貌》、《今天是你的生日，中国》等10

首观众耳熟能详的经典歌曲。

“60 记忆”——《神州音话》国庆特别节目。60 年共和国的辉煌，60 年影视人的佳话，国庆期间在《神州音话》中展开格外真情动人的画卷。从 10 月 4 日起，张国立、王庆祥、侯勇、宁静、刘蓓、陶虹这六位曾经荣膺“金鸡奖”、“百花奖”以及“华表奖”影帝影后的明星从红地毯上走来，温馨做客《神州音话》，以自己不同的人生经历注解新中国文化的繁荣发展，尤其是影视艺术的与时俱进和演艺圈中的潮起潮落。

“电影奇迹”——《天天影视圈》特别节目。《天天影视圈》立足新中国蓬勃发展的影视行业，独立策划了“电影奇迹”的系列专题片，采用“影人讲影事”的形式，由王姬、陶虹、黄渤、高圆圆、张涵予这五位知名影视明星依次走进演播室，结合自己不同的人生经历和感悟，对新中国 60 年来的电影做出了各具特色的解读。

二、不断加强节目创新，强化栏目品牌打造

2009 年，文艺频道对一些老栏目如《每日文娱播报》、《天天影视圈》、《光荣绽放》、《影视风云路》、《神州音话》、《星夜故事秀》等，更加注重精耕细作，在确保收视的前提下不断创新，进一步提升节目的美誉度和文化品质；对新改版的《喜来坞》、《艺苑新视角》等栏目则加强研发，不断调整节目的定位及内容，确保收视的逐步提升。《天天影视圈》栏目在深度挖掘与影视圈相关的热点事件、人物上，不但注重相关背景的链接，丰富节目的信息量，还在“天天点评”板块加强了评论色彩，短小精悍、风趣幽默且见解独到的评论，成为栏目独特的标志之一，在观众中颇有影响。《神州音话》是北京电视台文艺中心的一档大型明星访谈节目，在北京地区具有较高的知名度，主持人丛薇更是以亲切的风格备受观众喜爱。自 2007 年全面改版至今，《神州音话》每一年都会有很大的变化，社会美誉度、观众知名度和品牌影响力不断提升。

三、大型活动、大型晚会，为构建和谐社会营造良好氛围

《神州》“合家欢”叩开 09 快乐门。《神州音话》元旦特别节目“合家欢”采取家庭 PK（包括语言和竞技 PK）、故事讲述、才艺展示、现场制作合家欢大餐等形式，邀请相声名家李金斗和李增瑞、“新好男人”潘长江和巩汉林、“美食家”方青卓和那威以及明星家庭沈丹萍母女和石小杰父女担任嘉宾，将妙趣横生的访谈和精彩纷呈的游戏、表演结合在一起，围绕“合”字做文章：和谐、合作、合力、合谋，强调全家人共同协作，既符合元旦佳节热闹喜庆的特点，又契合节目温馨温情的定位，得到广大观众的喜爱。

2009 年“春晚”收视再创新高。《2009 北京电视台春节联欢晚会》于 2009 年 1 月 26 日（大年初一）在北京卫视首播。晚会围绕国庆 60 周年、继承奥运文化财富、改革开放 30 周年、重建精神家园等宏大主题展开，内地、港台、国外的众多当红明星汇聚一堂，歌舞、戏剧、相声、小品等节目丰富多彩，晚会设计气势恢宏、时尚豪迈，舞美、灯光、服装、造型处处匠心独具，突出了“首都文化品质”与“都市时尚派对”风格，引领新春伊始的

潮流风尚；在晚会串联中，加入大量真情互动元素，带来全民幸福分享、共庆团圆和谐的传统节日氛围，是一次离百姓最近、最具亲民气质的春节晚会，为广大观众带来最幸福、最震撼的视听分享。

《喜来坞百姓文艺团体群英会决赛暨颁奖典礼》独树一帜。大年初三晚上黄金时间隆重推出“喜来坞百姓文艺团体群英会决赛暨颁奖典礼”，热情洋溢的百姓演员，精彩绝伦的歌舞节目，辛辣风趣的专业点评，喜气活泼的文艺助演，使该节目在诸多新春晚会中别具风彩。

《星夜故事秀》新春嘉年华。春节期间，每晚两对明星家庭，相聚《星夜故事秀》，谈过年故事，做过年饭菜，秀全家才艺，热热闹闹过大年，既突出了过年时全家和谐、幸福、其乐融融的氛围，又使那些刚刚组成家庭的明星——新家庭、新组合，有更多新故事、新火花。

“五一”劳动节唱响《劳动颂歌》。由北京市总工会、北京电视台主办，北京市劳动人民文化宫、北京电视台文艺中心承办的“五一”文艺晚会《劳动颂歌》，紧紧围绕“弘扬创新精神、抒发奉献情怀、展现时代风采”的主题，通过《我和我的祖国》、《我和我的北京》、《我和我的时代》三个篇章，热情讴歌了工人阶级的优秀品质和崇高的思想境界，展示了首都工人阶级和劳动模范以主人翁姿态投身首都现代化建设的壮志豪情，彰显了“劳动光荣、创造伟大、科学发展、和谐团结”的时代精神。

“三下乡”活动深入开展。2009 年，主要组织策划、录制了《京张心连心》、《花乡果海　激情怀来》等3 台大型晚会。3 月5 日，在门头沟区体育馆录制了《与春天同行——北京市首届旅游山会开幕式文艺演出》。该节目以歌颂情，推广首都旅游资源；以舞抒怀，树立京西绿色生态旅游品牌；以山会友，拉动2009 年春季旅游消费热潮。节目风格定位为：春的气息——整场演出充满生机盎然的春之气象；山的品格——开山门，唱山歌，体现山的豪迈胸怀；人的情怀——邀八方来客，迎四海宾朋。整台节目在浓浓的春意中体现山之灵、水之秀、人之杰三大主题。

《京张心连心》大型文艺演出是由北京市委宣传部和张家口市委共同举办的一项大型活动，旨在促进两座城市的共同合作与发展、推动张家口地区的对外宣传，每年一次，至今已举办了13 届，在京张两地特别是张家口地区形成了较大影响力。7 月20 日，《京张心连心》演出顺利举行。演出现场群情激昂，原来预计只组织1 万名观众，实际人数达到了3 万多人。在2 个小时的演出过程中，节目流畅，气氛融洽，台上台下情感交融，直到演出结束，观众们仍然久久不愿散去。北京市委宣传部领导、河北省委宣传部领导、张家口市委市政府领导和张北县领导及各界观众，一致赞扬这是一台高格调、高水准的演出，体现了北京电视台的水平、体现了北京人对张家口的真情实意。

《花乡果海　激情怀来——京张心连心暨怀来葡萄（酒）节大型歌会》由张家口市政府主办，市委宣传部、怀来县政府和北京市电视台联合承办，于2009 年9 月12 日在张家口怀来县文化广场录制。演出采取大型歌会的形式，分为“花乡果海　美酒欢歌”、“京张共建‘五好’家园”、“盛世祝福　举国同庆”三个篇章，著名歌手韦唯、黄安、潘美辰、阿宝、演员何静及电视剧《董存瑞》剧组的主创人员参加了演出。用歌声作为纽带与现场观众互动，揭开怀来葡萄（酒）节的序幕，为国庆献礼，传递京张两地人民的深厚情谊。晚会现场，灿烂的焰火将天幕照得五彩缤纷，黄安、白雪、潘美辰、金美儿、韦唯、阿宝、水木年华等歌星的激情演绎让出席此次盛会的嘉宾和现场观众听得如痴如醉，怀来浓厚的葡萄文化也在潜移默化中深入人心。演出将第十届中国怀来葡萄采摘暨葡萄酒节推向高潮，受到了当地领导和观众的欢迎。

科教节目中心概况

科教节目中心

2009年，北京电视台科教频道创新发展思路，积极、稳妥地推进各项改革，各项工作都迈上了一个新台阶。

以提高收视份额为中心 全力创办精品栏目

科教频道2008年平均收视率为1.37%，2009年达到2.10%，上升幅度为53.3%；2008年收视份额3.63%，2009年收视份额达到5.81%，上升幅度超过60%。在科教频道参与收视统计的33个时段中，31个时段全面上升，其中增幅超过100%的时段有13个，增幅200%以上的时段有3个。

如何能在短时间内提高科教频道的收视率?

首先，科教频道制定了压缩低迷栏目、合并同类栏目、强化优势栏目的策略，撤掉了原有的11个收视率一般的栏目，改变了以往凌乱无序的编排格局，实行“大时段编排”，主打时段概念。科教频道全天分为六大时段：早间法治科技重播的综合时段；上午汇集国内外优秀纪录片的人文时段；中午以《法治进行时》为龙头的法治时段；傍晚健康、养生时段；晚间以八点故事汇为通档的人文时段，夜间电视剧和法治重播的综合时段，其中有三个时段的打造非常见效。

一是午间《法治进行时》时段。《法治进行时》创办于1999年12月27日。在10年的时间里，《法治进行时》累计为北京电视台创造的广告收入超过了5亿元，是目前全国唯一在午间创收上亿的栏目。《法治进行时》已经连续三年进入全国所有电视台所有频道所有新闻专题栏目大排行的前三名，这对于一档午间非上星频道播出的栏目来讲，业绩骄人。而今年《法治进行时》连同《现场说法》、《大家说法》的收视率再度上扬，上升幅度达9.9%。

二是傍晚健康养生时段。健康养生时段从每天17:25播出，持续播到18:35，包括三个栏目：讲解日常生活科学知识的《科学实验室》，介绍中国传统养生文化、实用养生方法的《养生堂》，帮助大家到医院诊治疾病、求医问药的《健康北京》。这一时段的收视率比去年同期增长105%，特别是《养生堂》栏目，比去年同期收视率上升了近10倍，是目前北京电视台新上栏目收视率最高、成长最快的日播栏目。

三是晚间人文时段。晚间8:00至8:50是各频道比拼的黄金时段。2008年科教频道这一时段全年的平均收视率为0.77%，市场份额排名位列北京地区第十六位。2009年科教频道在晚间八点，打通七天，推出了大型访谈系列栏目——《八点非常故事汇》，统一以“非常”领衔，以故事贯穿，同时每天有不同的主题：周一《非常网络》，讲述网络事件，最高单期收视率4.2%；周二《非常说名》，讲述文化名人、历史人物故事，最高单期收视率10.91%；周三《非常接触》，大众读书栏目，最高单期收视率5.29%；周四《非常夫妻》，讲述婚姻、爱、家庭故事，最高单期收视率5%；周五《非常父母》，讲述父爱如山、母爱如水的真情故事，最高单期收视率4.02%；周六《非常女人》，讲述智慧女性故事，最高单期收视率4.85%。

2009年，科教频道的《八点非常故事汇》推出后，马上吸引了很多关注的目光，因为在日常的编排中最常见的是棋盘式编排，就是在每天一个固定时段播出的是不同的栏目，因为没有统一的规划，栏目之间各自为政，是很难形成合力的。而科教频道播出的《八点非常故事汇》既形成了合力，增强了观众的“约会”意识，同时又细分了主题，为观众提供了更为丰富的选择。这种共性、个性相结合的编排方法效果明显。2009年，科教频道在8:00至8:50这个时段的北京地区市场份额已经上升了11位，从第16名提高到了第5名，平均收视率也从去年全年的0.77%上升到了1.86%，上升幅度达到了142%。

其次，坚守科教定位，策划多个特别节目。10集大型艺术纪实片《江山如画》，首次展现新中国成立后各个历史时期的代表画作及人物，歌颂社会主义祖国的大发展大繁荣。8集文献专题片《北京1949》，大量珍贵的一手资料，全面生动地反映了北京和平解放的历史进程。10集文献专题片《子年北京》，全面反映1900—2008年这108年间，北京这座城市面貌的变化，综合国力的上升。百集高清专题片《北京的胡同》，第一次多角度展示北京胡同的历史变迁以及北京人生活的变化。百集系列短片《影像家国六十年》，多次获中宣部阅评组和市委宣传部阅评小组表扬。《为你而歌》第三部获得市委组织部的好评。

第三，科教节目中心多次获奖。2009年，徐滔同志获得全国德艺双馨荣誉称号，获得中国广播电视协会颁发的“新中国有影响的60位广播影视人物”荣誉称号。付琼同志制作的《重现老城门》获2009年中国国际科教影视类节目展评“中国龙”奖，人文类评委会大奖。《岔道城》获2009年北京电视“春燕奖”最佳纪录片编导奖、最佳摄影奖。《健康北京》施卫平等同志制作的“走进红十字——危情时刻”获得第四届北京市优秀科普作品奖优秀奖。

影视剧中心概况

影视剧中心

2009 年，北京电视台影视剧中心实施了“文化制高点，大戏看北京”战略，收到了显著效果。北京卫视播出的电视剧，收视率由原来全国排名第十跃升到“三甲”；全台播出的电视剧，收视率不断提升，创造了良好的社会效益和经济效益。

从“第十”到“三甲”
卫视“大戏战略”初战告捷

2008 年以前，北京电视台一直以地面影视频道为电视剧播出的主战场，而 BTV 影视频道也一直是北京地区的电视剧播出的王牌频道，与影视频道的火暴相比，北京卫视电视剧却鲜有作为。从 2008 年 10 月起，这一格局发生了重大变化：首轮剧、独播剧全面登陆北京卫视，对卫视频道以及全台的贡献率大幅提升。为了将这一良好的发展势头转化为长效的增长动力和趋势，在激烈的竞争中保持领先的地位，北京电视台在 2009 年推出了“文化制高点、大戏看北京”的全新电视剧品牌发展战略。

大戏铺路，北京卫视异军突起。围绕这一战略，在 2009 年陆续推出了《战北平》、《北风那个吹》、《我的团长我的团》、《大生活》、《潜伏》、《闯关东中篇》、《勇者无敌》等重头作品。这些大戏轮番登场，成功推动了晚间黄金时间的“红星剧场”市场份额从去年全国排名第十，到今年跻身“三甲”。北京卫视在第二届中国电视网络影响力评选上摘得“中国最具网络影响力的省级卫视频道”奖项，被业界评选为 2009 年上半年“最佳电视剧收视平台”。

独特视角，打造大戏盛宴。2009 年迎来了新中国成立 60 周年大庆，各家卫视都在主旋律电视剧展播上展开角逐，而北京卫视则抓住这一机遇，以独特的视角在“大戏”上做足功夫。7 部大题材、大阵容、大制作的重头作品，历时 10 个月轮番上阵，掀起了一波又一波的大戏收视热潮。2 月，《战北平》先声夺人，夺得收视全国第一，创北京卫视收视新高，为大戏展播活动赢得了开门红。4 月，红色谍战大戏《潜伏》一举创造最高收视佳绩，配合强势推广赢得了广泛的社会影响力。

大戏推广，开启中国“电视剧营销时代”。从 2009 年 3 月起，影视剧中心开始结合全新电视剧战略，尝试以“品牌营销管理”的方式对 BTV 影视剧进行推广，借助三大活动奠定了行业领先地位，也使 BTV 电视剧的“大戏”战略初步浮出水面，并被业界专家广泛认可，认为北京电视台开启了“电视剧营销时代”。第一，“潜伏”现象引爆“中国电视剧营销时代”。开创性的电视剧首播庆典、开创性的全国媒体联动传播网、开创性的网络话题营销，创造了《潜伏》收视奇迹，开启了省级卫视电视剧营销时代。第二，“探红楼”凸显 BTV 行业地位。中国电视史上首次电视剧拍摄现场直播 + 首次全民娱乐互动的体验式传播，使得“探红楼”成为中国电视剧文化传播史上的创举，也成为电视剧传播的成功先例，得到了业界的认可与肯定。第三，借势《闯关东》推出“大戏战略”。《闯关东（中篇）》首次在传播过程中启用了游戏营销的方式，取得了良好的传播影响力。

从源头狠抓资源
全流程精心培育

在目前优势资源稀缺，而争夺日趋激烈的市场环境下，影视剧中心敏锐地意识到，只有抓资源，才能从根本上保证长期发展的动力，而如何能从浩如烟海的电视剧产品中准确的选取最优质的资源，就需要通过主动地信息搜集捕捉资源、从产业链源头全程跟踪掌控资源、以及全方位地加强服务吸引资源。

全面撒网捕捉资源，初审电视剧 12669 集。影视剧中心努力将触角伸到所有的影视剧制作发行公司，全面掌握公司正在进行、预计进行的及处于各个阶段的项目进展情况，力图对市场上所有正在酝酿、培育、生产和营销的项目洞察明晰，避免抓大放小，遗漏潜在的重要电视剧项目。在近 9 个月的时间里，共初审了 349 部样片，80 部剧本，共计 12669 集，接近全年电视剧的产量，并从中精选出大量的好剧佳作，为 2009 年收视提升奠定了坚实的基础。

从剧本源头培养项目，加强前端引导能力。2009 年，影视剧中心积极参与电视剧项目的创意、孵化、培养和管理，对电视剧生产进行创作、制作、成片等多层次引导，以逐步实现从剧本编写到宣传推介和广告营销的全流程管理。《咱爸咱妈 60 年》、《手机》、《苍穹之昴》、《杜拉拉升职记》、《金婚风雨情》、《黎明之前》、《你是我的兄弟》、《媳妇的美好时代》等很多作品已经成功登陆或即将登陆北京卫视，它们从拍摄到制作全过程都处于影视剧中心的培育之中。

提升对于上游公司的服务，结成更为广泛的战略合作关系。在获取和引导优质电视资源向北京电视台集中的过程中，与上游制作公司维持良好的合作关系尤为重要。影视剧中心在 2009 年采取了多项措施提升服务，树立北京电视台良好的商业合作形象，包括：为重点剧目提供一流的宣传推广，大幅提升剧作和演员影响力；不断提高中心内部各流程办事效率，优化电视剧审评、编播、宣传推广等 10 多个环节与流程；压缩付款时间，将现有的电视剧播出后的合同报批、付款等时间从原有的 90 个工作日缩短为 60 个工作日；调整电视剧（地面播映权）购剧价格体系，用价格手段引导资源优化配置，加大“赏优”力度，增加地面平台对优势剧目的吸引力等等。

电视剧收视、收入和
影响力显著提升

2009 年，北京电视台电视剧播出创造了“收视高位增长”、“收入显著突破”、“影响力全面提升”的三大跨越式增长，为全台市场份额的提升、广告创收的稳定以及北京卫视排名上升、品牌影响力的扩

大作出了贡献。

收视高位增长。北京卫视晚间黄金档“红星剧场”的收视率和份额排名，在全国35个城市范围内的市场份额从2008年的0.83%提升到2009年的1.62%，翻了一番；在北京平均收视率从去年的2.38%提升到今年的4.66%。其中《潜伏》剧平均收视达到9.12%，最高单日收视飙升至13%。

收入显著突破。北京电视台晚间黄金时段、次黄金时段，卫视和地面频道的各档电视剧场收视率、市场份额和排名全线大幅提升，也得到了广告商的认可，收视率带来的注意力经济有效地转化成为时段的广告价值。截至2009年年底，电视剧带来的广告收入与去年同期相比增长过亿，光影视频道黄金剧场的广告收入就超过3亿元。

影响力全面提升。2009年3月，以《我的团长我的团》抢播事件为契机，北京电视台影视剧中心发起并联合上海文广共同倡议行业自律，召集23家卫视联合签署“电视剧播出机构”自律公约，并得到广电总局高度认可和全力支持，充分彰显了北京电视台的大台风范，树立了良好的品牌形象。

BTV的品牌影响力与BTV电视剧的关注度、曝光量、点击量、转载量一起，如滚雪球般不断放大。行业内也越来越重视北京电视台的电视剧平台，很多制作公司都争相与北京电视台合作，许多“不愁嫁”的精品佳作宁愿等待、甚至与其他频道毁约，也要求在北京卫视上星播出，强势平台力量逐步凸现。

财经节目中心概况

财经节目中心

2009年，北京电视台财经频道及时调整战略部署，着力对重点栏目和问题栏目进行整改，全面提升收视率；策划实施了多个品牌活动和特别节目，扩大财经话语权，力图将“专业化、权威化、大众化”的频道定位落到实处。

一、狠抓收视，强化频道硬实力

收视率是检验一个频道的硬指标。2009年年初，受经济低迷的影响，财经频道面临着收视持续下滑的危局。为了提升频道整体收视率，财经节目中心对《城市》、《天天理财》、《天下财经》等品牌栏目和《财经五连发》、《经济法眼》等新栏目进行了改版创新，并对《数说北京》等收视率过低的栏目进行了整改，通过对收视率硬指标的严要求来提升频道的硬实力。

品牌栏目创新升级。品牌栏目对频道整体的收视率和影响力有很大的拉动作用。为了充分发挥品牌栏目的拉动作用，《首都经济报道》、《城市》、《天下财经》、《天天理财》纷纷进行创新升级，使得收视率稳中有升。

《首都经济报道》针对节目新意不足的弱点，从2009年7月开始，在节目中增加了“消费调查”节目版块，以其贴近性和指导性深得观众喜爱。同时《首都经济报道》成功进行了多种与观众互动活动，成为该栏目今后继续进行选题创新、突破收视瓶颈的有效尝试。

《城市》一直坚持形式和内容的创新，经过长期摸索，形成了“人文化视角”和“故事化表达”的独特话语方式，积累了大量制作深度调查、人文评论、电视小说等节目的经验。但是，随着栏目间竞争的日益激烈，形式老化、审美疲劳成为制约该栏目的瓶颈。为了提升栏目收视率，转变收视下滑的颓势，《城市》栏目在选题方向上进行了调整，策划了一系列的专题节目，充分发掘系列对于收视的整体带动作用。从年初开始，陆续推出了《快乐大东北》、《猎贼》、《藏獒》、《百姓家常事》、《我的睡眠我的梦》、《谁来给你做早点》等一系列专题策划，以财经视角对百姓生活进行人文关怀，为《城市》栏目带来了多次收视高峰，凸显了系列节目的规模效应。

《天下财经》由于形式和内容逐渐老化，使得其收视率过度依赖于市场的起伏。2009年，在稳定收视率的前提下，我中心多次召开策划会，重新规划了栏目定位，有针对性地为各档节目匹配固定的主创队和专家、市场分析师团队，充分发挥专家的专业知识和权威观点对节目的支撑作用。此外，借助《天下财经》与证券市场的高度依存关系，甄选了几大主要的证券交易营业厅，对投资者进行调查采访，组建起“财经俱乐部”，为日后举办专业财经论坛做高端观众储备。同时，还通过举办“财道沙龙”论坛彰显栏目的专业地位，使整个频道的权威影响力和核心竞争力得以扩大。

《天天理财》自开播以来几经整改，形成了贴近百姓生活的风格，但生活类选题过多而财经特质不足的问题日渐呈现。2009年开始，中心对该栏目进行了方向上的调整，形成了“消费理财”、“理财规划”、“资讯+专题”三大选题方向，并尝试了房产、金融、理财、基金、养老等多个选题方向，均取得了不俗的收视成绩。

新上栏目稳中求胜。2009年，财经频道推出了一些新栏目，产生了良好的社会反响。

《财经5连发》是财经节目中心全新打造的一档财经评论节目，强调高端评论的品质，弥补了高端访谈节目方面的空白。该栏目自开播以来，处于一个较平衡的上升趋势，在业界得到了认可，也在受众中引起了良好的反响。同时，在广告创收方面也表现不俗，吸引了诸如汇丰银行等国际知名金融企业的投入。

《经济法眼》栏目从2009年1月1日起，由周播改为小日播。扩版后的节目增设了法制评论员，尝试在节目中增加故事化的案例讲述和人性化的人文关怀。经过上半年的实验，诈骗、贩毒、走私、经济纠纷等与经济相关度高的案件成为该栏目的高收视选题，同时也成为该栏目的长设选题。

直面问题积极整改。2009年4月以来，《超级访问》和《名人堂》两大栏目收视率逐渐下滑，多次未能达到频道规定的收视指标。为了引起这两大栏目的高度重视，改善收视率低迷的状况，财经节目中心分别对这两个栏目提出了黄牌警告一次，并要求栏目组限期整改。通过警告和整改，这两大栏目的收视率都有明显的回升。

《数说北京》栏目在2009年上半年收视状况不佳，中心及时予以黄牌警告。从2009年8月1日起，该栏目从形式和内容两方面进行了全新改版，由12分钟的短剧改为25分钟专题片，由一周五播改为周六播出。改版后的节目主题更鲜明，在一定程度上增加了内容深度，收视率也有了一定的提高。

二、特别节目打造频道特别亮点

为了最大限度地调动观众的收视热情，2009年财经节目中心在春节、“五一”、端午、“十一”期间分别进行了假期特别编排。在假日期间，停播了《经济法眼》、《天天理财》、《财经5连发》、《天下财经》等常规节目，全天的收视时间分为上午、中午、下午、傍晚和晚间几大版块，打造五大播出通档，结合财经节目的收视特点和观众在不同时间的收视需求，分别制作不同的节目内容，力图为观众营造轻松休闲的假日氛围。春节特别编排取得了显著成绩，收视率同比提升了59%。“五一”期间，推出特别节目《五一足“购”乐》，以“五一”假日为契机，打造出了一档以精明消费为主题的互动脱口秀节目，为观众带来一种全新消费理念。端午节特别编排周平均收视率明显提升，成为全年频道收视的最高点。“十一”期间平均收视率再创新高，假日节目从短板成为高点。

三、大型活动扩大频道影响力

在竞争激烈的媒体环境中，财经频道要想增强话语权、扩大在业界和观众中的影响力，除了提高节目收视率之外，还必须通过大型活动来提升形象。2009年，中心倾力打造了两大品牌活动。

一是“北京影响力”再续财经盛世。“北京影响力”活动是财经节目中心打造的北京市唯一全面评说北京经济的大型品牌活动。目前“北京影响力”活动已经成功举办了四届，参与人群覆盖了北京经济界的方方面面。2009年10月31日，第四届“北京影响力”圆满落下帷幕，影响百姓生活的十大企业、十大企业家和北京影响力传媒大奖获得者以世人瞩目的成就，实至名归地赢得了“北京人奖”，再次彰显了北京经济发展的巨大力量。此次评选活动的候选名单公示后，京城百姓踊跃投票，海报遍布地铁、商厦、公交车站等京城各个角落，总票数达到940万张，参与人群覆盖了北京经济界的方方面面乃至全国各地和海外人士，“北京影响力”所形成的跨区域影响越来越大。

二是《2009年点击年关键》再度出击。2008年年底，在全球金融危机蔓延的背景下，中心推出了大型演播室电视论坛——《点击年关键》，播出后得到业界和观众的一致好评。2009年，《点击年关键》尝试采用了电视论坛形式，精心加工，着力创新，以优秀的主创人员、强大的专家团队、慎密的环节设置和丰富的互动形式，成为财经频道一大品牌特别节目。到目前为止，《2009年点击年关键》已经成功播出了两季，每季连续播出7集，节目推出后，好评如潮，在专业性、可视性上均有很大的提高。

四、配合报道突显时效性和频道特色

全国两会期间，财经节目中心集中优

势资源，重兵出击，三大栏目《首都经济报道》、《北京议事厅》、《财经5连发》分别制作了多集系列节目，时刻关注两会动态，注重政策解读，广邀两会代表详解议案，对两会内容做了全方位报道。

2009年4月1日，举世瞩目的二十国集团峰会的召开成为世界媒体关注的焦点。早在会前一周，中心就召开了策划会，部署了周密的报道方案。《首都经济报道》、《天下财经》、《财经5连发》三大栏目分工合作，联手打造财经频道在G20期间的重大报道。

2009年4月20日，备受瞩目的第十三届上海国际车展召开。中心提前策划并派出强大的报道阵容，连续五天进行了北京与上海两地的实时对播，发回了大量的一手报道，积累了宝贵的长时间直播和异地合作的经验。

为纪念新中国成立60周年，中心集全频道之力，进行了多个相关报道。《首都经济报道》推出40集系列报道“北京缩影”和10集系列报道《老品牌　六十年》；《数说北京》举办“寻找共和国的记账人”大型公益活动和颁奖晚会，从多方面、多角度展示了新中国成立60年来发生的翻天覆地的变化。

在热点经济事件发生时，中心反应快捷、报道及时，充分体现了一个专业财经媒体对重大经济事件的快速反应能力，突显了财经频道在重大经济事件中的强大力量。

体育节目中心概况

体育节目中心

2009年，北京电视台体育频道实现全年安全播出7272小时，完成赛事转播1136场，2286小时。其中，《天天体育》、《足球100分》始终保持稳步提升态势，已拥有固定收视群，形成体育频道品牌栏目。中超联赛国安30场转播收视率创历史新高。

2009年宣传报道热点多。体育节目中心在庆祝新中国成立60周年、积极应对国际金融危机、积极宣传防控甲流、全面报道全运会等宣传报道中，反应迅速，节目策划得力，节目宣传效果突出。

一是成功推出大型体育文献纪录片《与梦齐飞》。“一个人的梦想是冠军，一群人的梦想是超越，一个国家的梦想是强盛，一个民族的梦想是复兴!”由国家体育总局主办，北京电视台体育中心和华奥星空联合制作的16集大型体育文献纪录片《与梦齐飞》于2月份成功推出。该节目重温了改革开放30年中国体育发展的辉煌历程。既有高屋建瓴的眼光，又有娓娓道来的故事；既有深刻的思想性，又有极强的可视性。年近百岁的国学大师文怀沙特地为该片题写了片名，国际奥委会主席罗格欣然为本片题词。该片策划团队及撰稿人由国家体育总局领导、专家和《人民日报》、新华社、华奥星空、中国体育报业总社、北京电视台的资深体育记者以及社会学家、经济学家组成。摄制组在不到100天的拍摄时间里，专访各界人士多达260余人，既有国家体育总局和各运动项目管理中心领导，也有著名社会学家、经济学家、法学家；既有姚明、刘翔、王楠等体育明星，也有众多各行各业百姓大众，以及传媒、教育等各界人士。他们从不同角度回顾和解读改革开放30年中国体育发展的轨迹。剧组采访足迹遍布全国十余个省市，同时，还成立了海外采访组，先后远赴美国、加拿大、意大利、瑞士等地，分别采访了国际奥委会终身名誉主席萨马兰奇、国际奥委会主席罗格、NBA总裁大卫·斯特恩等人。

国家体育总局的领导和专家在观看了本片后给予了高度的评价，认为《与梦齐飞》节目容量大，具有相当的感染力，脉络清晰、气势磅礴，全面反映了我国体育事业改革开放的成就。片子能够立足北京，放眼全国，跳出体育的圈子做体育，体现了战略的高度。这部纪录片完后，不仅在北京电视台首播，还在包括上海、广东等国内十几家地方电视台陆续播出。中国奥委会官方网站、体总网、华奥星空等网站也同时予以播出。

二是隆重推出12集体育名宿系列访谈片《光辉岁月》。为庆祝新中国成立60周年，由北京电视台体育节目中心策划的大型体育人物系列访谈《光辉岁月——新中国体育名宿访谈录》经过两个月的紧张制作，于9月中旬隆重推出。该片以高端访谈的形态，将视点放在新中国成立以来在中国体育多个项目或领域具有奠基意义或作出重大贡献的体育元老身上，深入他们的内心世界，记录他们的光辉成就，向这些老体育工作者致敬。人物的选择由资深体育传媒人士和体育界专家共同推出，他们是：徐寅生、邱钟惠、王文教、穆祥雄、黄健、郑凤荣、李敏宽、杨伯镛、年维泗、黄强辉、王富洲和张俊。可以说个个功勋卓著，大名鼎鼎。系列访谈节目的制作得到这些名宿的大力首肯和支持，徐寅生专程从上海过来，郑凤荣特意从加拿大回国，在北京的老同志也不顾天气炎热，全力配合。此系列片除精彩的访谈，还加入了大量资料镜头，非常珍贵，把人们带入了新中国体育史上一个个难忘的时代。国家体育总局局长刘鹏在了解了本系列片的情况后，给予了充分肯定，认为是为体育界做了一件非常有意义的事。

三是海洋沙滩狂欢节受到各界一致好评。由北京电视台体育中心主办的海洋沙滩狂欢节自8月1日开幕以来，就迅速成为京城百姓休闲健身的一个最好去处。来这里的人数单日最高超过万人。31天里共有近15万人次的游客来到狂欢节活动现场。很多来这里的市民就是曾为北京奥运会激情呐喊的观众、为北京奥运会服务的志愿者。

奥运场馆的赛后利用向来是一个世界性的难题，体育中心的工作正努力去破解这一难题。2009北京海洋沙滩狂欢节则开辟了北京奥运场地赛后利用的另一条道路。在朝阳公园这片北京奥运沙排场地上，海洋沙滩狂欢节将体育健身、休闲娱乐进行了很好的融合。体育节目中心根据自身的特点，在现场设置了20多项活动，沙滩排球、沙滩足球、木偶戏、小丑表演、魔术、韩国泡泡秀等，让市民在感受奥运沙的细腻、欣赏精彩文艺演出的同时，还可以参与多种形式的体育休闲活动，使北京奥运会所传承的体育精神和健康理念得以延续。

体育中心还特别重视活动和电视节目的结合，使用了6讯道高清EFP移动箱载设备，在沙滩中搭建了前方演播室，不仅前后方每天进行15分钟的实时新闻对播，每周末更是对现场活动进行长达6小时的直播，总播出时间达40小时以上。利用直播形态将现场狂欢盛况第一时间呈现在广大观众眼前，使得观众朋友们即使在家中也能感受到活动现场的欢快气氛，不仅丰富了体育频道的节目类型，也是改变“靠天吃饭”局面的有益尝试。

四是首届“BTV杯”国际斯诺克北京邀请赛圆满成功。首届“BTV杯”国际斯诺克北京邀请赛于7月7日至12日成功举行，在六天的比赛当中，体育频道进行了每天七个小时的直播，不仅为国内外12家电视台提供了高水平的国际级公共信号，还创造出了非常突出的收视率。

在转播斯诺克的这一周，体育频道整体收视率为0.43%，占有率为2.20%，超额完成指标。在没有中超等其他品牌资源的情况下，体育节目中心努力自主创新，打造了“BTV杯”国际斯诺克北京邀请赛，摆脱了“靠天吃饭”的困境，在收视效果以及社会影响力等方面都取得了突出的成绩。同时，本次赛事在北京电视台网站上进行实时网络视频直播，BTV网站的点击率提高了10倍。

五是完美呈现全运会盛况。第十一届全运会的帷幕于10月28日在济南徐徐落下，来自全国47个代表团的9600名运动员，经过12天的激烈角逐，381枚金牌各有归属。北京电视台体育节目中心在济南开设了直播演播室，以每天10余个小时的大时段直播，展现了来自全国各地的运动健儿在赛场上奋勇拼搏的飒爽英姿，完美呈现了全运会盛况。在国内电视台云集的全运会国际广播中心，北京电视台充分展现了一流电视媒体的风采，获得了赛场外的“金牌”。

“传承奥运精神，创有影响力强台”是北京电视台十一届全运会前方报道组的口号，它彰显了北京电视台的工作理念：“以奥运报道的标准，做出全国体育电视的精品！”为了出色完成全运会报道，我台在前方演播室搭建了配音间、对编设备、37个站点的非线性编辑及播出网络系统和电视读报系统等。报道技术上全面实现网络化，采集、制作、新闻转播等方面的速度和效果与以往相比均有很大突破，在参与十一运报道的各家电视媒体中处于领先地位。全运会特别节目《会当凌绝顶》根据每日赛程播出相关内容，实时滚动赛事信息，全方位报道全运赛事情况，体育频道实现每天12～14小时的直播，总量达到180小时。北京电视台还承担了本届全运会的篮球、垒球、拳击三项赛事的公用信号制作。在人员配置上，派出了北京奥运会公用信号转播团队，绝大多数人员都经过了奥运会、残奥会公用信号转播的历练，经验丰富、技术成熟。在技术设备上，台里专门投入了奥运标准的高新设备。赛后，组委会对北京电视台的3支转播团队专业素质给予了很高的评价。

六是圆满完成《争冠进行时》大型直播报道。由于2009年的中超联赛冠军争夺形势一直扑朔迷离，直到10月24日联赛倒数第二轮结束，北京国安俱乐部的冲冠机会才明朗起来。考虑到北京国安夺取中超联赛冠军，在北京市所产生的巨大影响，体育节目中心立刻调动中心各个部门，全力以赴完成这一次的特别节目。赛前一周，每天从济南制作一小时的《会当凌绝顶》特别报道；比赛当天节目从赛前3小时开始，不断为电视机前的观众带来最新鲜、最生动、最及时的报道，整体收视达到7.38%，当北京国安队以4:0的成绩力克对手时，收视峰值达到9.74%，占有率达到33%以上。赛后的报道也是高潮迭起，直到北京国安队全体出现在北京电视台600平方米演播室，节目达到了最高潮。4个小时的赛后节目收视达到4.2%，创造了体育频道的一个新高度，也在北京市民当中赢得了极好的口碑。

在这一次的《争冠进行时》特别节目取得良好反响之后，体育节目中心趁热打铁，在接下来的一周里，又连续邀请国安俱乐部的领导、教练、队员做客演播室，继续推出特别节目，在拿到冠军的热潮之后，总结一个赛季的得失，并且给观众带来很多比赛当时并不能展现出来的鲜活的新闻和花絮。

生活节目中心概况

生活节目中心

2009年，北京电视台生活节目中心以“生活频道，有滋有味”为核心理念，在原有强势节目的基础上继续深化、拓展节目的服务、分享、帮助、参与功能，以更加贴近的姿态、更为互动的方式，在“存量做强增量创新”的基础上，坚持落实“抓重点”、“抓亮点”、“抓创新”、“抓管理”几大举措。

一、抓重点，编排突出两大时段化，做强日播节目保收视

2009年，生活频道在编排上认真分析观众收视习惯，强化日播节目晚间“两大服务时段”的板块化编排，即由生活服务时段和情感服务时段这两大时段合理控制收视流。在18:00—21:00时段，将《食全食美》、《生活面对面》、《7日7频道》、《快乐生活一点通》、《生活大调查》和《时尚装苑》等几个偏重资讯、调查、信息、窍门、服务等形态相似的节目，组合成为一个生活服务板块，放大频道优势。在21:00—23:00时段，串联频道的故事、情感类节目，将《大城小事》、《生活广角》、《你该怎么办》和《选择》等几个具有情感共性的节目组合成一个情感服务大版面。通过“两大服务时段”板块化的编排思路，有效地控制收视流。收视调查显示，生活频道的观众同一率达80%，观众忠诚度极高，这一合理性编排保障并实现了节目收视效果的最大化。

同时，在节目上要求强化突出日播栏目间的差异性定位与个性化特色，实现全面协调及可持续发展。2009年，生活频道致力于通过电视节目及延伸地面活动提供包括生活技巧、知识分享、事件援助、情感共鸣等多种行为方式的生活援助和服务指南，深入体现节目的实用性、媒介的功能性和服务的智慧性原则，倡导“以人为本”，以实际行动与首都观众分享真情，传递智慧，共享和谐生活。频道在节目功能上做了明确分工，树立《生活面对面》、《7日7频道》、《食全食美》作为频道品牌特征型栏目，承担频道晚间收视领头羊、发动机的任务；强化《快乐生活一点通》、《大城小事》、《生活广角》的收视作用，其中《大城小事》单期节目的最高收视率达到了4.24，较好地实现了频道的整体收视策略。另外，从编排技巧考虑，将《生活大调查》、《选择》两个新上日播节目分别置于强势品牌节目之间进行拉抬培育，这两个节目承担吸引扩大青年收视群的任务。一年来，“抓重点”方针可以说是成功的，生活频道的日播节目在北京地区相同时段几十档节目占有率排名中名列前茅。

二、抓亮点，做好新中国成立60周年等重大宣传报道

2009年恰逢新中国成立60周年，如何在众多献礼节目中留下生活频道自己的声音和印记？生活频道根据频道定位，首先将众多的特别策划形成合力，提出了“爱北京　爱生活”主题宣传季概念，围绕“爱北京　爱生活”这一主题来组织频道建国60周年的献礼节目，集全频道之力，按照“两条线、一幅画、多个点”策划节目。即以“见证时尚的历史、彰显推动时尚的力量”为切入点，推出大型年度时尚活动“2009北京印·时尚大典”；以展示北京市区建设成就为主题，播出大型演播室高端访谈系列节目《区长，你好》。“一幅画”是以具有地域文化特色的曲艺作品为线索，展示京城百姓60年生活画卷，推出系列专题片《说唱北京》；“多个点”是在国庆节期间，制作了特别节目“中国节”，此外《生活面对面》、《7日7频道》、《食全食美》等栏目也都推出了各自的特别节目。每个节目都把正确导向放在首位，大力宣传“三个北京”建设的丰富内涵，并大胆创新，以“大台的态度、专业的操作”，实现“爱北京　爱生活”主题宣传季的完满谢幕，体现了生活频道的时尚感、现代感、都市感。

全力配合做好“北京电视台2009春节联欢晚会”和《志愿者——真情耀中华》宣传。年初，为了使北京电视台2009年春晚和新节目《志愿者——真情耀中华》更有影响力，打造收视高点，生活节目中心密切配合这两个剧组做好宣传工作。《7日7频道》承担春晚最牛全家福的征集宣传工作，栏目指派了专人与春晚剧组密切配合，选择最有特点的全家福家庭，以“7日”特有的讲故事方式进行宣传报道，还积极参与各项与全家福家庭的联谊活动的策划，并进行跟进报道。2009年，生活频道针对重大节日推出了《中国节》特别节目，除夕《中国节》推出春节特辑“我的春节生活”，邀请北京电视台春节晚会总导演齐建彤，以北京电视台历届春晚为主线，解密近几年来春晚高收视及创新节目背后的故事，真实记录了春晚剧组这个团队的幕后生活，并对2009年春节晚会“我要上春晚”最牛全家福征集活动的台前幕

后进行了重点宣传。《生活面对面》、《7日7频道》、《时尚装苑》等栏目对《真情耀中华》进行了配合报道，《真情记忆》在精编版中安排播出《真情耀中华》的宣传片和近期播出的内容提要，形成真情节目的联动；安排采访主创人员，探秘幕后故事，对真情人物进行后续报道。

三、抓创新，以活动启发创新，以节目带动创新

2009年，生活频道在春节、清明、端午、七夕、中秋、重阳等富有中国民族特色的传统节日期间，推出《中国节》大型主题文化营销事件。《中国节》利用生活频道自身资源优势与其他栏目形成联动，共同打造活动品牌，以生活节目中心的总体定位为基准，以“我的节日生活”为基本线索，在节目中贯穿“中国节——中国人”这一情感核心，突出“中国节——我们大家的节日；中国节——我们一起过节；温暖中国节”的概念。“中国节”全年共计制作35期节目，春节期间推出《我的春节生活》，端午节推出《坚持的力量》，七夕推出《爱的力量》，中秋节推出《林茂鸟竞归》，重阳节推出《生命的力量》，这些节目以弘扬中华民族的传统美德为宗旨，以民俗文化的传承为串接方式，通过提炼每一个传统节日特有的精神内涵，讲述生活中的真实感动，受到了观众和业内专家的一致好评。

这一年，生活频道推出《生活大调查》和《选择》两档新形态节目，以特色鲜明的形态对频道的专业节目资源进行重新发掘。《生活大调查》是一档集健康知识、生活百科于一身的都市生活问题的深度调查节目，主持人以调查员的身份出现，用各种充满趣味性的调查深入浅出地解答复杂问题，力求带给观众娱乐化的“生活百科全书”。《选择》是一档“相亲交友”类节目，节目从创办之初就结合栏目自身的受众特点，在节目策划与定位方面一直坚持自己的独特视角与操作方式。这两档新上的日播节目，丰富了节目形态，改变了晚间生活节目收视偏低的状况。

2009年，生活频道还推出大型系列特别节目——《时尚大典》。该节目突破以往时尚活动“时尚颁奖”的传统样式，以“缔造城市时尚生活史”为理念，以大事记的方式梳理年度具有坐标意义的人物、事件和物品，力求打造一部有关城市的时尚档案。在形态上是一个分阶段、多形态的系列活动。它以“北京印”电视晚会为主体，派生出若干主题活动，并以活动的方式滚动播出。最有价值的是，晚会第一次用电视语言，对过往年代时尚发展历程中具有坐标意义的近百位时装设计师、造型师、摄影师、时尚推手、时尚媒体、时尚明星、时尚事件进行梳理，并邀请书法名家写成古卷长轴，最后与名家设计的时尚印、大典特刊一起，作为“时尚档案”，交由首都博物馆收藏，强强联手，共同为中国时尚发展、城市生活变迁留存下一份宝贵的资料。

四、抓管理，完善领导分工制，创办内刊《生活圆桌》

2009年，将频道的工作划分为节目规划管理、大型活动与项目、包装宣传推广、对外合作与经营四大块，由各位副主任分工负责，形成了主任抓业务全局与副主任各司其职分工合作的运行管理机制。在工作中，进一步完善主任办公会议制，每周

固定召开主任办公会，沟通本周工作，商讨下周的工作，坚持重大问题集体决策。比如对于节目规划，主任办公会多次反复讨论，集思广益，群策群力，集体成型。

2009 年 6 月 1 日，生活频道创办了《生活圆桌》，为一线工作的编辑记者提供了业务交流的平台。经过半年的运行，已经初见成效。

青少年节目中心概况

青少年节目中心

2009 年，北京电视台青少年节目中心同心协力，锐意创新，共谋发展，在节目收视、大型活动、品牌营销、队伍建设等方面取得了较为突出的成绩，实现了一年一个台阶的跨越式发展。

一、以青春的名义向共和国致敬，《青春走过60 年》大型活动成功举行

为庆祝中华人民共和国成立 60 周年，回顾新中国成立以来激情四溢的青春岁月，传承几代青年人的爱国之心，关注当代青年的健康成长，青少年节目中心打造了大型电视活动《青春走过 60 年》，为全台就新中国成立 60 周年的宣传战役打响了第一炮，引发了巨大的社会反响。

这项活动经过近半年的前期策划，于 4 月 24 日至 28 日在北京电视台 1000 平米演播室录制。在接连五天、长达 70 余小时的录制过程中，60 多位明星嘉宾现场演绎、300 多名演职人员倾情参与，他们以不同时代的青春感悟打造出一场与众不同的青春盛典。

《青春走过 60 年》大型电视活动涵盖四项华美篇章。其中，大型歌会《青春之歌》激情唱响传承数十载的青春旋律；新锐、新颖、大气并极富思想性的“青春中国先锋对话”大型电视访谈，汇聚了著名作家王蒙、劳模邢燕子、侯隽，围棋国手聂卫平，中关村创业者冯军，世界冠军邓亚萍，太空英雄翟志刚，以及 80 后、90 后的青年才俊，发出了最响亮的青春誓言，将整体活动推向了高潮；青春气息逼人的《寻找青春代言人》大型选拔活动，携手 12 家重量级媒体共同发起，历时数月，成为北京地区的焦点文化事件之一；专题片《80 后调查》，精益求精，细细打磨，打造了中国电视界的形式独特的首部 80 后电视专题。

二、倾力打造文化品牌《红孩子》，荣获“五个一工程”奖

《红孩子》大型演出活动是北京电视台倾力打造的文化品牌，自 2007 年推出之日起，便以经典的红色旋律、感人至深的故事情节以及一以贯之的创新精神，

赢得了广泛好评。2009年，青少频道再次联手合作伙伴对《红孩子》进行了全新的剧本创作，使人物形象更加丰满，剧情也更加集中充实，同时融入了众多轻松活泼的互动元素，通过极富想象力的故事情节把观众带进红孩子的故事和歌声中，让孩子们在欢乐之余体味红色故事，感受红色精神。

经过3年的潜心打造，青少频道在跨媒介的资源整合、艺术创作的不断创新以及红色主题的时代化表达等方面积累了宝贵的经验。在此项目的对外合作中，坚决维护青少中心利益，与合作单位共同策划、反复商讨、多方协调，坚持不懈地亲自参与各个方面的工作，使《红孩子》在连续两年成为北京电视台重大品牌项目的基础上，实现了三年三个跨越，最终成功摘取了全国宣传战线最高奖项——中宣部“五个一工程”奖。

三、注重节目科学管理，频道各项考核指标大幅度提升

为了提高青少频道各档节目的收视率和市场占有率，青少年节目中心带领各职能科室和栏目组认真研讨节目编排，合理调配兵力，确立了带动收视的主打栏目，以成熟节目打牢地基，靠新锐节目提升影响，用大型活动整合资源。通过细致的调研、专家的分析以及认真的梳理，2009年，BTV－青少频道以“新北京、新青年”为口号，重磅推出一系列以“青春”为主打、以“新锐”为特色的新青年节目群。

在整体节目品类上，形成了以《北京青年》、《八区帮帮忙》为代表的“资讯服务节目群”；以《谁在说》、《情感部落格》、《替身》为代表的“沟通节目群”；以《探索》、《SK状元榜》、《悦读会》、《八区故事》为代表的“文化节目群”；以《青春歌会》、《北京男孩》、《快乐起飞》、《炫影院》为代表的“娱乐节目群”，在整体编排上，已形成日播“五横”、周末“两纵”的成熟播出格局。

通过一年的努力，在强势频道高调整合资源以及青年电视受众竞争激烈的情况下，频道坚守不低俗、高格调、大信息、新视角的原则，在个别栏目一度波动的情况下，青少频道没有动摇，在不断的尝试和总结中，找到了青年节目的制作之道，到目前为止，青少频道的收视率比去年提高将近一倍，实现了历史上的新突破。

四、加强队伍建设，创新人才培养

加强队伍建设，重视人才培养，是青少频道快速、稳步、健康发展的重要基础。经过多年来的建设与调整，青少频道已经初步形成了一支能打硬仗、敢挑重担的制片人队伍；一支青春靓丽、知性沉稳、综合素质较高的主持人队伍；一支业务水平稳定提升的创作队伍；一支工作高效细致、负责任、挑重担的职能科室工作人员队伍。

青少频道通过策划特别节目、大型活动，使更多的年轻人走到一线挑担子、练胆子、长见识。频道近三分之一的制片人已达到台里优秀制片人水平，他们敬业奉献，尽职尽责，在管理团队的同时，投身到频道建设和发展中来，为频道出谋划策，是团队的指挥员，也是一线的战斗员。

频道的3个职能科室默默奉献是频道的中流砥柱，他们协调矛盾，解决难题，做好公关，事无巨细。虽然获奖、评奖名单里没有他们，镁光灯下也不见他们的身

影，但他们依然甘愿在幕后兢兢业业助力节目生产、市场营销、对外合作、日常运转，是频道发展的基石。

公共频道节目中心概况

公共频道节目中心

2009年，北京电视台公共频道节目中心坚持改革，不断创新，通过举办大型活动及特别节目，扩大了频道的影响力，提高了品牌节目的知名度，取得了丰硕的成果。

一、创新节目，创造品牌，一批栏目更加成熟

《这里是北京》通过创新形式和创新内容，提高了节目的品质。创新形式体现在："再现"的表现手法，"动漫"的表现形式，"二维、三维"的特技运用。创新节目内容体现在：人文增强互动，事件——火速出击，周播实现联动。2009年，该栏目组注重明星人才培养，继续稳固"金字塔"式人才结构，继续发挥"三驾马车"——制片人、撰稿、主持人的主导作用，同时培养"再现组"、"二维组"、"三维组"等多个支系的特殊人才队伍，打造了主持人阿龙的亲民形象，使"观众缘"进一步扩大。10月初，为纪念国庆60周年，栏目组与首都博物馆合作，拍摄制作完成特别节目《多彩中华》、《城市记忆》和《千年考古探秘》，并作为第一期高清节目播出。其中，在制作《千年考古探秘》节目过程中，编导队伍跟随首都博物馆的工作人员远赴新疆，深入采访了新疆多位考古专家，为北京的观众呈现了小河墓地、尼雅遗址等多处重大考古发现。

《红绿灯》栏目于2月26日起正式推行从制片人到栏目主编、责任编辑、版块负责人以及记者、摄像的全员目标责任制。其中以收视率的达标与否作为目标考核的重要内容，通过对收视率细化到分钟的方式对所有的栏目工作人员明细目标责任，使栏目在管理上有法可依、有章可循、优胜劣汰、奖惩分明。目标管理责任制的有效实行，使栏目迅速进入了新的发展空间和快速运行的轨道。

《四海漫游》在4月召开了节目发展研讨会，邀请市旅游局相关领导和旅游专家为节目出谋划策，制订了节目的发展战略和更清晰的定位，进一步提升了节目质量。

《故事会》栏目2009年诚邀辽宁、上海、江西方面的合作伙伴和专家参加了研讨会，探讨栏目的创新点和发展方向。首先在节目内容上力图突破纪录片与故事片的界限，努力提高节目的品位；在节目形式上，更加注重观众的亲身感、现场感，打造主持人睿智幽默的形象；在故事讲述上，着力提升讲故事的技巧与水平，从而

提高了节目的可视性。

《手机江湖》主打服务牌，密切关注手机界当前热点和流行趋势，紧跟手机界时尚潮流，相对客观地反映手机存在的功能性问题，敢于展示新款手机不足的方面和需要改善的问题，站在观众的立场展示手机的优劣。在《手机真人秀》版块推出了“美女主播的用机故事”系列节目，利用优秀节目主持人的资源，达到节目创新，拉动收视的目的。

《我的父亲母亲》栏目 2009 年的一大亮点是创新了节目的包装串联形式。栏目推出了“孝亲工作室”的概念，起用了频道内两位年轻的主持人，他们以邻家儿女的身份出现在节目中，用最口语化的风格，诙谐幽默的京味语言串连整个节目。内容涵盖面多元化，信息量密集化。新版节目锁定中老年父母的各方面需求，以多元化主题，密集的信息和更广阔的视角取胜。针对中老年父母的身体特点，还特设福寿锦囊服务，为老年人常见的身体问题寻求最佳的解决方案，并把专家、民间长寿者的锦囊妙计推而广之，让父亲母亲能颐养天年。

《京郊大地》最大的调整和创新就是向“城乡一家亲”的主题定位靠拢，紧密配合区县的亮点活动，深度解读每个区县的优势资源，找到与城市观众的契合点，谋划好各个季节的宣传节点，应时、应季的根据城市百姓的需求策划、制作节目，融合了城乡关系，真正做到了城市、乡村百姓都认可的双向服务。

《红绿灯—路况直播》在表现形式上，将节目按内容和时段分成不同的板块，通过演播室主持人互动交流式的点评将各板块的内容有机地串联在一起。同时根据节目需要采用双视窗的形式，增加画面的有效信息，使节目画面富于变化，更加丰富。

《消费观察》栏目是北京电视台公共频道节目中心和北京市工商局合办的周播节目，是一档关注民生、关注大众消费的栏目。科学地引导观众消费理念是本栏目的宗旨，以平民化视角关注民生，为老百姓的日常消费生活答疑解难，提供服务。“消费无处不在，观察无所不包”是栏目的宣传语。

二、搞好国庆报道，营造节日氛围

《红绿灯》栏目在国庆 60 周年庆典当天，派出七组记者，通过七条线路，采访七个区域，从庆典前的 15 个小时开始，交通管控、人员集结、物资输送，一直到整场庆典结束、人员撤离、设施复位、交通恢复，一个个庆典背后鲜为人知的故事都进行了充分的报道。

《红绿灯—路况直播》为做好国庆 60 周年宣传工作，栏目组全体人员在 60 年庆典开始前两个月就进行了多次的探讨，制订了详细的播出方案和应急预案，确保了国庆前的直播万无一失。10 月 1 日前，栏目已经把 9 月 28 日至 10 月 3 日演习结束后天安门周边的主要景区、商业区的绕行路线做成小片在节目中反复播出。为了服务市民出行，栏目共制作了 400 多张绕行和禁限行路线图，把每个通告都做成宣传片，在节目中反复播出。还制作通告宣传片近 20 个，累计时长达 90 多分钟。

《这里是北京》栏目制作了大型文化专题节目《解放中国》的《解放北平》篇。在节目中采访了多位地下工作者，还拍摄了新华社国会大楼和军事博物馆城门钥匙等多处在北平解放时期存留下的遗址和遗物，为见证历史留下了宝贵的影像资料。

《四海漫游》选取了1949年新中国成立以来，60年风雨兼程中形成的具有历史意义的地标，回顾了这些历史记号凝固、升华的过程，勾画出共和国蜿蜒前进的足迹，策划制作了庆祝新中国成立60周年特别节目8集系列片《足迹奇迹》。

《故事汇》特别安排播出了为期一周的《为了新中国》特别节目，向观众讲述那些战斗在敌人身边、敌人内部、甚至是敌人心脏部位的红色特工。节目在恪守"真实"、还原"真实"的基础上，通过一系列中国现当代史上跟"间"与"反间"有关的原始档案的追寻、发现、解读、反思，真实再现那些长期隐藏在银屏背后的真人、真事、真相。

《好戏周周看》参与了戏曲界的众多庆典活动，配合各院团的汇报演出，为国庆60周年献礼。其中，为北京京剧院录制现代历史剧《袁崇焕》；为国家京剧院录制红色经典《江姐》；为中国戏曲学院录制红色经典《红色娘子军》；为中国评剧院录制《马本仓当官记》；为北京河北梆子剧团录制全本《王宝钏》等。

三、举办重大活动及特别节目

《京郊大地》栏目承办《2009年"寻找北京最美的乡村"》候选村展播活动。该活动是由中共北京市委农工委、北京市农委、北京市旅游局联合北京电视台等媒体主办的大型宣传评选活动，至2009年已是第四届。7月5日，《2009年度北京最美的乡村》候选村系列片展播活动正式启动，共计14个区县参加了此次活动，33个候选村列入此次拍摄范围，系列片由《京郊大地》栏目拍摄、制作，于7至9月期间在公共频道21：05连续播出，共33集。每集一个村庄，每集5分钟的节目，高度浓缩了每个村庄的亮点和特色，拍摄了一批极有视觉冲击力的画面，为观众呈现了历时一个月的美丽乡村视觉盛宴。9月5日由北京市委农工委牵头、多位专家组成的特别评审小组参照《2009年度北京最美的乡村候选村》系列片及相关材料，共同评议出获得年度"北京最美的乡村"称号的十个村庄，并于国庆节前夕通过公共频道等媒体公开发布。在2010年大年初四晚间北京卫视首播的《美丽乡村——2009年度北京最美的乡村》主题晚会中，为荣获"北京最美的乡村"称号的村庄举行了隆重热烈的颁奖仪式。

《四海漫游》十一特别节目，足迹遍布青海的原子城、四川的西昌卫星城、革命根据地西柏坡、大寨、红旗渠等，成功推出了《四海漫游》系列丛书，组织了三次签售和观众见面会。

《京郊大地》新年特别节目《新民俗志——2009京郊映像》，以"民以食为天"、"过节"、"老玩意儿"、"新集旧市"四个主题集中反映了城乡一体化进程中的新京郊、新生活，得到了北京市委农工委、北京市民俗协会的充分肯定。

四、加强广泛合作，全方位服务北京

2009年，公共频道继续与西城、宣武、崇文区委宣传部合办《都市阳光》，与北京市文化局合办《都市阳光DV生活》，与北京市地方税务局合办《税务周刊》，与北京市应急办、北京市民防局合办《平安生活》，与北京市工商局合办《消费观察》，与北京市环保局合办《空气质量播报》等。

动画节目中心概况

动画节目中心

2009 年，北京电视台动画节目中心继续抓住频道实行公司化运营机遇，通过转换机制体制，激发创新活力，以播出平台为核心，积极打造卡酷动漫全产业链，在节目管理、收视覆盖、自主原创、品牌推广、产业开拓、公司运营、内部建设等方面均取得了较好的业绩。

一、扩大收视覆盖，不断提升频道价值

进一步推进北京卡酷动画卫视在全国的落地覆盖工作。目前已落地覆盖北京、上海、天津、重庆、广州、杭州、南京、武汉、成都、沈阳、石家庄、太原、西安、呼和浩特、兰州、贵阳、厦门、泉州、宁波、大连、无锡、扬州、东莞、珠海、唐山、保定、包头、鄂尔多斯、大同、咸阳近百个大中城市，覆盖区域人口近 6 亿，覆盖到达人口 3.8 亿，是同类频道的 3 至 4 倍，成为目前国内动画专业频道中落地范围最广、收视人口最多、市场份额最高的动画卫视。

2009 年卡酷动画卫视的品牌价值大幅提升。核心受众收视份额在北京地区独占鳌头，持续保持在 15% 左右，相当于央视少儿频道的 3 倍；全龄收视领跑全国动画少儿媒体（3 至 4 倍高于同类卡通上星频道），收视排名稳居全国 60 余家卫星频道前 20 位。在 35 城市收视排名中，第 32 ~ 35 周连续 4 周、第 40 ~ 41 周连续 2 周，第 44 ~ 50 周连续 7 周稳居全国卫视前 12 ~ 14 位，创下同类专业频道的收视奇迹。其中第 45、52 周更是挺进全国前 12 位，北京地区前 7 ~ 8 位，跻身全国卫视排名第二阵营。

二、优化播出管理，树立“绿色收视”媒体形象

在把握正确舆论导向的前提下，积极探索完善播出管理模式。2009 年，卡酷动画卫视设置了以《中国制造》、《酷片酷映》、《周末超级大连播》等 8 大剧场为支撑，以《十分开心》、《闪天下》、《七色光》、《卡酷全卡通》等 4 档自制栏目为亮点，以《动漫酷地带》、《漫话天下》等 5 档外购栏目为补充的节目架构。购买动画片 29 部，1700 集，约 36000 分钟，库存动画节目总量 23 万分钟，优秀的剧目资源为频道争取良好的收视率奠定了基础。

与此同时，频道积极创新机制，通过推行栏目竞标机制，打造具有鲜明卡酷原创风格的品牌栏目；实行购片收视率奖励政策，鼓励优秀国产动画片的创作播出；制定以节目编排创新为突破，围绕优势资源做文章的策略，应对卫视收视竞争日趋激烈的形势。

由于落地广泛、收视业绩良好，频道荣获国家广电总局全国少儿节目精品及动画精品评审优秀动画频道一等奖。

三、注重自主原创，精心打造动漫精品

频道坚持“内容为王”战略，致力于原创动画片的制作，原创动画产量逐年上升。2009 年共生产动画片 11 部共 4465 分钟，产量位居北京第一，全国第九位，受到国家广电总局和市广电局的肯定。百集国产原创动画片《福娃奥运漫游记》继去年荣膺第 24 届中国电视金鹰奖唯一最佳动画片大奖之后，今年再获中宣部第 11 届“五个一工程”动画奖第一名，第 21 届电视艺术“星光奖”电视动画片大奖以及第 6 届北京市文学艺术奖。百集科幻动画片《太空大冒险》、百集动画巨片《中华五千年》、大制作《诛仙》以及与国际知名公司合作的动画电影《劳拉的星星》、《武林外传》等原创项目正在筹备或已经投入制作。

四、突出重大项目，提升媒体品牌价值

2009 年频道先后承接并圆满完成了“北京电视台动画春晚”、“2009 奥林匹克森林公园卡酷春节雪上嘉年华”、“冰封万年巨兽——猛犸象展”、“第四届中国（北京）国际大学生动画节”等重大项目，对提升北京电视台的品牌影响力起到了积极作用。其中“北京电视台动画春晚”创下收视新高，业内外好评如潮，成为多家媒体的焦点话题，国家广电总局副局长胡占凡亲自批示，对北京电视台 2009 年动画春晚给予极大肯定。“2009 奥林匹克森林公园卡酷春节雪上嘉年华”以冰雪和动漫为主题元素，打造上万平米雪场和三千平米游艺园区，通过具有鲜明卡酷和奥运特色的丰富多彩的活动，吸引了来自全国各地数以万计的游客。“第四届中国（北京）国际大学生动画节”共吸引了来自 52 个国家和地区、245 所高等院校的数千名大学生参赛，30 余位国际顶级艺术家和总裁级高管出席论坛，上万人次参与了动画节期间的展览和课程等活动，成为目前参与的国家和高等院校最多、参赛的学生和创意作品最多、参会的动画业界专家大师最多，最具国际代表性的动画盛事。

五、立足媒体特性，构建动漫全产业链

依据北京电视台的总体发展战略，立足卡酷动画专业卫视媒体特性，紧紧围绕播出收视和动画原创两大工作核心，辅以衍生产品开发和销售渠道建设，打造卡酷动漫全产业链。其核心为通过加强落地覆盖、播出收视、节目制作等工作有效提升卫视媒体核心竞争力，在此基础上以营建全国儿童动漫娱乐消费市场终端全网为辅助，带动动漫产业上游动画制作和下游动漫衍生品开发及销售，充分发挥播出平台和原创动画的边际效应及衍生价值，优化产业结构，为国有资产保值增值和台创收增收做贡献。

积极探索动画频道企业化运营新模式，动画频道在公司化运营的道路上实现了又好又快的跨越式发展。2009 年实现营业收入 1. 13 亿元，比上年增加 2200 万元，运营规模进一步扩大；2009 年实现利润总额 3442 万元，在因台改变广告拨付方式造成减少收入 500 万的情况上，仍比上年增加

590万元。广告收入占营业收入比例从上年47%进一步下降至39.8%，动漫衍生品业务比例由上年53%进一步上升至60.2%，实现了非广告收入总额对传统广告收入的大幅超越，对卡酷形成良性多元发展态势具有跨越性的战略意义。公司总资产突破2.4亿元，较成立之初实现5倍增长；净资产1.8亿元，较成立之初增长3.5倍。卡酷产业运营和对动漫产业的推动作用得到中宣部、国家广电总局和北京市委宣传部的肯定，并作为北京市三家先进典型向中央文化体制改革小组北京巡视组汇报，且受到中央文化体制改革小组北京巡视组的好评。

海外节目中心概况

海外节目中心

2009年，北京电视台海外节目中心以新中国成立60年大庆为契机，紧紧围绕“遍观全球的国际视角、中西合璧的文化比较、以我为主的形象展示”的定位，开拓创新，团结协作，圆满完成了年度工作任务。

2009年1月31日，海外节目中心精心策划、制作的一台中外明星同台表演、多国文化竞展魅力的精彩晚会——《同贺中国年》与观众见面，为欢声笑语的春节荧屏增添了一道充分体现国际视角、各国友人共贺中国新年的视觉盛宴。晚会以改革开放30周年和国庆60周年为时代背景，在2009年新春佳节之际，在温暖喜庆的气氛中，邀请外国友人和有国际背景的中国人欢聚一堂，用他们的故事展现中国的发展，从他们的视角反映时代的变迁。晚会播出后获得了热烈的反响，并因此直接催生了定位更高、规模更大、影响更广的2010年“环球春晚”。

2009年4月27日，海外节目中心精心策划、筹备近5个月的国际热点话题演播室述评日播节目《天线天天谈》正式开播。节目强调“主题事件化，事件人物化，人物细节化，嘉宾冲突化，冲突话题化，话题传播化”的风格。围绕国际热点新闻事件，关注重大事件中的人，通过新闻事件中当事人和关联人的亲历、亲为和亲感交代新闻背景，分析解读事实，挖掘新闻中的未知点，追求报道的现场感，辅以视频连线、音频连线等方式，突出锐度，爆料内幕。节目开播后迅速获得了观众的认可，收视率和占有率表现出色，不但弥补了北京电视台国际热点评述节目的空白，而且具有了一定的品牌价值，初步实现了“每当大事发生，都有来自北京电视台的声音”的目标。

2009年5月11日，海外节目中心负责制作的北京电视台新台址宣传片正式播出。宣传片不仅展现了大楼的建筑特色，而且着重介绍了新台址的智能化、系统化、数字化特征，并兼顾北京电视台的人文历史，以及BTV人在这座全新智能化建筑群中的工作状态和精神面貌，让电视同仁们产生心灵上的共鸣。宣传片播出后有力促进了北京电视台的整体形象宣传，获得了各界的好评。

2009年9月21日晚，由国家广播电影电视总局主办，中国国际广播电台、中央人民广播电台、北京电视台联合承办的“情动俄罗斯——中国人唱俄语歌大型选拔活动”在北京电视台1000平米演播厅举行了盛大的颁奖晚会。教育部副部长郝平、国家广电总局副局长田进、中国人民对外友好协会会长陈昊苏、俄罗斯驻华大使拉佐夫、中国国际广播电台台长王庚年、中央人民广播电台台长王求以及相关单位的领导、活动各大分唱区承办方代表、中俄两国媒体记者和俄语界、文艺界代表等300余人出席了晚会。作为2009年中国“俄语年”非常具有亮点的国家级文化活动之一，“情动俄罗斯——中国人唱俄语歌大型选拔活动”以情感为依托，以歌声为纽带，再次奏响了中俄两国人民之间的友谊新篇章。中国“俄语年”闭幕式上中国总理温家宝和俄罗斯总理普京亲自为优胜者颁奖并合影留念，把活动推向了最高潮。

2009年10月1日起，天安门广场四块大屏幕开始正式播放由海外节目中心负责制作的视频内容。国庆阅兵和群众游行期间，纪念碑两侧大屏幕内容准确无误地配合方阵通过，得到天安门城楼和观礼台上各级领导和嘉宾的赞许。国庆期间，大量游客在大屏幕前驻足观看，长时间欣赏祖国的壮丽风光，北京市委市政府领导对此非常满意，节目组有4人获得国庆宣传工作先进个人称号。

为庆祝新中国成立60周年，北京电视台于9月30日晚至10月1日期间推出超过24小时的大型直播节目《我爱你 中国》。在此次直播中，海外节目中心出面，邀请到联欢晚会艺术总监张和平、副总指挥赵东鸣、总导演张艺谋、群众联欢副指挥阮兰玉以及焰火特效总设计蔡国强，来到直播间参与节目，畅谈国庆联欢晚会创作过程中的故事以及联欢晚会和焰火表演的主要看点。还邀请受阅方队中的预备役方队队长、北京卫戍区白志宏师长，以及预备役方队队员、首都机场安检员吴明亮来到直播间，谈上午接受检阅时的心情，以及训练背后的种种故事。同时，还顺利完成了顺义直播注入点的各项报道任务。

2009年12月6日，由海外节目中心负责录制编辑的“赤子情深颂祖国——首都侨界迎接中华人民共和国成立60周年演出”在北京公共频道播出。晚会集中展示了首都侨界的精神风貌，表达了海外华侨华人对祖国的思念之情。

历时5个月精心策划、筹备的“环球春晚”，是北京献给世界的新春大礼，是多元文化的凝聚，是顶级艺术的荟萃，更是北京国际影响力的精彩绽放。晚会以“牵手世界，欢动五洲”为主题，让来自五大洲不同肤色、不同民族的人在舞台上相聚，诠释了“天下一家”的理念。国家广播电影电视总局、北京市委市政府、市委宣传部、市文化局、市广播电影电视局、市外办、市外宣办、市旅游局和北京电视台的领导，以及俄罗斯、加拿大、以色列、约旦、保加利亚的驻华大使和来自澳大利亚、匈牙利、印度尼西亚、意大利、墨西哥、韩国、新加坡等国的驻华使馆官员，众多企事业代表和首都各界群众代表亲临现场观看演出、参与录制。各界领导和嘉宾对晚会给予了高度评价，认为整台晚会“国际性”特色突出，节目精彩好看，具有较高文化品味，中外演员同台表演符合环球春晚的主题，很好地体现了天下一家的理念，是一场丰盛的“精神晚餐”。

宣传管理概况

总编室

2009年，北京电视台总编室作为节目管理中心与职能部口联系的枢纽，承担着艰巨的任务。经过全体同志的共同努力，较好地完成了全年的工作任务。

一、面对空前挑战，确保安全播出

安全播出一向是总编室工作的重中之重，2009年却遇到了前所未有的挑战。先是新台址搬迁，新的编播要求、新的备播方式，给总编室日常节目管理、播出管理增加了难度。进入下半年，北京卫视高清频道在9月28日开播，这给刚刚适应了新台网络化工作模式的节目管理又带来了极大的考验。特别是庆祝新中国成立60周年给总编室的节目管理实现安全播出提出了更高的要求。

1. 确保新台搬迁前后播出安全。新台址的搬迁是北京电视台2009年的一件大事。为确保迁址中编播方式和节目播出的平稳过渡，总编室分别于2009年1月15日和4月1日两次搬家前后，多次召开协调会，与新闻、科教、影视、财经、体育、青少年节目中心和广告部等对节目操作规范以及技术细节进行研究，提出解决方案，明确操作流程。此外，总编室还与技术部门协作，组织人员培训并对新台系统设计进行测试，提出37处改进意见，保证系统开发符合用户需要。

在迁址过程中，总编室从建设软环境入手，首先与信息网络管理部、系统开发项目组密切配合，制定并完善了《制播网络系统管理规范》、《制播网络系统安全防护规范》、《基础数据规范之节目类代码编码标准》、《节目备播规范》等手册、管理规范14部，共13万字。同时，还与节目中心多次沟通，研究合理可行的工作流程和规范，最终形成《频道宣传节目工作流程及操作规范》，确保了开播后广告、宣传、节目的合理编排与安全播出。

2. 实现卫视高清频道安全开播。为确保高清频道安全播出，规范高清频道各环节操作流程，总编室与总工办联合，会同其他相关技术部门从7月底就开始着手进行《北京电视台高标清同播业务流程及规范》的制定工作，确保了北京电视台高清化工作中各个环节的规范化、标准化操作。人员培训方面，与人事部、制作部、总工办配合，制定了北京卫视高、标清同播人员培训方案，并先后组织安排全台相关人员参加高清化节目下的灯光、化妆、音响、对编系统等各项高清技术培训达千余人次，为北京电视台节目高清化工作的可持续发展提供了人员保障。

3. 确保节目内容导向正确。全国“两会”召开期间，总编室高度重视，召集新闻中心、转传部、播出部等相关部门参加的协调会，落实“两会”期间三场直播和专题节目方案等，组织卫视、文艺、体育和青少年节目中心开设专门时段，全面展示北京电视台制作的大型专题片及晚会类节目，确保安全播出。

国庆60周年期间，总编室先后向相关节目中心、广告部、研发部、台网站、总值班室和台办通讯科发布《节目变动说明》，落实各档字幕预告；编辑《2009年国庆期间编排格局》、《国庆节特别节目一览表》等提供给总编室内部各相关科室作为工作参考，较好地完成了特殊时期的节目编排工作，有力地保障了涉及13个频道、近20场、共计约5360分钟的国庆节目安全直播和转播。

为进一步提高全台员工的政治意识，总编室联合人事部举办了“民族宗教和国内国际形势”宣传业务培训，并将培训内容制成光盘，发放到各节目中心，以便各部门组织内部编辑记者观摩学习。

此外，总编室作为落实上级宣传精神的中枢部门，设专人负责宣传精神的接受和传达，通过电话、传真和复印发文等形式向各节目中心进行传达，并于每周定期出版《电视业务》，刊发宣传精神，交流宣传业务情况，全年采编稿件近万篇，刊发文字100余万字。

二、深化节目管理，加强节目规划

对于2009年的节目管理工作，一方面，总编室做了大量协调、沟通、组织、落实、汇总、报送等繁琐的日常工作，另一方面，逐渐摸索在新形势下如何做好总编室的管理工作。从5月份开始，北京电视台就全面启动国庆宣传工作。对全台大节目大活动，总编室都做到统一组织，统一协调，及时安排宣传和播出。对于各中心层面的相对小活动、小选题，也多次追问，研究并确定播出方案。为配合国庆宣传，总编室还制作完成了60周年国庆形象宣传片、13盘国庆垫播节目《北京2009》，播出20余个与国庆相关的宣传片，较好的烘托了节日荧屏气氛。

对于2010年频道规划，总编室也做到了早准备，早落实。2009年8月初向各节目中心发出通知，要求从频道定位、频道规划、频道推广三个方面做出规划，特别是对年度收视份额、品牌栏（节）目、科学编排、弱势时段、年度创新、频道推广这六个方面重点提出了要求。9月底，总编室根据全台13个节目中心报送的2010年节目规划，对2010年的频道编排、频道定位、品牌栏目等进行了汇总，并撰写出《2010年北京电视台频道规划工作思路》，提交编委会研究讨论。

三、创新版权管理，启动媒资管理

2009年，总编室启动了以版权管理为中心的媒体资产管理工作。

进一步加强版权管理。总编室于7月20日前完成了对全台一周常态播出栏目、专题片、宣传片、广告等节目中使用录音制品具体情况进行测算，对支付稿酬方式提出了建议。鉴于各节目中心每年需要外购大量节目素材，为达到素材资源利用最大化，总编室对所有外购素材资料逐步实行统一管理。8月中旬，新闻节目中心和网站各自购买新华社文字稿和图片的使用合同即将到期，总编室多次征求两部意见，经过反复修改、补充，整合为2009年新合同，并督促有关部门与新华社签订了新合同。

全面启动媒资管理。媒资管理作为总编室版权管理的重要组成部分，首先制定了《北京电视台媒资管理规定（暂行）》，从工作流程和制度上加强媒体资产管理，保护成品节目和素材的版权，最大限度地发挥媒体资产管理系统平台的优势，更好地为节目制作服务。目前，总编室正与各节目中心研究制定《北京电视台音像资料编目细则》，对新台址制作产生的节目素材和成品节目进行试编目。

四、加强节目宣传，提升北京电视台影响力

为迎接北京电视台建台30周年，庆祝新中国成立60周年，总编室积极展开宣传攻势。一是协助相关部门完成《坚实的足迹，历史的见证——北京电视台建台30周年获奖节目名录》编纂、台史展览和两部台庆宣传片的制作播出，协助文艺中心将《北京电视台台庆30周年交响音乐会》制作成高清播出版，在BTV奥运高清频道播出。二是从8月3日起，在北京卫视重点安排了专题片《五环旗下的中国军人》和《新篇章》等节目，为8月8日纪念奥运一周年的宣传做铺垫。三是圆满完成台国庆60周年相关宣传资料的收集、建档工作，为配合国庆宣传和北京卫视高清频道开播制作了多部宣传片，提升北京电视台节目的吸引力力。四是完成全台30位优秀主持人参与的《北京欢迎你》的歌曲录制和40余位一线播音员、主持人出镜的《我和我的祖国》MV的制作，以独特的方式向新中国成立60周年献礼。

五、加强与兄弟台交流，提高业务水平

2009年，总编室派人先后参加了“全国省级电视台协作体2008年度年会”、“2009年度中国广播电视协会”、“广播电视内容资源开发上海研讨会”和“全国卫视高清化调研”等活动，就如何发挥总编室管理职能、加强省级电视台合作、加强媒资管理、资源开发等进行了交流，为促进总编室的业务管理起到了推动作用。

研究发展部工作概况

研究发展部

2009年，研究发展部根据事业发展需求，不断强化和完善职能，开展研究工作，为节目一线和决策层服务，取得了显著成绩。

一、制订各类方案，为各节目中心提升收视率服务

面对电视媒体日趋激烈的收视竞争压力，研发部在认真分析研究的基础上，提出了完成“1个整体战略、1个重要规则、提升1个重点频道和2个品牌栏目”的目标，为各节目中心提高收视率服务。

组织召开全台战略发展研讨会。2009年4月，研发部组织召开了“北京电视台战略发展研讨会”。会上台领导制定了精细化、品牌化的发展战略，并决定实施“精兵简政”的节目方针，各专业频道迅速贯彻这一部署，加大节目创新力度和节目调整速度，全台节目收视率实现新的突破。

制订三年收视战略规划。为实现各频道的收视结构调整和科学布局，本着发挥优势、调整结构、降低内耗、进军蓝海、创新品牌的原则，提出了北京电视台各频道未来三年收视的发展战略及相关的举措和规划。

进行北京卫视“保三争一”收视目标的达成与监控。研发部根据卫视频道的要求，选择专业机构合作，设计北京卫视收视运行与预测模型，以日、周、月和季度为单元，定期分析北京卫视达成与未达成收视目标的原因和规律，为决策层提供日常管理和决策提供依据。这项报告受到了卫视频道各节目中心的高度评价。

为财经频道及其品牌栏目提升收视率服务。2009年，研发部选择财经频道作为收视提升的频道，完成了对财经频道的收视体检，并制订了财经整体编排调整方案，确定了《首都经济报道》和《经济法眼》作为重点提升栏目。

完成系列收视情况分析报告。为了更好地为全台各节目中心秋季节目调整以及频道发展规划提供翔实的参考依据和调整建议，2009年上半年，研发部完成了“北京电视台上半年收视分析报告”、“北京电视台节目中心上半年收视分析报告”、“北京卫视35城市收视分析报告”，这些报告对今年上半年北京市场和全国市场的总体收视容量、观众收视形态变化、流动趋势、市场竞争态势，以及北京电视台上半年总体竞争力与各类型节目、各时段竞争力进行了全面、翔实、深入的分析，为各节目中心调整节目提出了具有一定价值的建议。

二、深入调查研究，发布系列品牌权威调查报告

研发部在2008年的品牌调查基础上，于2009年三季度完成了《北京电视台主持人品牌影响力调查》、《北京电视台品牌影响力调查》、《北京卫视全国影响力调查》、《北京电视台电视剧编播调查》等系列调研报告，并完成了《北京电视台三年收视战略规划》等重大规划项目。

《北京电视台主持人品牌影响力调查》、《北京电视台品牌影响力调查》、《北京卫视全国影响力调查》是在2008年进行品牌调查的基础之上，持续进行的品牌监测，并把范围扩大到主持人品牌和北京卫视全国品牌的监测。该调查与国内顶尖专业机构合作，采取入户调查的方式，对北京电视台主持人品牌、频道品牌、大型活动品牌、重点栏目品牌每年进行两次追踪监测调查，并对北京电视台所有频道和重点品牌节目进行追踪性的评价，评估其品牌价值和品牌健康状况，并提出调整建议。北京电视台主持人品牌评估则是对北京电视台主持人总体品牌影响力、主持人满意度、主持人节目契合度、不同类型主持人的人气状况等方面的准确评估，为北京电视台对主持人这一电视品牌核心资源的合理配置和使用提供了基础数据和决策参考。

三、根据节目综合评价，实施节目淘汰制

2009年6月份，为落实全台精兵简政、精办节目的战略方针，根据《北京电视台节目综合评价办法》，研发部与广告部、计财部紧密配合，采用收视贡献和投入产出贡献两项指标对全台节目进行评价，对全台100多个栏目进行测评，根据两个指标贡献度的达标状况，全台节目分为A、B、C、D四个等级，并依据测评结果实施节目调整和节目淘汰。

四、开创性地完成北京电视台企业文化理念体系建设等一系列重大课题

2009年，研发部紧密围绕事业发展的实际需求开拓业务，在北京电视台企业文化理念体系建设等一系列重大课题上取得了开创性成果。

2009年是北京电视台建台30周年，是搬进新台址、实现传播技术水平新飞跃的重要年头。根据台领导的要求，研发部承担了《北京电视台企业文化理念体系建设》的项目。此项目在全面梳理、分析本台文化现状的基础上，根据科学发展观的要求，按照有破有立的原则，准确定位北京电视台企业文化建设的方向、目标；明确本台的精神、使命与愿景，构建系统的企业文化理念体系与员工行为规范体系，形成全台的企业文化建设方案，通过文化管理措施的实施，达到文化凝聚人心、提升管理、做强企业的最终目的。这是北京电视台在30年的发展历程中，首次对全台的文化状况进行全面梳理和综合分析。此项工作得到台领导高度重视。在项目进行过程中，研发部联合党办，组织了台内100多位处级、科级干部和主持人的一对一访谈，召开了员工座谈会，进行了两次全台范围的网络调查，对项目成果也精心修改，组织专家反复论证。全台范围的网络调查显示，对这套文化理念体系“认可”和“很认可”的职工占96%以上。

五、搜集、整理最新节目趋势信息，为各个节目中心提供基础服务

2009年，研发部对国外节目信息遴选的针对性大大加强。在现有的《欧美节目样态报告》基础上，利用外围专业团队，有针对性地增加节目形态分析数量，增加翻译节目数量。在常态信息整理基础上，节目形态的分析深度加大。目前，不同的节目形态已经整理完成达500余部以上，几乎涵盖了最新的各类国外节目形态。2009年，研发部还与国外节目开发机构建立广泛的联系，获得国外先进节目形态引进与合作机会。与台内各个节目中心密切配合，推进节目研发。

六、建立以“节目测试实验室”为核心的受众测试体系，完成对创新节目的专业服务

2009年年底，北京电视台建立了独立的电视节目测试实验室，这是全国唯一的一个研究受众实时收看数据的测试系统。它的建立将改变以往节目生产非理性状态，逐步形成面向受众市场的科学规范程序。

七、编撰传媒数据手册，完成《2009年北京卫视覆盖策略与频道传播价值提升专项研究报告》任务

传媒数据的整理、收集和编撰，是2008年至2009年初研发部积极推进的一项工作。经过对广电、新媒体等领域相关统计数据的搜集、整理和汇总，于2009年年初编撰、推出了《2001—2007电视传媒数据手册》。2009年年初，研发部与美兰德公司合作，对北京卫视覆盖策略与频道传播价值提升进行专向研究，完成了《2009年北京卫视覆盖策略与频道传播价值提升专项研究报告》。截至11月份，研发部共撰写提交报告50余份，包括上述提及的各种报告以及应对金融危机的调研报告、配合全市宣传文化工作重点课题的相关调研报告、北京电视台全媒体发展情况调研报告、北京电视台卡酷以及京视传媒等产业发展情况报告、北京电视台关于开展文化“走出去”报告等。

总工办工作概况

总工办

2009年，北京电视台总工办重点抓了以下工作：

一、顺利完成7个频道的搬迁

2009年1月15日和4月1日，北京电视台的7个频道迁入新台址播出。为确保安全搬迁，总工办做了大量工作。一是根

据各个项目组和各技术部门的需要，组织召开了多次协调会、现场办公会，积极开展演练培训工作，协助领导解决对内、对外工作中的矛盾和搬迁中的各种关系，以保证搬迁工作顺利进行。二是完成新电视中心综合楼应急使用和备份系统、播出机房、监录机房、摄像机房、网管机房和制作部编辑机房等空调改造谈判工作。三是为保证新电视中心办公的需要，紧急采购了两批共500多台计算机、打印机、显示器等设备。四是负责组织新老台搬迁中大量项目的采购招标、合同谈判、起草上报的公文、立项手续、搬迁方案等。

二、圆满完成北京卫视高标清同播

根据高清频道建设要求，总工办配合相关部门完成了《北京卫视高标清同播流程及相关规范》的编写工作；协同高清同播项目组制订了高标清同播技术方案，进行了高清系统方案论证工作，完成了高清同播技术系统的搭建和改造任务。参与组织制订了向市发改委申请高标清同播设备资金方案，起草有关申报公文，协助领导及相关部门进行了高清设备及相关技术的测试。组织召开了“9·28”开播工作内、对外协调会，完成了高标清同播高清卫星传输和歌华有线传输申报。同时还配合人事部完成了三期高清摄像技术培训班。

三、参加迎国庆、保平安，百日安全播出竞赛

2009年是新中国建国60周年的大庆之年，北京市委宣传部和市广电局联合组织开展了“迎国庆、保平安，百日安全播出竞赛”活动。从7月1日0时正式开始，到10月8日24时结束，历时15周，共计100天。北京电视台6个技术部门共29个科室、347人参加到本次竞赛活动中。各部领导高度重视，全力以赴，制定和实施了一系列措施，补充、修改和完善各种规章制度和操作流程，积极开展各项技术培训、应急演练，加强设备维修。经过全体技术人员的共同努力，圆满地完成了这次任务，实现了百日安全播出竞赛期间安全播出零事故。通过此次评比活动，技术人员进一步熟悉了安全播出应急预案的操作流程，提高了技术人员处理应急问题的能力，增加了工作人员的凝聚力，为今后的安全播出工作打下了良好的基础。

四、组织全台爱岗敬业主题报告会

为进一步加强全台职工的爱岗敬业精神，根据台领导要求和部署，人事部和总工办一同组织了爱岗敬业主题报告会，邀请北京航天飞行控制中心副总工程师李剑同志做主题报告，讲述一丝不苟地工作在平凡岗位上的航天一线人员为集体荣誉默默奉献的精神和事迹，增强职工责任心和集体荣誉感，热爱并坚守本职工作。为便于一线的同志安排好工作，先后于11月5日、11月12日、11月26日举办了三期报告会。台领导十分重视此次活动，要求技术部门的工作人员必须参加，并在报告会后进行考核。

五、修改、制定接收外来信号节目流程及规范

为规范现场直播栏（节）目的操作程序，确保直播节目的安全，明确岗位职责，做到节目部门、技术部门、职能部门、行政部门的协调统一、密切配合，使直播节目能够规范进展，总工办和总编室共同修

改、制定了《新台址新闻节目重播和外来信号直播节目与收录管理流程》，对外来信号的直播、收录、传送节目分别制定了《北京电视台现场直播节目申报单》、《收录节目申请单》、《北京电视台传送节目申报单》、《卫星接收参数单》、《北京电视台直播、收录节目变更单》，流程自4月10日发布起执行。

六、完成“华彩杯”技术质量培训及技术质量评奖工作

受市广电局科技委电视专业委委托，总工办承担了北京市广播电影电视节目类的技术质量评定工作。为了完成此项任务，总工办负责组织了电视节目制作人员、技术人员的培训工作，全市14个郊区县广电中心的技术人员参加培训。

4月24日，北京市广播电影电视局广播电视节目质量奖评奖工作在北京电视台召开。评奖工作分主、客观评审，并邀请了郊区县的技术人员代表参与到主观评审的过程中。此次参加评奖的13个区县共报送节目38个，北京电视台报送的4个节目中有3个获得了一等奖。

制作部工作概况

制作部

2009年，北京电视台制作部从严要求抓管理，齐心协力保安全，较好地完成了各项任务。

一、平稳完成搬家任务，保证节目制作和新闻直播的平顺过渡

自2008年北京奥运会结束之后，制作部就开始着手向新台址的搬迁工作，制订了搬家计划，并从相关科室抽调骨干和以前参与新大楼技术系统设计的技术人员组成了搬迁先期工作小组，明确了部门工作小组的主要职责和任务。工作小组成立后，在时间紧迫、任务艰巨的情况下，尽快与设计人员团结协作，完善新大楼制播系统，顺利完成了向新大楼的搬迁工作。

搬家过程中克服了人员几地办公的困难，既要保证节目的日常生产，又要建设新系统，对新系统、新设备进行试运行。同时，还要对技术人员进行培训，以保障节目的安全播出。4月份，全台7个频道在新台址开播，制作部顺利完成了从老台址到新台址的过渡，完成了向全新的技术设备系统和全新的网络化制播环境的转换，保证了节目制作和新闻直播的平顺过渡。

二、完成卫视高清频道的开播任务，提高技术保障水平

9月28日，北京电视台的卫视高清频道顺利开播，成为国内同时传输两套高清

电视节目的首家省级电视台。为了确保卫视高清频道的顺利播出，首要解决的就是新闻系统的高清化。制作部从领受任务开始到开播，只有短短两个多月的时间，经多方论证，技术人员夜以继日，不辞辛苦搭建了一个功能完善、技术超前、安全稳定的300平米新闻演播室。另外为了扩大高清节目生产能力，我部新建传统后期和非线单机机房用于新闻节目制作，升级高清网络用于晚间栏目制作，改造扩容部分网络用于卫视频道其他节目的生产。在这次高清系统改造和国庆节的一系列直播中，制作部技术人员受益匪浅，专业素质和职业技能得到了很大提高。

三、高标准，严要求，圆满完成节目制作播出任务

2009年，制作部线性机房制作节目46087小时，非线机房444315小时，对编机房53066小时，录音机房29649小时，演播室录像15309小时，演播室录播3496小时，演播室直播15226小时，网络有卡168340小时，网络无卡42619小时，摄像机外出42619小时，特技制作54472秒。全年制作部生产收入总计1.92亿元（不含大剧院以及一些中心经台批准不支付费用约2000万元），比2008年1.87亿元增长3.2%。

除了完成台里各固定栏目的录制、制作任务外，还完成了新年音乐会、2009春节晚会、市两会、全国两会、红孩子、台庆晚会、花样年华、国庆晚会等一批重点节目的录制与制作任务，完成了《天下天天谈》、《神州音画》、《天下收藏》等大量栏目包装任务，受到有关方面的好评。

四、强化安全意识，组织应急演练，确保电视节目的安全制作和播出

为适应新台的制播环境，制作部组织了多种形式的应急演练，开展了节目直播安全评比周活动，开展了节目技术质量评奖活动，确保节目的安全生产和播出。

坚持开展节目直播安全评比周活动。从6月1日0:00开始至6月7日24:00结束，制作部在部内开展节目直播安全评比周活动，评比周期间各科总计安全播出101场117小时，没有发生任何直播事故。安全直播评比活动提高了本部门直播科室人员的安全播出意识，查找了安全隐患并进行了整改，为部门提高新台的直播技术和技术保障能力起到了促进作用。

坚持开展节目技术质量评比活动。技术评奖不仅评选出了最优秀的节目申报参评华北地区、国家广播电影电视总局“金帆奖”的评奖，也发现了一些技术质量的问题，提高了制作人员重视技术质量的意识。评奖工作结束后，部门对节目质量和评奖工作进行认真的分析和总结，针对评奖中暴露出的问题，要求各科认真检查，分析原因，总结经验，吸取教训，进行整改。

组织参加了局“百日安全播出竞赛活动”。2009年北京市委宣传部和市广电局联合组织开展了“迎国庆、保平安，百日安全播出竞赛”活动。活动期间制作部共完成直播2781.9小时，包括卫视频道9月28日高、标清同播和10月1日24小时不间断直播等，圆满完成了任务。

坚持重大节日和活动前的安全检查，及时查找安全隐患。2009年对部门安全员进行了重新调整，重新划分了管辖区域。

搬入新大楼后和国庆节前，部门组织安全大检查，及时排除安全隐患。

五、开展各种各样的培训活动，提高技术人员的业务素质

2009年，制作部全体人员都完成了72个继续教育学时指标，科级干部都外出进行了参观学习考察，与各地同行进行业务交流，了解了最新的广电科技发展动态，跟踪了新技术的发展趋势。这一年的技术培训主要有两个方面：

一是新大楼技术系统培训。1月份，搬家小组给后期制作网外借人员做上岗测试，内容包括笔试和操作考试，最后对每一个外借人员做出综合技能评定，交付使用部门做为是否选用的参考。1月至3月，共分六次组织了对新奥特、索贝、大洋三家公司的72人次进行测试评定。4份月技术科组织我部外借公司人员参加台里组织的安全培训，参加人员150人。

二是数字高清技术培训。面对发展高清节目的新形势，在制作部开展了数字高清技术培训活动。6月18日、19日开展了为期两天的数字高清技术培训活动，通过培训使科干部了解高清设备的发展情况，从高清电视的整体概论到上下变换等技术知识，高清节目的制作网络及高清演播室的核心构成等方面进一步加深了理解，结合本台高清项目建设，由负责新台高清项目设计的副主任王方和林平向大家介绍本台高清项目发展情况。9月2日、3日组织了两期《北京卫视高标清同播流程及相关规范》培训，170多名制作人员参加了培训学习。7月10日，邀请ACE公司举办高清节目音频制作的讲座，讲解了当今广电行业发展趋势、环绕声话筒拾音技术、大型户外活动音频制作、5.1音频信号在广电单位内部的流通与分配、大型电视演播室音频系统设计、录音与后期制作、5.1音频声学设计以及音频的发展方向。8月8日和8月22日，灯光人员进行了两次演播室灯光操作培训学习，邀请中央电视台新闻主任灯光师张敬邦老师进行现场指导和讲评。8月10日至12日，制作部配合人事部、总编室联合举办高清培训讲座，讲解有关高清环境下的灯光、舞美、化妆等技术。

六、加强制度建设，确保各项工作正规有序

搬到新大楼，增加了新的演播楼，大剧院等。为了做好管理，制作部注重加强制度建设，确保工作正规有序。

建立新大楼各项规章制度和安全应急预案。搬入新台址后，在强调责任意识、大局意识的同时，制定了各项管理制度，制定了新的技术系统的各项安全应急预案，进一步规范了日常管理，保障了工作有序开展。

制定了节目外出包装制作业务管理办法。为加强外出节目包装制作业务的正规化、系统化管理，保证节目制作，控制资金外流，提高新大楼包装制作设备的使用效率，制作部起草并由台里印发了外协包装管理规定，规范了外协公司的审核、评判、规范化管理工作。

制定了BTV大剧院管理规定。BTV大剧院管理使用涉及保卫部、动力部、行政部和物业公司等许多部门。制作部在对社会上各个剧院使用情况和价格调查，并多次和各相关方协调，制定了剧院的收费标准和使用方法，提出了大剧院的分工和管

理，明确了各部门的职责，由台里印发全台执行。

完成了后期制作和职能科室人员的定岗、定级及效益工资改革，体现了公平、公开、公正的原则，鼓励员工自觉主动提高业务能力，积极要求上进，使每一位人员有自己的奋斗目标和发展方向。

播出部工作概况

播出部

一、保障安全播出

2009 年，北京电视台播出频道陆续迁到新台址，新的播出系统和新的播出环境使播出部迎来新的考验。截至 12 月底统计，全年安全播出 94035 小时，直播 720 多场次，各种节目素材收录、传输 920 多次，日均上载和审看素材 400 余条、头尾检测 1000 多条，审看节目 25400 多盘 20800 多小时，查出问题磁带 4000 多盘，圆满完成了安全播出任务。

频道顺利搬迁。2009 年 1 月 15 日凌晨 BTV 科教、BTV 影视、BTV 青少的播出从苏州街和皂君庙搬迁到新的电视中心播出。同日，BTV 财经从皂君庙搬迁至苏州街。4 月 1 日，BTV 北京、BTV 文艺、BTV 体育以及 BTV 奥运高清从苏州街搬迁至新电视中心。这次搬迁，标志着北京电视台正式进入到全网络化的播出模式，使用多年的皂君庙播出区完成了历史使命。

为完成一系列频道搬迁工作，播出部做了大量的前期准备工作，主要有：①连通了新老台主备光缆通路及新台到中央电视塔、中央电视台、总局无线局、中国有线、歌华有线、北京电台、北京气象局、北京交管局、联通图像室等地的光缆通路。②配合相关单位配置了总局无线局 SDH 终端设备、中国有线 SDH 终端设备、联通 SDH 终端设备及歌华有线 SDH 设备，保证了所有播出传送的光通信路由的开通。③对所有频道更换了台标，更改了设备的设置及标识。④在新台搭建了一套广告播出系统，可以在新台上载广告素材、编辑广告播出单，通过光缆链路传送到苏州街的广告系统，实现了新老台广告系统的互联互通、统一管理和素材共享等。⑤改造了苏州街的机房和总控系统，将输入输出的信号格式统一为数字视频嵌入音频。使新老台的各演播室、各播出频道能够通过新老总控系统实现所有外来信号的共享以及互相之间信号的调度等。⑥在新系统未完善的情况下，播出部还承担了大量的磁带上载任务，保证了新台频道的顺利开播。

高标清频道同播。市领导要求北京电视台在 7 月初全国率先实现高标清同播，北京卫视高清频道在“十一”前正式播出。在仅有86天的时间里，播出部全力以赴投入到这项十分繁重和紧迫的任务当中。仅用两个月时间就完成了需六个月才能完成的技术系统搭建、安装调试等工作。

首先，利用现有条件进行了频道的替换调整，将完善的“纪实高清”频道机房播出卫视高清频道，将苏州街原有的简易高清机房设备搬到新台组装，用于“纪实高清”频道播出。同时，对总控系统进行了调整，由其负责各路外来的直播信号或演播室信号的上下变换；新加入主备15分钟延时播服务器，为演播室延时直播新闻晚高峰节目；并增加了与新闻演播室、播出机房和传输机房的输入输出路由。

在9月28日卫视高清开播之前，播出部组织或参与了大量的实战演练。因国庆60周年节目直播的需要，新闻演播室需要多路外来的现场信号，通过总控矩阵送去的10路信号不能满足要求，又从传输机房直接送给演播室多路信号。传输、总控、演播室和播出中心这四部分之间，进行过多次信号的核对、调试和模拟演练，做到心中有数，万无一失。由总编室统一安排，从节目单编排、素材上载、传输到演播室直播、总控切换和播出中心等一系列环节，进行了两次全面的模拟实战演练。同时，播出部内部按正常的播出节目单、业务流程和多种特殊要求，进行了10天模拟播出演练和测试，及时发现问题解决问题，从而确保了高清频道安全地通过有线和卫星的方式进行传送，圆满完成了高标清同播任务。

同时为配合高清频道的开播，播出部还对新台的闭路电视进行了改造，使大家及时看到了本台播出的高清节目。

百日安全竞赛。7月1日，市委宣传部和市广电局联合组织了全市广电系统“迎国庆、保平安，百日安全播出竞赛”活动。播出部高度重视，召开了科级干部动员会，分工明确，责任到人。重申加强制度化管理，针对新的播出系统和工作环境，补充、修改和完善了各种规章制度和操作流程。利用每周一次科长例会，通报安全播出情况，查漏洞补缺失。一是定期组织安排部、科范围的多种技术培训、应急演练等，利用夜间停播进行实际操作和应急演练，模拟各种突发故障，增强值班人员的应变处理能力，平均每科每周培训或演练1次。二是进行了隐患大排查，对有隐患的设备或系统提前进行更换或技术改造，如增加新闻高清演播室与播出频道的直通路由等。三是利用每次夜间停播时段进行检修和清洁，8月25日凌晨零点到5点45分全台12个播出频道、总控机房、二级存储机房、媒资备播机房和传输机房等停电检修。经过近6个小时的紧张忙碌后顺利开播，对发现的系统、设备问题及时处理。针对苏州街5个频道播出机房因台内装修，沉积大量尘土，易造成设备故障的情况，8月31日凌晨，党支部组织全体党员对机房进行彻底的清洁，消除安全播出的隐患。这期间共组织完成设备维修25次，加夜班45人次，做到机房备件齐全，常用备件、易损件能够及时更换。13个频道百日安全竞赛期间共安全播出24515.22小时，保证了国庆期间安全播出零事故，圆满地完成了百日安全播出任务。

二、加强制度化管理，注重人员培训

完善了《播出人员事故奖惩制度》、《请销假规定》等各项规章制度，使奖惩更加量化、细化，有章可循。依据事故奖惩条例，对30多人次进行了奖励，对13人次进行了处罚。对苏州街机房安全卫生重新划分了责任区，责任到人。

针对新播出系统的启用、高清频道的开播和新进大学生业务不熟悉的情况，组织了60余次的培训、演练和考核。培训形式多种多样，有专门针对频道值班员的培训，也有针对领班人员的培训；有现场操作培训，也有观看录像培训；有专家、厂家的指导培训，也有播出部技术人员的经验传授。在迁址新台之前，对所有值班人员进行了新播出系统及操作规范的培训，经笔试和操作的考核，合格上岗。从而提高了值班人员的业务水平，保障了频道播出的安全运行。

三、以技术保安全，提升安全播出水平

制定了完善的维修检测制度，对新老台不同播出系统的、设备加强维护、保养及更换，截至12月底现场维修设备300余次，排除系统故障108次，其中严重的系统故障27次。特别是对新系统运行中出现的问题，及时进行分析，实施改进方案。如二级存储环节曾出现问题，播出素材不能及时迁移。为此，与公司的相关技术人员多次反复研究讨论，制订了详细的技术方案和实施计划。通过扩充服务器内存，提高了处理性能。

为实现以技术保安全，提高技术保障能力，播出部进行了播出主备智能切换系统的开发，通过进行前期的调研工作，提出了设计方案，利用现有的技术，实现主备播出通道信号、台标的自动识别检测，并根据播出信号情况自动控制输出开关的切换。

转播传送部工作概况

转播传送部

2009年是新中国成立60周年，大型活动多，直播任务重，安全直播压力大。北京电视台转传部全体人员同心同德，努力工作，圆满完成了全年的直播与录像任务。

一、发挥技术优势，圆满完成技术保障工作

为了更好地发挥转播设备的各项功能，转传部加强了技术队伍的培训，与设备制造商、系统集成商进行技术交流，将新设备、新技术合理地应用到实际转播工作中，为安全直播打下了坚实的基础。

完善规章制度，提高技术管理水平。为了确保直播工作安全，进一步完善了使用转播车的规章制度，如重大直播前必须召开协调会，由编导和技术人员共同研究

转播方案、设备选型和人员配置，以确保直播的顺利完成。

完善系统配置，提高技术支持能力。2009年，在台领导和相关技术部门的大力支持下，对现有转播系统进行了整合，优化了配置，为编播部门提供了更加丰富的节目制作手段。如对6讯道高清EFP系统，应体育节目中心的要求，转传部精心调整各系统之间配置，使之增加到由8台有线、2台高清无线组成的10讯道高清EFP系统，在朝阳公园海洋沙滩狂欢节、鸟巢欢乐冰雪季、第十一届全国运动会的转播中，出色地完成了技术支持与保障任务。

二、增加优质转播系统，满足编播部门需求

旧设备改造。本台原有8讯道标清转播车是2000年购置投入使用的，设备老化，维修备件不足。在台领导的大力支持下，现已更新为8+2讯道标清转播车并投入使用。

新系统购置。随着高、标清同播的开始，加快了引进高清节目制作所需的音、视频系统和传输设备的步伐，为制作高清节目进行技术和设备的储备。目前正在进行的有4讯道高清卫星车、10讯道高清转播车、高清SNG卫星车等项目的设备选型和系统设计。

三、周密组织，圆满完成重大活动直播技术保障任务

1月10日至14日，使用12+6高清转播车，圆满完成北京市政协会议、人大会议开幕式和人大主任报告会的直播工作。

1月14日至18日，使用高清EFP系统，圆满完成在老山自行车馆举行的国际自行车赛事的直播工作。

6月17至19日，圆满完成怀柔影视城《红楼梦中人》大型活动的直播工作。

7月28日至8月30日，使用高清EFP系统，圆满完成北京电视台举办的为期1个月的“朝阳公园海洋沙滩狂欢节”直播工作。

9月18日至10月1日，圆满完成国庆60周年天安门庆典群众游行指挥部、群众联欢指挥部安排的天安门广场大屏幕视频保障工作。

圆满完成各项重大体育赛事的直播工作，主要有2009赛季中超足球、中国足球甲级联赛、英超亚洲杯、CBA篮球联赛、乒超联赛等。

圆满完成第十一届全国运动会拳击、垒球、篮球和IBC的直播工作，得到全运会组委会和台领导的一致表扬。

圆满完成全年新闻部各档新闻节目的直播工作。

技术设备管理部工作概况

技术设备管理部

一、监录工作

2009年，监录系统：监录科对全台播出的13个频道节目进行24小时实时录制，为保证播后节目质量信息查询、浏览和举证提供了重要的依据和保障。全年共录制节目总时长79886小时25分，存储节目总量为16.7TB，为研发部、总编室、广告、卡酷频道、各栏目组等部门所需的节目查询、举证、评奖提供了极其便利的条件和依据。

监测系统：认真完成了对播出节目质量的实时监测任务，共监测发现播出质量故障42次。每次发现播出质量故障，监录科都能及时向相关部门和领导进行故障汇报和排查，缩短了播出故障时间，避免了播出质量重大事故的发生，降低了故障率。

为迎国庆保平安，全力以赴投身"百日安全播出竞赛"活动，监测、监录系统增强工作责任心，定期检修设备，加大安全播出培训力度，定期向上级出具安全报告报表，报告播出情况，保障了全台安全播出工作顺利完成。在此期间监录科共监录节目28800小时，监测出包括音频丢失、台标丢失、视频丢失、黑场在内的故障9次，故障总时长4分54秒。国庆期间，监录科在人员少任务重的情况下，实行24小时双岗值班制，确保工作万无一失。为保证各频道安全播出，保证老台两个系统和新台系统录制的正常运行，共监录节目4600多小时，实时监测未出现任何播出故障，监录、监测任务得到圆满完成。

二、技术质量管理

2009年，技术质量科承担的北京电视台新址技术系统验收项目共32个。其中，总控系统、视频服务器系统、播出网络系统、收录网络系统验收文档已完成。综合业务楼分控中心、演播楼分控中心、10－01演播室系统、10－02演播室系统、10－03演播室系统、10－04演播室系统、10－06演播室系统、300平米演播室系统、610－新闻演播室、150－新闻演播室、备份－新闻演播室、新闻分控系统、1000演播室、600演播室1、600演播室2验收文档正在编排中。期间，还进行了播出服务器、转码服务器、非线性编辑器、高清录像机、高清摄像机在招标前的验收测试工作。

为了提高技术管理水平，技术质量管理科在专家的指导下，制定了《标准清晰度电视数字视频通道技术要求和测量方法》，修订了《磁带录像用时间和控制码》两项国家标准。特别是《标准清晰度电视数字视频通道技术要求和测量方法》的制定，填补了业内相关标准的空白，得到了国内广播电视同仁及专家的肯定，在此过程中科内技术人员的业务水平也得到了提升。

三、技术设备管理

本年度办理设备入库凭证3200张，耗材及专用磁带近百张，结账合同近500个，总价值9459万元，其中设备价值9200万元，耗材价值200万元，专用磁带价值59.2万元。组织人员对台内技术部门录像设备的拥有、使用、需求情况进行了清查。参加谈判40余次，参加开标20余次。

为了配合高清开播，在三个月的时间里，设备2科人员做了大量设备的到货清点，设备数据录入，出库统计工作，其中包括高清摄像机、录像机、审看机、监视器、无线话筒及特技编辑台设备，高清ENG摄像机配套的三脚架及电池等13个子项目的到货清点工作。

此外，还加强了旧设备的升级维修，二次利用。由于搬入新大楼办公，人事部、总编室、广告部等部门退回大量设备，设备2科对这些设备进行了逐件的检验，对可用的设备进行了清点，对其中可用的电视机、打印机、传真机近百台进行了清洁和维修，为台内节约了购置的资金。维修科专门加强了旧设备的维修，仅1至9月份，就完成1048台（件）设备的维修、维护保养，其中有索尼设备321台（件），松下设备175台（件），计算机桌面硬件设备147台（件），其他设备405台（件）。

四、技术资源管理

继续参与新台大楼设备的购买技术谈判和商务谈判，计30多次（场）。谈判项目不仅规模较大、技术复杂，更重要的还在于大都比较难谈，对方让步困难。许多谈判双方都是多次交锋，多个回合后才能达成一致。在这些谈判中，技术资料科利用自己的特长和经验，积极参与并提出意见，协助领导解决难题。其中主要的几个大型、复杂项目有：台财务管理软件的定向谈判、SONY高清VTR设备、SONY标清VTR、小型计算机系统、制作综合网、审看网等。

从5月份开始，技术资源科参与了高清电视项目的工作。参与了技术方案论证、审查等工作，并就组织机构、方案制订、工作原则、设计理念、系统设计、工程实施等，负责任地向各级领导及相关技术负责人员提出自己的看法与建议，大多被采纳。同时还参与了一些与高清项目相关的设备采购、谈判工作。

信息网络管理部工作概况

信息网络管理部

北京电视台信息网络管理部是新成立的部门，任务是负责全台节目生产计算机网络及办公网络的运行维护。2009 年，信息网络管理部紧紧围绕全台各部门的需求开展工作，既抓好技术革新，又保障技术服务，统筹兼顾各项日常管理工作。

一、新台址节目生产系统全面投入运行

从 2009 年 1 月 15 日正式启用全台生产网的主干系统以后，提前完成了新闻节目中心、体育节目中心迁至新台制作播出的前期准备工作，保障了 4 月 1 日新闻、体育节目在新址的正式开播，使两个节目中心都顺利完成了网络化制作播出的转型工作。同时，还完善了制播网络系统维护的各项规章制度，完善了新闻类节目演播室网络化直播的操作规范，确保了各档新闻直播的安全，确保了纪念 5 · 12 地震一周年特别节目、奥运一周年特别节目、国庆 60 周年特别节目等重大报道活动的直播安全。

这一年，多项网络扩充和新建工程，包括深度编辑网扩充站点工程、高清编辑网搬迁和升级工程、新建综合编辑网工程、新建宣传片编辑网工程等同时启动，从技术方案的制订到工程实施以及后续测试等工作十分繁重。信息网络管理部较好地完成了各项任务。

1. 普通编辑网。2009 年 1 月普通编辑网正式启用；2 月增加了 12 台精编上下载站点和 2 台文稿工作站，购置了视频控制矩阵组，视分等设备；3 月，增加一台 NAS 存储设备，存储空间从原来的 689GB 变为目前的 5.75TB；5 月，扩充素材盘空间，并解决中间件问题；10 月，国际频道搬到新台播出，33 个栏目成功进入普通编辑网制作。

2. 深度编辑网。1 月初，卫视节目中心 2009 年主打节目《志愿者真情耀中华》开始在深度编辑网制作；2 月，深度编辑网扩容项目启动，历时一个多月完工。扩容后，精编站点 41 台，文稿站点 11 台，审片工作站 3 台，配音工作站 2 台，从这时起，青少频道所有节目陆续进入深度编辑网制作；10 月，卡酷频道各栏目进入深度编辑网制作。

3. 高清编辑网。2 月，设备陆续抵达施工现场，展开设备安装上架及各软硬件的部署工作；3 月，节目部门陆续进入开始节目编辑制作；8 月，高清网停止标清模式制作，开始进行高清化改造；9 月 4 日，高清网高清化一期改造工作基本完成。

4. 演播共享网。演播共享网络系统分演播楼演播共享系统和综合楼演播共享系统，包括 3 个 100 平米演播室、1 个 250 平米演播室、2 个 600 平米演播室和 1 个 1000 平米演播室。该系统是为非新闻类节目生产而设计的。2008 年 11 月，演播楼演播共享系统开始试运行，主要承接科教节目中心、海外节目中心、青少年节目中心、文艺节目中心以及其他零散业务的录像；2009 年 4 月，综合楼演播共享系统开始试运行，主要承接海外节目中心、青少年节目中心、文艺节目中心以及其他零散业务的录像。

5. 综合制作网。综合制作网是北京电视台一期项目后期新建的制作系统，属于非新闻类节目制作系统。系统包括 43 台精编工作站、2 台配音工作站、6 台粗编工作站（目前部署）和 2 台审片工作站。主要承接文艺节目中心的 4 档日播节目和 1 档周播节目，以及海外节目中心的 1 档日播节目和 1 档周播节目的生产。

6. 宣传片编辑网。宣传片编辑网是为频道宣传和公共服务类节目而量身定做的一个编辑系统。网内共配备26台精编站点，2套配音站点，2套审片站点和10套文稿站点。目前宣传片编辑网开始陆续接纳各中心频道宣传节目制作。

7. 包装网。包装网是为满足包装类节目制作而建的一个网络系统，它目前承载的节目主要是影视剧。运行一年来，包装网系统整体稳定，提供的各项服务得到了相关部门的认可。

8. 媒资系统。从2009年7月开始才大规模使用媒资系统，其试运行和投入正式使用之间几乎没有时间间隔。为此，信息网络管理部积极协调各方面力量，重新调配人员和设备，加强重点流程、重点机房的监测，保证业务顺利进行。

9. 收录系统。作为全台外来信号的唯一收集窗口，完善了自动采集、手动采集、预约编单、任务分发等多项功能。目前该系统每天的收录量已稳定在20小时以上，为各部门提供了大量的素材。

二、信息化建设维护工作不断加强

1. 节目生产管理系统建设。节目生产管理系统是根据北京电视台节目生产管理流程而设计、开发并实施的节目生产综合管理平台，通过对节目规划、节目制作、编排播出、节目播后四个主要阶段的有效管理，建立规范统一的节目生产管理体系，为节目生产相关决策和节目综合评价提供基础数据支撑。节目生产管理系统覆盖全台各个部门，为了做好系统，贴近需求，监控科做了大量的调研工作，广泛听取各部门的意见，在此基础上，制订出系统的总体设计方案，又与总编室、制播网等需求部门的多次详细讨论，最终完成了制播网接口部分的需求确认。

2. 新广告业务管理系统建设。通过对广告客户管理、广告协议管理、广告订单管理、广告审核管理、广告编播管理、广告系统统计与查询、广告系统管理与安全管理、广告基础信息管理等8个子系统的建设，完成了以客户为中心的广告销售系统、统一高效的广告编播与监控系统、与业务紧密集成的广告业务分析系统的建设。

3. 桌面终端管理细致到位，终端维修工作高质量。仅2009年4月至10月，办公网管理科就上门客服1750次，新台办公电脑安装1664台，老台办公电脑安装502台，台内信息发布145条。

4. 在技术管理方面，本年度还进行了用于数据机房的KVM集中控制管理，搭建了106个监控点的物理监控系统、发布值班人员信息及各种提示信息的部内信息发布系统、用于全台信息发布的15台查询机的电子信息发布及查询系统。

动力部工作概况

动力部

2009年，北京电视台动力部经过全体职工的不懈努力，较好地完成了全年各项工作任务，确保了新台址、苏州街台址、皂君庙台址动力系统的安全稳定运行，为节目播出、制作提供了安全稳定的高质量用电。

一、不断完善新台址供配电系统、机房空调系统，确保节目制作播出的安全

新台址投入使用后供电总容量、制冷供暖量、电梯量都是苏州街台址和皂君庙台址的4倍多。动力部于2008年11月24日开始陆续接收高压变配电室等九个主要配电室及工艺供配电系统。中央空调系统和电梯由物业运行维护行政部管理，动力部虽不直接参与运行，但要给行政部提供技术支持，工作量较之以前增加不少。台领导决定新中心于1月15日开始试播，为了争时间保安全，电气二科、电气维修科的职工一边熟悉设备、一边排查工艺系统中的隐患，对发现的问题及时与厂家联系进行升级改造，逐步完善系统使设备处于正常的运行状态。到4月份已有7个频道在新台址播出，为使制播系统对供电的安全稳定性进一步提高，根据制播部门的使用需求，对网络主机房、计算机主机房、播出和制作机房供配电系统进行了改造，增铺了电缆和末端设备，使之达到较高的安全水平。对部分新闻直播机房、播出机房、制作机房等技术用房制冷量不足的问题，动力部视具体的情况进行了改造，共加装大金VRV空调机组14套，基本满足了在特殊情况下的安全播出需求。

在2009年国庆前夕，为确保新台址播出、网络、制作等重要部门的工艺供电，动力部在申请停电后于2009年8月25日凌晨对工艺配电间、播出机房、网络机房、制作机房的配电柜进行系统排查，在检修期间，对G1、M1配电室UPS馈出柜的162各抽屉开关进行了“去功能化”操作(原结构存在隐患——容易误碰断电)，并对工艺配电间、播出机房、网络机房、制作机房的172配电柜（箱）中的每个接线点进行了紧固，调试自动转换开关11台，更改配电箱内接线4台（先前查出的接线错误)。通过这次停电检修，排除了先前系统中存在的安全隐患，提高了供电可靠性，对确保60周年国庆期间节目的制作、播出高负荷的安全用电起到了重要的保障作用。

二、积极配合高清频道开播

为了配合台里的高清频道开播，全部通力合作，在最短的时间内完成了新台址300平米演播室工艺电源、灯光电源和空

调的安装工程，为下一步直播和制作设备安装调试工作赢得了宝贵的时间，圆满地完成了任务。

三、努力做好日常动力系统、设备的运行维护工作，确保安全播出和全台正常工作用电的可靠性

由于动力部三地办公，管理上不能顾此失彼。所以动力部在安排维修及值班管理工作中，进行了全面平衡，确保设备安全运行。各科在努力做好日常运行维护工作的同时，对应急预案进行了相应调整，使之更便于操作，缩短了应急处理时间。另外在海淀供电公司的支持下，于2009年国庆前夕在未花台里任何费用的前提下更换了高压电缆，解决了苏州街台址多年悬而未决的“假双路”供电隐患，使苏州街台址的安全供电有了可靠的保障。

4月1日播出频道撤离皂君庙，维修科也抽调部分职工进入新台址工作，在人员减少的情况下，维修科同志没有丝毫懈怠，一如既往地做好日常设备的巡视、维护维修工作，确保供配电设备、空调设备安全稳定的运行，为兄弟单位歌华网络前端、北广传媒数字电视播出机房等提供高质量的动力保障。

2009年3月至9月苏州街台址进行了全面的装修工作。在这次装修过程中，动力部的职工发扬了大局意识，在克服困难做好自己工作的同时，积极协助行政部给予技术上支持。空调、电气职工利用这次装修时机对以往看不见的隐蔽系统、管道、设备进行查看，对新改造的线路管道图纸资料进行收集整理，加深了对系统了解，积累了大量的第一手资料，为今后做好维护维修奠定了基础。

四、认真做好职工技能培训、考核及演练工作

在动力系统，新设备、新技术的使用越来越多。为了使职工能正确使用设备，全面了解设备性能，避免误操作，动力部定期请厂家技术人员或行业培训站的老师来台对职工进行技能培训，使他们的专业知识不断更新、提高，更好地服务本职工作。

为使职工在应对突发事件时做到从容、镇定，动力部还定期组织应急演练和专业技能考核，增强职工预防和有效处置突发事件的能力。

党委办公室工作概况

党委办公室

2009年，北京电视台党委办公室密切结合全台各项重点工作，积极发挥党委的

参谋、助手作用，扎实做好党的思想建设、组织建设、作风建设、制度建设和干部工作、精神文明创建工作、共青团工作，较好地完成了工作任务。

一、全面完成学习实践科学发展观活动的组织工作

2009年3月至8月，全台党员干部以“坚持科学发展，提升传播能力，创有影响力强台”为主题，参加全市第二批深入学习实践科学发展观活动。作为台学习实践活动办公室的主要工作部门，党委办公室召开专题会议，配发学习书籍，制订活动方案、起草工作材料，把握活动进程，总结工作经验，保持与市委指导检查组的沟通协调，统筹安排学习实践活动期间的所有工作内容，为活动任务的圆满完成发挥了作用。

在学习调研阶段，组织召开全台党员干部参加的一次动员大会、两次专题理论辅导讲座、一次台主要领导主题报告会。组织全台100余名处级以上干部和党支部书记分两批参加为期三天的脱产培训班。安排全台46个党支部分别举办学习会、讨论会、专题讲座等累计达近百场。台领导班子成员从全台发展的主要矛盾入手，利用召集座谈会、考察分析等途径，形成调研报告9份。在解放思想讨论和“我为北京电视台科学发展献一策”环节中，设立意见征集箱，召开三次由编辑、记者、主持人代表，一线技术人员代表和职能部门处级干部代表参加的座谈会和一次专题辩论会，收集各种意见、建议856条。

分析检查阶段，在进一步征集全台干部职工对台领导班子意见、建议的基础上，通过“请进来、走出去”的形式，分别召开了有关单位领导参加的座谈会，请他们为电视台的发展献计献策。随后，台领导班子举行专题民主生活会，对目前事业发展中遇到的矛盾和问题进行全面分析研究，对未来的发展方向形成新的共识，并起草了《关于贯彻落实科学发展观情况的分析检查报告》，从八个方面简要总结了北京电视台建台30年来特别是近三年来的工作情况，重点梳理了当前工作中存在的五个方面突出问题，从三个角度对存在问题的主要原因进行了细致分析，并对今后一个时期的发展提出了十个方面的设想，明确了台领导班子的六个工作着力点。分析检查报告在广泛征求全台职工意见的基础上进行了修改完善，并在评议过程中获得高票通过。

整改落实阶段，进一步将分析检查报告提出的今后发展要求具体化、目标化、责任化，形成《北京电视台学习实践科学发展观活动整改落实方案》，共涉及全台战略发展规划、推动电视频道高清化、提升北京卫视影响力、加强节目创新制度建设、推出有影响力的品牌活动（节目）、稳步推进制播分离试点工作、加强资源的统筹管理、实施人才强台战略、加强企业文化建设、推动领导班子自身建设等十个方面共33项全面促进北京电视台科学发展的具体措施。同时，按照边学边改的原则，北京电视台战略发展规划、派遣人员福利晋升制度、新的企业文化品牌等全台上下普遍关心的热点问题已经在学习实践活动期间开始着手解决，一些议题已经形成了初步的方案。

根据群众满意度测评结果，广大职工对开展深入学习实践科学发展观活动满意和基本满意的达95.8%，活动取得了预定

的效果。活动结束后，根据台党委的安排，加强对整改落实工作的安排和督促，印发了整改落实方案及其工作台帐，明确了整改落实工作的有关要求。截至年底，整改落实方案已完成工作19项，占全部项目的57.6%，整改工作总体进展顺利。

二、加强理论武装，夯实思想政治教育基础

抓好以党委中心组为龙头、中层干部为骨干、带动全台职工共同参与的思想政治教育体系建设。全年围绕科学发展观、新闻媒体的职业道德和职业规范等内容，筹办党委中心组集中学习活动21次，组织自学活动4次，为中心组成员配发学习书籍和学习材料数十套。

不断优化中层干部理论学习形式，进一步充实了专题讲座、小组讨论、自学等活动内容，精心设计了学习成果汇报会，激发了大家对理论学习的兴趣。中层干部在学习实践活动期间的学习时间均超过了中央规定的40学时要求。同时，对于处级以上干部在线学习的监督检查工作也得到强化，中层干部理论武装力度显著加大。

为了做好全台职工的思想政治教育工作，制定下发了《北京电视台关于深入开展“三项学习教育”活动的通知》，为全台2008年以后参加工作的职工开设了专题培训班，共有420余人参加培训活动。举办专题报告会6场，使“三项学习教育”活动实现全覆盖的目标。

三、不断加强党组织和党员队伍建设

围绕深入学习实践科学发展观活动和开展领导干部作风建设年活动，共召开党委扩大会议19次，就全台工作重大问题进行研究决策。3月，组织召开全台思想政治工作会议，对2009年思想政治工作进行明确部署。6月下旬，台党委与怀柔区杨宋镇党委联合举办“庆七一　手拉手”主题党日活动，对一年来涌现出来的先进党支部、优秀共产党员和优秀党务工作者进行表彰，并组织近300名党员代表参观了首都文化创意产业和新农村建设的多项工作成就。10月，组织全台受到表彰的优秀共产党员和优秀党务工作者前往延安等地学习考察，增强做好自身工作的信心和力量。

鼓励全台46个党支部充分利用一系列重大宣传工作机遇，加大支部工作与部门日常工作的融合度，进一步探索新形势下思想政治工作与宣传业务工作“一体化”的有效途径，形成了多个特色鲜明、战斗力强、群众满意的优秀支部。各党支部也积极开展“党支部特色活动”，围绕扶贫帮困、美化环境、关爱社会等主题延续多年的特色活动内涵。

党员日常管理工作稳步推进。全年发展新党员27人，调入组织关系的党员41人，调出13人，预备党员转正34人，并先后组织44人参加市直机关工委入党积极分子培训班。全台党员总数继续保持稳中有升的态势。

四、强化中坚力量，深入推进处级以上干部教育管理工作

在干部日常管理方面，对部分中层干部岗位进行充实、调整。年初，分别完成中层干部2008年度考核、收入申报、个人重大事项报告和年度理论文章收集工作。10月至11月完成中层干部2009年度考核工作。

干部培训工作有序推动，先后推荐多名中层以上干部参加市委宣传部、市广电局等上级部门组织的境内外培训教育活动。9月、10月和11月，分别与加拿大多伦多约克大学舒立克商学院、芬兰坦佩雷大学、美国加州大学洛杉矶分校合作，举办两期中层管理干部高级经营管理境外培训活动，共有40余人参加。

五、积极推进企业文化建设和精神文明创建工作

5月16日，北京电视台隆重庆祝建台30周年。台庆活动前后，为了进一步推动北京电视台的企业文化建设，与台相关部门一同组织专业机构进行企业文化的调研、设计工作，并就企业文化调研报告（初稿）向全台职工征求意见。

为落实北京电视台与什邡市人民政府签订的援建什邡市BTV双盛小学的协议，保持与什邡市相关部门和北京援建指挥部的沟通，加强对援建工作的安排和监督，确保学校按时落成。为了帮助什邡市做好电视专业人才的培训工作，4月下旬至7月下旬组织落实首批10名什邡电视台各岗位工作人员来本台参加培训实践活动，精心安排了相关工作岗位和学习考察内容。

继续与城乡文明共建单位——昌平区兴寿镇和郑各庄村分别开展走访慰问活动，送去书籍、纪念邮册、生活用品等，邀请共建单位领导来台参加台庆等活动，进一步加强共建双方在各个层次的沟通与交流。

六、加强共青团组织建设

全台团员青年思想政治工作进一步推进，团委组织部分团员参加深入学习实践科学发展观活动，举办团干部培训班等，加强对团员青年的思想引导和向党组织推荐优秀团员的工作，共青团员中的入党积极分子比例不断提高。

共青团活动渠道继续拓宽，在影视俱乐部等常规活动之外，先后举办五四主题系列表彰活动、读书活动，与内蒙古巴林右旗团委、四川省什邡团市委的联合共建活动、超龄团员离团纪念活动等，增进广大青年对活动的参与。8月底到9月初，北京电视台主持人爱心团前往什邡市三所小学开展“红孩子”爱心演出活动，受到地震灾区孩子们的欢迎。

办公室工作概况

办公室

2009年，北京电视台办公室紧紧围绕全台工作大局，加强内部整章建制工作，努力提高服务质量和工作效率，增强服务意识，充分发挥参谋助手作用。

一、认真做好秘书工作

1. 秘书科在服务工作中突出“认真”

二字，接收传真、记录、复印、领导活动登记、批件清退登记等，处处细致、认真、周到，效果良好。

2. 确保搬家工作顺利实施。年初，办公室就开始着手制订切实可行的搬家方案，既保证了台领导的搬家，又保证秘书科搬家同步进行，使搬家工作有条不紊，井然有序。

3. 配合9月28日北京卫视高标清同播，做好请示上报、纪要下发、存档，开播启动大会的组织、服务工作。

4. 完成台长办公会的议题收集、会议组织、记录、整理、印发纪要、督办落实等工作。

5. 信息报送工作不断进步。截止到2009年11月30日，共编发《北京电视》46期，约25万字。2009年，北京电视台的发稿量和被局《情况简报》、总局《值班日报》采用的稿件数量，在市局系统内均位居前列。

6. 认真做好人大建议和政协提案的答复工作。2009年，承办市广电局转人大建议3件、政协提案9件，承办宣传部转来人大建议1件、政协提案4件。由于建议和提案办理得当，代表、委员均表示满意。

7. 做好文件上报和下发及传阅工作。截止到11月30日，秘书科完成上报请示、报告315件，下发文件56件，特别是在今年高清频道开播之前，由于时间紧、任务重，秘书科开辟了快速通道，特事特办，为北京卫视高标清同播贡献了力量。

8. 按照档案管理规定，整理档案668件，并将2008年度的《京视发》文件，汇编成文件选编单行本，印发各部门，充分发挥了档案的作用。

9. 文印室积极为全台服务，全年复印量达到35万张，内部转账约2.8万多元。

二、努力做好公关外事工作

1. 出色完成大型活动组织及接待工作。据不完全统计，从4月1日到11月30日，半年多时间内来访的团体就有230个，人数达3047人。针对来台领导规格高、来宾范围广、接待任务类型多样、来访密度高、人数众多、接待任务量大等特点，接待组精心组织、细致安排，在保卫部、行政部等部门配合下，圆满完成了各项接待任务。

2. 7月、8月间，根据中国科协的请求，接待了14位香港、澳门大学生的来台实习，科协和校方都表示满意。

3. 因公出访工作顺利进行。2009年，全年共办理因公出访手续43批，出访人数160人次。在因公出访工作中，严格进行申报前的审核，并对邀请函严格把关，杜绝没有明确出访任务的因公出访；杜绝持因私护照出国执行公务；强化经费管理，压缩不合理支出；严肃外事纪律，加强对出访团组和人员进行行前外事和纪律教育，落实在外团组的团长负责制。同时还下发了《中国领事保护和协助指南》和《北京电视台因公出国人员须知》，加强了对团组境外活动情况的核查。

4. 努力做好节日走访、纪念品制作、名片印制、礼品购置、报刊订阅等工作。北京电视台迁入新址后，根据台领导要求，设计制作了可供新址使用的纪念品，获得了使用部门的好评。

三、切实做好通讯工作

1. 通讯科对话务员的交接班管理、考勤管理、组织纪律管理、培训管理等进行了明确规定，形成了较为体系化的班组管理制度以及标准，有力地促进了班组标准化建设工作。

2. 做好新台址交换机的安装调试、配线跳线及电话终端安装工作，共装机3500部。对苏州街工作区交换机进行了更换，完成了全楼通讯布线改造工程。

3. 全台所有栏目都接入呼叫中心平台。呼叫中心为上线栏目收集新闻线索、节目素材类信息13万件，观众咨询代答17万件，同时还协助《养生堂》、《首都经济报道》、《科学实验室》等栏目回复观众约4000人次，有效提高了栏目工作效率。2009年，呼叫中心还积极参与了“寻找青春代言人”、“红孩子绘画征集”、“快乐起飞平安行报名”、“2009年中华大祭祖”、“北京高考咨询热线”等大型活动，起到了栏目和观众之间的桥梁作用。

四、积极做好医务工作

1. 医务室努力做好全台职工的甲型H1N1流感的预防工作，制定防控应急预案，建立发热分诊台，发放预防甲流知识手册，督促物业做好主楼空调消毒换气通风工作。

2. 医务室日常门诊人次约10000人，体检人数2537人。

监察审计办公室工作概况

监察审计办公室

一、切实抓好党风党纪宣传教育工作

中央纪委四次全会召开后，台党委领导班子和纪委委员及时组织了集中学习，台领导在有关会议上传达了中纪委四次全会和市委常委会扩大会议精神，要求全台各支部认真组织学习。为健全党风廉政建设责任制，年初，研究制定印发了《北京电视台2009年党风廉政建设和反腐败工作要点》和《北京电视台2009年党风廉政建设和反腐败工作主要任务及分工》文件，对今年党风廉政建设的任务进行了部署，并对责任制各项工作进行了细化。4月至11月，通过开展廉政风险防范管理工作，进一步强化了全台职工特别是中层干部的责任意识。

注重日常党风党纪宣传教育工作，中纪委和北京市纪委全会召开后，及时组织纪检干部学习上级文件精神，并及时传达到每一名党员。进一步做好党风党纪宣传教育工作，监审办编发了《纪检监察审计简讯》3期，在台闭路电视播放了反腐倡廉宣传片，包括《人生的败笔——王有杰受贿案警示录》、《一个明星区长的堕落轨迹——周良洛受贿案警示录》、《一个检察长的巧取豪夺——李宝金受贿、挪用公款案警示录》、《走上被告席的大法官——吴振寒受贿案警示录》、《失衡的秤——王昭耀受贿案警示录》、《从公安局长到阶下囚——邵建伟受贿案警示录》，组织全台党员职工收看学习。

二、认真搞好党风廉政风险防范管理工作

4月2日，北京电视台下发了《中共北京电视台委员会关于在全台开展廉政风险防范管理工作的通知》，在2008年下半年台影视剧中心、广告部、总工办开展廉政风险防范管理试点工作的基础上，在全台开展廉政风险防范管理工作。为加强廉政风险防范管理工作的领导，台里成立了廉政风险防范管理工作领导小组，台长担任组长，监察审计办公室具体负责。

4月20日，制定下发了《北京电视台关于廉政风险防范管理工作阶段性安排的通知》，成立了廉政风险防范管理工作督导组，并对4月中旬至6月底廉政风险防范管理工作各个阶段的工作进行了具体安排。召开了专门会议，组织全台纪检委员进行培训，集中宣传廉政风险防范管理工作的基本内容及主要精神，布置下一步的工作。5月12日，台廉政风险防范管理工作领导小组办公室组织全台节目部门、职能部门、技术部门负责人和个别编辑记者召开座谈会，分别就节目部门、职能部门、技术部门和制片人、编辑、记者查找风险点情况进行座谈交流。

同时，各支部在认真学习文件的基础上，认真查找风险点，制定防控措施，填报有关材料。全台职工，包括正式职工、特殊派遣和一般派遣职工共3500多人通过局域网填报了表格。台电视业务风险点流程图还入选了《北京市推进廉政风险防范管理工作资料汇编（四）》，受到上级领导的好评。

三、对招投标和政府采购工作实施监督

在各项采购活动中，北京电视台监审办都全程参与招投标活动，特别是对项目立项、审批、采购方式、合同签订、付款程序等重点环节实行全过程监督。2009年，台监审办共参加总工办、行政部组织的各项招投标活动128项，涉及金额1.9亿多元。在招投标工作方面，监审办重点参与了南戴河记者培训中心改扩建工程有关项目的招投标工作，先后多次和经营管理部的同志去南戴河进行实地考察和招投标工作，使该项工程在当年旅游季到来之前顺利完工，并切实实现了“阳光工程”。

四、深入开展治理“小金库”专项工作

6月11日，转发了《北京市广播电影电视局关于开展“小金库”专项治理工作的实施方案》，要求全台各部门认真学习领会中央纪委和市纪委文件中对“小金库”专项治理工作的基本政策，根据市纪委文件中所列举的“小金库”主要表现形式的内容进行对照检查，并结合本部门实际，认真开展自查自纠工作。全台各部门都对照市纪委文件中“小金库”表现的7种形式进行了认真的检查，在规定时间向台监察审计办公室作了检查报告。由于台各部门（除企业）无独立账户，所以台计划财务部根据上级文件精神，对本台设有的5个现金出纳岗位进行了认真检查，在部门领导的监督下，每个出纳都对各自分管的保险柜内的现金进行了盘点，并与现

金日记账进行核对，切实做到账实相符、账账相符。经检查，未发现“小金库”现象。

五、认真做好来信来访、案件查处和专项治理工作

2009年，共接到来电、来信、来访14件。其中上级单位转办9件，单位自收举报件5件。本着认真负责的精神，对每一件来信、来电和来访认真接待，分门别类进行处理，除一件因为历史原因没有办结外，其他已经全部结案。

10月14日北京电视台发生播出事故后，按照市委宣传部的要求，监审办找台管干部和有关职工进行谈话，对事故情况和原因进行认真调查，按照国家政纪处分规定对事故有关当事人进行了严肃处理。

六、做好领导干部经济责任审计工作

审计人员接受台党委委托，对2名干部进行了离任经济责任审计，并向有关领导呈报、向委托部门提交审计报告、向离任干部所在部门提交审计建议书，使内部审计工作进一步制度化、规范化。

根据领导要求，对北京电视台春节晚会的节目收支与预算执行情况进行了专项审计，对存在不足进行剖析，并有针对性地提出改进意见。同时，在审计过程中，审计人员注意将上次审计时所提建议的整改情况一并进行后续审计，这样，既有利于内部审计工作衔接，又充分考虑了节目部门的实际情况。

继续对电视中心工程财务收支情况进行内部审计，出具审计报告，及时指出存在问题，提出改进建议。

工会工作概况

工 会

2009年，北京电视台工会认真履行职能，积极开展工作，取得了新的成绩。

一、加强理论学习，开展实践活动

在2009年3月全台深入开展学习实践科学发展观活动中，北京电视台工会对本市多家工会工作先进单位进行走访、调研、交流，认真学习先进经验。通过召开民主生活会、发放调查问卷等形式，广泛征求职工对工会工作的意见，认真撰写落实科学发展观分析检查报告和整改方案，并提交工会委员会进行专题讨论，进一步征求委员意见。

一年来，工会注重加强理论学习，通过全台工会工作会议、工会委员会季度例会以及工会专职干部每周一学习日等，重点学习中国工会十五大、市总十二大文件精神，结合新形势下工会工作理论热点问题和电视台新闻工作实际情况，探讨新思路、新方法，解决新问题。一年来工会工

作讲究了章法，注重了效率，提高了能力，取得了成绩。

二、完善职代会制度，保障职工知情权、参与权、表达权、监督权

工会召开了第三届职工代表大会第二次会议，审议并表决通过了北京电视台分房委员会提交的二手房分配决议；在工会委员会扩大会议上，讨论修改了《北京电视台民主管理和职工代表大会制度暂行办法》；工会办公室还参与了全台130余名中层干部年终述职、食堂供货招标以及台福利小组工作；协助行政部在职工中进行食堂服务质量调查等台务公开、民主管理工作。

2009年，北京市总工会和市委宣传部基层处来台检查开展厂务公开民主管理工作，工会负责了检查团在台全部会务接待工作并整理了大量相关档案资料，撰写了台务公开民主管理情况汇报，充分展示了电视台实行这项制度所取得的成效。由于汇报材料立意鲜明，有的放矢，表述完整，为北京电视被评为北京市厂务公开民主管理先进工作单位起到了一定作用。

三、为职工创造和谐、舒畅、有归属感和认同感的工作环境

2009年工会先后在四处办公地点各办了五期宣传板报，组织了《我和我的祖国》职工摄影展，大力宣传获得全国工人先锋号的先进集体新闻和体育节目中心的事迹，配合体检举办了健康专题知识讲座，为全台3500多名职工购买了健康图书，组织了全台近800名女职工参加三八节采摘观光活动，为女职工办理了重大疾病续保手续，举办了全台职工新春联欢会和乒乓球、羽毛球、桥牌比赛。特别是举办的爱国歌曲大家唱BTV红歌赛，全台上千员工积极参与，赛事实况录像在台内网站连续播出，反响强烈。工会还为每位职工购买参观国家大剧院、观看京剧《赤壁》和情景剧《红孩子》、朝阳海洋沙滩狂欢节门票，办理了电影票和公园年票。这些活动丰富了职工的业余文化生活，受到普遍欢迎。

四、推进BTV民心工程，切实为职工办实事，办好事

针对北京电视台工作地点分散、工作时间不统一的特点，工会建立了自下而上的联络网络，切实履行“职工困难第一知情人、第一帮助人、第一报告人、第一督促解决人”的职责。经工会协调，对职工亲属病逝的慰问金由500元上调到1000元。对生活困难和患大病职工的慰问也形成制度化。每逢重大节日，工会都对工作在一线的职工进行慰问。

人事部工作概况

人事部

2009年，北京电视台人事部夯实工作基础，寻求新的突破，圆满完成了工作任务。

一、服务一线，合理配置人员

采取多种招聘形式，满足一线用人需求。伴随北京电视台事业发展，人才需求越来越高。为给各部门提供专业化、高素质人才，人事部采取多种形式招聘人才。对于各节目部门亟需的编导、摄像等人才，在招聘访问量较大的专业化招聘网站发布招聘启事，在全国范围内接受简历，选拔人才。对于播出部、制作部等专业化较强的要害岗位，采取点对点、面对面的方式，直接走进校园，与相关专业的应届毕业生进行沟通，召开现场宣讲会，并为符合条件并有意来台工作的应届毕业生提供实习平台，以便在其毕业时就办理工作手续。

规范用工制度，继续推进人才派遣工作。在过去几年实行人才派遣制的基础上，本着“依法用工，规范管理，凡进必考，公平竞争”的原则，人事部于4月份及10月份各组织了一次派遣人员入台考试。对各参考人员提交的学历、学位证书、身份证、户口等材料进行审核，根据台用人标准及考试成绩，经认真研究设定了相应的分数线，确认拟派遣人员名单，并由派遣公司对其进行外调、政审、体检工作。2009年共为用人部门提供派遣人员291人，满足了事业发展的人才需求。

完善措施，确保在台工作人员各项材料清晰、准确。为全面掌握来台工作人员的基本情况，责成派遣公司对已派遣的人员基本情况进行了全面的核实，补充到人事部人员信息库。对于新派的人员要求派遣公司严格进行政审，做到各种信息真实准确。此外，还对新近派遣的人员采取填写《承诺保证书》的方式，完善其提供材料的监督机制。

二、强化激励机制，增强派遣人员的主人翁意识

为保证电视事业平稳、健康发展，对派遣制员工形成有效的激励措施，人事部组织了两次由台领导、各用人部门制片人及派遣人员参加的研讨会，认真听取各方面的意见和建议，结合实际情况，制定了一系列措施及办法。一是研究制定了《特殊派遣人员申报审批办法》，规范了一般派遣人员晋升特殊派遣人员的渠道。二是及时调整派遣人员的工资待遇，设立了补贴专项，用以保证派遣员工工资水平。调整了部分一般派遣员工的节日费标准，起草了“派遣职工补充医疗保险方案”和“派遣职工死亡后的慰问和抚恤标准”。三是制定了《派遣职工年终参加评优的管理

办法》，将派遣人员纳入到各部门的年终考核，提升其归属感。

三、完成聘用合同续签工作，加强聘后管理

2009年共有209人聘用合同到期。根据聘用合同规定，均提前30天通知合同到期人员写出续聘申请，部门主任签字同意续聘后，依据工作年限及职称情况核定聘用年限，完成人员续聘工作。

四、完成全台员工及科级干部考核工作

依据《北京电视台科级干部选聘管理暂行办法》的有关规定，在2009年初，遵循客观公正、民主公开、注重实绩的原则，对全台职工进行了认真细致的年度考核，为正确评价广大职工的德才表现和工作实绩，为全台职工的晋升、聘任、奖惩、培训、辞退以及工资调整提供了重要依据。同时，本着因事设岗、择优聘用，德才兼备、注重实绩等原则，组织开展并圆满完成了全台科级干部聘任工作。在此次科级干部聘任工作中，以制作部为试点，采取了扩大民主推荐、竞聘上岗的方式，将派遣制员工扩大到民主范围当中，第一次把差额推荐及扩大民主测评引入干部竞争上岗工作当中，取得了良好的效果。

五、妥善解决解聘人员的善后工作，减少劳动争议

配合北京电视台节目的末尾淘汰制度，人事部对拟撤销的9个栏目的人员结构进行了细致的摸底工作，概括用人部门的实际情况拟出六项措施，保证了在处理其中解聘人员的过程中没有出现任何劳动争议。在日常工作当中，随着本台用人制度的不断完善，人员流动性不断提高，单位辞退、个人辞职人员数量不断增加。本着依法办事、严格履行相关程序的原则，妥善解决了解聘人员及到期不再续聘人员的善后问题，最大程度地减少了劳动争议的发生。

对于已经发生的劳动争议，人事部认真分析情况，谨慎考虑后果，积极寻求办法，实事求是地解决问题，做到“合理、合法”地处理每一件劳动争议。

六、开展多种形式的培训工作

举办首次管理、技术岗位科级干部培训班。为提高科级干部业务管理水平和驾驭工作能力，培养和打造一支勇于创新、善于管理、精于技术的科级干部队伍，人事部于5月中旬至6月中旬，会同北京大学经济学院举办了三期管理、技术岗位科级干部培训班，全台220余名科级干部参加了《标杆管理》和《精细化管理》的业务培训。

组织举办卫视频道高清摄像技术培训班及高清电视业务系列讲座。为在国庆60周年前夕实现高（标）清同播的要求，全面提高卫视频道播出栏目的编辑、导演、摄像、灯光、舞美等人员的专业技能和操作水平，人事部协同总工办于7月中旬至下旬，会同中仪索尼技术服务中心、索尼高清影视技术学院在北京举办了三期高清摄像技术培训班，并于8月中旬举办了高清环境下灯光、化妆和舞美创作等电视业务系列讲座，分别邀请了中央电视台和高等院校的专家学者来台讲授相关课程，全台各节目中心和有关部室，特别是目前在卫视频道播出电视栏目的编辑导演、摄像灯光、播音主持、出镜记者、化妆设计等

人员462人次参加了系列讲座的培训。

举办安全消防与逃生演练培训。人事部会同保卫部、行政部于2月中旬至3月底采取分期分批的方式对新大楼员工进行了消防安全知识的培训，通过先后八批次、2041人的安全培训与逃生演练，不断增强了干部职工的政治意识、责任意识、安全意识、防范意识，有效提高了防火、防盗、防灾、防破坏的能力。

举办“三项学习教育”培训班。根据“三项学习教育”活动的安排，10月下旬，人事部举办了两期“三项学习教育”培训班，2007年以后入台新员工420余人参加了培训。

计财部工作概况

计财部

2009年，北京电视台计财部在完善财务管理，加强预算管理，做好资金调度，增收节支，保证工程建设资金的支付及财务信息系统开发等方面取得了显著成绩。

一、加强预算管理，规范预算执行，圆满完成全年收支计划

组织计财部全体同志在为全台做好服务的同时，严格预算管理，加强财务监督。在预算执行过程中，以预算为依据，以财务制度为准绳，严格把关，对预算外支出按规定审核并上报领导，发现问题及时汇报并解决，堵塞漏洞，圆满完成了2009年收支计划。这一年全台总收入比2008年增长了8%，其中广告收入比2008年增长了7.87%。2009年全台总支出比2008年增长了4.22%。其中：节目制作支出比2008年降低4.68%；购买电视剧支出比2008年增长了50.05%。卫视及动画频道落地费比2008年降低7%。

二、加强资金管理，拓宽资金渠道，严格支出手续

在保证节目制作、电视中心工程建设、设备购置、日常办公经费等资金需要的前提下，大力加强资金管理，积极开展业务创新，最大效率地统筹规划运用好资金。

多方筹措资金，节约融资成本。为保证基建工程所需资金，积极筹措北京电视中心工程专用技术设备贷款，以最优惠的融资成本，保证电视中心工程购置设备资金的需要。

根据市财政局、市审计局要求，北京电视台2009年压缩因公出国经费支出20%，降低车辆购置及运行费用支出15%，削减公务接待费用支出10%，这三项费用支出节约近千万元。

三、积极向有关部门申请优惠政策和专项经费

为了解决电视中心工程建设资金紧张问题，想方设法多方筹措资金，向市委宣传部、市发改委、市财政局、市广电局等上级有关部门申请优惠政策及财政拨款，极大地缓解了台内资金压力。

同总工办、总编室一起为推进本台节目高清化，确保高标清同时播出，积极和市发改委、市财政局等部门沟通协商，申请到了高清技术设备资金和高清节目制作经费。

四、加强内部管理，提高综合业务水平

财务管理信息系统取得新进展。通过对市场的调研，以及对中央台和其他兄弟台的考察，我部准备开发一套适应本台财务管理需要的、同时满足未来发展要求的财务软件，通过政府采购招标，选择了用友公司和计财部共同开发的财务管理信息系统，争取使这套财务管理信息系统在全国广电行业处于领先地位，从整体上提高北京电视台的财务管理水平和会计核算水平。

为防止搬往新台址过程中固定资产丢失，同技术设备管理部一起拟定《关于核定固定资产的通知》，要求全台各个部门切实认真履行职责，保护设备的安全完整。

行政部工作概况

行政部

2009 年，北京电视台行政部圆满完成了新台址搬迁、物业公司监管及苏州街办公区装修改造等重大任务，为短时间内顺利搬入新台址办公做出了积极贡献。

顺利完成搬家工作。行政部起草了全台搬家方案及细则，成立了搬家工作领导小组及搬家工作协调办公室。从 2009 年初开始逐步将科教频道、青少频道、体育频道、新闻中心、海外中心、文艺频道、影视剧频道、卡酷频道和大部分职能部门、技术部门从苏州街、远大、紫竹桥等地迁入新台址，在经历了较短时间的装修改造后又将生活频道、公共频道以及其他部门从远大办公区、厂洼等地搬入苏州街办公区，最后是财经频道和其他一些职能技术部门完成最后的搬迁。这期间出动搬家车辆 3000 台次，使用包装箱约 1 万个。

圆满完成苏州街办公区装修改造工程。根据使用部门的要求，行政部严格按照有关程序，通过招标选用施工队伍，按照台里的管理规定和北京市有关招投标的管理精神，在台监审办的监督下严格把关，精心筛选了三个有实力的公司中标。认真审核签署施工合同和现场监管、质量验收、

结算审核、工程付款、质量保修等。同时为确保苏州街办公区施工安全，签订了安全协议，成立了由行政部牵头，保卫部、动力部组成的临时安全领导小组。装修面积约5万平米，圆满完成了工程改造任务。

完成多项大型活动的服务保障工作。春节晚会录制、新台址频道开播仪式、30年台庆及台史展览、“红孩子”大型儿童剧、“花样年华”歌舞大赛、“情动俄罗斯”、“北京当代十大建筑颁奖晚会”、“金话筒新闻发布会”、“电视剧首映庆典”、国庆60年等大型活动，行政部协同有关部门圆满完成了物业服务、人员就餐、车辆调配等各项服务保障工作。

积极落实各项安全工作。为积极配合电视台安全工作和国庆期间的安全稳定工作，根据台有关《深入开展“平安北京”建设、创建“平安北京电视台”活动》的总体要求及《北京电视台“国庆平安行动”工作方案》的具体安排，行政部迅速反应，积极落实，进一步完善了安全领导组织和安全例会制度，定期召开领导小组会议和安全监督例会。为强化部门职工安全防范及应急意识，查找安全隐患，弥补安全漏洞，杜绝灾害事故的发生，行政部组织开展部门内部的安全竞赛活动，制订了安全教育培训计划，观看安全教育录像，提高了部门职工安全工作意识。通过知识问答、安全抽查等多种形式，调动部门所有人员参与安全活动的积极性，进一步促进各项安保工作的落实。

做好物业监管工作。初步完成了物业监管建章立制工作，明确了监管工作性质、工作范围，制定了监管工作制度和工作人员具体岗位职责。在物业管理服务中建立了标杆管理体系，以确保新台各项物业服务保障工作的顺利进行。

建立健全了餐饮监督管理机制。每月对两家餐饮公司进行一到两次的伙食质量、饭菜价格、花样品种、服务态度、环境卫生等五项指标检查，对所存在问题进行整改。并与台工会联合组织，对两家餐饮公司的餐饮服务质量进行了测评，提出近40条合理化建议。一年来，通过完善管理机制和规章制度的有效落实，使两家餐饮公司的服务水平和伙食质量都有了较大的提高，得到了全台职工的认可。为了解决职工就餐问题，对6个餐厅进行了装修改造和设备设施的配置。

加大交通安全管理力度。对交通违法车辆按部门逐一进行了曝光，按期将交管部门发来的交通违法告知书下发给各部门，对有交通违法行为的驾驶员进行教育，令其写出书面检查，并将处理意见上报上级交通安全委员会。2009年共处理严重交通违法5起，收回车辆4辆，有2人解除了劳动合同，其余3人取消驾驶公车资格。严格执行财政局《关于市级行政事业单位公务车统一定点维修有关问题的通知》及网上车辆维修填报的规定。专人负责准确判断故障原因，有针对性地进行维修，把好车辆维修的第一关。为了保证车辆正常使用，坚持机动车强制保养制度，对租退回来的车辆有专人负责进行严格查检，发现问题及时恢复修理，使全台车辆始终保持正常的使用状态，确保了车辆的安全行驶。

购置办公用品，保障日常工作需要。为确保新台职工的办公用品及职工福利，行政部积极、主动地加班加点工作，将原库房用品分类装箱搬运。及时采购急需商品，保证正常使用。仅1至10月份就购置日常办公用品291731件。为了确保国庆60周年及高清数字电视安全播出，为值班、保卫、后勤等工作人员解决值班被褥1351件。为新台会议室购置陶瓷专用水杯2100套。

保卫部工作概况

保卫部

2009年，北京电视台安全保卫工作面临大事多，任务重。保卫部以饱满的政治热情积极投身到落实国庆平安行动的各项活动中，圆满完成了国庆平安行动任务，保卫部也被首都国庆平安治安警卫指挥部和市委宣传部评为先进集体。

一、狠抓安全生产，确保安全搬家

2009年2月9日央视新址着火给北京电视台敲响了警钟。台里立即组织成立了安全生产领导小组，下发了2009年安全生产工作要点文件，并开始进行大规模的安全检查。2月至4月以搬家工作为重点，进行了紧急动员，全力以赴做好迁入新台址的准备工作。保卫部将人员分成3组，分别负责新、老台和皂君庙的安全保卫工作。主任全部进驻新台，全面熟悉掌握新台的设备、布局、交通、进出及防火情况，制订了周密的布防方案，确保了搬家和试播期间的安全。

二、保障国庆平安运行工作，认真落实各项工作

从3月份开始，北京电视台就把国庆平安工作列为头等大事，深入宣传发动，营造舆论氛围，不断提高思想认识。陆续组织召开了北京电视台平安北京建设暨平安电视台活动动员部署会、国庆平安行动动员部署会，特别是9月14日上午又召开了全台处级干部国庆平安行动转入实战阶段动员会，认真落实各项安全保卫工作。为确保国庆期间的绝对安全，北京电视台专门成立了国庆平安行动领导小组及工作办公室，制订了“国庆平安行动”方案，明确目标、任务和职责，制定了“平安北京建设”考核评分标准、发出了实行严格安全检查制度的通知和国庆庆典期间内部实行13条管控措施等各类有关文件8份。全台32个部门领导均与台长签订了安全责任书，各部门一把手与下属科室（栏目）、各科室（栏目）与所属职工也签订了安全责任书，形成了三级安全责任网。

国庆期间共组织全台性大检查8次，下达安全隐患整改通知书9份，及时排查整改了各类隐患，提高了安全的可靠性和保险性。保卫部还对消防自动报警、烟感、温感和复合探测器、气体灭火、消防水、卷帘和挡烟垂壁、防排烟及移动灭火等7

大消防系统进行了专门的检查，做好了防火防灾的应急准备。

三、确保内部人员的绝对安全，对重点区域、重点部位重点防控

对流动人口、出租房屋和内部人员矛盾纠纷进行了排查。为确保内部人员的绝对安全和内部环境的安全稳定，安全领导小组办公室多次召开会议，对全台人员的思想、工作情况及出租房屋情况进行细致的摸底排查。对有矛盾和纠纷的部门，指定专人做好思想政治工作，同时做好相应的组织准备，防止矛盾激化。

对重点区域、重点部位进行重点防控。针对新台址面临长安街、面积大、客流量大、贵重设备多、播出任务重的特点，实行了外围区域严管、重点区域和重点部位严控的防控措施。除武警部队哨兵严格验证验物外，保卫部还重新核发了播出区通行证、国庆期间进台加班证等证件，严格控制人员。保卫部还派出干部进行督促检查，发现问题及时纠正。同时武警也增加了执勤兵力，将单哨改为双哨，夜间增加了巡逻哨，确保绝对安全。

四、严格安检制度，强化技术防范手段，重新修改、充实应急预案

实行了严格的安检制度，强化技术防范手段。台里共投入260万元新购了防爆、防管制刀具等危险品安检设备，组建了38人的安检员队伍。从8月26日开始，在综合业务楼的7个出入口设置了X光机检测仪和金属探测门等安检设施，加强对进入人员、物品的安检工作，保证了重点部位的安全。

重新修改、充实了应急预案，如《国庆期间处置突发事件应急工作预案》、《安全播出应急工作预案》、《北京电视台制高点安全保卫工作方案》等，并贮备了沙袋、铁锹、水桶、防爆毯、阻燃毯、警戒带、喇叭、照明等物资器材。印制了《北京电视台职工安全手册》，发至每一名职工。使全台职工了解、掌握安全常识，做到会处置各类险情，会救护和保护自己。

五、加强职工安全培训及志愿者注册工作

进行了安全培训和演练工作。从3月份开始，先后分8批组织全台职工2130人进行了消防常识培训和灭火疏散演练，提高了安全意识。完成了首都治安志愿者队伍的组建和注册登记工作，全台共有1100名志愿者，做好了随时出动的准备。

基建办公室工作概况

基建办公室

一、认真做好北京电视中心工程扫尾工作

北京电视中心工程于2008年9月竣工，但还有大量扫尾工作仍需进行。如一些空调机房的地面新增防水与监控，安防系统武警专用设备安装，消防系统冬季防冻的改造，地下车库坡道装饰幕墙工程，主楼四个角筒及大堂的保温处理，北京电视台台标的更换，主楼、演播楼增加门斗，建筑房间标识系统安装，北广场绿化工程，空调系统自控调试，建筑屋面防水问题的综合治理等等。

这些项目在各部门、各施工单位的密切配合下实施，经过多方协调，于国庆60周年之前，顺利完成了任务。

二、切实做好安全保障工作

2009年新大楼处在边完善、边试运行、边搬迁的状态，面临着很大的风险。特别是央视新台址着火影响之大，给北京电视台的安全工作敲了警钟。就是在这样的风险与压力之下，电视中心办公室配合台相关部门完成了消防、安防的系统改造，在施工中没有出问题，为平安电视台、平安北京、平安国庆创造了条件，作出了贡献。

三、努力做好电视中心工程专业系统移交工作

这项工作的完成标志着北京电视中心工程的运行管理已由台内相关部门接手，电视中心工程建设完成后的试运行阶段已告一个段落。在电视中心工程系统后期移交工作中，建立了一个强力的领导班子进行抓总协调；各有关方面都以电视台的大局为重，避免了因部门利益、局部利益而影响建筑投入使用；对工程建设中出现的质量问题、设计问题、管理问题不能回避，认真对待，积极主动处理；对个别专业系统存在的问题积极进行整改，任务落实到人，时间明确到日，监理监督到位。

广告经营管理概况

广告部

2009年，在国际金融危机日益蔓延，很多国际广告客户大幅缩减广告预算的情况下，北京电视台广告部顶住巨大的经营压力，在全台各节目中心和各部门的大力配合下，通过广告部全体工作人员的不断努力，实现全年广告收入26亿元，再次刷新了北京电视台广告收入的纪录。

一、坚持走BTV特色的经营之路

北京电视台的广告经营改革，经过2007年和2008年两年的实践检验，已经验证了其正确性和科学性。因此，在2009年全年的广告经营过程中，继续坚定地按照以往的成功先例执行，由广告部继续统筹经营全部广告资源，继续加大自营广告资源的比重，继续延续执行单一品牌优惠政策，继续完善科学的价格体系。

在客户谈判过程中，广告部坚持“保存量，争增量”的原则，首先确保原有的广告存量不受损失，进而通过特殊广告项目或其他方式吸引广告客户追加广告投放，产生新的增量。

二、克服开局不利的影响，坚定经营理念

由于2008年底到2009年上半年，金融危机逐渐波及中国，因此在2009年初，广告经营工作遭遇了前所未有的挑战，一些传统的国际广告大客户纷纷缩减广告预算，或是持币观望，不愿承诺全年的投放总量。

根据广告部的统计，2009年第一季度，广告收入同比减少2.1%；第二季度，广告收入同比减少3.75%。面对2009年上半年的经营困境，广告部经过深入的分析，产生了三点判断：第一，中国整体的经济实力十分强大，基础牢固，总体GDP会保持稳定增长；第二，北京存在着巨大的市场消费潜力，特别是快销品和高端消费品市场远远没有饱和，北京整体的经济发展、行业发展乃至企业发展正趋于理性和成熟；第三，北京电视台是北京本地的强势媒体，良好的市场占有率和权威的品牌影响力是争取客户最好的资本。

正是基于上述几点分析，广告部坚定了信心，没有改变原有的经营政策，而且主动出击，与广告客户进行洽谈协商，经过广告部的不懈努力，直到第三季度，才扭转了下降的局面，同比增长了11.04%，终于稳住了广告收入的阵脚，并最终在第四季度完成了26亿元的广告任务。

三、经营特殊广告项目，谋求增量与突破

2009年，在节目中心的大力支持和配合下，广告部通过与客户的深度融合与接

洽，在不断了解客户需求和台内节目资源的同时，开发出了一系列特殊广告项目，并成功销售，尤其在电视剧广告项目上，产生了可观的广告增量。例如红星二锅头冠名的《红星剧场》，经过广告部对客户需求的把握，将北京卫视原先的《明星剧场》只修改了一个字，就成了《红星剧场》，一语双关，还不多占资源，直接带来了上千万元的广告增量。

其他的项目包括步步高特约播映了《闯关东2》，中国银行特约播映了《狼烟北平》，伊美尔和叶子美容医院做了电视剧片尾标版，娃哈哈做了中插提示，九龙斋做了黄金剧场下集预告特约，霸王做了电视剧频道宣传。这些特殊广告项目最大的好处就是缓解硬板广告资源的压力，但收获的确是真金白银。

四、积极开发先进的广告业务系统，智能化安全性并重

为了进一步增强广告管理功能，保证广告的安全播出，广告部在2009年耗时一年时间，开发出了一套全新的广告业务系统，并于2009年年底正式启用。

这套全新的广告业务管理系统，引入全新的广告产品和销售品的概念，将产品作为播出依据，销售品作为营销依据，并以智能化为其最大的特点。它不仅将订单的签订、修改、置播、播出、监测整合到一套流程中，更可以通过对基础数据的挖掘和分析，为广告经营提供数据支持和决策依据。这种具有战略化意义的功能，使北京电视台广告经营的信息化程度有了一个飞跃。

除了智能化这个特点以外，安全性是这套系统的另一个特点。广告经营工作涉及众多经济因素，保证系统的安全性，就是保护国家和集体的利益不受侵害。这套新系统借鉴了银行系统安全运行的经验，在安全性上做了严谨的设计，并将保证系统的安全性作为一个长期工程不断升级完善。

经营管理部工作概况

经营管理部

2009年，北京电视台经营管理部（集团）面对全球经济危机带来的影响，在资源匮乏、市场竞争激烈的情况下，发扬艰苦奋斗、兢兢业业的工作精神，努力开拓市场，严格控制成本开支，完成了全年经营任务，实现了预期创利目标。全年实现营业收入10829万元，经营成本4025万元，期间费用6107万元，应交税金366万元，利润总额331万元。加上南戴河培训中心以台代扣代缴的200万元，经营管理部（集团）全年实现利润共计531万元，比上年增加140万元。

1. 南戴河培训中心顺利完成基础设施改、扩建工程5800平方米，大幅度提高了接待和经营能力。在此基础上，严格管理，通过落实职工岗位责任制，改善了服务接待工作，创造了月客流量和日营业额历史新纪录，出色地完成了全年的经营任务。

2. 北视英特维公司。2009年搬迁新的工作地址，外部形象和内在价值全面提升，在努力稳定传统经营项目的同时，精心组织并成功投标本台媒资管理系统磁带数据化上载业务，扩大了经营范围，增加了业务规模，在完成年度经营任务的同时，兼顾了长远发展。

3. BTV电视购物公司。进一步加强内部管理和制度建设，完善经营目标责任制，调动职工工作积极性，深入市场，认真分析经营动态和销售趋势，及时进行营销策略调整，严格控制成本开支。在金融危机对商品零售业产生很大影响的情况下，努力增加经营创收，遏止了可能由此产生的巨大经营亏损。并积极调研，提出了做大做强电视购物产业论证方案。

4. 嘉利华汽车修理厂。做为北京电视台车辆定点修理单位，为保障和服务全台车辆使用，根据新闻媒体单位用车特点，认真设计制定车辆维修和服务制度章程，在不断提高车辆修理质量和用户满意度的情况下，大幅增加了业务量和营业收入。同时，努力开展外部市场，取得了北京市政府中环广场，海淀区委、政协、环卫局等单位车辆定点维修业务，超额完成年度经营任务，实现了多年追求的扭亏为盈目标，创造了自建厂以来最好的经营业绩。

5. 特雷森信息中心。为了更好地为本台广告部提供信息监测数据分析以及全台人事薪酬填报系统维护升级等服务，建立健全了各项规章制度，提高了技术能力和服务质量，不仅得到了本台相关部门的充分肯定，也实现了年度经营创收目标。

6. 文化旅行社。在国内旅游业不景气，自身经营业务范围受到各方面制约的情况下，努力寻找业务合作伙伴，开发新的经营项目，严格控制成本，降低亏损，为公司今后发展做了大量的基础性工作。

7. 北京京视城餐饮公司。由于北京电视台搬入新台址，苏州街办公区装修等原因，就餐人数减少，营业收入下降。公司采取各种措施，努力控制成本费用，严格人员管理，提高饭菜质量，尽量增加营业收入，使年度亏损降到了最低程度。

8. 新维体育公司。合理利用频道资源，努力增加经营收入，在服务、保障本部门电视节目主业的同时，取得了较好经营业绩。

BTV 网站概况

网络信息编辑室

2009年，BTV网站的各项工作有了新的突破和进展，取得了新的成绩和进步。

一、把握正确舆论导向，有效开展网络宣传工作

2009年，BTV网站一如既往坚持正确的舆论导向，严格遵守新闻宣传纪律和宣传精神，扎实有效地开展宣传工作。目前，全台12个节目中心的近100档电视节目，均以图文、视频、博客、播客、贴吧、论坛等多种形式在BTV网站做宣传和互动；同时，有近60档优秀电视栏目在网上提供视频点播。BTV网站对电视节目的播前、播中、播后都提供了相应的服务，日常网络宣传工作力求规范化、时效性强、内容准确、丰富，为节目服务到位。

近两年，随着技术设备条件的改善，BTV网站加大了对台里的大型活动和特别节目的报道力度，同时提供报名、投票、调查等服务，力求内容全面、视角独特、互动性强。

2009年是新中国成立60周年，相关的大型活动和特别节目非常多。BTV网站通过制作网络专题给予积极配合，还为很多活动建立了官方网站，如“寻找青春代言人”、“百花”、“我爱你　中国”等，先后制作国庆相关网络专题36个。

截止到2009年12月底，BTV网站共制作网络专题115个，在数量和质量上都较往年有较大的提高，不仅较为全面地展现和宣传了本台的电视节目，提升了节目和网站的影响力，同时，也使网站的编辑队伍更加成熟。

BTV网站是北京电视台对外形象宣传的重要平台，当本台新址落成后，BTV网站为新台址设计制作了全新的宣传页面，以360度动态效果展示新台址的新面貌。BTV网站还为一些职能部门提供网络宣传服务，例如，网络直播广告部每年一次的广告招商说明会，网上公示总工办采购招标项目，网上公示人事部招聘信息等。

二、加强BTV在线视频网站建设，开展网络视频互动直播

2009年，各级领导加大了人力、物力、财力投入，加快了视频网站内容建设。5月份进行了全新改版，对网站的内容、网站结构、发布规则进行了重新梳理整合。2009年底，网站共发布视频4400小时、1.7万条。

在技术设备进一步完善的情况下，加大了在网络视频直播方面对本台8个大型活动的支持力度，总时长88小时。以“庆祝新中国成立60周年”专题和大型直播为例，BTV网站取得了开展直播活动以来的最好效果，实现了多项新的突破。从10月

1 日凌晨2：00专题上线到23：00直播结束，累计访问量达到 78 万多人次，比前一天网站的访问量上升了 47%，瞬时峰值访问量上涨近 500%，访问量超过了今年的“春晚”网络直播。直播开始后，在线参与互动的网民人数突破 1500 人次，留言达 1 万条，电视直播节目现场采用 BTV 网站提供网民互动信息上百条，真正实现了电视直播与网络直播同步、电视节目与网友的跨媒体互动。

这次直播连续 16 小时不间断，是持续时间最长的一次直播活动。网络直播的同时，BTV 网站在第一时间把直播中的精彩内容，制作成点播文件，供网民和观众点播回看。

2009 年 BTV 网站直播活动包括“北京新春大联欢”、“清明黄帝陵祭祖”、“探红楼飞梦传奇”、“BTV 杯国际斯诺克北京邀请赛”等。

三、完善网站功能，推进网站全面改版升级

搭建技术平台，完善网站功能。2009 年 BTV 在线视频网站新建了六个系统，升级改造了一个系统，网站发布系统实现了原有图文信息生产发布系统的升级、建成了网站音视频信息生产发布系统、网站的统计分析系统、网站站内检索系统、网站的互动论坛、博客和播客系统、网站的用户管理、统一身份认证系统、网站的直播互动、嘉宾访谈系统。网站技术平台的升级改造不仅为电视节目服务搭建了承载平台，也为网站视频发展提供了有力保障。

全面推进网站改版升级工作。2009 年 6 月，网站开始升级改版工作。先后多次举行了改版研讨会，邀请台内各个节目中心进行网站功能介绍、展示说明。针对海外节目中心《天下天天谈》、体育节目中心、科教频道、卫视节目中心《聚星坊》以及本台主持人宣传等，做网站功能介绍和展示说明会。并按照主持人需求设计徐滔的主持人博客。改版后的 BTV 网站将以全新的面貌和全方位的互动功能，为电视台和电视节目提供服务。

在功能完善的基础上，网站还积极引进网络新技术，将页面设计、用户体验、页面优化、内容推广等多方面综合考虑，实现针对内容的整体营销推广策略，提供网民一个全新的互动方便、浏览快速的网络平台，用户的体验度将大为改善。

四、创新工作模式，提升工作效率

探索网站内容制作新模式，实现与电视节目深度互动。2009 年 11 月，卫视频道新开播电视栏目《聚星访》，网站采用了由节目的编导自主进行网站内容构建和更新维护的工作模式。节目开播三天，访问量突破 20000 人次，回复留言超过 5000 多条。这种新的工作模式，使电视节目能及时与网友沟通，网络也凭借传统媒体得以推广，同时网络针对电视栏目内容进行深入挖掘、延展，寻找热点话题，吸引网民参与互动；而电视栏目借助网络的覆盖面也可以扩大影响力，聚拢人气，形成良性的传播效果。

谋求战略合作，降低发展成本，提升网站视频内容制作能力。年初，通过广泛的市场调研，确定了寻求适合 BTV 网站的网络视频技术公司，结成战略合作伙伴关系，用较低的成本获得支持网站提升和发展的技术。

老干部工作概况

老干部工作办公室

一、根据退休职工队伍变化，开展活动

北京电视台退休职工队伍正在发生变化：退休职工人数由十几年前的几十人，发展到2009年底的189人，另有内退职工24人；高龄老人数量增多，目前70岁以上的有34人，其中80岁以上3人；低龄老人数量增长加快，65岁以下人员占了总数的60%，并且以每年二三十人的速度增长。

以上三个变化衍生出三个问题：一是总体人数庞大，组织大团队的集体活动多有不便，也增加了组织管理的难度。二是高龄老人数量增多，活动时必须坚持安全第一。三是低龄老人数量增多，加大了整体活动时兴趣爱好身体行动等诸多方面的分化和分歧。

针对上述变化，年初老干办对全年的工作方针和方法做了适度调整。一方面适度减少大团队整体活动的次数，力戒不安全事故的发生。2009年，除例行的团拜会、春游和秋游外，只组织了参观新台址和两次全体人员垂钓等集体活动。另一方面，按照老同志的兴趣爱好依托社团适度开展小规模活动，使老同志参与的热情和积极性更强。

二、发挥优势，开展特色活动

为纪念新中国成立60周年，抓住很多老同志都是共和国同龄人的特点，与退休、内退四个党支部共同开展了“我和共和国一同成长”文艺演出暨特色党日活动。老同志通过诗朗诵、歌舞等形式抒发自己的爱国热情。

在建台30周年的系列活动中，组织老同志撰写纪念文章30余篇，收集图片、照片、签名等实物百余件，为台史展提供了丰富翔实的资料。

三、强调个性，注重人性化

组织全体离退休职工参加团拜会、春游、秋游、参观新台址、垂钓等活动；组织庆“三八”女同志京郊采摘活动；组织老同志参加老记协活动。开设摄影和书法学习班，每期历时3个多月，20多人参加学习，还组织摄影班春秋两次到京郊采风。垂钓俱乐部现有会员20余名，全年组织活动6次。

内部刊物《金色岁月》增加了经费，增加了页码，全年出刊四期，老同志人手一册。刊物全年发表40余名老同志的原创作品50余篇，扩大了作者群。组织《金色岁月》杂志工作研讨和笔会两次，参与60余人次。

元旦、春节期间台领导亲自带队探望了部分患重病的老同志，听取他们的意见和建议。按照上级要求，七一、国庆前夕登门走访慰问高龄、特困党员和群众。

北京京视传媒公司概况

北京京视传媒公司

2009年，北京京视传媒有限责任公司不断创新管理理念、拓宽经营项目，在确保国有资产保值、增值的前提下，取得了明显的绩效，全年实现主营业务收入6591万元，实现利润总额678万元。

一、公司对外投资状况

2009年4月8日，京视传媒与中信数字技术有限责任公司合资成立了北京京视中信数字传媒有限公司，独家负责北京电视台手机电视运营。公司注册资本为人民币7121万元，其中京视传媒以无形资产出资3621万元，占股51%，中信数字现金出资3500万元，占股49%。

二、公司主营业务经营状况

一是节目销售。2009年，发行部在竞争加剧的外部条件下，紧跟市场的步伐，充分利用可发行资源，在维护原有市场的基础上，积极开拓国内市场，以低成本的销售策略、双赢的销售理念赢得了客户的信任。2009年国内发行收入突破1200万元，比2008年增长41%，市场份额已进入全国“三甲”之列。

这一年，公司在加强节目销售工作方面，首先是拓宽经营范围，改进营销模式。目前公司的节目发行已全面拓展至电视播映权、航空、铁道、音像版权、图书出版。电视播映权仍是主力经营模式，发行收入占总收入的85%；图书音像版权销售收入有所增长，占总收入的10%。2009年公司与音像公司、图书出版社合作的同时更注重了借助对方的平台与资源达到自我宣传的效果，通过与音像公司和图书出版社的资源整合提升京视的品牌宣传。此外，4月份公司与中联炎黄公司签订了《岁月如歌》的销售合同，成功将节目推向南方航空的头等舱，这种新发行渠道的开拓为公司未来开发新的版权销售模式奠定了基础。

其次，扩大京视传媒发行品牌的影响力。2009年9月，京视传媒举办了首届“北京电视台版权研讨会暨客户答谢会”，成功邀请到全国50多家电视台的负责人以及购片人员参加，取得了很大的市场反响，为公司2010年的发行工作奠定了良好的基础。

二是新媒体业务。2009年，公司在新媒体业务上一方面推进新媒体版权业务创造收益；另一方面通过吸引投资组建合营公司，成功孵化出手机电视专营公司——

京视中信数字传媒。

开发版权业务。新媒体版权合作业务实现销售收入604万元，比2008年增长36%。不仅同几乎所有大型的互联网站建立合作关系，还开始在IPTV和数字电视等领域取得成果。门户网站方面，先后同新浪、搜狐续约，并同腾讯、网易、凤凰等门户网站建立合作关系；视频分享网站方面，先后同优酷、土豆、酷六、我乐等签订发行合同；其他网站方面，分别同第一视频、激动网、空中网、同花顺、神州商祺等网站建立合作关系；首次尝试电视剧的新媒体发行，将电视剧《漕运码头》的网络版权顺利卖出，创收12万元。

除网络媒体外，公司开始面向IPTV和数字电视VOD点播市场。IPTV方面，主要同CRI、传视国际等建立合作关系，分别覆盖国内外的部分市场；数字电视方面，主要同万利达和长虹等机顶盒厂家建立合作，预计随着这两个领域的拓展，将成为新媒体业务新的利润增长点。

为了更好地支持版权发行和网站业务，新媒体部进行了视频媒资库的建设和维护，将北京电视台节目进行采集，并转码成适合网络存储和播出的内容，目前已经累计采集存储视频内容1800小时，其中600小时MPEG2，100小时DVD，1100小时WMV。

组建手机电视公司——京视中信。2009年4月，由京视传媒控股的手机电视专营公司——京视中信数字传媒成立。该公司的成立是京视传媒在新媒体运营资本运作层面的首次尝试，以北京电视台手机电视运营权作为无形资产，成功吸引到中信数字3500万元的现金投入，并确保公司对合资公司运营的主导地位。

京视中信公司成立半年以来，全面推进手机电视业务，实现收入150余万元。主要业务包括移动运营商手机电视业务（移动、电信、联通）；FREEWAP业务——搭建3GBTV移动互联网平台，并已正式开通；联合北京电信共同推出了BTV天翼V酷3G手机业务，并开始测试运营；扩大与全网资质的手机电视牌照方合作，全面进入央视、国视、央广、上海文广等全网业务平台。目前，BTV手机电视付费用户已突破3万。

加快视频网站运营。宽频网站www.ibtv.com.cn经过几年发展，为网民提供北京电视台的频道直播和点播服务。为了不同北京台官网冲突，以建立商业化视频网站为目标，确定以网络推广的方式来带动流量，主要包括各大网站的商务合作给北京宽频带流量，以及通过BLOG推广、BBS论坛推广、即时通讯（QQ群）、圈子、贴吧、搜索引擎等自主方式进行网络推广。

三是电视剧销售。2009年，公司电视剧部总收入达到3800万元，占公司总收入的59%，成为公司最主要的收入支撑，《龙须沟》、《大生活》两部电视剧不仅创造了可观的市场收益，还获得了良好的收视和口碑。

四是剧院经营。2009年是京视传媒剧院运营业务起步的一年，在台领导与台相关部门的大力支持下，京视传媒与北京大道文化节目制作有限公司联合发起并主办了“2009北京喜剧艺术节”，这次艺术节不仅是国内首个舞台喜剧演出活动品牌，还是BTV大剧院首次面向社会的商业演出活动。

2009北京喜剧艺术节从2009年11月

26日至2010年1月6日共跨时42天，集成了海峡两岸六部具有影响力的舞台喜剧，邀请到包括台湾屏风剧目的6部不同艺术类型、不同文化特色、不同表演风格的舞台喜剧精品，轮番演出18场次，期间共吸引1万多名观众前来观剧，总票房达205万元。

喜剧艺术节是北京电视台“BTV大剧院”第一次面向市场的演出活动，观众流量大，且活动时间跨度长，这对北京电视台的园区安全和BTV大剧院剧场管理都是一次挑战。最终，在台领导的直接部署和督导下，台内各相关部门制定预案、积极沟通、协同工作，确保了喜剧节的安全顺利。

经过长达两个月有计划的宣传推广，“北京喜剧艺术节”品牌形象和品牌影响力已初步确立，公司获得了一个可长期持续运营的文化品牌。

北京紫禁城影业公司概况

北京紫禁城影业公司

北京紫禁城影业有限责任公司成立于1997年，注册资本3200万元，是一家集影视策划、制作、营销为一体的大型专业影视制作公司。成立13年来，北京紫禁城影业公司的经营业绩一直稳居中国电影生产企业的前列，国内票房过千万的影片近二十余部，其中多部影片票房居当年年度票房冠亚军的地位，总票房超过5个亿，影片还行销到美国、日本、韩国，中国香港、台湾等多个国家和地区。

北京紫禁城影业公司共摄制完成影片30余部，电视剧千余集。其中既有《甲方乙方》、《不见不散》、《没完没了》、《刮痧》、《红色恋人》、《谁说我不在乎》、《赤壁》等商业大片，也有《离开雷锋的日子》、《张思德》、《生死牛玉儒》、《背起爸爸上学》、《法官妈妈》、《紫日》、《嘎达梅林》、《香巴拉信使》、《山乡书记》、《一个人的奥林匹克》、《铁人》、《万家灯火》等主旋律影片，均取得社会效益和经济效益的双丰收。紫禁城影业公司摄制出品的《重案六组》、《玉观音》、《少年天子》、《天下第一楼》、《牟氏庄园》等电视连续剧在中央电视台和各地电视台播出后，均创造了极高的收视率。成立13年来，紫禁城影业公司连续获得过“华表奖”、“五个一工程”奖、“金鸡奖”、“百花奖”、“金鹰奖”、“百合奖”等多个国家级大奖以及开罗、莫斯科、东京等国际电影节的大奖。

北京紫禁城影业公司具备一支由一流专业人士组成的影视制作及发行队伍，并融入国际化的制片营销理念，建立了庞大的明星网络，黄建新、冯小刚、叶大鹰、冯小宁、陈国星、胡玫、吕乐、尹力、夏刚、陈道明、葛优、王志文、冯巩、陆毅、吕丽萍、斯琴高娃、徐帆、刘蓓、梅婷、徐静蕾、瞿颖、范冰冰、陈好等一大批国内外知名导演、演员都与紫禁城影业公司有过成功的合作。

北京紫禁城影业公司2009年拍摄了《烟花恋人》、《铁人》、《万家灯火》、《苏乞儿》、《走着瞧》、《衡水湖的孩子们》等6部电影。还有《秦基伟血战临泽》和《武林笑传》都在后期制作中，其中《武林笑传》计划于2010年4月份上映。电视剧方面，制作的35集电视剧《牟氏庄园》已基本结束发行，播出情况良好。

四、典型经验

BTV

Beijing Television

北京卡酷动画卫视运营实践经验

帅　民

2007 年，北京电视台动画频道公司化运营以后，北京卡酷动画卫视积极进行多元化经营实践，内容为王，构建动漫全产业链，成为国内增长最快和利润率最高的动画少儿频道，收视占有份额领跑国内动画少儿电视媒体，成为业界公认的中国最有影响力的动画媒体第一品牌。

覆盖：落地覆盖最广的动画专业频道

作为我国首个正式开播的专业动画卫视媒体，北京卡酷动画卫视目前已在北京、天津、重庆、内蒙古、贵州 5 省市区和青岛、南京、杭州、宁波、厦门、泉州、东莞、珠海、成都、武汉、兰州、沈阳、大连等 34 个大中城市以有线或数字电视方式落地覆盖。覆盖区大多在长三角地区、珠三角地区、环渤海经济带、华中经济带内，覆盖区域人口 3.9 亿，覆盖到达人口 2.3 亿，是目前动画专业频道中落地覆盖最广的动画卫视。

收视：覆盖全年龄段的强势收视

卡酷以全方位多元化节目内容打造覆盖全年龄段强势收视。目前已形成每日首播 10 小时、全天播出 24 小时的平台规模，核心受众 4 ~ 14 岁观众的收视份额持续保持在 10% 左右，在北京地区独占鳌头；25 ~ 40 岁成人收视也高于同类动画少儿频道 2 ~ 3 倍。全龄收视已成为卡酷动画频道独有的特色。据央视索福瑞资料，北京卡酷动画卫视频道在全国 35 个地方卫视的综合排名中位居第 24 ~ 25 位。

原创：精品迭出业内领先的动漫产能

在动画制作方面，北京卡酷动画卫视成绩斐然。包括 Flash 系列作品和动画栏目在内的动画产量逐年上升，2007 年产量为 3900 分钟，2008 年达到 7000 分钟。自制了《十分开心》、《闪天下》、《漫话天下》、《七色光》、《卡酷全卡通》等多档面向不同年龄观众的品牌栏目；创作出品了《福娃奥运漫游记》、《我们小孩有力量》、《大明王朝》等原创作品，并联合出品《快乐东西》、《秦时明月》、《快乐星猫》等动画片，赢得了亚洲电视奖、星光奖、金鹰奖和华表奖等多个国际级和国家级专业奖项。

北京卡酷动画卫视目前拥有《福娃奥运漫游记》、《快乐东西》等国产原创动画品牌，拥有以曾伟京导演为代表的 30 多人动画原创队伍，还拥有大兴制作基地。未来，卡酷将成立一个 1 ~ 2 亿元规模的动画制作公司，成为国产原创动画的一支新的主力军。

品牌：业界公认最具影响力的动画电视媒体

北京卡酷动画卫视以“卡酷”为主品牌，佐以“卡酷旗舰店”、“卡酷全卡通”、“卡酷七色光”、“卡酷全景界”和以百集动画片《福娃奥运漫游记》为代表的国产动画原创品牌等子品牌，并推出“卡酷全卡通动漫嘉年华”、“中国（北京）国际大学生动画节”等品牌活动。

主品牌“卡酷动画”目前已成为中国动漫领域最知名品牌，2007 年被评为最具投资价值的动画电视媒体和广电业界百强品牌；2008 年被评为中国游戏软件行业优秀企业和中国文化创意领军企业，以及第五届中国品牌影响力高峰论坛年会中国动画电视传媒最具影响力首选品牌。“卡酷全卡通动漫嘉年华”热动京城，市场影响遍及全国；卡酷旗舰店以电视购物和地面超大规模实体店体系成为国内儿童玩具专业销售强力品牌；国产动画原创品牌《福娃奥运漫游记》获金鹰大奖，实现全国百家电视台联播，创造国产动画片收视奇迹，成为人文奥运的亮点；“七色光”打造富有特色的儿童艺术培训演出品牌，参与了 2008 北京奥运会开幕式文艺演出等重大活动。

运营：多元业态下的规模化良性增长

北京卡酷动画卫视在产业化运营实践中，立足卡酷动画卫视全国落地平台，开始向商标形象保护、衍生品开发、版权经营、玩具销售、卖场代理、动漫新媒体、儿童艺术培训、主题公园等动漫产业链外延纵深开拓，变单一的媒体广告收入为多元业态收入，实现多元化、规模化增长。广告收入年增长率达到 18%，营业收入总额年增长率 73%，公司总资产较公司化运营前翻两番，净资产为公司化运营前的 3 倍。同时，经过不断的业务拓展，公司盈利模式逐渐得到优化，对广告业务的依存度逐年降低，广告收入所占比重由最初的 100%，逐步降低到 2008 年的 47%，玩具等上下游衍生业务增长迅速，所占比重逐年提高。

从北京影响力到全国影响力

——2009 年北京卫视新闻节目改版实践

艾冬云　孙湘源

新闻、影视剧、品牌栏目和大型活动，这四项是北京卫视的“四驾马车”。当奥运圣火在鸟巢熄灭后，北京卫视迅速调整后奥运时代的战略布局，以前所未有的力度加大了对节目的改造。2009 年，北京卫视改版承续“文化品位、大家风范”的频道定位和“立足北京、面向全国”的传播理念，以“坚持科学发展，提升传播能力，创有影响力强台”为目标。新闻节目成为北京卫视最先出击的一颗棋子。

2009 年北京卫视新闻节目最大的变化，是在保持以《北京新闻》、《特别关注》、《北京您早》为代表的传统品牌栏目的优势的基础上，创办了一档以首都都市新闻为特色的《新闻晚高峰》，并将原《直播北京》改版扩容为《晚间新闻报道》。目前，新闻节目占北京卫视全天播出量的近 1/4，成为北京卫视的重要支柱，特别是在晚间18：00～24：00时段，北京卫视新闻时事节目的播出比重和收视比重在全国 35 城市中名列省级卫视第一。

一、首都特色与国际视野相结合，打造“大家风范”的高端品质

从 2009 年 1 月 1 日起，每天 18 时，《新闻晚高峰》以直播形态登陆北京卫视。这是一档具有首都特点的都市新闻，立足首都，直面政府、百姓关注的新闻话题。从策划之初，我们就强调它的新闻视野要宽广，突出都市化品质，主打新闻“高峰”的理念，即新闻容量的高峰、新闻速度的高峰、新闻深度的高峰、新闻视野的高峰、新闻现场的高峰。

《新闻晚高峰》以时尚的包装、快节奏的编排和丰富的信息迅速脱颖而出，28 分钟平均播发新闻 30～50 条，含本市新闻、国际新闻、体育新闻、晚报速读、路况直播、SNG 直播、高峰人物等板块，直播中随时插播最新消息，此外，还为北京都市人群提供当晚的出行指南。

《新闻晚高峰》既有都市化的资讯，又有全球化的视野。6 月 1 日，法航客机从里约热内卢起飞后不久在大西洋海域上空失踪，当天《新闻晚高峰》就以口播方式紧急插播了这条最新消息，随后各档新闻节目滚动报道，率先披露机上有 9 名中国乘客，在法航飞机失事报道中赢得了先机。8 月，美国参议院通过新任驻华大使任命，《新闻晚高峰》也在第一时间进行了详细报道。

以《新闻晚高峰》为代表，北京卫视的“大家风范”表现在新闻节目理念上，就是坚持首都特色与国际视野的结合，用首都视角编排新闻。早间新闻节目《北京您早》这几年一直强调“第一时间看北京、看中国、看世界”，《晚间新闻报道》对重大国内外新闻的敏锐跟踪，都是这种新闻理念的体现。这几年，北京卫视同新华社、中国国际广播电台、中央电视台等建立了密切的新闻合作，将他们的第一手资料“为我所用”，大大拓宽了我们的报道内容和视角。

此外，北京卫视还利用 SNG 直播车、景观摄像机、气象直播等先进直播理念和手段，对影响首都市民生活的重大新闻事件进行直播，增强新闻的时效性、贴近性。

二、加强深度报道和新闻评论力度，设置、引导公共议题，强化话语权

创办于 1998 年的《晚间新闻报道》曾在全国第一家明确提出“百姓新闻”的概念，开创了新闻由联播体向民生体转变的先河。11 年来，栏目几经改版，2007 年改名为《直播北京》。

2009 年 1 月 1 日起，《直播北京》改

版为《晚间新闻报道》，时长由30分钟扩容为50分钟，充分体现“梳理新闻，分析背景，提供观点”三大功能。在保持原有的SNG直播、互动话题等特色板块的基础上，最大的变动是全新推出的新闻评论板块——《晚间观察》、《新闻发言人》和《晚间聚焦》，通过嘉宾访谈、述评等报道形式，追踪分析新闻热点，引领大众公共话题。

今年以来，甲型H1N1流感、中国军舰赴索马里海域护航、奥巴马当选美国总统、韩国前总统卢武铉跳崖自杀、重庆高考生虚报民族身份等国内外重大新闻事件都成了《晚间观察》的话题，一批知名专家学者作为新闻观察员走进演播室，进行权威评述，凸显了北京卫视抢占舆论高地、发出自己声音的立场。

《新闻发言人》板块是北京卫视与国务院新闻办公室合作推出的一档新型评论节目，以国务院新闻办公室召开的新闻发布会为依托，以对新闻发言人的独家访谈为新闻架构，结合新闻背景和新闻分析，实现对权威新闻发布的深度分析和解读。《新闻发言人》促进了政府和民众的信息沟通，加强了北京卫视在舆论引导和议题设置中的话语地位。

《晚间聚焦》板块则是集纳各家媒体对热点新闻事件的评论，将各种观点整合打包后交给观众，从而进一步补充节目的评论功能。

此外，北京卫视还从2009年起，在午间13:05推出一档全新的国际时事述评栏目《天下天天谈》，该栏目由海外节目中心制作，每期半小时。从2009年8月3日起，栏目由周一至周五首播，改为周一至周六首播，并向特邀新闻观察员发放了聘书，传达出北京卫视积极抢占国际新闻话语权的进取精神。

三、实施“走出去”战略，推出一系列大型活动和重点报道，让媒体影响力从首都向全国辐射

“走出去”，不仅仅体现在新闻发生地点、记者采访地点的空间变化，还体现在走出对媒体功能简单理解的框框，主动将媒体变为社会公共平台，凝聚全民力量，共同建设和谐社会。

2009年1月，北京电视台在北京援建四川灾区对口城市——什邡建立了工作站，派出三名记者常驻什邡，发回大量灾区重建第一线的鲜活新闻。2009年5月，《北京新闻》又推出大型新闻行动“乡村新发现”，记者走到田间地头进行蹲点式采访，以“三贴近”原则报道新农村建设。

此外，2009年初，中原大地大旱，尽管北京并未受到太大影响，北京电视台还是派出了多组记者深入河南等地，在北京卫视推出《抗旱第一线》特别报道，体现了北京电视台关注社会热点、勇于承担社会责任的媒体形象。

2009年上半年，北京电视台北京地区收视份额达到了38.5%，同比增长6.9%，全国省级卫视排名由去年的第九名一跃而为今年1—7月的第四名。其中，北京卫视各档新闻节目的收视率普遍增长10%以上。《北京新闻》、《特别关注》、《北京您早》长期占据北京地区所有频道同时段收视第一名。

由于北京电视台新闻节目中心所有新闻节目都在北京卫视播出，没有专门的地面频道出口，因此，北京卫视新闻节目在参加全国卫视竞争的同时，要适当兼顾本土新闻。

事实上，北京观众对新闻节目的偏爱，使得北京卫视各档新闻节目的收视贡献主要来自本地观众。未来，北京卫视在巩固本地观众的同时，还要争取更多的外地观众，以实现影响力由首都向全国辐射。

四、搭建符合现代电视传媒竞争及电视新闻发展规律的生产平台及管理体系

2004 年，北京卫视对新闻节目生产流程与管理架构进行了改革，第一次实现了采编分离，引入了覆盖全中心的非线性新闻编辑系统，建立了统筹指挥、分工协作、资源共享的采编管理平台。新闻节目中心下设新闻编辑部、要闻采访部、社会新闻采访部、新闻评论部和综合管理部五个部门，在五部门基础之上，搭建起以主任办公会为指挥中心、以编务会为业务枢纽的采编运行流程。编务会以及 2009 年新建的新闻发稿中心成为新闻节目生产与管理的神经中枢。新闻中心每天召开两次编务会，中心的值班主任和各部门值班科长、主编共同参加，从选题申报、节目编排到统筹策划，都在编务会上公开、透明进行。

经过不断磨合完善，新闻节目中心形成了节目策划、选题申报、采访执行、栏目编排、三级审片、安全播出、应急报道等一系列科学化、制度化的生产平台及管理体系，并在全国电视台率先成立了专职的舆情监测和节目考评队伍，新闻节目的日常管理实现精细化、规范化。其中，舆情监测系统依托互联网技术，实现了对国内主要媒体，尤其是首都媒体舆情信息的实时监测和分析整理。舆情编辑每天提交两份舆情报告，作为寻找选题、研究媒体动向、考查记者是否漏题的依据。

节目评价方面，建立起节目考评机制，依照考评规则和分值标准，对各档新闻统一打分，考评结果与效益工资直接挂钩。这种考评制度鼓励记者多出好稿，促进了业务研讨之风。

虽然这几年省级卫视整体收视份额上涨，但是“强者愈强、弱者愈弱”的马太效应已经凸显。面临各家卫视的改版竞争，新闻始终是北京卫视的重要内容阵地。未来，北京卫视还将致力于打造具有首都特色和国际视野的新闻品牌，以提升北京卫视在首都特别是在全国的传播力和影响力。

庆祝新中国成立 60 周年宣传报道综述

总编室

为庆祝新中国成立 60 周年，北京电视台从 2009 年 5 月开始，就全面启动国庆宣传工作，通过举办大型活动、制作精良专题片、展播献礼电视剧、加大新闻报道等

多种宣传形式，全方位做好国庆报道工作。

一、确立总体指导思想，精心策划精品节目

2009年年初，北京电视台编委会就多次开会研究，确立了10个台级大型项目，其中7个是新中国成立60周年的献礼节目。为做好国庆献礼节目，台领导确立了总体工作思路：

其一，在节目风格上，具有浓郁的时代特征、充满张力的现代元素和首都大台的风范，表现时代感、现代感和都市感；

其二，在节目内涵上，强调以生动活泼、丰富多彩的形式来弘扬健康向上的主旋律，在导向正确的前提下，力争把这些献礼节目打造成艺术精品，使节目精彩好看，色彩纷呈；

其三，在节目内容上，力争以创意取胜，用独辟蹊径的好点子设计和生产节目，使节目不仅好看，而且有鲜明的创意特征。

北京电视台国庆报道分三个阶段进行：5月至8月中旬为全面启动宣传活动阶段，结合“五四”青年节暨纪念“五四”运动90周年、“七一”建党纪念日、“八一”建军节等重要纪念日开展“新中国成立60周年”相关宣传工作；8月至9月底为宣传热潮阶段，开辟专题、专栏，播出几部精心制作的大型专题片和大型活动，集中开展新中国成立60周年成就宣传；国庆期间为宣传高潮阶段，在重要版面、重要时段突出报道首都举行的新中国成立60周年各项重大庆典活动，同时，全台10个频道的大部分栏目都安排播出国庆专题节目，全面掀起国庆报道的热潮。

国庆期间，北京电视台在北京地区的收视份额一直保持在40%以上，北京地区排名前50个栏目，北京电视台占了绝大多数。

二、推出多部大型精品项目，注重宣传效果

从2009年初确立大型精品献礼节目的立项开始，北京电视台就成立了多个项目组，由台领导亲自指挥，高质量、高水平制作各种大型献礼节目。

大型电视文艺纪实片《百花》。《百花》是对新中国成立60年来社会主义文艺大繁荣、大发展的一次深情梳理。节目组历经半年，实地采访经典作品的创作者、当事人、老观众以及评论家共300多人，全面展现了新中国成立60年来的文化成就。该专题片共20集，自2009年8月24日在北京卫视黄金时段播出以来，收到了良好的社会反响。国家广电总局、市广电局都提出表扬，《人民日报》、新浪网等各大报纸和网站纷纷报道，评价《百花》是对新中国成立60年文艺发展史的主动梳理和深度对话。

大型电视专题片《我爱你　中国》。《我爱你　中国》汇集众多文化名人共同重温我们伟大祖国的光辉历程，通过首都北京的变化折射整个国家的发展繁荣。该专题片全部采用数字高清格式拍摄，实现了最完美的视觉效果，于2009年9月14日起在北京卫视频道黄金时间播出，成为北京电视台迎国庆献礼节目的一大亮点。

《花样年华——庆祝新中国成立60周年歌舞大赛》。“花样年华”歌舞大赛面向朝气蓬勃的年轻人，吸引了包括北京大学、清华大学在内的80多所高校的学生和青年参加。600多个节目经过初赛和复赛，最终50个节目进入“2009年北京电视台国

庆晚会暨‘花样年华’歌舞大赛颁奖晚会”。“花样年华”共6场比赛加一台晚会，晚会于9月30日晚在北京卫视频道黄金时段隆重推出。

第四届“北京影响力”活动。“北京影响力”活动是连续举办3年的大型公益活动，第四届“北京影响力”活动以经济成就展示为切入点，多方位地反映北京60年的腾飞巨变。活动特别策划60个难忘瞬间，在北京影响力特别节目“大城北京”中播出。

大型体育人物系列访谈节目《光辉岁月》。大型体育人物系列访谈《光辉岁月——新中国体育名宿访谈录》是以高端访谈的形态，将视点放在新中国成立以来，在中国体育多个项目或领域具有奠基意义或作出重大贡献的体育元老，记录他们的光辉成就。访谈节目共12集，2009年9月中旬开始在体育频道播出。

《时尚大典》和《江山如画60年》。《时尚大典》是《影视大典》的姊妹项目，它汇聚首都时尚资源，充分展现首都人民蒸蒸日上的新生活。活动中，服装设计师、影视明星、超级名模、高端文化名人都倾情加入，充分展示了北京电视台节目的时代感和现代感。节目于2009年11月在北京生活频道播出。《江山如画60年》节目汇集了全国顶级书画家的作品，用书画作品见证祖国大好河山，浓墨重彩地讴歌祖国60年巨变，它是新中国成立60年来书画界的一首史诗。节目于2009年11月在北京科教频道播出。

除了上述大型活动和专题节目外，北京电视台自2009年5月开始，还成功举办了大型电视活动《青春走过60年》、新版音乐互动儿童剧《红孩子》，并推出百集系列短片《影像家国60年》等，都取得了很好的社会效果。

三、精选独播、首播电视剧，唱响时代主旋律

2009年4月，北京电视台为庆祝新中国成立60周年展播的红色谍战大戏《潜伏》一炮打响。为延续这一强劲势头，北京电视台确立了大剧独播和首播、现实题材展播、老剧联播三大策略，全力打造电视剧播出强势平台。

北京卫视红星剧场在播出了首轮大戏《闯关东中篇》、《狼烟北平》、《漕运码头》后，相继推出了独播大剧《爸妈都是老党员》、《相伴》等一批特色剧目，收视率增长了近1倍。

影视频道和文艺频道从2009年8月开始，连续三个月推出大量反映抗日战争和解放战争题材的优秀电视剧，其中有抗日题材的《战火中青春》、《十三省》；有谍战、革命题材的《对手》、《最后的99天》；有反特题材的《秘密列车》、《决战黎明》；还有现代军事题材的《高地》，从不同侧面歌颂那些为新中国成立而奋斗牺牲的革命志士，激发人民的爱国热情。

四、精心策划新闻宣传，热烈营造节日气氛

国庆前，北京电视台五档新闻栏目精心策划多个专题板块，全力做好庆祝新中国成立60周年宣传报道。《魅力北京　喜迎国庆》全面报道北京喜迎国庆的活动、举措和筹备情况，充分展现北京壮美的城市景观和首都和谐美好的人文风光。《我和我的祖国》策划报道采访的对象涉及经济、科技、文化、体育等各个领域的人物，

以跌宕起伏的人物故事为线索，反映共和国和北京市恢宏的发展历史。成就报道《跨越》利用时尚、形象、直观的三维动画与图表，展现新中国成立以来北京方方面面的变化与发展。节目于2009年8月10日至9月30日在《北京新闻》、《北京您早》、《特别关注》、《新闻晚高峰》、《晚间新闻报道》播出，每天1集，每集40秒，共50集。《中国通·北京通》采取以外景访谈为主，演播室访谈为辅的报道形式，通过在北京居住多年的“中国通”、“北京通”，用外国人的视角，展现开放的中国多年来的发展变化。《金秋10月　花海如潮》以鲜花为主线，以天安门、全市各主要街道、182家公园和花博会为重点，展现金秋10月首都花海如潮的美丽景观，为庆祝新中国成立60周年营造祥和喜庆的氛围。

新闻节目中心2009年全国“两会”报道总结

新闻节目中心

对于2009年全国“两会”，北京电视台高度重视，台领导、新闻节目中心领导周密部署、靠前指挥。会议期间，刘爱勤台长、张晓总编辑、张亮副总编，亲赴全国“两会”北京团代表驻地，亲切看望上会记者。来到驻地，台领导详细询问了大家的工作状况，视察了记者工作间，并对广大记者提出新的希望和具体要求，希望大家加倍努力、精益求精、严谨细致、开拓创新，以高度负责的态度圆满完成各项报道任务。与会记者深受鼓舞，干劲十足。

本次“两会”，新闻中心、制作部等部门共调集17名骨干记者参与报道。从3月2日“两会”召开前夕到3月13日十一届全国人大二次会议闭幕，全国“两会”的相关内容在北京电视台的《北京您早》、《特别关注》、《新闻晚高峰》、《北京新闻》、《晚间新闻报道》五档新闻节目中，共播发新闻100余条次，总时长超过500分钟。

一、着力提升BTV影响力

历年全国“两会”不仅是国家政治生活中的一件大事，同时也是全球媒体激烈竞争的一场战役。新闻中心全国“两会”报道，秉承台领导提出的“重大事件不失语、不缺位”的要求，着力开拓创新，继去年在全国人大和全国政协新闻发布会上成功提问之后，今年再接再厉，BTV记者再次实现了在全国人大和全国政协新闻发布会上的两次提问，而且在人民大会堂的北京团开放日上，时政记者也勇于自身突破出镜提问，成为当场唯一提问的市属媒体记者。

二、会上报道重点突出

《北京新闻》当中开设专栏——全国“两会”特别报道。内容上，除了将北京代表团的各项议程及时准确完整地进行报道外，还采访报道了“两会”的开闭幕式、“两会”大大小小的各种发布会和集体采访，同时突出地方特色，结合北京的实际，对“扩内需、保增长”、“轨道交通建设”、“教育资源均等化”等话题请代表委员建言献策；形式上，则采用记者出镜现场报道的方式，将会内会外相结合，把代表委员关注热点与群众关心问题有机联系在一起，让不同的群体都发表各自的看法和意见，有效地畅通了会内会外，也让新闻更富有贴近性、吸引力和感染力。

三、配合报道异彩纷呈

为迎接全国“两会”召开，北京电视台于“两会”召开前推出两个系列报道。一是3月1日在《北京新闻》推出的“迎接全国‘两会’　北京迈入新阶段”，展现了一年来北京经济社会各个方面的发展建设成就；二是2月中旬要闻部在《北京新闻》推出大型年度新闻行动“记者走一线”，以“扩内需　保增长　促发展”为主题，记者深入厂矿企业生产一线，解剖“麻雀”，分析企业在金融危机中的挑战与机遇，以及积极应对的良策，收到良好的播出效果和社会反响。

四、整合多媒体资源　深度报道“两会”

《北京您早》、《新闻晚高峰》等节目，充分发挥后期编辑能力，将平面以及网络媒体的报道进行摘要整合，将更加丰富的内容传递给广大的电视观众。此外，《晚间新闻报道》中“晚间观察”板块，“两会”期间也紧紧围绕会上的热点话题，请来“晚间观察员”进行深入分析解读，展开深度报道。

五、全力以赴　不辞辛苦

尽管今年“两会”会期不长，但各项议程安排紧凑，记者工作强度远远大于往年。仅全国人大举行的各种新闻发布会、集体采访等活动平均下来，一天就有两三场，要闻部只有一组记者报道新闻发布会，他们最多时一天要赶五场，饭都顾不上吃。此外，由于每场发布会的内容都涉及不同领域，就要求记者必须做大量的前期案头工作，做到有备而去，因此除了现场采访以外，记者们前后期的工作量也是非常之大。

今年的全国政协，委员们分别住在9个驻地，对于采访政协的记者来讲，跑会是他们工作的一大特点。来自北京的100多位委员分散在各个届别，也就分散在9个驻地进行小组讨论，要闻部参与政协报道的两组五位记者，分工合作、密切配合、采访充分，会内会外有机结合，圆满完成了报道任务。

需要特别提出的还有，对于今年的全国“两会”报道，我台转传部、制作部等部门领导都高度重视，在会前以及会议期间对报道给予了大力支持和积极协作，调集精兵强将，圆满完成了新闻传送、前期包装以及后期制作的各项工作。此外，我台台办也主动热情地为上会记者提供服务，将无线上网卡送到记者手中，方便记者随时随地上网浏览相关信息，丰富报道内容。在全台上下的共同努力下，北京电视台圆满完成了本次全国“两会”的报道任务。

新闻节目中心圆满完成 2009年北京市“两会”报道任务

新闻节目中心

北京市第十三届人民代表大会第二次会议和中国人民政治协商会议北京市第十一届委员会第二次会议于2009年1月11日—1月17日在北京召开。本次“两会”是在北京成功举办了一届有特色、高水平的奥运会和残奥会后，进入新的发展阶段的第一年召开的，意义深远。

为做好2009年北京市“两会”宣传报道，营造良好和谐的舆论氛围，台领导高度重视、靠前指挥，新闻节目中心提前一个月就展开策划，多次与人大和政协有关部门协商报道思路、梳理新闻线索，周密部署、扎实推进，在总体把握上强调：准确及时、求实创新。

一、提前推出人大、政协回顾性成就报道《履职不辱使命》，为“两会”召开营造舆论氛围

1月5日起，推出人大、政协回顾性成就报道《履职不辱使命》，从时效性和典型性上入手，报道了市人大、市政协一年来所取得的成绩，报道涉及北京成功举办奥运会、城市建设、现代农业、金融服务、交通建设等诸多方面。

1月2日起，推出了迎“两会”成就报道《迎接市“两会” 建设人文北京、科技北京、绿色北京》，内容紧紧围绕“三个北京”展开：农民持续增收、首都金融业逆势上扬、产业结构调整取得新成果等。

二、严谨细致、准确及时地做好程序报道

程序报道是北京市“两会”报道的重要内容，尽管今年不是换届之年，但面对当前复杂的国际国内经济形势，代表们都高度重视本次大会，参政议政热情高涨，因此今年的程序报道依然任务艰巨。

1. 严格执行三级审片制，将隐患消除在萌芽状态：本次“两会”，在程序报道上，要闻采访部提出了明确的要求，即：严谨细致、准确及时。首先，所有程序报道记者严格执行“三级审片”制，按照部主任——台领导——市委宣传部三级，规范审稿审片程序，确保程序报道领导排名、人名字幕等所有信息准确无误，文字与画面报道规范。这样就从管理层面上确保了“两会”报道导向正确、内容规范、播出安全。

2. 在确保准确的基础上，讲求时效：

新闻是最讲求时效的，按照往年的统计，每年北京市“两会”期间，《北京新闻》的收视率都十分强劲。因此，即使是程序报道，要闻部也要求记者抢在第一时间发稿。

人代会开幕第一天，北京市四位主要领导参加政府工作报告的分组审议。时间是下午2:30，要闻部派出四组记者分头行动，由于代表讨论热烈，最晚的一组在下午5:20才结束，报道记者迅速写稿编辑，成功在《北京新闻》播出。最紧张的时候，一条新闻分三段配音，由两位记者合作共同完成。

此次政协会议调整了部分议程，两个重要的小组会和大会发言都安排在了下午2:30，增加了抢发新闻的难度。在这种情况下，编辑记者周密部署、分工协作，圆满完成了抢发任务。

本次人大和政协的开闭幕式都在上午，但这四个程序报道，都在《特别关注》的头条位置播出；此外，“两会”上凡是发生在上午的重要事项也都在《特别关注》中抢发，突出体现了新闻的时效性。

三、求新求变，将配合报道做出新意

配合报道是“两会”报道有益有效的补充，丰富了报道内容，拓展了报道范围。

1. 镜头对准基层代表和委员：经过要闻部前期的周密策划，在本次两会上成功推出人物报道——《我从基层来》，以人物特写形式，展现代表委员的履职风采。所选4个人物全部来自基层，着重反映基层代表和委员倾听民声、反映民意，为着力解决群众关注的重点难点问题而大声疾呼、多处奔走的历程。这样，将会上会下的相关内容结合起来，形成了良好的宣传效果。

2. 紧扣热点难点，关乎首都发展：《凝聚信心　共话发展》是会前要闻部策划的重点配合报道。它从政府工作报告中汲取素材，通过代表委员的采访对报告中北京发展的重要数据、主要指标，以及未来北京的新任务、新变化，进行解读与阐释。

除了提前策划好的命题作文以外，本次“两会”期间，记者还结合当前的国际国内形势、围绕当前的热点难点问题展开报道。“城乡一体化新格局”、“中小企业贷款难”、“财政支持知识经济”等都是从代表委员热议的话题中，寻找到的新的报道点，使得本次“两会”的配合报道，内容更加贴近、更加鲜活。

创意无限　创新发展

——《北京新闻》连续两年获得中国新闻奖电视编排类一等奖

周永萍

1979年5月16日，《北京新闻》的前身《简明新闻》诞生了，自创办以来，秉承“权威发布政策资讯，悉心关怀百姓冷暖”的宗旨，历经31年的发展壮大，《北京新闻》成为北京电视台最重要的新闻栏目，成为首都观众最关注的新闻栏目，每天都有近200万的市民在18:30—19:00打开电视机，锁定北京卫视，了解首都的大政方针和城市发展。

31年来，《北京新闻》凭借导向正确、新闻生动、精细管理、创新发展，屡获大奖，铸就了北京地区极具社会影响力和公信力的新闻第一品牌。在长年的新闻实践中，《北京新闻》在坚持导向正确的前提下，加强选题策划，创新报道手段，精心设计编排，大胆使用SNG新闻卫星直播方式，提高报道时效性，多次获得国家级新闻大奖。尤其在2008年和2009年，连续两年获得第18届和第19届中国新闻奖电视编排类一等奖。

一、导向正确　引导有力

《北京新闻》始终坚持导向正确、事实准确、创新发展。追求时政新闻的严谨性、经济新闻的生动性、民生新闻的贴近性。

积极改进时政新闻报道，精简会议新闻，不断扩大报道范围、加大资讯新闻的报道量，让观众在最短的时间里了解最丰富的内容。

始终强调贴近性，着力报道与百姓利益密切相关的新闻，同时，深入普通市民生活，报道百姓关注事件。

二、应急机制　提升水准

近年来，新闻节目中心在全台率先建立了应对突发事件的应急机制，面对突发事件，栏目可迅速建立应急指挥和编播体系——导演组、报道组、信息组、包装组、SNG直播组、演播室访谈组和导播组，形成一条龙作业体系。在该机制下，《北京新闻》不断创新编排，丰富报道内容，提升报道水准。

2008年，在四川汶川特大地震发生后，《北京新闻》担当媒体职责，启动应急报道机制，开辟《众志成城　抗震救灾》、《抗震救灾英雄谱》、《爱心跨越千里》等子栏目，用最新鲜的内容、最丰富的报道形式、最快捷的报道打动观众、引导舆论。同时，开创性地做好了全国哀悼日的报道，检验了栏目面对重大突发事件的应急机制和报道水准。

此外，在近年来的密云踩踏事件、东三环京广桥塌陷、河北山火逼近密云、京城突降大雪等突发事件发生时，《北京新闻》都在第一时间向观众传播了最权威最全面的消息。经过几年的历练，应急报道机制也已经熟练地运用在了各类突发事件和日常新闻的报道中，使《北京新闻》节目的时效性、丰富性和生动性不断被刷新，新闻越来越彰显魅力。

三、动态编排　立体报道

近年来，电视新闻传播已经由新近发生的事情转变为正在发生的事情，强调新闻的时效性成为各家媒体追求的重要目标之一。《北京新闻》也积极探索，在国内省级卫视联播类新闻栏目中率先实施了动态编排和时时直播报道，增强节目的时效性，为联播类新闻栏目的创新发展进行了积极探索。

在北京奥运会报道中，《北京新闻》特别延至60分钟，进行动态编排和立体报道，在播出中随时插播最新赛事，全景展示城市运行保障。每天报道融合现场消息、新闻特写、赛事直播、SNG直播、本台短评、精彩MV等多种立体报道模式，担当了奥运主办城市的媒体职责，使《北京新闻》在媒体竞争激烈的奥运期间取得了良好的收视率和美誉度。

尤其是获得中国新闻奖一等奖的2008年8月8日的《北京新闻》编排更是匠心独具，奥运会开幕，北京万众瞩目，当晚6:30开播的《北京新闻》定位在直击与揭秘，8:08分即将举行的奥运会开幕式，以倒计时式的报道方法，通过现场直播和多点报道集纳的动态编排方式，全景展现了即将百年梦圆之前的准备有序与紧张期待。

当天编排，第一时间直击核心新闻现场。节目开始，记者从鸟巢直播点发回直播报道《今晚百年梦圆：北京迎来奥运时刻》，将观众的激情和关注点拉到了开幕式的核心地带——鸟巢。

随后，多点报道，展现北京准备就绪。从公交保障、安检进展、礼花燃放、气象监测、道路交通等各方面发回报道，介绍北京一切准备就绪，向世界兑现郑重承诺。

而新闻综述《中国喜　世界喜　我们同喜》将观众的情绪再次升华，举城同庆，期待当晚绽放精彩。

节目最后，再次回到鸟巢直播点，记者发回最新消息《今晚百年梦圆：奥林匹克中心区一切准备就绪》，把观众的期待与激情点燃。

总之，当天《北京新闻》节目形式多样、内容丰富、层层递进、扣人心弦；在传递信息的同时，饱含感情，营造了充满期待的紧张与激动氛围，为当晚开幕式举办做了铺垫，烘托出热烈与期盼的浓浓氛围。

此外，获得第18届中国新闻奖电视编排类一等奖的《北京新闻》也在奥运倒计时一周年之际，突出报道了奥运筹办阶段成果和万众一心期盼奥运的喜悦之情。当天编排打破常规，以“我们期待那一天”为主题，充分整合北京奥运会倒计时一周年当天的新闻，体现整体性和创新性。同时，报道形式多样，有效整合新闻，播发了组合式新闻、口播、新闻特写、背景链接、新闻MV等多种报道形式，在创新报道方式、提高报道水平方面做了有益尝试。

四、深受欢迎　收视第一

作为北京电视台最重要的一档主流新闻节目，在导向正确的前提下，注重新闻时效，丰富报道内容，提升新闻品质。根据 AC－尼尔森和索福瑞等权威调查公司数据显示，多年来，《北京新闻》在全国省级卫视频道35城市范围一周新闻类型节目平均收视率排名中一直稳居第一。这些城市包括北京、上海、天津、重庆、广州、福州、杭州、青岛、厦门等直辖市、省会城市和计划单列市。

据2008年最新统计，《北京新闻》平均收视率达到10.32%，占有率达到31.36%，在北京地区全国省级卫视频道35城市新闻类节目中名列第一，也是北京电视台唯一一档收视率超过10%的节目。

五、精细管理　规范运行

目前，《北京新闻》探索了一套既符合新闻规律又符合发展要求的新闻微观管理模式，对新闻资源实施常效有序管理，保证了对新闻的统筹指挥和新闻资源最大程度的开发利用。

选题：所有新闻，经过记者报题——采访科科长一级审核——编务会二级审核，确定报道角度，丰富报道内容。

稿件：播出稿件，经过采访科科长一级审核文稿——栏目编辑和主编二级审核文稿，最终定稿，对新闻导向和稿件质量层层把关。

考评：独立于栏目之外建立考评小组，对节目编排和单条新闻进行统一打分和评价，根据节目质量，合理拉开分值差距，一方面鼓励记者更多关注重大新闻、社会热点、民生话题，另一方面，鼓励多劳多得、优质优酬。

舆情：建立舆情分析制度，时刻关注首都和境内外各大媒体的舆情动态，为节目提供编排和采制参考。

北京卫视圆满完成大型高清直播特别节目《我爱你　中国》

新闻节目中心

新中国60华诞，北京成为世界的焦点！为此，北京电视台于9月30日22:30分—10月1日23:18分推出大型直播特别节目《我爱你　中国》，首次在国庆大典的核心区设立多处直播点，与祖国同庆，打造24小时播不停的概念，体现出北京电视台作为首都大台的实力和影响力。

本次直播节目特点鲜明

24小时播不停。本次直播总长近25小时，其中自制节目9小时30分，CCTV直播信号8小时，日播新闻节目1小时，汇编《我爱你　中国》专题片6小时。

14个单边注入点体现首都大台的实力。本次直播规模大，时间长，注入点多达14处。尤其是本台首次在国庆大典的核心区设立4个直播点，在北京市交管局指挥中心、北京市气象局、北京市交通委等委办局设立3个直播点；在北京部分有代表性地区设立5处直播点，体现出北京电视台作为首都大台的实力和影响力。当天新闻节目中心、卫视节目中心和海外节目中心出动编辑记者上百人。

近40次现场连线，突出进行时感和现场感。除转播中央电视台的庆典直播信号外，本次直播大量采用现场直播连线，介绍阅兵、游行、联欢、焰火晚会最新情况，公交地铁、卫生医疗、安保、交管、气象以及阅兵队伍、游行队伍的最新进展。

从空间上，设立四个层面的连线点：

——外围庆典运行保障指挥中心。包括北京市气象台、市交管局指挥中心、市交通委指挥中心、市急救中心等。

——庆典运行保障现场。国庆游行集结和疏散指挥部、金融街疏散点等。

——游行、阅兵、联欢现场。在西临时观礼台、天安门广场、群众联欢区等处设立了多处单边注入点，实现了中心区最新消息的及时播报。

——学校、军队、乡村、工地等收听收看现场。本次直播还在北大、武警北京总队、地铁10号线二期建设工地、顺义北郎中村等处设立多处直播点，展现市民风貌。

38位嘉宾先后进入演播室参与访谈。嘉宾包括：军事专家、国庆阅兵参与者、国庆群众游行导演组策划总监、艺术导演专家组成员、群众游行集结疏散指挥部指挥曾繁新、执行指挥何世文、群众联欢晚会主创人员张和平、赵东鸣、张艺谋、蔡国强以及主要演员等。可谓阵容强大，话题精彩。而且，很多嘉宾不仅是重量级人物，而且都是在阅兵游行后第一时间赶到演播室参与节目的，从一个侧面反映出北京电视台具有极强的影响力和号召力。

10多个城市连线打造全球概念。我们与中新社等机构合作，在美国纽约和洛杉矶、日本东京、俄罗斯莫斯科、英国伦敦、澳大利亚悉尼、南非约翰内斯堡、巴西圣保罗以及中国的香港、澳门特别行政区设立报道点，连线打造全球概念。

攻克多个难点
直播节目顺利推进

技术难点。《我爱你　中国》直播方案获得市委宣传部通过后，9月9日，由田方总工程师和张亮副总编召集的直播技术协调会召开，总工办、转传部、播出部、制作部、网络部、台办、总编室、卫视节目中心、海外节目中心和新闻节目中心等部门现场办公，一一解决直播中的技术需求，各部门纷纷表示在保证高清改造顺利实施的同时，高度重视我台国庆60周年的直播特别节目，以最大的力度支持配合，此外，还尽最大的努力寻求技术厂家的产品保障。

办证难点。此次国庆安保极为严格，而记者证件和采访资格的申请更是难上加难。为了争取国庆大典核心区和控制区的记者证，新闻中心领导和导演组反复和市委宣传部争取，一次次打报告、写申请，由电视台报送市委宣传部，再由宣传部报送中宣部，最终拿到了中宣部副部长李东生的亲笔批件，核心区和控制区的直播点才算定下来。

在证件办理上，同样是层层过关。首先必须要求按警卫局制发的表格样式填报，表格为智能计算表，有一项不符合规定都通不过，尤其是身份信息，若与公安部门原始数据不符都不行。由于直播方案在不断调整，原来确定的地点和人员不断发生改变，需要随时调整各位记者身份信息。而证件信息报送手续先后反复了几次，在临近直播的前几天，还在与公安部门审核记者信息，而这个过程经常是通宵达旦完成的。

嘉宾准时抵达难点。由于北京在10月1号启动了最大范围的交通管控，参加完阅兵和游行的嘉宾如何从天安门广场和长安街来到北京电视台成为直播组最担心的事情，因为这直接关系到直播的安全顺利进行，为此直播组在9月初就做好两手准备：一方面，向各组收集嘉宾用车需求和各项相关信息；另一方面，提前向国庆群众游行新闻中心递交车辆证件申请，同样是经过层层审批，最终拿到了20多张车证，满足了采访和接送嘉宾的需求。

而国庆当天，直播组科学安排，合理调度车辆和司机，根据需要穿插使用，在车证有限的情况下满足了各项用车需求，所有嘉宾当天全部安全、提前到达。

直播难点。就在10月1日当天凌晨，本次直播设在天安门广场西临时观礼台直播的光缆线路才试通，这只是其中之一。14处单边注入点，让技术人员一直在奔波。

负责直播点的技术编辑，从进入直播小组后，他们的心就一直悬着，因为此次直播设计的单边注入点多达十几处，传输手段也各不相同，有光缆、有Flyaway、有SNG、有DSNG，所有的注入点他们都要逐一考察，然后再和联通等单位确认技术保障。此外，由于直播此次国庆大典的国内外媒体众多，北京的技术设备严重短缺，他们又和联通的负责人联系外省市的卫星车和技术设备。

由于此次国庆安保严格，核心区直播点的光缆位置设置需要和电力部门、国庆安保部门、国庆办新闻中心以及联通公司等部门反复沟通协商，每攻克一个直播点都要耗费十几天。

直播点确定后，还要和联通以及台内的播出部、制作部、总工办等沟通信号进入演播室的路径问题。可以说每个点的衔接、每个环节的设置都非常精细。

总之，凭着对伟大祖国的热爱，对北京电视台事业发展的追求，对新闻工作的恪尽职守，直播团队克服重重困难，完成了《我爱你　中国——庆祝新中国成立60周年直播特别节目》，也为北京电视台的创新发展贡献了一份力量。

影视剧中心五大创新　促进电视剧推广和营销

影视剧中心

2009年以来，北京电视台影视剧中心创新理念和运作方式，在部门内部的机制上，严格贯彻流程化分工的三级审片制和全流程贯通的项目负责制，从源头抓起，保证流程的高效、畅通；不断研究编排机制，实行差异化编排，对各频道剧场剧目进行科学分布，改良销售渠道；开始建设立体宣传阵营，企划实现强有力的产品推广攻势；探索开发广告营销的新空间，用更丰富的销售模式来创造更好的销售业绩。

一、推广理念的创新：全新品牌管理理念，专业公司加盟团队

在北京电视台已经成为区域强势媒体的基础上，为能更好地将北京卫视塑造成具有全国影响力的卫视台，影视剧中心进行了推广理念的创新，将电视剧作为产品，利用720度品牌建立、推广及管理方式，并邀请了专业的品牌营销及管理公司加盟推广团队。

作为北京卫视“献礼60周年电视剧展播”的开篇，《潜伏》的推广力度强大，将“大戏看北京”作为核心传播理念，突出宣传北京卫视的品牌形象，在相关的新闻稿、节目、宣传品中均着力突出“北京卫视”、“BTV”及“大戏看北京”等概念和关键词，起到了潜移默化提升北京卫视知名度及品牌价值的巨大作用。

二、推广思路的创新：综合系统规划、建立监测系统、剧剧量身打造

利用品牌管理的方式，变“单打独斗”为“全面战役”。针对北京卫视及影视频道，形成了以“大戏看北京”、“你就生活在这里”为核心的，整合的、系统的年度长远规划。在2009年全面推出“BTV——333形象工程”，利用“3大策略，3个手段，3张网”集中力量提升BTV的知名度。

此外，还在推广中建立了有效的监测和公关预警系统，及时地了解观众的收视动态，也为电视剧的购买、推广和编播提供参考。

在整合推广过程中，不同的剧目，宣传推广的目标决定着具体的推广方式和措施。因此宣传推广方案需要量身定制，目的不同、决定手段不同、效果不同。如《潜伏》这样的年度大剧、重点大剧的主要作用不仅是扩大知名度，更肩负着体现北京电视台深度与高度的责任，因此其推广目的以提升全国知名度、认知度及美誉度为主，而《我是老板》这样的地面剧则以贴近百姓、集中打造知名度、提升收视率为主。

三、广告营销的创新：传统＋新兴，分众＋社区，多样化传媒、全方位覆盖

利用品牌营销管理理念，打破了电视台电视剧单一推广的传统模式，结合了传统媒体与网络、分众媒体的不同优势，利用DM广告、分众广告的方式，使电视剧的推广走进社区、走进超市，更加贴近地面、贴近观众，更好地提升了观众对北京卫视的认知，同时起到收视作用。

四、媒体合作的创新：精选实力媒体战略合作、电视剧推广俱乐部崭露头角

在《潜伏》的推广过程中，形成了以“全国媒体＋北京媒体＋地方媒体”为核心的媒体战略合作网。全国媒体方面，已经与新浪网娱乐频道与《看天下》杂志建立了战略合作伙伴关系。目前，新浪网娱乐频道《潜伏》推广专题北京卫视专区已经发布，并不断进行更新。《看天下》杂志北京卫视《潜伏》专题报道已经结稿。北京媒体方面，已经将《北京晚报》作为重点合作伙伴，建立长期稳定关系，配合BTV剧集推广进行新闻报道及活动配合。地方媒体方面，以重点收视城市的都市报为主，组建“北京卫视电视剧推广俱乐部”，通过不定期的论坛、研讨会、见面会等与各地媒体建立深度合作关系。目前，首次“俱乐部”活动已经于3月28日举行，近10家外省市的知名都市报的总编辑、文化娱乐部的主任、主编参加了第一次峰会，相关会员媒体都对俱乐部的创新合作方式表现出浓厚兴趣。

五、产品模式的创新：主动开发周边节目产品、打造独有竞争优势

产品方面，北京卫视以“大戏看北京”为核心理念，结合新中国成立60周年，购买了一批精品佳作，为观众提供思想性、艺术性和观赏性“三性统一”的电视剧。

为了应对越来越激烈的电视剧制播竞争，打破了电视剧单一的播出模式，我们下足功夫努力创新，制作差异化产品，利用独有优势取得收视胜利。例如在《潜伏》推广中，就制作了《BTV潜伏秘密档案》，共15集，每天随剧集播出，深度揭秘，独家访谈，吸引观众的收视兴趣，并取得了很好的效果。另外，这一差异化的产品更为我台带来了新的收益，据广告部统计，这15×5分钟的节目，已直接创收65万元的广告收入。

全台通力合作　打赢《潜伏》硬仗

影视剧中心

北京卫视红星剧场于2009年4月1日起推出年度大剧BTV揭秘版《潜伏》，该剧作为“大戏看北京”品牌战略的重要组成部分，是北京电视台为庆祝新中国成立60周年推出的一系列集思想性、艺术性和观赏性“三性统一”的大戏中的首部电视剧大作。3月27日由北京卫视独家举办“深海情，英雄志”的BTV揭秘版《潜伏》上星首播庆典，在北京电视台演播大厅成功举行，包括主演孙红雷、姚晨、沈傲君、导演姜伟在内的剧组主要人员悉数到场。主持人王刚、春妮与剧组人员一系列的真情对话，使更多的幕后故事走到了台前，各位嘉宾轻松的调侃让现场观众忍俊不禁。结合《潜伏》主持人与嘉宾开始了一轮轮戏里戏外的真情问答，最终上升到英雄与信仰的对话。录制现场，当年秘密战线的英雄“龙潭三杰”的子孙走上台，并为观众讲述那段真实的历史片段，让全场观众和现场的嘉宾都震撼不已。通过这场精彩的首映庆典，使观众对《潜伏》这部年度大戏怀揣了更多的期待和热情。在4月1日播出的《潜伏》，开播第一天就在北京地区创下了8.01%的收视奇迹。

一、竞争日益激烈，产品差异化是取胜关键

鉴于以往的经验和教训，影视剧中心在3月初开始筹备《潜伏》的宣传规划，前所未有地投入人力物力就该剧4月1日的首播开始了周密而详尽的策划，希望借助全方位的推广让《潜伏》“潜伏”到每一个观众的心中，让“大戏看北京”的品牌战略深入人心。同时希望借此次活动为影视剧中心与全国各相关媒体建立起良好的互动关系，为更有效的媒体互动宣传提供了新的合作平台，为影视剧中心的宣传工作建立了良好的开端。

《潜伏》一剧的宣传推广策划是从3月7日开始启动的，到3月27日《潜伏》首播庆典顺利录制期间只有短短20天的时间。在策划阶段，影视剧中心的相关负责同志与剧组主创人员进行了充分沟通，并邀请了多名资深策划参与讨论，仅在两天的时间内就基本确定了录制首映庆典和制作北京卫视版《潜伏秘密档案》随剧播出的基本思路。随后我们邀请了知名广告、公关公司就《潜伏》一剧的全面推广与宣传、立体营销进行了策划，在充分的研讨、策划、沟通之后，3月16日《潜伏》所有的宣传思路、营销策略、实施路线图基本确定，并进入实操阶段。

二、匠心独具贯始末，精彩纷呈出亮点

《潜伏》一剧是四家卫视同时播出，

各兄弟电视台也非常重视该剧的宣传，但是当北京电视台的宣传、推广方案传给剧组后，导演、主演都对北京台的策划方案表示赞赏，并把最佳的档期留给了我台。主演孙红雷、姚晨都是从外地赶到北京参加节目录制和媒体见面会的，而主要反派角色的扮演者祖峰更是在因伤造成骨折的情况下，依然坚持来我台参与节目录制。影视剧中心的同志结合《潜伏》的剧情，寻找并邀请到了我党秘密战线的前辈李克农和钱壮飞的后人出席节目，他们也对我们的工作态度和节目设置高度肯定，欣然接受邀请并积极配合我们的相关宣传。

在首映庆典中，90 分钟的节目紧紧围绕“英雄”这一核心概念展开，开场舞气势庞大、先声夺人，而随后展开的孙红雷、姚晨等主创人员的访谈环节中，围绕着我们精心设计的话题和主持人的精当提问，各位嘉宾敞开心扉、激情流露，从台前幕后的花絮，到彼此合作中的矛盾与感悟，历数拍摄过程中的种种细节，妙语连珠，大量的独家视频与访谈内容增加了首播庆典的可看性。

除了原汁原味的访谈，首播庆典上娱乐元素也是穿插始终。针对《潜伏》的剧情和谍战“热潮”，首播庆典特别安排了两个小游戏，嘉宾与观众的热情互动把晚会的气氛推向了高潮。在“你猜我动了什么”的游戏中，演员们要从摆放在桌子上的几件物品中找出前后是哪里被观众动过了，来检验“潜伏者”是否是合格的特工。在另一个猜密电码的游戏中，全场观众和场上嘉宾一起破译一段现场发报接收的、“谜一样”的数字密码，使整个首播庆典台上台下不断互动，趣味横生。

首播庆典上，既有轻松的娱乐环节，还承载着许多戏里戏外对于深刻话题的思考和探讨——有关于“英雄与信仰”的话题引发了一场大讨论。在对《潜伏》编剧和导演姜伟的访谈中，历史专业出身的姜伟表示虽然角色没有很具体的原型人物，但是就那段历史来说，秘密战线上的无名英雄拥有的共性就是坚定的信仰，很多观众表示从剧中看出了信仰的深刻主题。“像余则成这样的坚持自己信仰，为了更多人的幸福不惜牺牲自己的都是英雄”。英雄与信仰两大主题的相互交映和渗透，使对首播庆典上的讨论达到了新的高度。

三、全台通力合作，打赢《潜伏》硬仗

此次《潜伏》活动，得到了全台各个部门的通力合作和大力支持，全台一盘棋的概念在《潜伏》首映庆典的录制和播出中得到了充分的体现。卫视节目中心承担了《潜伏秘密档案》的制作工作，每天 5 分钟，共 15 集；文化通档栏目《档案》、《五星夜话》、《身边》等均配合电视剧《潜伏》从不同角度做了特别节目。文艺节目中心承担了首播庆典的制作工作，和影视剧中心的工作人员一起连续奋战了很多个日日夜夜；《每日文娱播报》、《天天影视圈》、《光荣绽放》等栏目也为《潜伏》制作了大量特别节目。广告部在三天之内为《潜伏秘密档案》拉到了特约赞助客户，使我们精心推出的差异化产品不仅得到了良好的传播效果，也获得了较好的经济回报。

四、首播庆典盛大落幕，BTV 品牌形象良好展现

在我台新台址录制的《潜伏》首播庆

典是该剧四家卫视中唯一的一场首播庆典，录制当天除200多名观众外，到场的还有来自全国40多家平面媒体、近10家网络媒体和广播电台、我台各栏目在内的100多名记者，其中近30名外地平面媒体的记者是在3天的时间内确定名单并完成邀请的。3月26日我们在演播厅外围连夜制作了大幅宣传展架，使媒体所到之处都能充分感受到“大戏看北京”的概念，而构思新颖、气势宏大、制作精良的首映庆典和随后举行的媒体见面会也使到场的网络、平面和电视媒体，得到耳目一新的采访感受，纷纷取得丰富的报道素材，北京卫视的品牌形象得到大力的弘扬和良好的传播。

盛大的“首播庆典”，背后融合了影视剧中心有关《潜伏》的一系列宣传推广活动的综合力量，是建立在这一段时间以来影视剧中心对电视剧项目加大宣传推广力度、创新编排方式、优化业务流程等一系列中心工作新思路、新举措基础之上的。“《潜伏》首播庆典”的开门红，更需要我们仔细回顾和总结电视剧项目宣传推广的经验和教训，回顾和总结相关编排、营销方式创新的做法和效果，为我台影视剧工作在下一个阶段更上一层楼打下坚实的基础。

统合内外资源　延续品牌优势
影视剧中心倾力打造“探红楼”大型直播

影视剧中心

2009年6月20日，北京电视台影视剧中心在北京卫视黄金时间推出《探红楼·飞梦传奇——新版红楼梦拍摄现场大型直播和互动活动》。本次直播是国内的电视机构第一次对一部电视剧的拍摄过程进行的现场直播，是电视剧制作领域的一次开先河之举，是北京电视台“红楼梦中人”这一品牌活动的延续。

一、盛大声势　展北京卫视强大影响力

2009年年初，北京卫视推出“文化制高点、大戏看北京”品牌发展战略，为配合卫视争创一流的发展目标，影视剧中心精心挑选了一批大投资、大制作的首播、独播大剧项目，并采用创新的推广方式掀起了一轮又一轮的声势浩大的营销高潮，很好地提升了北京卫视品牌形象，展示了北京卫视强大影响力。

《探红楼·飞梦传奇》大型直播活动，就是这些大剧推广活动中浓墨重彩的一笔。该活动全程盛大恢宏，处处发力，全面提升了BTV影响力。

盛大场面：本次直播内容为新版红楼梦中规模最为盛大的一场戏“元妃省亲”中的若干镜头，参演人数、服装道具、建

筑群落登峰造极。

盛大地点：演播区所在的拍摄现场为世界单体面积最大的中影怀柔基地5000平方米的摄影棚。

盛大制作：本次活动启用我台最大的数字转播车，以15讯道的规模进行直播，并以外景基地大型航拍作为开头，整体气势恢宏、极为壮观。

盛大发布："探秘"视角真实记录"红楼"剧组的宏大拍摄场面，首次发布最新片花和特技动效，对红楼梦中人选秀选手成长经历及新版红楼拍摄历程中众多幕后内容进行独家披露，获得高度关注。

二、兼容并蓄　深掘"红楼"海量信息与丰富内涵

《探红楼》直播节目采用创新的策划理念，综合分析节目的内外资源，以独特的视角和立意，充分发掘节目背后的海量信息和深邃内涵，将这样一场盛大的活动做得富于新意、富于深度。

一是独特视角，在电视剧领域创新节目形态。本次《探红楼》直播节目不拘于传统娱乐节目套路——以电视剧的人物及情节为核心进行报道，而将核心落点于"记录片场"，对电视剧拍摄过程进行全景展现。整个节目中强调电视剧拍摄的现场感，对导演、剧务、服装、化妆、灯光、摄像等各环节和工种均有展示。业内仅有对《赤壁》、《建国大业》等电影拍摄现场做直播，但对电视剧拍摄过程的直播还尚属首次。创新直播节目融娱乐、访谈、现场直击等各元素于一体，让观众目睹五光十色的片场动态，同时聆听嘉宾专家的文化解读。

二是根植深邃红楼文化，直播活动厚度显现。《红楼梦》是一部经典巨著，拥有相当高的文化价值，在全球拥有最为庞大深厚的群众基础，因此，对新版《红楼梦》拍摄过程的直播也是一次对中国传统文化进行宣扬与推广的过程。直播节目的另一个重要理念，就是使观众能够更加深入地了解红学以及中国传统文化。为此，直播活动不限于简单的过程展示，而是从"红楼"背后海量信息中，遴选出很多韵味十足的传统文化知识，比如手工刺绣、故宫文物、传统礼仪等，这些内容让《探红楼》直播节目从单纯的娱乐节目升格为内涵丰富、底蕴十足、回味无穷的互动活动。

三是依托选秀余温，预热剧作人气。本次《探红楼》直播节目还有一个重大的意义在于，新版《红楼梦》是北京电视台投资拍摄的大型电视剧，于两年前的《红楼梦中人》选秀活动伊始，就与BTV结下了不解之缘。本次直播活动承前启后，即在活动中对红楼梦中人选拔活动以来，选秀选手成长经历和幕后故事给予了深入的关注和追踪，又对即将杀青、于明年登上北京卫视荧屏的年度大戏《红楼梦》给予了预热，一举两得、一箭双雕，将"红楼"品牌仅仅锁定在BTV上，为电视剧的推广打响了第一炮。

三、全台一盘棋　各部门齐动员打赢红楼战役

《探红楼》这一大型直播节目的宣传推广活动，从一开始就得到了台领导的明确肯定和支持，在活动的具体实现和推进过程中，影视剧中心得到了全台各个部门的通力合作和大力支持，全台一盘棋的概念在节目直播从策划到实际播出的全过程

中均得到了充分的体现。

1. 在技术方面，我台转传部、播出部、网络信息部、制作部、台办通讯科等部门为活动提供了强有力的技术支持，从节目筹备到正式播出，召开4场大型技术协调会，逐一攻克信号传输、供电保障、摄录器材等各种技术难题。直播前50小时即开赴现场进行了大量的准备、预演工作。

2. 在主持人方面，由文艺中心、海外中心贡献了优秀主持人组成的主持阵容，很好地承担了演播室和现场的主持工作，为直播节目增光添彩。

3. 在宣传推广方面，总编室在台领导的亲自部署下，对本次活动高度重视，全力支持，组织了本台近20个栏目投入宣传推广工作，这些栏目所涉及的卫视节目中心、文艺节目中心、新闻节目中心、生活节目中心、财经节目中心、青少年节目中心均给予了鼎力支持。特别值得一提的是，新闻节目中心从直播前一天开始即出动SNG车，在直播现场通过《晚间新闻报道》、《特别关注》、《北京新闻》栏目对这一活动进行了大规模、连续性报道，使这一直播成为北京电视台多部门联手、跨度近24小时、颇具影响力和感染力的一次盛大活动。另外，我台网站也对活动进行了网络现场直播，京视传媒在BTV手机电视的平台上也进行了全程直播，使本次大型活动成为了一次很好的台网联动的案例。

4. 在安保方面，在台办和保卫处的大力配合下，选调了40余名保安奔赴现场，规划了安检、划定了警戒区域，做大量的安全保障协调工作，对于保障本次直播的顺利进行功不可没。

四、全国媒体联动　掀起“探红楼”宣传推广风暴

北京电视台影视剧中心，在今年4月《潜伏》的系列宣传推广活动中摸索出了一系列行之有效的推广方式，利用品牌营销管理理念，打破了电视台单一推广的传统模式，建立了以“全国媒体+北京媒体+地方媒体”为核心的立体式多媒体战略合作网，被业界喻为开启“电视剧营销时代之先河”。而此次《探红楼·飞梦传奇》大型直播推广，更是在此基础上进行了周密的策划和部署，有重点、有计划地进行着推广。

1. 在推广主题方面，突破了常规新闻报道的方式，结合“探秘团选拔”及“探秘征集令”两大互动活动，运用“悬念式公关”，围绕“探秘”与“揭秘”两大核心要素，形成了文化娱乐的高关注度。

2. 在多媒体联动方面，联合了《北京晚报》、《齐鲁晚报》、《现代快报》、《华商报》、《大河报》、《武汉晚报》、《燕赵都市报》等全国十余家重要都市的实力报纸媒体以及新浪等门户网站，对整个活动进行了阶段式全程跟踪报道，在全国范围内提升活动的影响力和号召力。

3. 在互动方面，本次《探红楼·飞梦传奇》大型直播及互动节目进行了一次突破性的尝试，即通过线上线下面向全国征集了40位观众组成了“红楼探秘团”，亲临新版《红楼梦》拍摄现场，参与到直播节目中来；同时，通过网络、短信SP平台和我台96168服务热线等多种方式进行观众问题和互动话题的征集，并在节目中进行互动，这些互动渠道的设计，体验式的互动直播思路，使该活动得到了各界广泛关注。

记录《说唱北京》

生活节目中心

2009 年，生活节目中心《7 日 7 频道》推出了一部纪念新中国成立60 周年的10 集纪录片《说唱北京》，节目播出后取得了良好的社会反响。广电总局的《收听收看》第221 期上发表阅评员文章，评述该片从北京城和北京人的性格特点入手，以贴近百姓的衣食住行为载体，从一个侧面来表现新中国成立60 年来，北京市的发展成就和北京人的生活变迁。片中引用了大量北京观众喜闻乐见的各个时期的曲艺作品，以此作为反映时代风貌的镜子，和众多贴近有趣的百姓生活故事一起，形成了一篇完整的60 年北京发展史。整部片子主题鲜明，立意独特，轻松活泼又不乏人文思考和文化底蕴，具有极强的可视性。

立意新颖，不落俗套

《说唱北京》经历了长达半年多的前期策划，反复论证淬炼主题，力争在众多同题材作品中，显现出相对独特的气质，经反复修改调研之后，把《说唱北京》的立意定位于“以怀旧的生活记忆展示北京独特的都市气质，从点滴民生往事中探寻北京人独有的人文精神”，这在众多以表现物质进步史和社会发展史为主题的主旋律作品中，显得立意高远、与众不同，起到了较好的传播效果。

资料翔实，制作精良

在节目摄制和制作方面，《说唱北京》力争在极有限的时间内，实现拍摄和制作的高品位，剧组广泛使用广角镜头，轨道、摇臂，斯坦尼康等大型拍摄设备，并多次采用延时摄影以强化镜头表现力；在后期包装方面，也在尽可能的情况下尝试再现拍摄，两维动画，实景拍摄与三维特效相结合的包装手段，令画面更具想象力和冲击力。此外，栏目组还购买了大量珍贵的一手视频资料，为节目的可信性和可视性增添了砝码。在宣传片、预告片制作方面，栏目组打破常规，以声音造型和简笔素描为主要表现形式，取得了较好的效果。

巧借外力，广揽人才

从人员结构上来说，《7 日 7 频道》在创作力量上存在先天的不足。为了扬长避短，《说唱北京》剧组充分挖掘了栏目组以外的社会力量，广揽贤才。在制作期间，一半以上的主创出现了人员变动，但栏目组还是克服了种种困难，既完成了任务，又锻炼了队伍，实现了一举两得的理想目标。

回眸“2009北京印·时尚大典”

生活节目中心

“2009北京印·时尚大典”，以“见证时尚的历史，彰显时尚的力量”为主题，通过对新中国成立60年来在时尚发展进程中具有坐标意义的时尚人物、时尚事件和时尚物品的梳理，全方位地展现一个国家、城市和个人在成长历程中，时尚所产生的影响、痕迹和力量。

“2009北京印·时尚大典”，不仅邀请到香港设计大师陈幼坚为此次活动设计标志物时尚大印、著名音乐人鲍比达为晚会谱写主题音乐，还邀请到来自时尚界、文化界、演艺界、传媒界、商界的一百多位重量级嘉宾亲临现场，演绎由两岸三地著名设计师专门为晚会设计制作的“中国红”主题时装，成为晚会的精彩看点。最有价值的是，晚会第一次用电视语言，对过往年代时尚发展历程中具有坐标意义的近百位时装设计师、造型师、摄影师、时尚推手、时尚媒体、时尚明星、时尚事件进行梳理，并邀请书法名家写成古卷长轴，最后与名家设计的时尚印、大典特刊一起，作为“时尚档案”，交由首都博物馆收藏，共同为中国时尚发展、城市生活变迁留存了一份宝贵的资料。

一次整合优质资源的精诚合作。“2009北京印·时尚大典”获得成功，与各方资源的整合以及各方力量的密切合作密不可分。北京电视台总编辑张晓、副总编辑张亮对此事高度关注和重视，除亲自参与策划、多次过问活动进展外，还为活动提供各种切实的资源和帮助。作为该项目的具体执行团队，从一开始就参照国际大型项目的操作惯例，遴选业界资历优良、经验丰富的精英团队共同合作打造大典，比如，利用桑夏神州文化传播公司在策划、宣传推广、视频方面的优势，负责活动策划及后期视频制作的工作；利用法新国际时尚机构在设计资源和策展方面的优势，负责“中国红”作品的征集工作；选择新锐杂志《0086》配合大典进行核心内容的梳理和特刊的编辑制作。事实证明，这种操作方式最大程度地实现了资源的优势互补，确保此次活动获得成功。

一个高屋建瓴的策划。活动策划伊始，核心团队就为时尚大典定下品质和基调，邀请名家设计时尚大印。从最开始的贝聿铭到后来的香港设计大师陈幼坚，策划团队一直是多方联络沟通，目的就是从创意的角度、品质的高度、名家影响力、活动权威性的层面，为整个大典定下基调。邀请名家创作主题音乐。策划团队经过多方考量，最后锁定著名华语音乐人鲍比达为大典创作主题音乐，和名家设计的时尚印鉴一起，在品质和高度上为大典定调。时尚档案，首博收藏。除了视觉和听觉方面的设计，时尚大典亦超越通常时尚大典

"明星派对 + 时尚颁奖"的简单形态，追求丰富饱满的内容支撑。创意团队在此基础上策划出"时尚档案"的概念，并把它提升到首博收藏的层面，从而成为此次活动策划继名家印章和主题音乐之后的又一个极具影响力的创意。

一枚名家设计的时尚大印。为了增加此次时尚大典的权威感，北京电视台特别邀请了香港著名设计师陈幼坚先生历时三个多月、数易其稿，为本次时尚大典设计、制作了"北京印"。这次合作之所以成功，一个很重要的原因是理念上的认同——主办方"为中国时尚立传"的理想和追求首先感染了陈先生，同时出于对此项目所具有的挑战性的浓厚兴趣，陈先生欣然同意与时尚大典友情合作。陈先生还数次利用其工作之便，将原物大小的样本带到北京，与制作方不厌其烦地讨论、实验印章的可操作性，最后在四个地方成功制作完成。陈先生的设计打破人们对印章的传统概念，选取四种不同材质组成套印，保留中国特色的同时又不失现代感。这枚时尚大印，不仅是一枚颇具特色的工艺品，也是一件具有收藏价值的艺术品。

一支气势恢宏的主题音乐。除了视觉呈现，一个成功的时尚大典听觉传递也非常重要。完美的音乐可以有效地烘托和配合影像、表演等环节。著名音乐创作人鲍比达创作的"北京 IN 像"主题音乐，在交响乐团的配合下，不仅成为整场晚会最精彩的桥段之一，也为晚会在辉煌的音乐篇章中画了句号。

一场流光溢彩的视觉盛宴。晚会现场另一个令人印象深刻的亮点是由明星和名模共同演绎的"中国红"时装秀。32 位全部来自国内各大比赛的十佳获奖模特；23 位偶像明星，对两岸三地 47 名设计师特为此次活动设计的 47 套"中国红"服装做了精彩演绎。数十位明星、名模的参与，为整场晚会塑造了与众不同的精英气质。特别是如此大规模的、集中的明星走秀在国内尚属首次，它不仅为嘉宾和观众带来了一场充满创意、炫目耀眼的视觉盛宴，还为后期媒体的宣传报道提供了新闻点，在某种程度上也塑造了大典的口碑和影响力。除了时装秀环节，晚会现场视频部分也被很多人称道，无论是时装秀、现代舞，还是内容部分的转场视频，都以一种充满时尚感的、别出心裁的视觉语言，与现场表演相辅相成，成为独具电视特点的内容传递。尤其是舞台两侧的盒子装置，既是道具，丰富了舞台效果，又是分割式视频，作为一种颇具创意的崭新尝试，为整个晚会营造出一种炫目耀眼的视觉张力，可谓是匠心独具。

一个名家撰写的书法卷轴。著名书法家孙克为时尚档案书写的 7 米古卷长轴，最后在晚会现场由 16 位重量级嘉宾共同加盖陈幼坚先生设计的时尚大印，交由首都博物馆馆藏。作为时尚大典的标志性一幕，大大提升了时尚档案的影响力。

一场前所未有的开场大戏。此次时尚大典不单纯是一场电视晚会，还是一个从整体氛围和环节设计上传达出时尚感的活动。香车美女。通常的红毯嘉宾都是从候场区直接走向红地毯，此次时尚大典突破惯例，全程使用宝马车队迎送嘉宾，10 辆国内新款名车与华服明星相映生辉，真正香车美女，成为活动的另一大看点。立体画红毯。此次时尚大典以立体画形式演绎的红地毯，是由国内最优秀的立体画创作团队耗时一个多月演绎出的 160 平方米的巨幅画面，给大典的时尚气息抹上了重重一笔。现场DJ红毯环节。除了明星名人衣香鬓影争奇斗艳的场面，现场还打破了播放背景音乐的传统做法，邀请著名DJ现场打碟，烘托出鲜活立体的时尚气氛。

一本内容丰富饱满的大典特刊。为了更详尽地传达此次大典的精髓和深意，时尚大典还特地与新锐时尚杂志《0086》合作，出版200多页的时尚大典特刊，作为另一种方式的时尚档案，从平面的角度诠释大典主题与内容，与电视晚会相互映照，互为补充，现场发给每一位来宾，这在某种程度上是将大典的影响时间和影响力延长，使北京电视台做时尚的信念更加深入人心。

一次全方位、多角度的宣传攻势。本次时尚大典宣传从发布会起正式启动，整个宣传周期分5个阶段进行：10月初活动开始筹备，与新浪网合作，时尚大典专题上线，新浪进行全站推广。紧接着"北京时刻"网络征集开始在新浪网展开，利用新浪优势的博客资源，确保大典扩大影响力。与优酷网的合作，重点宣传大典的几个重点事件。中国红试装、红毯试装、立体画拍摄、主持人选定等，使大典关注度持续上扬。11月20日大典举办当日，平面、网络、电视总计30多家媒体对大典进行了全方位的报道，形成了宣传高潮。大典结束后，顶级时尚杂志《Vogue服饰与美容》专门开辟专版、《时装Official》专门开辟4个版面和别册对时尚大典作大篇幅报道，进一步扩大了大典活动的影响。

《生活面对面》——都市人的心灵家园

生活节目中心

作为北京电视台生活节目中心一档生活服务类资讯节目，《生活面对面》也是北京电视台收视率最高的栏目之一，深受百姓喜爱。节目形式以演播室主持人播报点评和外拍短片为主，节目内容贴近北京都市生活，服务北京都市人群，既有即时有效的生活资讯，又有深度权威的专家评论；既有人生百态的社会故事，又有实验调查等多种电视手段；既有贴心有效的服务帮助，又有时尚多样的包装形式，做到了"趣味信息有效传播、有效信息趣味传播"，深受观众喜爱。

信息选择力求贴心——"金杯银杯不如老百姓的口碑"

有特色的节目识别性强，口碑传播快，而生活节目最大的困难正是不容易做出特色。因此，我们把着眼点落在了"贴近"、"贴心"这两个关键词上面，使《生活面对面》能够为北京市民提供都市生活中最重要、最热门、最新鲜的资讯。

比如下雪了，节目就推出各种提醒市

民行车走路的方式方法、防寒窍门等等，在时效性、实用性上做文章。在没有特别的、特殊的事情发生的平常日子里，我们会把一些与市民日常生活关系最密切的，最具普遍意义的，最具当下性、话题性的选题放在头条位置，健康、消费、安全、法律等领域是我们关注较多的。

同时，我们经常推出主题策划，根据社会热点、观众焦点，采用调查、体验、实验等多种手段，采访权威专家，为观众答疑解惑。比如秋季登山，我们会搜集各种攀爬野山迷路的案例，采访民间搜救组织、消防部门等，一方面警示，一方面提供登山禁忌和常识。

每天，我们都会在海量资讯里，搜集、选择哪些是当下观众最关心的。不过，这些信息往往也是其他媒体不容错过的，要得到观众的选择，就要努力寻找“独家视角”。进一步思考：我们又应该如何为观众来加工这个信息，让观众更好地理解，并在收看的时候有一份轻松快乐的心情？

策划角度追求极致——“人无我有，人有我精，人精我绝”

每一期节目，我们都会在角度上、落点上以及叙事的手段上精心设计，做到“精细、精致、精巧”，这也就是我们常常追求的极致原则。

怎样让节目可视性强，它必须体现几个特点：一、有悬念、引人入胜；二、是观众需要的，内容要实用；三、清晰，运用对比、实验等手法，注重视觉冲击力，让观众相信知识的实际运用效果；四、主持人亲切、真诚，能让观众信任。

为了让节目生活好看，我们摈弃枯燥的说教，把新闻故事化、故事情节化、情节人物化、人物命运化，在故事里穿插实用的知识和常识，寓教于乐。同时加大情感元素，更多地体现出栏目的人本思想和人文关怀。由于我们的内容贴近生活、贴近百姓，很多观众都会给我们打来热线，这里面会有一部分成为我们的线索，这也是节目与观众互动的一种途径。热线带来第一手的素材也十分鲜活，使节目接地气，而不是形而上学，空中楼阁。

其实，电视表现手段早有专家研究分析，成果就摆在那里，只要你想学，都能掌握，它不是武侠小说里的神功。但是，使用这些技巧需要付出，如有时困难重重，拍不到，联系不上，时间紧来不及等等。这个时候，坚持下来的、克服困难的、永不放弃的编导就能够胜出，而一点一滴的小的胜利集结起来，就能够保证一个节目的气质，就总能带给观众不平常的、不平凡的节目。道理很简单，如果大家都能做到的，你凭什么优于别人；如果你去做别人做不到的，你当然要付出比别人更多的努力和艰辛。要想不平庸，就要多付出。我们是一群对于电视手段永远不停止追求的人。

节目内容包罗万象——“三种关系：人与人，人与内心，人与社会”

在考虑到信息点、知识性的同时，我们更加注重节目在精神上对时尚生活的引领。这就需要我们在编织选题的时候，既要注重物质，又要注重精神；既要贴近，又要前瞻。

节目从衣食住行、生活各个方面入手，渗透到有代表性的人物和社会家庭多种关系之间的情感、相处之道。有人情冷暖，有道德法律。

小到吃油、吃盐、保鲜膜，有标准；大到人与亲人之间，人的职场生存等等，都有标准。我们试图为观众提供都市人新生活方式的引领，提供各种生活标准。标准化的生活有利于我们每个人提高生活品质，更有利于文明和谐的社会发展。每个人的生活都是有态度的，生活节目不仅仅是一招一式的指导，如何炒菜，如何做家务，更多的是分享、感受、相互提醒和关怀，而这正是《生活面对面》的特色。

我们力图使节目呈现出丰富而多元的内涵——既有生活的知识，又有生活的情趣；既是视觉享受，又能满足情感的寄托；在这里，让观众清晰辨明是非曲直、深切感受人间冷暖、充分获取生活经验。

关于《悦读会》的几点思考

青少年节目中心

《悦读会》是北京电视台一档读书访谈类周播节目，每周日22:56播出，每期现场由一位主持人、一位主嘉宾、三至五位书友团及20位观众组成。节目的生命力在于创新，创新的目的是什么？就是大家关注的一定收视率和极大影响力，并从中找到它真正的表达价值。那么，电视读书节目就需要优先考虑三个问题：

一是要精英趣味还是大众趣味？精英阅读者不会看电视选书，他们自会有自己的选择和安排。需要去服务、告知资讯或者进行某种程度的引导的，恰恰是大众阅读者。因此贴近读者和当下的生活，主要为大众阅读者服务，这点无须动摇。但是，读书节目应该是一个有气质的节目，要有一种腔调，这种腔调应该是什么样的呢？而这个就是要做到创新再创新，情节与细节的创新——就是内容创新。

二是如何让没看过这本书的人对节目所谈内容感兴趣？关于书的选择，更确切地说是关于书主题的选择，如果一个主题是受关注的，即使没有看过这本书的人也会感兴趣；如果一个主题是有争议的，是能产生共鸣的，那就是可参与的，可介入的，不应该出现《读书时间》的自说自话的冷场，也不应该像某档读书节目（我不记得是什么了），靠名人隐私来维持收视率，从而失去了读书节目的品格。主题是首要的，书只是个外衣，主题是我们选择和推荐书的标准，我们借着书中的主题，切入当下社会。我们也可以像那个批评奥普拉的评论家那样列出一系列关于当下热点主题的关键词。更进一步的要求是书中的观点是能足以震撼我们的，能让我们突然从麻木的日常规则中警醒的。这就是电视读书节目好书的标准。

三是读书的宁静与电视的喧嚣这种根本性的冲突如何解决？读书的宁静感和电视喧嚣根本性的冲突怎么解决，可以考虑奥普拉读书俱乐部的概念。注重主题和当下的切合点，而不单单是论书而论书的本身，这是它成功的秘诀，也是我们《悦读会》要学习的点如何把形而上的精神话题拉到大众层面，又同时能够保留住它的精神性。

所以，关于策划与选题、关于整合资源构建、关于主持人灵魂作用是读书节目不断提高与改进的重中之重。让《悦读会》成为可雅、可俗、可文的真正一档滋养心灵的文化栏目。

《八区故事》

——一档北京人说北京事儿的故事集

青少年节目中心

《八区故事》是北京电视台青少年节目中心于2007年12月推出的讲述类节目，节目立足于北京本土文化，是一部涵盖教育、情感、道德、历史文化以及新闻时事等一切积极向上的、具有一定典型性和社会意义的纪实性电视故事集。自《八区故事》栏目开播以来，节目日渐成熟，收视率趋于稳定，也拥有了相对固定的观众群，形成了自己的品牌。

立足北京文化，彰显地域特色

作为政治、经济、文化中心的首都北京，其独有的环境优势使得这个节目有着广泛的素材来源，同时北京又是一个有着浓郁地方特色和历史文化韵味的城市。作为一档只在北京本地播出的故事类节目，创作人员一直在探寻一条既能够利用故事类节目自身的优势（如：低成本运作，高收视回报；节目内容可控性强；形式简单但不失灵活等），同时又能够区别于同类型的故事类节目，彰显北京地域特色的道路。通过近一年的实践，逐渐有了些许眉目。通过收视调查和观众反馈分析，首先主持人的京味儿语言使得北京观众听起来倍感亲切，同时在主持人讲述过程总采用的这种具有韵律的句式结构，以及类似京剧道白和评书式的语言风格使得故事讲得很有节奏感，观众听起来不但不累，同时也是一种享受，用那些观众的话说就是“带劲儿”。另外在选题上，也在探索和借鉴中做了一些尝试，例如那些反映北京历史文化的故事；反映北京人生活状态的故事；反映在北京创业的成功人士的故事；反映京城“名人儿”的故事等等。从收视上看，这些故事虽然没有探秘类故事那样有悬念，没有情感类、道德类故事那么离奇，相比之下略显平淡，但是在平淡中，反而更贴近人们的生活，因此更能够给人以启迪。

严把选题关，突出主旋律

不单单是故事类节目，各种形态的节目，对选题的要求都是严格的。但是故事类节目因其本身的特点决定了其选题范围是相当宽泛的。世间万象，千奇百怪，故事每天都在发生，或悲或喜，或离奇或平淡，或大起大落，或无声无息。选择什么样的故事，选择了故事又该怎样讲述是做好一档故事类节目非常关键的一个环节。“新”、“奇”、“特”的故事肯定能够抓住观众的眼球，短时期内获得较好的收视率，然而这些故事除了给观众“开开眼界，长长见识”以外没有任何意义，而且渐渐地会让节目落入俗套，逐渐走向消亡。因此，在选题上，节目组严把质量关，那些边缘化的选题宁可牺牲收视率也绝不碰触。同时对于那些积极、健康、向上，能够给人以教育和启迪的选题，是重点，这些故事虽然稍显平淡，但节目组在如何突出趣味性和故事的悬念上下功夫，力求把好的故事讲得更好。而且从收视率上看，把这些反映主旋律的故事做好、做精、做透，要比那些以“新”、“奇”、“特”取胜的故事更有收视率，而且社会反响也更好，更能博得观众的好感，同时对节目品质也是一种提升。例如，《无声的舞者》，讲述一位善良的女人收养一名聋哑儿童并把他培养成舞蹈天才的故事；《百岁老人的幸福生活》，讲述一位105岁的老人，虽然年近古稀但依然热爱生活，努力寻求生命中的伴侣的故事；《17年的期盼》，讲述一位坚强的母亲，把自己患有先天性重度脑瘫的孩子，培养成能够独立行走，独立生活，并掌握两门外语的天才的故事；《小鬼当家》，讲述一个12岁的女孩，父母双亡，但是独自带领弟弟妹妹生活，并把家管理得很好并拒绝接受社会捐助而且还自食其力捐助更困难的人的故事；类似的选题收视率基本上都能达到1.0以上。而且每每这样的故事播出以后，社会反响相当强烈，观众热线不断，有捐款的，有表达自己看过之后的心情的，有对自己启迪的，也有感谢的，因为一个小小的故事可能改变了他们很多，等等。所以，节目组坚信，主旋律的故事是具有永久生命力的，因此这条道路会一直坚持下去。

贴近观众，贴近生活

通过这一年多的实践，节目组深刻意识到做节目要把自己的姿态放低，要从观众需求的角度出发，要用普通观众的眼光去衡量节目。不能一味地闭门造车或者想当然地自我欣赏。在这一年多的近三百期节目中，有过这方面的沉痛教训。一开始，节目组尝试播出一些探秘类的节目，这些节目以离奇的故事情节和悬念让编导们尝到了甜头，屡创收视新高，于是这类节目一哄而上，渐渐地，收视率出现下滑。是故事悬念不够吗？但是仔细分析发现，再没有比探秘类的故事更具悬念的了；是后期制作不够精良？也不是，该设计的环节都有了，画面、音乐、解说也近乎完美。那么是为什么呢？离观众生活太远，这些故事对观众而言顶多只是看个稀罕，就整个故事而言，没有任何能够吸引他们注意的地方，换句话说就是和他们没有任何关系，只有“可看性”而没有“必看性”，因此无法与他们产生共鸣。那么什么样的故事才能满足他们的收视需求呢？自然是越和他们生活贴近，越是能够急他们所急，想他们所想的了。也许这样的需求生活服务类节目更容易满足，而作为故事类节目应该如何做呢？怎样把“可看性”变成“必看性”，使得看这个节目成为他们生活的一部分呢？节目组做了一些尝试，推出“北京人说北京事儿”这么一个主题。讲的事儿都是您身边发生的，或许就是您家的故事呢。而且逐渐地让一些热心观众参与到节目中来，也说说自己身边发生的故事，从而在茶余饭后成为老百姓的一个谈资。另外故事从小处着眼，但最终要给人以启迪。这方面的尝试已经在逐步展开，很快就可以见到成效。

在实践的过程中创新，在创新的基础上实践

从开播以来，创新、实践就从未停止过。在创新、实践的过程中有过失败，有过成功；有过短暂的喜悦，也有过失落和迷茫。但是大家坚信任何事情都是有规律的，通过尝试，一定能够摸索出其中的规律，遵循规律就一定能够获得收益。节目已经播出近三百期了，从收视率上看和预期要达到的目标还有些差距，但是观众反应一直是良好的，而且目前低靡的状态也只是暂时的。因为要创新、实践是会有一些牺牲，也会有失败，但大家依然饱含热情，依然会重整旗鼓，再接再厉，继续进行小规模的尝试和摸索。目前，节目组新出台了几个方案，正在实施过程当中，而且这几个新方案也是在经历了一年多的小规模创新实践之后，所作出的稍大规模的调整。相信在全组成员的齐心协力下，节目会一直葆有生命力，朝着良好的趋势发展。

《手机江湖》用服务大众提高知名度和美誉度

公共频道节目中心

2009年是北京电视台《手机江湖》栏目开播的第三年，从电视栏目的发展生命周期来看，第三年是栏目成长并走向成熟的黄金期，是栏目培养固定收视人群，提升栏目收视率，全面提高栏目知名度、美誉度的关键一年。

一、主打服务牌，收视稳步上升

2009年，《手机江湖》栏目的收视率大幅提升，主要原因是主打服务牌，选题日益生活化。具体来说，总结了以下几个选题方向：一是手机和健康的关系。一系列和手机辐射相关的选题都取得较好收视，如帮孕妇测防辐射服是否能隔绝手机

辐射，用CDMA手机是否辐射低的节目，网上传闻“金属眼镜架会增大手机辐射”是否真实等，都取得了较高的收视率。二是解决手机常遇问题。如教大家如何鉴别诺基亚真、假电池，手机如何充电才能延长电池使用寿命，为什么长期用万能充电器对电池有损害等。三是时时关注手机热点新闻。针对当前触摸屏手机流行的趋势，策划了相关选题，教大家区分手机触摸屏的分类，解决触摸屏手机如何使用等问题。

二、理顺关系，变被动为主动

栏目的《手机连连看》板块需要走进手机卖场；《手机真人秀》板块需要卖场和厂家提供最新上市的手机，测试3G信号、介绍话费套餐等选题需要移动、联通、电信三家移动运营商的支持。为此，栏目组一方面有专门的制片负责协调和相关部门的关系，和他们保持良好沟通。另一方面特别强调栏目实事求是的报道原则，站在消费者的立场，客观展示手机的优缺点，并实测通信信号，杜绝虚假宣传和软广告，从而树立栏目在行业内的权威。

三、培养高素质的编导队伍

以《手机江湖》两位外景主持为例，小兵可以说是身兼数职，表演、配音、摄像、编导工作一肩扛下。小蒋没有经过任何播音主持方面的专业训练，从最开始串场都磕磕巴巴，到现在外景主持流畅，并自己承担编导和各方面的协调工作，进步明显。像今年的世界通讯展，在手头没有任何参展商资料的情况下，通过两天的拍摄，制作了一期30分钟的特别节目，全方位地让观众了解到了本届通讯展上的新鲜事，取得了较高的收视率。

四、扩展空间展望未来

随着通讯行业的迅猛发展，不仅大家对手机的要求越来越高，手机自身的发展也越来越快，打电话和发短信已经远远不能满足人们的需要。在以往的通讯展上，我们就看到了很多新款手机的人性化功能，它们不但能潜水、识字、开门锁、刷公交卡，还能帮助照顾老人和儿童，测量血压和脉搏。所以通过实践总结出，只要打开思路，多方面思考，手机这一领域可以做的东西还是很多的。

《我的父亲母亲》竖起“孝亲”大旗

公共频道节目中心

北京电视台《我的父亲母亲》栏目在2009年进行了全面改版，推出全新版面的孝亲工作室，把多样化的内容融会到工作室的概念当中，竖起“孝亲”大旗，主打京城中老年观众市场，为父母家庭提供全方位的贴身贴心式服务。

一、改版的三点考虑

一是围绕栏目定位，避免同质化倾向。科教频道2009全新改版，原来针对老年观众的《金色时光》栏目被取消。综观北京电视台，已没有专门为老年朋友量身定做的专业化栏目。《我的父亲母亲》栏目亮出“孝亲”大旗，推出“替儿女尽孝，为父母养生”的口号，主打孝亲牌，树立了栏目的独特性。

二是适应市场需求，紧贴时代脚步。中国已经步入老龄化社会，中老年人的生活成为社会的关注热点，而中国的国民经济水平已经发展到一个在衣食住行基础上讲求健康、追求更高精神物质生活品质的阶段，这也成为市场的一大需求。孝亲工作室的及时推出就是满足观众的诉求点，为中老年父母提供全方位的服务。

三是服务中蕴含文化，节目中蕴育情感。这是一个文化回归的时代，传统的，中国的，属于国粹的东西都在保护和弘扬，节目中推出的很多服务内容是紧紧围绕中国传统的概念，把中国传统文化所弘扬的“孝”的理念深深植入节目当中。

二、改版的创新亮点

1. 主持人的包装方式喜剧化，情景化。2009年新版节目的一大亮点就是创新了节目的包装串联形式。栏目推出了孝亲工作室的概念，启用了频道内两位年轻的主持人，他们以邻家儿女的身份出现在节目中，用最口语化的风格，诙谐幽默的京味语言串连整个节目。角色化的主持人，情景化的串联方式让节目更具亲和力，拉近了受众与节目的距离，而且角色化定位后的语言风格，也让节目形成自己特有的喜剧化效果。

2. 服务性节目情感化，情节化。2009新版节目以内容为核心，把“孝顺父亲母亲”这种概念化的口号化为实际的服务性节目，并且打破节目故事化与服务性的界限，融服务的内容于故事或情境当中，带着感情去服务，让服务性内容富有情节。

3. 内容涵盖面多元化，信息量密集化。新版节目锁定中老年父母的各方面需求，以多元化主题，密集的信息量，多视点，更广阔的视角取胜。节目遍访神州大地德高望重的名人名家以及民间有故事的健康乐观老人，讲述他们的晚年生活，分享他们的人生心得，学习他们的健康养生经验，形成大视野，多视角的“天下父母汇”。

4. 锁定目标受众，以文化的厚度给服务增加张力和魅力，融入一些千年传承的有文化色彩的服务内容，增加可视度和观赏点。以让老年父母获得更美好的晚年生活为主旨，从物质生活到精神层面一网打尽。

5. 增加节目互动性，进一步拓展节目影响力。目前新版节目从征集推广家庭妙招，到为老年父母搭建征友平台，替父母家庭解决生活中的小困难、小问题，已经取得良好的互动效果。

BTV

Beijing Television

五、专　辑

BTV
Beijing Television

用汗水记录北京对口支援什邡重建

——记北京电视台什邡记者工作站

新闻节目中心

为了加强北京对口援建四川什邡的宣传报道工作，2009 年 1 月北京电视台记者驻什邡工作站在什邡成立，作为北京电视台在京外设立的第一个常驻记者工作站，记者三个月一轮换，负责全面记录、报道北京对口支援四川灾后重建的历程。

2009 年驻什邡记者拍摄制作了 150 多条新闻，同时为北京市对口支援地震灾区前线指挥部拍摄了近 200 小时的资料素材，全方位记录了在北京支援中重新崛起的新什邡，以及发生在北京援建者身上的一个个感人的故事，在首都人民和什邡人民之间搭起了交流、沟通的桥梁，多次受到北京市委宣传部、北京市对口支援地震灾区前线指挥部以及什邡市委宣传部等部门的表扬。

在 2009 年春节以及“5·12”地震一周年之际，台领导以及新闻节目中心编辑、记者多次赶赴四川，与什邡工作站的常驻记者一道，深入地震中受损严重的什邡、北川、都江堰、德阳、汉旺等地，组织实施了大型新闻行动《温暖一家亲》、大型系列报道《京什携手　共建家园》、大型直播《重生——5·12 汶川大地震一周年》、大型纪录片《大爱无疆——北京对口支援什邡纪实》等一系列非常规报道，不但圆满完成了新闻报道任务，同时提升了新闻节目的影响力，取得了良好的社会效果。

一年间，北京电视台三批驻什邡工作站记者克服了难以想象的各种困难，在援建一线展示了北京电视台强大的品牌影响力和 BTV 人拼搏进取的职业精神。他们不顾山路陡峭、雨湿路滑、蚊虫叮咬，冒着滑坡、泥石流、余震不断的威胁，奔波于分布在方圆数十公里的各援建工地之间，在建的楼梯、脚手架间留下了他们穿行的身影，楼顶上、大桥边，他们晶莹的汗水让北京援建者的笑容更加灿烂。五十多岁的老党员郭东风每天扛着摄像机深入重建工地的第一现场，认真对待每一个画面；“80 后”的孙颖、胡筱、代依艳等年轻人哪里有新闻就往哪里冲，全然不顾苦累、危险，让首都援建者和当地群众看到了首都新闻工作者的风采。他们采制的《广青路，通往红白镇的生命之路》、《什邡 BTV 双盛小学举行开工仪式》等系列报道不仅得到了北京前线指挥部的肯定，也在京什两地引起了高度关注。

什邡工作站的成立是北京电视台实施“走出去”战略、在全国打造品牌影响力的一次新尝试。通过什邡工作站的建立，新闻节目中心锻炼了队伍，积累了外埠采访经验，提升了北京电视台的影响力和知名度。

北京电视台《新闻晚高峰》节目开播

新闻节目中心

从2009年1月1日起，每天18:00时，《新闻晚高峰》以直播形态登录北京卫视。这是一档具有首都特点的都市新闻，立足首都，直面政府百姓关注的新闻话题。《新闻晚高峰》以“都市新闻”和重大事件实时报道为主要特色，节奏轻快、信息涵盖面广，时效性强，编排上打破国内、国外、本市等地域界限，新闻的段落顺序完全以“新闻性”为标准划分，突出新闻性、时效性、贴近性、服务性。

开播以来，《新闻晚高峰》保证了安全播出无事故，以时尚的包装、快节奏的编排和丰富的信息迅速脱颖而出，2009年平均收视率1.64%，比上年同时段提升62%。《新闻晚高峰》正逐步成为首都电视新闻的一个新品牌。

一、快节奏、强时效、大容量为特点的首都新闻资讯播报形式

从策划之初，我们就强调它的新闻视野要宽广，突出都市化品质，主打新闻“高峰”的理念，即新闻容量的高峰、新闻速度的高峰、新闻深度的高峰、新闻视野的高峰、新闻现场的高峰。28分钟平均播发新闻30—50条，含本市新闻、国际新闻、体育新闻、晚报速读、路况直播、SNG直播、高峰人物等板块，直播中随时插播最新消息，此外，还为北京都市人群提供当晚的出行指南，集新闻性、服务性于一身。

二、都市化的资讯，全球化的视野

《新闻晚高峰》既有都市化的资讯，又有全球化的视野，坚持首都特色与国际视野的结合，用首都视角编排新闻，与新华社、中国国际广播电台、中央电视台等建立了密切的新闻合作渠道，大大拓宽了报道内容和视角。

三、个性化的设计，时尚快捷的节目风格

《新闻晚高峰》在LOGO、角标、演播室、宣传片等包装设计方面都采用了鲜丽的红白色调。为了配合主流、时尚且快捷的节目风格定位，节目选择几位颇具白领气质、具有都市魅力的主播作为“门面”，打破陈规以站姿播报，并在播报语速上要求高，这样也为节目要求的大信息量提供空间。

作为一个新栏目，《新闻晚高峰》还

不够成熟，节目定位、节目宗旨还有待更加明晰，今后将更加注重新闻品质，保证新闻的真实性、时效性。以品质质量换取观众的支持和追随，为把这档新闻做成北京电视台一档最具新闻特质的新闻节目而不懈努力。

年度主题报道《乡村新发现》

新闻节目中心

建设社会主义新农村一直是党中央、国务院每年工作的重中之重。北京市委、市政府也一直高度重视新农村建设工作，结合北京农村实际情况，在京郊建设了一批有首都特色的社会主义新农村，带动了农业产业发展，使北京农村实现了三个根本性变化——农业发生的功能性变化、农民发生的观念性变化、农村发生的由表及里的变化。

为集中反映北京新农村的三大变化，《北京新闻》推出了年度主题报道《乡村新发现》，报道聚焦城乡一体化的新进展；农民增收的新经验；现代农业建设的新成就；绿色农业、食品安全农业建设的新成果；以及农村政权建设、文化、党建、精神文明建设的新做法等五个方面。

系列报道采取选择典型、解剖麻雀的方式，在众多线索中选择出最具典型性、代表性、先进性的个例，进行充分展示，之后提炼出这些典型所反映的北京农业发展新思路、新变化、新进展、新成就。通过记者的思考提炼，总结出农村发展规律性、理论性的观点。

在整个报道开始之前，报道组主创人员与北京市农业负责人进行了专题座谈，理清了思路、明确了方向、抓住了重点。在报道展开后，主创人员又分头和北京农业部门负责人以及10个远郊区县主管领导进行了座谈，听取他们的意见，以确定报道的对象和角度，完善报道形式和内容。

进入采编程序后，编辑和记者继续保持“捆绑工作”，每个选题采编者通常都要进行两次以上的现场踩点，为获得具有表现力的细节，要求编辑记者蹲点采访，长期深入农村，深入田间地头。

在定稿方面，往往要经历采访——写稿——修改——再采访的过程，每篇报道都是三易其稿。

在行文方面，摒弃了以往农村报道大量采用的白描的方式，而是致力于归纳总结农村发展规律性、理论性的观点，并且开门见山，直接亮出主题。

在一批片子编辑完成后，采编团队还要组织进行集体观看，共同品评节目的得与失。细致到一个标题的提炼、一个镜头的组接、一屏字幕的形式。

在节目形式上，记者的现场报道是不可或缺的部分，而在提炼现象背后的规律时，直观的图表无疑让复杂的问题变得浅显易懂。

如此采、编、审各个环节牢牢相扣，力求推出观众认可、喜闻乐见的精品。

本着全力打造精品栏目的方针，2009年，《乡村新发现》共制作播出13集，却涵盖了北京乡村的核心变化。在《德青源的环保账》里，观众看到了首都建设资源节约型、环境友好型社会主义新农村的实践；《西瓜的数字化生活》展示了北京设施农业向数字化、精准化迈进的趋势；《分工合作让平谷民俗旅游越做越强》表明京郊旅游已经逐渐摆脱前店后厂、一家一户的小作坊模式，走上产供销一体化、社会化大分工的大道……

整个报道推出后，社会反响强烈，在北京市范围内特别是10个远郊区县产生了良好的宣传推动作用，多次受到市农委与新闻阅评员等的表扬和认可，参与提名并获得多个奖项。同时通过记者深入一线获得的鲜活素材、“精耕细作”提炼出的报道主题，也让北京市民真实、直观、深刻地了解到新农村建设给京郊农村带来的巨大变化。

梳理北京发展新思路

——新闻节目中心推出大型系列报道《岁末年初走一线》

新闻节目中心

2009年是喜事难事交织的一年，全市人民完成新中国60华诞庆典任务，首都经济经受国际金融危机考验。在中央经济工作会议召开之后，辞旧迎新之际，2009年底，北京电视台新闻节目中心在《北京新闻》中推出了10集大型系列报道《岁末年初走一线》，用新闻的方式梳理发展重点，盘点工作亮点，对北京发展的新思路进行呈现。

《记者走一线》品牌的延续

早在2009年初，北京电视台新闻节目中心就推出了大型新闻行动《记者走一线》，该专栏的最大特点是从企业个体入手“解剖麻雀”，破解危机中企业行之有效的策略及举措。报道强调记者深入基层，深度挖掘对于整个行业及全社会所具有的启示意义和引领作用。节目播出以来获得积极而热忱的社会反响。而《岁末年初走一线》，则是《记者走一线》品牌的延续，是其年终专稿系列。

《记者走一线》内容的拓展

内容上，《岁末年初走一线》由原来对单个企业应对金融危机的解剖麻雀式的报道，转为报道一年来，北京市在应对金融危机中，把应急之策和长远之计结合起来，取得调结构、上水平的新突破和科学发展的新跨越；由描述各行各业“共克时艰”以提振信心转为展示“化危为机”的智慧和成果以总结经验。选题涉及产业结构调整、文化创意产业发展、城乡一体化、政府职能转变等10个经济热点，紧密结合了“扩内需、促增长、促民生”的主旋律，凸显了市委市政府对推进首都社会主义现代化建设的6条规律性认识，体现出新的高度和大的视野。

特别值得一提的是，适逢中央经济工作会议和北京市委市政府务虚会召开之后，北京提出要向国际城市的高端形态——世界城市迈进之时，《岁末年初走一线》的推出营造了很好的舆论氛围。

《记者走一线》形式的创新

栏目延续了《记者走一线》的风格和特色，强调记者深入新闻现场，深刻剖析新闻事件，深度表现新闻亮点。总时长三分半钟的报道，结构方式为“主新闻+记者手记+专家或者专家型官员点评”。在原有《记者走一线》记者手记点评的基础上，又增加了专家或专家型官员点评的元素，强化记者的点评梳理，用评一线增强走一线的报道分量，而官员点评体现深入的思考和深刻的观点。这两个元素的加入，增加了报道的含金量。

在包装制作上，清新、大气的版式令人眼前一亮，运用适当的音效，有效地烘托了报道内容，契合主题大气时尚的片花、角标，提高了节目识别度，强化了影响力和传播效果。

《记者走一线》作风的继承

《岁末年初走一线》继承了《记者走一线》的成功的操作模式和采访作风。首先，严把选题关。部门主任、科长先后多次与北京市发改委召开选题座谈会，严格挑选出10个选题，确保其能代表首都应对金融危机的成功经验。其次，严把采访关。该专栏强调记者“走”一线的感觉，从写作行文到采访设计，从画面拍摄到后期编辑，都力求体现一个“走”字，即要求记者深入深入再深入、贴近贴近再贴近。首都经济研发、生产、建设的第一线，留下了记者采访的身影与脚步。第三，严把稿件关。记者先进行前期采访，根据采访实际写出稿件，经过科长、主任、主编三审通过之后，才能实地采访拍摄。记者通常会十几易其稿，直到满意为止。所有这些都有效保证了高质量的播出。

节目播出后，受到各方的好评。北京市发改委负责人认为选题有高度，抓住了首都经济的核心问题和关键环节，很好地梳理了北京应对金融危机的经验和启示；很好地展示了首都站在推动新一轮科学发展的新起点上，向着世界城市迈进的高昂精神面貌。中关村国家自主创新示范区、北京市经信委、商务委等部门评价说，报道全面，主题凝练，生动丰富，是近年来难得的经济报道。

电视片《百花》特色鲜明

文艺节目中心

20集电视片《百花》是一部从文艺的发展史来见证新中国成立60年的发展和进步的电视巨片。在中国崛起的大背景下，以经典作品为中心，对60年来新中国文艺的波澜壮阔的历史做了全面而又深刻的梳理。

电视片《百花》有六大特色：

一是定位独特。与其他纪事片相比，《百花》从文艺的视角透视新中国成立60年的社会变迁，这使它区别于直接记录和表现政治、经济、社会生活的片子。《百花》横跨文学、影视、歌舞等多种文艺形式，这又明显区别于讲述单一文艺形式的片子。《百花》是关于文艺和岁月的叙事，强调文艺发展是民族的精神史。《百花》以国人的公共记忆为主线，以文艺作品的传播为依托，成为大家在影像中追思往事的共同平台。

二是三代同堂。《百花》是对老一代艺术家音容笑貌的“抢拍”和记录。那些建国初期就脱颖而出的艺术家，在漫长的岁月中取得了令人起敬的艺术成就，他们的思想和绝活儿还没有完整地传与后人。《百花》剧组的工作人员奔赴大江南北对他们进行采访，留存了很多富于艺术和历史价值的第一手资料。《百花》也与年富力强的中年艺术家和学者们进行了深度对话，见证了当代中国文艺发展所达到的深度和广度。《百花》还通过与年轻文艺工作者的交流，向观众展示当代文艺发展中最活跃、最时尚、最青春的部分。把电影、电视、歌舞、音乐、戏剧、文学各界的近300位顶尖艺术家，放到60年的时空坐标系上去讲述，构成一组三代同堂的人物群像，这在电视史上还是第一次。

三是寻访地标。《百花》除了在北京采访之外，还远赴上海、广州、深圳、青岛、桂林、银川、长春等地采访。《百花》不愿意错过60年发展中的任何一个文化地标，比如20世纪80年代流行音乐的前沿阵地——深圳，比如中国电影发展的重要基地——长春。前期采访时正赶上甲流初起，人心惶惶，很多人都不再出远门，《百花》剧组的成员依然前往各地采访。

四是大师墨迹。剧组请了国画大师范曾先生为《百花》题词，范先生的潇洒墨迹将成为《百花》在视觉形象上的显著标志。在包装方面，整体风格趋于统一的水墨效果，既有中国传统元素，又有文化飘逸感。

五是金牌主持。《百花》请到了赵忠祥、濮存昕、张瑜、王姬等艺术名家做主持人，串联起20世纪60年的时代风云。《百花》采访了众多艺术名家，跨越了多个艺术门类，一位主持人略显单薄，所以选择了4位来自不同领域的艺术家来共同主持。主持人所在的舞台，中间是一条蜿蜒的河流，两侧是江河日月的自然风物，像一幅历史的长卷，也像一面面旗帜。

六是精锐班底。《百花》的创作团队曾制作了至今仍在滚动播出的音乐纪事片《岁月如歌》以及大型选秀节目《红楼梦中人》。总导演王淳华有着非常深厚的艺术功力和驾驭大项目的能力。对于这次创作来说，最难的就是对于历史的梳理和把握。制作团队为了具有能够与历史对话的功底，翻阅了大量资料，每个人都做了大量案头工作，并且在前期拍摄和后期制作中付出了高强度的劳动，以保证《百花》的艺术质量。

《百花》每集45分钟，共20集，2009年8月24日至9月14日在北京卫视播出。

献给新中国60华诞的“花样年华”

裴晓林

为给新中国60华诞献上一份青春的厚礼，由北京市委宣传部、北京市教工委、共青团北京市委、北京电视台共同主办的“花样年华”歌舞大赛，为北京高校和社会各界青年敞开了舞台。经过初赛和复赛，从首都80余所高校选送的400多个节目以及从100余支社会团体的200多个节目中，共筛选出50个作品进入了电视比赛环节。2000多名青年展示了他们在重唱、合唱、舞蹈、器乐演奏、音乐剧等方面的才华。一个个原创作品，青春动感，争芳吐艳。一张张清纯活泼的笑脸，活力四射，舒展理想的风采。与祖国同庆生日的舞台，被青春魅力渲染的多姿灿烂。

放飞梦想的舞台

“花样年华”国庆晚会的节目，个个都是几经磨炼新鲜出炉的，大部分是由非专业演员——首都各大院校的学生和社会青年自编自演。其中包括原创作品、改编作品和融入新的表演元素的作品。形式包罗万象：摇滚的、爵士的、现代的、说唱的，还有街舞、爵士乐、踢踏舞、布鲁斯、音乐短剧等，甚至中华武术和变脸绝活儿都在舞台上一一亮相。还有很多节目是几所大学联合创作演出的，虽然节目的风格质感不同，但表达的是青年人发自内心自然淳朴的真情，体现的是集体主义精神和爱国主义热情。

大学是一个有梦想有理想的地方，莘莘学子在校园里丰满了理想的翅膀，几位参加演出的大学生说，经过“花样年华”大舞台的实践与磨炼会激励他们的人生飞得更高更远。

有专业人士由衷称赞：“花样年华”不同于某些商业气息过重的选秀节目，而是一个青年人高品质的文化活动。“花样年华”选拔的不是个人、明星，而是集体、团队。参加大赛的社会青年感慨地说，进入社会后，工作压力、困难挫折、金钱功利……或许会困扰我们向理想高飞的勇气，60年大庆有幸登上了“花样年华”的舞台，重新燃烧了我们的心胸，释放了我们的激情，放飞了我们的梦想。

激情燃烧的舞台

晚会一开场，华北电力蓝色动力合唱团、北京现代音乐学院合唱团和中华女子学院红帆合唱团的学子们就用清纯的无伴奏和声送上一曲《十月是你的生日》。如鲜花般娇艳的容颜、如百灵般轻盈的歌唱……“花样年华”的舞台，荡漾的青春的火焰。

清华大学艺术团、北京大学艺术团、中国人民大学合唱团、北京交通大学管弦乐团、中国人民公安大学艺术团、北京现代音乐学院舞蹈队一个接一个火爆登场。

北京现代音乐学院表演的《青春节拍》给人留下了深刻印象。负责无伴奏合唱的学子们站在舞台两侧的高台上，用嗓子哼出旋律，用腮帮子打出节奏，舞台中央的学生则跳起蒙古族风格的踢踏舞。演员脚下虽踏着西洋式的踢踏，上身却策马扬鞭纯粹的民族舞风范，青年人就是这样的想象大胆。

5所高校的学子联合推出交响合唱《绿叶对根的情意》。北京大学的选手领唱，清华大学的选手钢琴伴奏，北京交通大学担任交响乐演奏，人民大学和华北电力大学的同学组成合唱队伍。5所大学默契的完美的合音赢得台下一片喝彩。担任领唱的王蓓对记者说：我们的表演也许达不到专业水准，但我们参与的热情、自然洒脱的表演是真情忘我的，我们更希望让大家看到我们乐观向上的积极心态和青春飞扬的精神风貌。

首都公安大学表演的《警魂》给人的印象是震撼、崇敬和庄严；北京化工大学的《拉丁风情》居然让舞蹈总监出身的何晓彬看走了眼，误认为是专业舞蹈队的职业演员；北京印刷学院的《印韵》在时尚的舞台上演绎出古色古香的印刷传奇；华北电力大学的合唱《星航》既深邃悠远又荡气回肠，颇具国际知名合唱队的风头。

除了节目种类的丰富，表演形式的推陈出新也是比赛的一大亮点。酷客乐队的《绒花》，将童声、通俗、摇滚和花腔女高音完美地结合在一起，令人回味绵长；中国音乐学院的《节奏》，则单纯依靠肢体拍击营造变幻丰富的律动氛围；酷炫组合《为了寻求美》，大胆地使用游戏元素，溜溜球与歌舞有机结合，构思创意令人叫绝；而北京理工大学则干脆把足球搬上舞台；中央民族大学舞蹈学院的《红河谷·序》，引起观众极大共鸣，很多观众为之潸然泪下。

大赛评判长小柯在现场激动地说：当专业遇到热情，专业就失去了所有优势。即使是非专业的普通大学生，也一样会创造舞台上的奇迹。

寄托向往的舞台

一些在初赛中被淘汰的节目虽然退出了比赛日程，但参赛的队员们却迟迟不愿意离开剧组，他们默默当起了志愿者，积极参与宣传片拍摄，并利用休息时间帮助剧组做事务性工作。为丰富每一个作品的内涵与含金量，各高校大学生彼此之间的交流越来越深入，校园艺术团体之间也建立了更为亲密的友谊，进一步增进了他们组织活动的实践能力。

为保证电视擂台赛的精彩，许多节目需要重新编排，不少参赛者因此放弃了独舞、独奏、单独表演的机会，自愿组合到一起编创排练新的节目，由此先前的主角转而变成配角，然而没有一个人口出怨言，他们说：只要不离开这个队伍，一切从大局出发，付出什么都心甘情愿。一个在德国学习歌剧的女孩子不远万里赶回来参加比赛，因为父亲听到大赛的消息就替她报了名。全家人都觉得，能够通过这种方式为祖国的生日献礼，有着特殊的意义，“花样年华”的舞台也将成为全家人最美好的记忆。

在北京电视台的国庆晚会之夜，哪一个节目、哪一个团队最后摘得桂冠已经不重要了，重要的是首都青年在新中国成立60周年之际欢聚在“花样年华”的舞台。这次盛大的联欢，也是对社区青年文艺、校园音乐、校园文化的一个促进。大众评委纷纷表示，“花样年华”已经显示出品牌效应，已经深入到年轻人的心里。希望能够持续办下去，给青年人一个长久的舞台。

《2009年点击年关键》再度出击

财经节目中心

2008年年底，在全球金融危机蔓延的背景下，北京电视台财经中心推出了大型演播室电视论坛——《点击年关键》，播出后得到业界和观众的一致好评。鉴于此，财经频道决定2009年把该系列节目固态化按季播出。在每个季末，盘点国内外一个季度的财经大事，解读最具时效的经济政策。

2009年，《点击年关键》尝试采用了电视论坛形式，精心加工、着力创新，以优秀的主创人员、强大的专家团队、缜密的环节设置和丰富的互动形式，成为财经频道一大品牌特别节目。到目前为止，《2009点击年关键》已经成功播出了两季，每季连续播出七集，收视率节节攀升，第二季平均收视率已经达到1以上，最高收视率更是取得了1.36的好成绩，创造了高端财经节目的收视新高。本季特别节目推出后，好评如潮，从专业性、可视性上均有很大的提高，并获得了台长的特别嘉奖。

《点击年关键》的意义，不仅在于为财经频道积累了大型直播财经节目的制作和播出经验，充分印证了我中心对于财经节目追求影响力的思路的正确性；更重要的是，开创了“高端议题大众化”、“热点议题多元化”的新思路，为高端财经扩大观众群、形成社会号召力奠定了基础。

财经频道不断整合平台优势、主持人阵容和在业界、学界的人脉资源，将“点击关键词”的策划加以延展和固化。每季季末对当季的重大经济事件和经济数据进行详细解读，年终推出“年末财经特别论坛”，寻求与兄弟频道的合作，力争站在经济发展的最前沿，为观众提供新鲜而独特的财经解读，开创国内真正意义上的电视谈话节目群口时代。

全力打造北京影响力

财经节目中心

“北京影响力”活动是北京电视台财经节目中心打造的北京市唯一全面评说北京经济的大型活动，从经济贡献、社会影响、群众口碑等方面综合加以考量，评选出每年影响北京市民的十大企业和十大企业家，以及由京城各大媒体老总共同评选出的“传媒大奖”。目前，“北京影响力”活动已经成功举办了四届。

2009 年 10 月 31 日，第四届“北京影响力”活动圆满落下帷幕，影响百姓生活的十大企业、十大企业家和北京影响力传媒大奖获得者以世人瞩目的成就，实至名归地赢得了“北京人奖”，再次彰显了北京经济发展的巨大力量。此次评选活动的候选名单公示后，京城百姓踊跃投票，海报遍布地铁、商厦、公交车站等京城各个角落，总票数达到 940 万张，参与人群覆盖了北京经济界的方方面面。

更让人欣喜的是，从本次活动的投票结果上看，全国各地乃至海外人士都对活动都给予了极大的关注，可以看出“北京影响力”所形成的跨区域影响，“北京影响力”最终将定格为“首都影响力”。

时至今日，“北京影响力”活动已经成为北京地区参与人数众多、涉及面积广泛、影响力巨大的一项宣传北京经济建设成就的品牌活动，也成为首都媒体精心策划和倾力打造的展示北京经济建设成就的巨大舞台。

体育节目中心主办“2009 海洋沙滩狂欢节”

体育节目中心

由北京电视台体育节目中心主办的“2009 海洋沙滩狂欢节”从 2009 年 8 月 1 日开幕以来，组织严密，运行良好，引起首都各界高度关注和北京百姓高度评价。

“2009 北京海洋沙滩狂欢节”展示出了巨大魅力和无限前景。经过全面细致的策划，活动把 BTV 品牌与奥运场馆的再利用理念、北京奥运一周年纪念进行了完美结合。在活动现场，北京百姓不仅能零距离体验到在奥运沙滩上嬉戏和在水立方水中游泳等高标准的消夏享受，更能随时与 BTV 主持人共同玩游戏、看足球，还能在现场大屏幕上随时看到北京电视台体育频道纪念北京奥运一周年的节目，看到自己出现在节目中。每个周末，体育频道通过全天的大直播节目把活动现场与北京奥运一周年纪念节目“精彩八月”完美结合、融为一体。仅仅一周的时间，无论是现场参加过“2009 北京海洋沙滩狂欢节”活动还是通过北京电视台体育频道收看过节目，抑或通过媒体的广泛报道了解到活动的观众，都对活动给予了高度评价。8 月 5 日，活动现场群众在接受路透社采访时表示：活动是奥运场馆再利用的非常好的做法，让普通百姓充分享受到了奥运为人民带来的好处。

“2009 海洋沙滩狂欢节”在创意策划阶段就是根据后奥运时代“从体育大国走向体育强国”的要求，根据北京市政府“打造国际化体育中心城市”的思路，充分考虑了提升 BTV 品牌形象和北京电视台作为首都电视台在推动全民健身方面的责任和定位而进行的现场活动设计。活动开始前，32 支企业球队在几天之内完成了报名，将仿照世界杯赛制进行 64 场比赛；活动开幕首日，胡建平、谢锋、南方、韩旭、邓乐军、刘建军、李洪政等老国安队员与温丽蓉、李洁、刘爱玲等老北京女足队员进行的“欢乐球”对抗赛引起广泛关注；活动开始后，很多企业或团体要求派队体验或参与对抗，活动现场也几乎天天都有群众自发组队参与。这项适合所有人参与的全新运动项目首次亮相京城，又有专业场地、专业裁判执法、专业球星首演，使每个普通人都能在专业的体育氛围中感受到运动的乐趣。此外，现场每天由北京电视台主持人主持、通过电视镜头搜索幸运观众参与射门游戏活动，吸引大批现场群众热情参与。

“2009 海洋沙滩狂欢节”，充分利用后奥运资源为首都百姓打造了消夏好去处，体现了“人民办奥运，奥运为人民”的理念。在一周内，平均每天超过 3000 人参加此项活动，成为炎热夏天里京城人们消夏游乐和锻炼的首选好去处。

十六集大型体育文献纪录片《与梦齐飞》热播

体育节目中心

从2009年2月10日开始，由国家体育总局主办，北京电视台、华奥星空网站联合制作的16集大型体育文献纪录片《与梦齐飞》与观众见面，无论是业内人士还是普通观众，都对这样一部全景式展现中国体育发展历程的电视作品给予了充分的肯定。

《与梦齐飞》是一部从体育的视角，回顾改革开放所取得的巨大成就的文献纪录片。正如片名“与梦齐飞”所表达的含义一样：中国体育在过去三十年中，恰恰就是给我们勾画了一道“从梦想到梦圆、从起飞到腾飞”的上升轨迹。这段艰难而又充满辉煌的历程，是每一个经历过改革开放的人都无法忘怀的，如果能将它做成一部纪录片，一定能引起广泛的共鸣。

“之前讲改革开放的纪录片有很多了，但没有一个是讲体育的”，原国家体育总局宣传司、政法司司长、已经73岁的王鼎华同志不无遗憾地表示，“所以我觉得，这部片子是很及时的，也很完整地展示了中国体育30年来的发展成就，这也是从一个侧面歌颂了改革开放。”

另一位国家体育总局的老领导、现在依然担任中国奥委会副主席的吴寿章则说得更为直接：“片子做得非常好，用一个词概括，那就是高屋建瓴。这部片子是站在改革开放全局的高度看体育，因此就决定了它的视野必然非常开阔。这也是这部片子和之前的一些纪录片相比，最大的不同。”

诚如两位老专家所言，《与梦齐飞》正是看准了体育这一主题，紧扣时代需要，及时并且全面地总结了中国体育自改革开放以来取得的巨大成就。在2月10日第一集《难忘历程》的播出过程中，就有不少观众通过互动平台表达了他们对于节目的喜爱。其中，很多观众都表示，中国体育在过去30年中留下了太多让人难忘的时刻，譬如：“中国女排在20世纪80年代的五连冠”、“许海峰为中国射落第一枚奥运金牌”、“米卢带领中国男足第一次打进世界杯”、“萨马兰奇宣布第29届奥运会承办地：北京!”……观众们的积极反馈也反映出体育在人们的心目中所占据的特殊位置。

从2008年9月开始，《与梦齐飞》的制作团队就投入到了紧张的工作当中。虽然从拍摄、到组稿，直到后期的剪辑、包装，全部时间只有一百天左右，但这丝毫没有影响到16集、720分钟时长的《与梦齐飞》成为一部值得称道的电视作品。

为了达到规范、专业的“制作”水准，《与梦齐飞》的编导们不辞辛苦，花费了大量的时间和精力在史料的搜集和准备上。另外，在拍摄方面，摄制组走南闯北，前后接触的采访对象达到了260多位，而且多是最具权威性的代表人物，比如国际奥委会主席雅克·罗格、国际奥委会终身名誉主席萨马兰奇、国际残奥委会主席菲利普·克雷文、NBA总裁大卫·斯特恩、著名运动员姚明、刘翔、郎平、栾菊杰等。“看完这部电视片，最大的感受就是人物众多、史料丰富”，新华社体育新闻编辑部副主任许基仁评论道：“像一些高级官员、体育明星、知名学者的访谈，平时是极少能在电视上看到的，这也极大地提高了这部片子的权威性和可信度；而这也正是全球媒体，尤其是电视媒体共同追求的‘谁在说’，而不仅仅是‘说什么’的境界。”

除了翔实的史料、权威的访谈之外，《与梦齐飞》在观点的表述上也始终秉承着科学、辩证的宗旨，在文稿的用词上力求精确、精准，在逻辑的推断上确保合情、合理。“尤其是对一些敏感问题的处理，可谓拿捏得恰到好处”，长期从事体育研究工作的吴寿章对这部纪录片中的某些章节尤为欣赏，他特别举了第五集《职业化探索》为例，认为该片对“体育职业化”这一存在不少争议的话题，“论述得十分清楚、客观，也非常公正”，体现了媒体人应有的视野和高度的责任心。

作为一部电视片，《与梦齐飞》从艺术欣赏的角度看，也多有亮点。如在讲述两次申奥历程的第四集《追梦之旅》当中，编导就善于利用“时间巧合”这种戏剧元素来突出新闻性、戏剧性，增强了节目的吸引力。因为2001年不仅是北京申办奥运会成功的年份，也恰好是中国加入世贸组织的时间，看似不相干的两件事，却都是中国改革开放的标志性事件，连在一起说，就比较耐人寻味。同样地，在第一集《难忘历程》当中，选择王楠、殷剑这两位出生于“中国改革开放元年”的奥运冠军作为叙述对象，就更有象征意义，也能引起观众的兴趣。

体育节目中心完美呈现全运会盛况

体育节目中心

第十一届全运会的帷幕于10月28日在济南徐徐落下，来自全国47个代表团的9600名运动员，经过12天的激烈角逐，381枚金牌各有归属。北京电视台体育节目中心在济南开设了直播演播室，以每天10余个小时的大时段直播，展现了来自全国各地的运动健儿在赛场上奋勇拼搏的飒爽英姿，完美呈现了全运会盛况。

“传承奥运精神，创有影响力强台”是北京电视台十一届全运会前方报道组的口号，它彰显了北京电视台的工作理念："以奥运报道的标准，做出全国体育电视的精品！"

创新播出手段，网编网播提升转播效率。北京电视台在前方演播室搭建了配音间、对编设备、37个站点的非线性编辑及播出网络系统和电视读报系统等。报道技术上全面实现网络化，采集、制作、新闻转播等方面的速度和效果与以往相比均有很大突破，在参与十一运报道的各家电视媒体中处于领先地位。此外，还配有2米×3米大型背景屏，这也是IBC所有电视报道团队中唯一的，充分展现了体育竞技的魅力。

节目突出北京特色。全运会特别节目《会当凌绝顶》根据每日赛程播出相关内容，实时滚动赛事信息，全方位报道全运赛事情况，体育频道实现每天12至14小时的直播，总量达到180小时。转播期间，还邀请到了张林、陈颖、张晓欢等著名北京籍选手进行了现场访谈。也利用全国记者云集赛会的机会，制作了关于全运会的评论节目《天天快评》，邀请著名记者、评论员就亮点赛事及赛场情况进行深入的评论。新闻中心每天也回传多档新闻。

承担公共信号制作，提升BTV影响力、美誉度。北京电视台承担了本届全运会的篮球、垒球、拳击三项赛事的公用信号制作。在人员配置上，派出了北京奥运会公用信号转播团队，绝大多数人员都经过了奥运会、残奥会公用信号转播的历练，经验丰富、技术成熟；在技术设备上，台里专门投入了奥运标准的高新设备。从预赛到决赛共转播赛事上百场，提供公共信号近百小时。

《体坛荟萃》改版

体育节目中心

奥运会结束后，体育频道面临着前所未有的资源危机。在这种情况下，整合资源、内部挖潜成为体育频道上上下下共同努力的方向。从2009年2月开始，体育频道将原有的周播栏目《体坛荟萃》进行了改版，在内容设置和制作模式上都进行了新的尝试，于是这样一个在每天下午播出的小栏目成为体育频道的一个意外之喜。

新改版的《体坛荟萃》具有以下一些特点：

首先，栏目组进行了独具匠心的内容整合。在中心领导的直接参与下，栏目组将体育频道现有的外购专题节目进行了分类和选取，最终选择了体育的五个角度，分别为搏击、足球、赛马、女性以及趣味，在《体坛荟萃》的总命名下，每一个节目冠以含有"风"字的附属标题，从周一到周五分别为《搏击风暴》、《足球风尚》、

《马术风情》、《女性风韵》和《体育风趣》。这五个角度（除足球以外）都不是体育的主流项目和报道重点，但谁又规定体育只是竞技和金牌，体育频道只能作足球和篮球呢？《体坛荟萃》各档节目的播出不仅丰富了体育频道的播出内容，让观众在观看紧张、刺激的比赛间隙可以得到轻松的愉悦，同时它也为寻找除足球、篮球以外的新的热点项目提供了有益的参考。通过一段时间的播出，《搏击风暴》的收视率开始稳中有升。

其次，《体坛荟萃》栏目在制作模式上采取了新的尝试。节目开播前，在中心全体主持人中进行了一次竞标活动，大家针对自己有兴趣的节目进行策划并上交书面策划方案，最终由中心主任办公会进行严肃的讨论并最终确定了负责各档节目制作的五位主持人，更确切地说是五位制作人。就普遍情况而言，主持人，尤其是年轻的主持人，很少有机会参与节目的主创，这就形成了主持人往往仅仅是节目的传声筒。而对于新版《体坛荟萃》的各档节目的主持人来说，栏目组不给他们配备编辑，要求他们亲自进行翻译、配音、主持、后期等全部的制作流程，甚至卫星收录、定机房、发播出带、管理预算等这些主持人岗位从未涉及的工作也要求他们亲力亲为。五位主持人在经历了一个痛苦的过程中之后，目前对于电视节目的基本制作流程已经掌握，这对他们参与体育频道各档节目的制作都起到了巨大的帮助。可以说这是这档节目最大的收获。

第三，为体育频道如何利用资源进行了有益的探索。通过一段时间的播出，各档节目从开始单纯的翻译国外素材到目前都在进行节目的二次创作。比如周二播出的《足球风尚》，从亚冠、中超开战以来，一直在利用其他节目的相关素材，在类似信息铺天盖地的情况下，依然可以拿到不错的收视。再比如说，周一播出的《搏击风暴》，由于片源的原因，每期节目都要自己从其他素材中找一些东西来做，经过重新包装播出效果也经常给人意外的惊喜。

区长见证“60年巨变”

生活节目中心

《区长，你好!》是生活频道为庆祝新中国成立60周年推出的大型演播室访谈系列节目，同时也是BTV生活“爱北京，爱生活”主题宣传季浓墨重彩的开篇序曲。2009年9月21日至9月25播出，共五期。

《区长，你好!》邀请了各区县政府一把手协同本区相关人士一同参与节目，对北京市各区县的社会进步、经济特色、人文特点等进行全方面多层次的采访，充分展现本区人民努力发展地区特色产业、带动经济建设以及提高人民生活水平等做出的不懈努力和取得的巨大成就，具有浓郁的生活特色。节目真实呈现了新中国成立60年百姓生活的巨大变化，并以百姓视角解读政府的重大决策，从而揭示了政府着力促进社会经济发展、提高百姓生活质量的核心理念。

在这个节目里，演播室相当于区长的会客厅，主述人区长不同于以往节目中的嘉宾，他承担着向客人——主持人、电视机前的观众介绍推荐城区亮点、精彩点的使命，区长在这期节目里的角色更像一个大家庭的家长——如数家珍般地介绍我的家、我的家人；更像一个卓越团队的领队——真实具体地介绍我们的政府和政府团队是如何在宏观规划和具体执行的平台上发展区域经济、改善百姓生活水平。

《区长，你好!》主要有五个亮点：

一是请首都各界知名人士、市民和长住北京外国友人走进演播室，与区长面对面畅谈个人成长、社会变迁，身边的变化。群众广泛参与起到互补作用，拉近了观众与区长的距离，提升了观众对节目内容的感受和认同。

二是恰当地引入唱歌、舞蹈、民乐、模特表演等多种娱乐元素，营造了热烈的节日氛围，增加了节目表现力和观赏性。如东城区女区长与社区文化队一起表演舞蹈《好日子》，引起现场观众热烈掌声。

三是每期节目开头各有特色，如石景山区这期节目开头用历史厚重的短片切入，区长胸前别着梧桐树叶走上舞台，凸显区长所说的话题，给人“小角度　大视野”的印象。

四是展示物件、挖掘细节，增强了节目的说服力和感染力。如房山区那期节目安排赵大爷和区长共同回顾30年前的故事，西城区区长和奥运团队的故事，令人感动，催人泪下，给节目增色不少。

五是用生活服务节目的主持人来主持这次大型系列访谈节目是第一次，她向区长的提问到位，掌控节目张弛有度。这些精心策划，巧妙安排，不失为一次重大主题报道的创新之举。

《青春走过60年》大型电视活动全面启动

青少年节目中心

2009年3月19日，北京电视台青少年节目中心举行了《青春走过60年》大型电视活动的新闻发布会暨启动仪式。《青春走过60年》大型电视活动，既是2009青少频道的开年大戏，也是庆祝新中国成立60周年特别宣传的一项重要内容。青少频道经过近半年的前期策划和内容创作，以青春的名义，点亮2009年这个激情澎湃的春天。

从2009年3月至5月，历时3个月的

大型活动涵盖四个华美篇章：

开篇之作——大型电视选拔活动《寻找青春代言人》由北京电视台青少频道携手十二家传媒集团及演艺机构，共同征选“青春代言人”，赛时长达两个半月，由两岸三地最具影响力的主持人、媒体人及演艺明星作为寻找新星的慧眼伯乐，经历初选和四场不同主题的复赛考验后，最终获胜选手成为BTV青年节目主持人、金牌音乐人小柯的入室弟子、北京紫禁城影业公司、京视传媒投拍的青春偶像剧的主要演员、《时尚》传媒集团旗下杂志的专属模特等。

谋篇之作——10集专题片《80后调查》由青少频道和国内优秀纪录片制作团队强强联合，作为全国第一部全方位展示“80后”真实、鲜活的生存状态，深入探究他们不为人知的心路历程的电视调查专题片。《80后调查》完全以一种充满包容、沟通、尊重的情景展开，以平等的视角真诚面对“80后”这个特立独行、悬念不断、充满新意的社会族群，全力塑造一部里程碑式的电视作品。

点睛之作——2009北京青年公益时尚文化节开幕演出主题歌会《青春之歌》精选不同时期的经典歌曲，采用合唱、独唱、联唱、组合等多种形式进行表演，唱响青春的旋律和力量。

高潮之作——5月3日持续播出15小时的特别节目《青春走过60年》是整个活动中最浓墨重彩的桥段；全天活动将60年以每10年划分，分为6个段落，各个时代的精英、偶像汇集一堂，讲述他们的青春故事。

09版《红孩子》真诚演出打动观众

青少年节目中心

经典的旋律唤起久远的记忆、奇幻的故事重温澎湃的年代、自由的演绎变身英勇的少年、互动的舞台共享欢乐与梦想……由北京电视台出品，青少频道联手北京儿艺共同打造的新版音乐互动儿童剧《红孩子》融合了红色激情与时尚元素，并从5月30日在BTV大剧院正式上演，演出受到了观众特别是小朋友们的喜爱。作为一部视听完美结合的儿童剧创新力作，《红孩子》以情感的交融叙述贯穿全剧，突破了年龄、时代的限制，结合灯光、舞美等多种舞台元素的巧妙运用强化了情感的渲染，舞台上的每一个小细节都让人感觉到创作者的独具匠心。

不同年龄段观众与“红孩子”互动接受心灵洗礼

《红孩子》通过一名现代孩子无意间来到另一个星球，为了完成一个有趣的任务，并与生活在那里的红孩子们成为朋友的故事带领我们再次回到战争年代，重温小英雄带给我们的感动。剧中的人物各个活灵活现，张嘎子的顽皮童心、潘冬子的机智勇敢、王二小的真实善良、小萝卜头的渴望自由时刻牵动着孩子们的心。一场表现放牛娃王二小真实梦想的戏更是引起了孩子们的共鸣：王二小感叹自己不想当英雄，他只是一个普通的放牛娃，最大的梦想就是牛能够吃得饱饱的，长得壮壮的，自己能好好过日子。但是敌人却侵犯了二小的家，为了保护家园，实现他最朴实的梦想，二小把敌人带进了包围圈。当舞台上空响起急促的枪声，王二小手中的放牛鞭缓缓滑落，孩子们都被这感人的一幕和演员的真诚表演深深地打动了，流下了热泪，跟随着剧中的主人公果果一起为王二小唱起《歌唱二小放牛郎》。而当《让我们荡起双桨》、《歌声与微笑》等熟悉的旋律一响起，孩子们纷纷跟随节拍、忘情而又深情地哼唱着，他们与红孩子一起经历了一场难得的心灵洗礼，稚嫩的声音里唱出的是对未来坚定的信心。

独有设备结合奥运法宝 “转”动 BTV 舞台

该剧的舞台呈现是另一大亮点，作为首个登上北京电视台剧场舞台的大型演出，《红孩子》致力于最大限度的利用剧场先进机械舞台设备，扩大想象力空间，营造出飞扬浪漫诗意化的现场视听效果。一个直径 18 米，可升降并前后移动的后转台以及台中心一个可升降、旋转的直径 7 米的中心圆连接着三个同样具备此能的偏心圆构成了《红孩子》的主舞台，演员全部的演出都在后转台上完成，随着不同人物的登场，利用转台的升降，变幻出不同的场景，营造出一个宛若梦幻般的灵动红五星世界。此外，在现代少年果果意外来到红五星世界的过程中，BTV 大剧院的独有设备——位于舞台两侧的旋转灯台也为剧情营造出穿越时空般的梦幻效果。满山遍野的映山红、新北京的新地标——鸟巢、水立方……3D 动画制作出的影像效果占到演出的三分之二。值得一提的是，在奥运会开幕式演出中得到广泛使用的轨道镜首次被运用到了戏剧舞台，通过这种技术来移动投影，扩大了影像投射的面积和区域，观众席俨然也成为了影像的一部分。

同时在创作的过程中，导演与编剧充分考虑了儿童剧受孩子们欢迎的互动形式丰富、游戏感强等特点，让台上的表演和台下小观众的反应融为一体。红色题材经过了时尚的包装使该剧更加贴近现代孩子的生活，让孩子们在轻松愉快的氛围中领悟红孩子们的精神，告诉他们责任的含义，让他们更加珍惜现在的幸福生活。同时，2009 年是新中国成立 60 周年，在这个全国人民的节日里演出《红孩子》具有更为深刻的历史意义。一方面该剧让孩子们再一次接受爱国主义教育的洗礼，另一方面该剧将带领所有观看者再次感受、领悟伟大的革命精神，帮助我们对现实生活展开更深层的思索。

青少年节目中心荣获首都未成年人思想道德建设先进集体

青少年节目中心

2009 年 6 月在首都精神文明建设委员会举办的“首都未成年人思想道德建设先进集体个人评选”活动中，北京电视台青少年节目中心荣获先进集体奖，这是继 2004 年“全国青少年维权岗”、2006 年“全国维护妇女儿童权益贡献奖”后，青少年节目中心获得的又一殊荣。

自 2002 年 1 月 1 日北京电视台青少频道开播以来，青少年节目中心一直以加强未成年人思想道德建设工作为已任。2004 年国务院颁发《关于加强和改进未成年人思想道德建设工作的若干意见》和胡锦涛总书记重要讲话发布后，青少频道责无旁贷地承担了北京地区未成年人思想道德建设的电视宣传任务。六年来，青少年节目中心在日常工作中始终贯彻执行“首都未成年人思想道德建设工作”的方针，积极营造有利于未成年人思想道德建设的舆论环境。严抓节目质量，努力为未成年人提供健康有益的精神食粮。

此外，青少年节目中心还通过开展大型活动推进未成年人思想道德建设电视宣传工作。2007 年青少频道首次推出大型活动《红孩子》，历经三年倾力打造，《红孩子》在首都青少年群体当中已经具有广泛的影响力。2009 年新版《红孩子》的推出更是得到了社会各界的高度评价，形成了具有深远意义的“红色品牌”。市委宣传部也已经将此项活动作为北京市庆祝新中国成立 60 周年的重点文化项目之一。2008 年四川大地震发生后，青少年节目中心具体策划、组织、实施了《托起明天的太阳——首都青少年爱心慈善晚会》，晚会以昂扬的斗志激发灾区儿童战胜困难的决心，把首都青少年和北京市民的无限情意传达给灾区的孩子们。晚会共募集善款、物资近 1 亿元。

纪念农村改革开放30年晚会《大地的颂歌》播出

公共频道节目中心

由北京市委宣传部、北京市委农工委、北京市农委、北京市旅游局、北京市文化局和北京电视台联合主办，由北京电视台公共频道节目中心录制的《大地的颂歌》——“北京市纪念农村改革开放30周年大型文艺晚会”，于2009年1月29日大年初四21:35在北京卫视播出。

晚会以展示和共享农村改革开放30年的成就为主题，体现城乡一体化、科学发展观以及和谐社会的大理念，描绘了北京新农村翻天覆地的历史巨变，展示了北京新农民的新理念新风貌。同时，市有关部门为2008年度寻找北京最美的乡村活动评选出了10个最美乡村颁奖。

整场晚会共分为四个篇章：第一篇章“春天的恢宏交响”、第二篇章“收获的绿色大地”、第三篇章“腾飞的光荣梦想”、第四篇章“和谐的华彩乐章”。四个篇章在政策表现和成就展示上“由表及里”，在情感上层层递进，蕴含着“天、地、人、和”的内在结构，前后呼应，层层推进。

晚会创新了农村主题晚会的艺术表现形式，充分表现快速共融的北京城乡生活，令人耳目一新！此台晚会有四个亮点引人注目：亮点一：露天电影形式的独创性——突破晚会常用大屏幕的播放影像资料的方式，在舞台中以巨大的帷幕构成“露天电影”的模式，营造时空转换的氛围，唤起人们对历史瞬间的回顾与感动；同时完成舞台变换场景的功能。亮点二：文艺形式与风格的时尚化——一方面将耳熟能详的经典老歌改编成热烈欢快、现代感强的大型时尚歌舞，同时创作富于动感和现代感的RAB、FLASH、舞台叙事歌舞等节目，如舞台视频说唱歌舞剧《我的一天》轻松幽默地描绘出年轻人眼中充满朝气的新农村新生活。亮点三：文艺表演的京味儿民俗化——体现京城的特质。挖掘北京郊区特有的语言习惯、北京物质文化遗产所蕴含的文化特质，融入节目创作中。比如舞台动画歌舞节目《京郊游》以京味儿浓厚的幽默说唱形式，演绎出符合北京文化特质的京味说唱的新形式。亮点四：颁奖环节与节目的一体化——在“寻找最美丽的乡村”颁奖这一功能性环节之前安排大型群口快板《谁最美》，既为颁奖环节作辅垫，又点明美丽乡村评选活动的主旨，使功能化环节成为农村改革开放30年成就最有说服力的例证。同时，在艺术形式上为农民打造自己的鲜花之路与光荣大道！

整台晚会的创作以大量的原创节目为主，以现代时尚格调为主体风格，以北京城市化进程为切入点，以城乡统筹为指向，生动反映了北京新农村的新生活、新农民的新境界，晚会热烈欢快、昂扬向上、深情大气。

卡酷原创动画产量持续上升

动画节目中心

2009年，北京卡酷动画卫视原创动画产量持续上升，生产动画片11部共4465分钟，产量位居北京第一，全国第九位。

在国家广播电影电视总局发布的《关于2009年度全国电视动画片制作发行情况的通告》中，北京卡酷动画卫视以4465分钟的动画片生产量，跻身“2009年全国原创电视动画片生产企业”前十，排名第九位。同时，在“2009年全国原创电视动画片生产十大城市”排名中，北京以总生产量9357分钟位列第七位，占总产量近一半份额的北京卡酷动画卫视，为北京取得这样优秀的成绩作出了重要贡献。

北京卡酷动画卫视坚持“内容为王”战略，致力于原创动画片的制作。2009年内自主创作《中华五千年》、《卡酷漫游记》、《我们小孩有力量》、《太空大冒险》等11部原创动画作品，不同风格的作品充分满足了各年龄层观众的欣赏需要。原创动画大作《2010年北京电视台卡酷动画春晚》，由200多名国内原创动画制作精英，历时8个月精心制作的，节目时长115分钟，实际动画纯制作量占到87%。大年初三晚在北京卫视进行首播，相比去年同期收视翻了一番，以独特的节目形态在众多传统春晚中脱颖而出，在社会上引起话题。

北京卡酷动画卫视不仅动画产量优异，制作水平也得到行业和社会的认可。在2009年12月8日召开的卡酷原创动画项目推介会上，卡酷动画作品得到与会领导和众多影视动画行业嘉宾的一致好评，现场累计签约额超过千万元。百集动画片《福娃奥运漫游记》在2009年荣获中宣部第11届“五个一工程”动画片奖第1名、第24届中国电视金鹰奖唯一最佳动画片大奖、中国广播影视大奖暨第21届“星光奖”电视动画片大奖。至此，该片已将国内所有电视动画片类国家级政府大奖收入囊中，是迄今国内所有电视动画片中的唯一“大满贯”。

始终致力于原创动画片的制作，是北京卡酷动画卫视以创意版权为先、播出销售双轮驱动、打造卡酷动漫全产业链这个总体发展战略的核心内容。在原创生产和播出收视两大工作重心的基础上，卡酷向商标形象保护、衍生品开发、版权经营、玩具销售、卖场代理、动漫新媒体、儿童艺术培训、主题公园等动漫产业链外延纵深开拓，将原创品牌的边际效应和衍生价值充分发挥，让原创作品焕发出不同于其他动画片的巨大商业价值。

《七色光》改版

动画节目中心

北京卡酷动画卫视《七色光》全新改版，节目自2009年11月20日起每周五晚八点推出全新的赛季单元——我的老师最麻辣！全新概念的游戏竞赛给观众带来非同寻常的麻辣体验，六对麻辣老师和鬼马学生的巅峰对决更加引人入胜，游戏设置也让观众大开眼界，全新的赛季环节邀众多知名主持人加盟。

最麻辣的选手。六位经过千挑万选的小选手和六位超出以往认知的麻辣老师，通力协作，共同闯关。小选手们的机智灵活在舞台上展现得淋漓尽致，老师们则完全抛开了课堂上的严肃和不苟言笑，在游戏中笑料百出，让人捧腹。六位麻辣老师和六位鬼马学生经过首场配对赛，形成六对组合，在接下来的五场淘汰赛中经过激烈的对决，直到产生最后的赛季总冠军。冠军老师将成为卡酷官方部落的超级掌门人，而冠军学生将成为《七色光》下一赛季的小主持人。

最麻辣的游戏。在游戏的设置上，每期都有新的项目，让你大开眼界。“勇闯魔法岛”的悬疑惊险，“麻辣三国”的智力对决，“三W剧场”的爆笑效果，“桌面足球”的刺激过瘾……所有的游戏设计都会给大家全新的视觉享受。

最麻辣的评委。《七色光》的全新赛季也得到了各大媒体的鼎力支持，国内著名的主持人们将担纲麻辣评委的角色，为“我的老师最麻辣”赛季加油造势！《冲关我最棒》主持人左岩、《挑战百分百》主持人曹洋、《快乐大本营》主持人杜海涛、《天天向上》主持人钱枫、《音乐风云榜》主持人柳岩、《娱乐现场》主持人谢楠等亲临现场，为麻辣师生们加油打气。

《新春狂想曲——2009 BTV 动画春晚》成功举办

动画节目中心

2009 年除夕夜19:40，经过几个月的精心筹备和制作，《新春狂想曲——2009 BTV 动画春晚》，在北京卫视、卡酷卫视同步并机直播。这是动画春晚这种形式在国内首次实现卫视全国直播。节目播出后，引来社会各界的广泛关注和赞誉。认为这种突破传统晚会概念，将神奇的动画幻想与传统文艺晚会模式相结合的形式，给观众带来了全新的视听体验。

此次动画春晚节目内容以高质量的相声、小品为主，冯巩、陈佩斯、朱时茂、侯耀华、李菁、姜昆、李金斗、唐杰忠等悉数亮相拜年献艺。明星阵容再配合以动画的夸张幽默的手段，充分体现了让观众“从头笑到尾”的风格定位，最大限度地满足了异质性家庭受众的不同口味。本次动画春晚还突出了强烈的时尚和流行的风格，邀请两岸三地的明星艺人拜年献声，以动画 MV 的形式呈现最热门的新歌单曲。

本次动画春晚突破了以往的晚会概念，以故事的形式串联优秀节目内容。卡酷动画卫视的三位动画主持人张魁、王烦、二秃子担任主角，乘坐着牛年生肖车丑丑，展开了一次奇妙之旅，从而串联起整台晚会。晚会通过框架创新吸引观众，主人公上天下海，在奇幻旅途中收获人生的感悟。依靠动画的丰富想象力和无所不能的表现力，给观众带去全新的视听体验。

为了实现最好的传播效果，晚会除了在北京卫视、卡酷动画卫视同步直播外，还整合传播平台、打通传播渠道，通过搜狐网、凤凰网、IBTV 北京宽频、PPS 等多家联播平台全球网络同步直播；视讯中国、BTV 手机电视掌上直播、互动。同时在宣传推广上也制订了周密的战略计划。除了在北京电视台主要频道轮番滚动播出宣传片外，还联合多种媒体进行立体宣传。官网落户搜狐动漫；联手腾讯动漫网络特别支持；户外媒体北广传媒移动电视、城市电视等联动宣传。

“2009 卡酷春节雪上嘉年华”圆满落幕

动画节目中心

“2009 奥林匹克森林公园卡酷春节雪上嘉年华”活动于 2009 年 1 月 26 日至 2 月 9 日在奥林匹克森林公园举行。这一活动以新颖的创意，鲜明的特色，打造了一场属于孩子们自己的快乐嘉年华，取得了圆满成功。

一、活动特点

“2009 奥林匹克森林公园卡酷春节雪上嘉年华”以冰雪和动漫为主题元素，打造上万平方米雪场和三千平方米游艺大棚，通过具有鲜明卡酷和奥运特色的丰富多彩的活动，吸引了来自全国各地近十万游客。一是突出雪地特色。“卡酷春节雪上嘉年华”采用国际上先进的人工造雪和制冷技术，打造 1.5 万平方米的雪地景观，设置滑雪圈、悠波球等丰富多彩的雪上娱乐项目，同时还特别从青岛极地海洋世界请来 10 只小企鹅友情助阵，为孩子们营造了今冬北京中心地区规模最大、互动活动最丰富的雪世界。二是延伸奥运主题。为了弘扬奥运精神、重塑奥运氛围，“卡酷春节雪上嘉年华”活动现场不仅安排了“古乐缶”等北京奥运会开幕式精彩道具真品展示，还精心组织“祥云火炬家庭接力”和“与祥云火炬合影”等互动活动，让游客有机会和奥运祥云火炬的真品亲密接触，在冬日冰雪中重燃奥运激情。三是打造卡酷乐园。与普通春节庙会不同的是，“卡酷春节雪上嘉年华”充分发挥卡酷动画卫视的动漫资源和品牌优势，搭建 3000 平方米的动漫游艺大棚，组织了卡酷主持人现场互动、生日小寿星集体庆祝、充气玩具城堡、Cosplay 动漫演出以及卡酷旗舰店新春玩具优惠特卖等活动，为游客打造了一个“绝对好玩，绝对卡酷”的卡酷动漫乐园。

二、各界反响

本次嘉年华活动是北京卡酷动画卫视首次参与筹办群众冬季文化活动，具有多方面的积极意义，得到社会各界的良好反响。

1. 广大观众踊跃参与。“卡酷春节雪上嘉年华”为首都少年儿童及其家长提供了一个欢度寒假和春节的户外活动场所，增添了喜庆欢乐祥和的节日气氛。据不完全统计，从农历大年初一到元宵节，嘉年华活动吸引了京津地区和全国各地近十万游客。不少儿童家长表示，今年北京冬天没下雪，孩子又很喜欢户外冰雪运动，听说这里不出市区就能看雪和玩雪，就赶紧带着孩子赶过来了，玩得很尽兴。活动不仅得到本地市民家庭的热情参与，还吸引了来自天津、内蒙古、辽宁、海南等地的观众，一些家长带着孩子专程从外地赶到北京参加嘉年华的活动。由于组织周密，准备充分，整个活动场面热烈、气氛和谐、秩序井然，达到了预期效果。

2. 众多媒体广泛关注。由于创意新颖、特色鲜明，“卡酷春节雪上嘉年华”15 天活动期间吸引了众多媒体的关注和报道。据不完全统计，活动期间有新华社、中央电视台、中央人民广播电台、中国国际广播电台、《北京日报》、《北京青年报》、《北京晚报》、《娱乐信报》、《新京报》、《法制晚报》、《中国旅游报》、《北京广播电视报》、《北京电视周刊》等 20 余家中央和市属新闻媒体，BTV 网站、新浪网、搜狐网、腾讯网、千龙网、TOM 网、北青网、中国动画网等大型门户网站及知名动漫网站采访报道了本次嘉年华的相关新闻。

3. 各级领导充分肯定。作为“卡酷春节雪上嘉年华”活动的特别支持单位，文化部对本次活动的举办给予了大力支持。该活动的成功举办也得到文化部有关部门的充分肯定，认为该活动启动迅速、配合全面、态度积极认真，特别是对开展动漫文化普及推广活动的初衷把握比较准，对当前动漫文化传播的现状及问题的认识比较深刻。据悉，文化部已将此项活动纳入“爱动漫 · 爱生活”系列活动的框架中。

北京卡酷卫视自有品牌文化用品首发上市

动画节目中心

2009 年 7 月 28 日，北京电视台卡酷动画形象授权新闻发布会在国际版权交易中心隆重召开，卡酷授权文化用品首发上市。来自国家版权局、市委宣传部、市文化局及宁波市的领导出席并致辞，与现场数十家知名媒体一道，见证卡酷自有品牌衍生品向市场化迈进的重要一步。

作为国内最大的专业动画卫视媒体，北京卡酷动画卫视落地覆盖人口 3.9 亿，是国内落地范围最广的动画卫视，也是最具影响力的中国动漫品牌。上星以来，“内容为王”打造播出平台核心品牌，少儿收视领跑全国，卡酷商标以及动画形象更成为品牌明星，为少年儿童所追捧。为了大力开拓动漫产业多元化市场，真正发挥卡酷在动漫产业链的产业引擎作用，北京卡酷动画卫视快速反应，以全国覆盖、强势收视和品牌内容共同推动动漫衍生产业开发，将播出平台的空中优势资源有效整合转为落地经营，努力实现产业的全面互动和品牌的多元化推广，为北京乃至全国文化创意产业的发展作出重大贡献。借此，北京卡酷卫视与国内知名企业“宁波大达文具有限公司”强强联手，实现文化创意产业与文具制造企业跨行业战略合作，共同推出卡酷文具产品，高调进军文化用品市场。

此次发布会的召开标志着卡酷品牌文化用品正式完成版权授权交易，是卡酷自有品牌产品向市场化迈进的重要一步。会上展示了运用卡酷动漫元素设计生产的文具产品，印有卡酷动漫故事或采用卡酷动漫形象造型的各类组合文具几十个系列400余款。预计2009年年底，卡酷文具推出产品种类将达2000余个单品。卡酷文具种类丰富齐全，关爱孩子们学习的每一个细小的需求，其设计理念新颖时尚，实用与潮流兼具，受到了市场的广泛认可。

内容先行，渠道为王。作为北京发展动漫创意产业的一个重要载体，北京卡酷动画卫视依托具有强大影响力的播出平台和内容品牌，在大力开发自有品牌衍生产品的同时，打造中国最具规模的儿童动漫娱乐用品的销售平台和最具价值的儿童娱乐消费品垄断运营网络，全线打通动漫产业链中枢，形成产品与渠道的良性互动。目前卡酷已将国内外主流玩具品牌总代理权尽收麾下，建立了以北京市场为核心的全国性代理商销售体系，推行“渠道”为王的路线，构建以1200—3000平方米卡酷旗舰店和100平方米卡酷特许零售店的全国渠道网络，上半年在北京建成望京方恒、朝外优唐、中关村购物广场等3家卡酷旗舰店，2009年在全国范围形成10家卡酷旗舰店、50家卡酷特许零售店的战略规模。

第四届中国（北京）国际大学生动画节圆满落幕

动画节目中心

2009年10月31日晚，由北京电视台和中国传媒大学联合主办，卡酷动画卫视、中国传媒大学动画学院共同承办的第四届中国（北京）国际大学生动画节正式落下帷幕。在这场充满惊奇和惊喜的盛大颁奖典礼上，来自52个国家245所高等院校的参赛学生代表、30余位国际动画权威和各界人士齐聚一堂，共同见证了“卡酷年度动漫特殊成就奖”、“卡酷动漫创意大奖”、“北京动漫文化创意大奖”和“白杨奖”等动画节奖项的揭晓。

最受瞩目的“2009卡酷年度动漫特殊成就奖”由国家广播电影电视总局副总编辑、宣传管理司司长金德龙获得。他致力于助推国产动漫全产业链的完善和升级，使中国动漫产业在生产数量、艺术质量、制作技术、播出效果、市场环境、产业结构等方面都有了明显提高和优化。

堪称中国电视动画风向标的“北京动漫文化创意作品大奖”和“卡酷动漫创意大奖”两项组委会特别大奖，自评选开始就受到业界密切关注。动画版《武林外传》荣获“2009北京动漫文化创意作品大奖”；“2009北京动漫文化杰出出品人奖”则由广东奥飞动漫文化股份有限公司董事长蔡东青获得；2009年稳居卡酷动画卫视新片首播收视率排名榜首的《猪猪侠勇闯未来之城》摘取了“2009卡酷年度动画片奖”这一桂冠；“2009年卡酷年度动画编剧奖”花落《饮茶之功夫学园》编剧团队。

彰显国际化特色，短短4天的动画节异彩纷呈：来自美国、法国、英国、德国、加拿大、韩国等地的国际顶尖动漫院校238部优秀学生作品齐聚动画节，与首次亮相的《拉斯卡尔》、《原始星球》等60部世界动画电影轮番展映，给中国观众带来全新的视觉体验；来自美国梦工厂、育碧游戏、惠普、德国PIXOMONDO等国际顶级企业的30余位艺术家和总裁级高管，带来19场“梦工厂系列大师课程”，让众多学子与业界顶尖大师零距离接触。中国（北京）国际大学生动画节无疑已经成为目前参与的国家和高等院校最多、参赛的学生和创意作品最多、参会的动画业界专家大师最多，最具国际代表性的动画盛事。

由北京电视台卡酷动画卫视精心打造的［Aniwow！2009］第四届中国（北京）国际大学生动画节闭幕式暨颁奖典礼融合了动画、时尚等众多元素，成为本届动画节的一大亮点。

卡酷争得“五个一工程”和北京市文学艺术奖两项大奖

动画节目中心

第十一届精神文明建设“五个一工程”北京市获奖作品暨第六届北京市文学艺术奖表彰座谈会12月15日在京召开，刘淇书记、郭金龙市长、蔡赴朝副市长等市领导亲切接见获奖代表并合影留念。卡酷动画卫视制作的百集动画片《福娃奥运漫游记》获得这两项大奖。

座谈会上，动画节目中心主任帅民作为5位获奖代表之一，从创意、推广、运营方面交流了《福娃奥运漫游记》的成功实践经验和创作体会，并介绍了北京电视台下一步动画片精品战略规划百集大型精品动画巨制《中华五千年》。该项目目前已启动，进入到前期创作阶段，这部动画旨在用新颖创新的方式，向观众讲述中华民族历史上伟大的民族英雄和故事，培养青少年的民族自豪感和民族自信心。

卡酷多业态产业实现媒体跨越式可持续发展

动画节目中心

北京电视台卡酷卫视公司全年实现总收入1.13亿元，比上年增加2200万元，运营规模进一步扩大；全年实现利润总额3442万元，比上年增加590万元。公司总资产突破2.4亿元，较成立之初增长5倍；净资产1.8亿元，较成立之初增长3.5倍。尤其值得一提的是，公司广告收入所占比重由最初的100%，逐步降低到2009年的39.8%；动漫衍生品业务比例由上年53%进一步上升至60.2%，实现了非广告收入总额对传统广告收入的大幅超越。数据说明卡酷卫视公司盈利模式逐渐得到优化，对广告业务的依存度逐年降低，销售渠道、玩具代理、品牌授权、少儿艺术培训、新媒体业务等上下游衍生业务发展迅猛，对卡酷形成良性多元发展态势具有跨越性的战略意义。

多业态经营模式是动漫产业发展的趋势，也是卡酷实现跨越性可持续发展的重要路径。2009年，卡酷卫视公司依据北京电视台的总体发展战略，立足卡酷动画专业卫视媒体特性，紧紧围绕播出收视和动画原创两大工作核心，辅以衍生产品开发和销售渠道建设，打造卡酷动漫全产业链，努力争取全面协调可持续的发展。具体通过营建全国儿童动漫娱乐消费市场终端全网为辅助，带动动漫产业上游动画制作和下游动漫衍生品开发及销售，充分发挥播出平台和原创动画的边际效应及衍生价值，优化产业结构，为国有资产保值增值和经营创收增收作贡献。其中，卡酷的动漫衍生渠道建设在短短一年时间内，便以全国8家旗舰店、120家特许零售店的规模打造了中国最大的儿童产品零售终端系统，创造出国内儿童用品零售业的开店奇迹，并实现了卡酷在“原创—播出—衍生产品开发—销售渠道”的全产业链成功突破，成为卡酷卫视良性循环发展的有益补充。

BTV 网站国庆 60 周年庆典直播圆满成功

网络信息编辑室

2009 年 10 月 1 日，举世瞩目的庆祝中华人民共和国成立 60 周年盛大庆典在北京隆重举行，BTV 网站配合本台卫视频道的大型直播活动《我爱你　中国》，在网上同步直播了国庆盛大阅兵式、群众游行和联欢晚会的盛况，并且同步进行了互动活动，网民对这次网络直播的关注度和参与热情空前高涨，直播效果实现了本年度多项新的突破。

为了全面、完整地把国庆盛典呈现给广大网民，9 月 30 日 BTV 网站连夜制作网络专题“庆祝新中国成立 60 周年盛大庆典”，专题按照庆典的安排，分为 BTV 记者前方报道、追踪盛典进程、阅兵仪式、我与祖国共奋进、盛世欢歌、祝福中国、五洲同庆、共和国伟大成就等板块，全方位展现社会各界为庆典所做的准备、庆典盛况以及来自国际、国内对共和国 60 华诞的祝福，图片、文字、视频内容丰富，形式多样，为网友了解庆典的相关信息提供了方便。10 月 1 日凌晨2:00，专题正式上线。

10月 1 日上午9:00，在庆典开始前一个小时，BTV 网站切出直播页面。庆典开始后，同时在线聊天的网民人数突破 500 人次，已经达到 BTV 网站负载的最大容量。天安门广场的联欢晚会结束后，BTV 网站继续直播北京卫视的《我爱你　中国》节目，直至 10 月 1 日23:00结束，网站直播共持续 16 小时。

这次“庆祝新中国成立 60 周年盛大庆典”专题和大型直播报道，取得了 BTV 网站开展直播活动以来的最好效果，实现了多项新的突破。首先是年内访问量最高。从 10 月 1 日凌晨2:00专题上线到23:00直播结束，累计访问量达到 781567 人次，比前一天网站的访问量上升了 47%，瞬时峰值访问量上涨近 500%。其次是网民参与热情最高。直播开始后，同时在线参与互动的网民人数突破 500 人次，大家激情澎湃，踊跃发言，赞美祖国，表达爱国热情。第三是持续时间最长。由于技术设备条件的改善，BTV 网站已经进行了五次直播活动，这次直播连续 16 小时不间断，是持续时间最长的一次直播活动。

卫视频道高清摄像技术培训班结束

人事部

北京电视台人事部、总工办于7月19日至29日，会同中仪索尼技术服务中心、索尼高清影视技术学院在北京举办了三期高清摄像技术培训班，北京卫视频道的18个栏目的90名摄像人员参加了为期三天的脱产培训。

此次培训是贯彻落实市委领导关于北京卫视在国庆60周年高（标）清播出的重要工作步骤和工作环节，台党委和领导班子非常重视，成立了由多名台领导参加的"920"项目领导小组，朱江副总编辑、田方总工多次组织召开专门会议进行研究部署，要求七月底前完成高清摄像技术的培训。为做好培训工作，人事部和总工办针对培训时间紧、学习任务重、培训内容精、操作要求严、考核标准高的特点，会同索尼方面在培训前就培训的内容、标准、形式、场地等进行了反复商谈和研究，制定了本次高清摄像技术培训的实施方案，并明确要求实际操作能力的培训时间不少于总培训时间的一半，加大了学员们动手操作练习的培训力度。索尼方面紧急调拨了最新型号的高清摄像机作为此次培训的主流机型，聘请了日本NHK电视台资深摄像师到场授课，同时在教学组织、培训管理、后勤服务等方面也进行了相应的配套改进。

为保证培训效果和学习质量，主办部门共同研究制定了《摄像技术人员培训管理制度》，采取了行之有效的措施保证培训效果：（一）全脱产封闭管理，严格考勤制度，每天从早8:00至晚10:00安排授课、实操、点评，全天候培训。（二）互动式教学，老师和学员在课堂上及时对培训内容进行沟通与交流，同时搭建多个摄像机位，保证培训期间学员动手操作时间，并当场检验学员掌握所学内容的效果。

在培训过程中，学员们学习热情高涨，老师与学员沟通交流，共同探讨问题，培训内容充实，时间安排紧凑。为了巩固成效，本次培训还特别安排了实际操作测试，使学员们可以有充分的时间和空间将理论与实践相结合。通过系统的培训，学员们基本了解了传统标清与高清拍摄技术以及高清拍摄在操作运用上的本质差异，提高了高清摄像技术水平和应用能力。

管理、技术岗位科级干部培训班圆满结束

人事部

2009年5月中旬至6月中旬，北京电视台会同北京大学经济学院举办了三期管理、技术岗位科级干部培训班，全台220余名科级干部参加了为期三天的《标杆管理》和《精细化管理》的业务培训。

此次培训是北京电视台继2007年节目制片人培训之后的一项系统工程，是贯彻落实科学发展观和台党委关于强化干部队伍建设的重要举措。培训的目的就是为提高科级干部业务管理水平和驾驭工作能力，培养和打造一支勇于创新、善于管理、精于技术的科级干部队伍，为事业可持续发展提供人才保障与智力支持。

为做好管理和技术岗位科级干部培训的课程设计，台人事部做了大量卓有成效的前期准备工作，曾多次与在京的高等院校联系商讨有关课程的设计方案，除了就课程内容做了培训需求调查之外，还召集部分科级干部进行了业务研讨和座谈，在综合各方面意见和建议的基础上完成了整套的培训方案。此次培训内容：一是学习管理科学，掌握正确的工作方法，形成标准化工作流程，有效提高工作效率；二是学习掌握高效领导的行为模式和管理、沟通技巧，增强对下属的管控力度，激发大家的工作热情，开启团队智慧，提升组织的凝聚力和战斗力；三是学习掌握目标管理、授权、过程控制等有效管理手段，增强管理者开拓进取和锐意创新的能力，尤其是面对问题并积极学会用团队解决问题的思路与方法，从而确保部门执行力的实现。

通过培训，参培人员普遍认为此次的培训内容、形式、师资、规模、组织、效果是多年少有的，特别是在授课中采用课堂讲授、小组讨论、实例分析、互动参与等形式，强化了培训效果，保证了培训质量，对增强科级干部的大局意识、管理意识和团队精神，提高工作效率和团队协同作战能力有很大的促进作用。大家一致表示要学习和运用科学的工作方法和管理手段，实现高绩效团队领导艺术，影响和带动团队不断增强创新思维和创新意识，为提升北京电视台的综合实力更好地发挥作用。

六、组织机构

BTV
Beijing Television

组织机构

中共北京电视台委员会

书　记：王晓东（2009年11月任）
副书记：张　晓　王　云
委　员：田　方　罗　影　刘纪钢　冯庆波

北京电视台台领导班子

台　长：王晓东（2009年11月任）
总编辑：张　晓
党委副书记：王　云
副台长：邵宣堂
总工程师：田　方
副总编辑：华　艺　张　强　朱　江　张　亮

中共北京电视台纪律检查委员会

书　记：王　云
副书记：丁　梅　据木根
委　员：田　方　吉天旭　刘　平　张　健　李金茹　孙洪斌　胡亚利

北京电视台工会

主　席：李　珍
副主席：孟传妍
委　员：马世飞　王　奇　王　峥　王金生　王宝德　刘绍芬　伊国庆　陈志明　李　珍　李　湧　李志国　张　立　孟传妍　周　红　周久兰
经费审查委员会：温江南　齐学耕　周志豪

共青团北京电视台委员会

书　记：李　莉
副书记：彭　嘉
委　员：彭　楠　林　遴　王　岩

内设机构

党委办公室、办公室、总编室、监察审计办公室、工会、人事部、计财部、行政部、保卫部、总工办、播出部、制作部、转播传送部、技术设备管理部、信息网络管理部、动力部、基建办公室、卫视节目中心、新闻节目中心、海外节目中心、文艺节目中心、科教节目中心、影视剧中心、财经节目中心、体育节目中心、生活节目中心、青少年节目中心、公共频道节目中心、动画节目中心、广告部、经营管理部、研究发展部、网络信息编辑室、史志办、艺委会、老干部工作办公室。

在职中层干部

卫视节目中心 主任：陈大立；副主任兼综合管理部主任：潘全心；综合管理部副主任：张宾；副主任兼专题节目部主任：杨东；副主任兼大型活动部主任：齐建彤

新闻节目中心 主任（兼）：张亮；要闻采访部主任：宗燕红；要闻采访部副主任：徐京玲；新闻评论部副主任：袁子勇；新闻评论部副主任：刘民；副主任兼新闻编辑部主任：艾冬云；新闻编辑部副主任：张冬林；社会新闻采访部主任：丁晓阳；社会新闻采访部副主任：张丽；综合管理部副主任：白艳军

文艺节目中心 主任：张帆；副主任：翟建国；副主任：李兰；副主任：丛薇

科教节目中心 副主任（主持工作）：徐滔；副主任：李志国；副主任：李利影

财经节目中心 副主任（主持工作）：周泳；副主任：岳民；副主任：杨晓轩

体育节目中心 主任（兼）：朱江；副主任：焦少波；副主任：邱大卫；副主任：宋健生；副主任：王少华；副主任：张庆

生活节目中心 主任：倪大海；党支部书记：赵琴书；副主任：刘学军；副主任：任友红；副主任：刘文燕

青少年节目中心 主任：庞玉珍；副主任：周星

公共频道节目中心 主任：赵福明；副主任：黄瑨；副主任：郝洪

动画节目中心 主任：帅民；副主任：李果；副主任：马宏

海外节目中心 副主任（主持工作）：杜研；副主任：高扬；副主任：严崴

影视剧中心 主任：赵彤；副主任：曹力宁；副主任：孟宪华；副主任：郭跃进；主任助理：于金伟

总编室 主任：张恒；副主任：史椰森；副主任：陈晔；副主任：高谪

网络信息编辑室 主任：戴巧玲；副主任：张红

副总工程师 李迅

总工程师办公室 主任：付治栋；副主任：刘宏亚

信息网络管理部 主任：余江；副主任：毕江

播出部 副主任（主持工作）：刘晓光；副主任：祝志超；副主任：周治宪；副主任：卢英锁

转播传送部 主任：王喆；副主任：朱雨稼

制作部 主任：郑星；副主任：郎志平；副主任：鲁高潮；副主任：王方；副主任：林平

技术设备管理部 主任：周旭辉；副主任：章泽群；副主任：赵志成

动力部 主任：王宝德；副主任：王晓龙；副主任：刘颖

党委办公室 主任：刘纪钢；副主任：赵国旗；副主任：刘绍芬

纪委副书记 琚木根

监察审计办公室 主任：丁梅；副主任：王燕；副主任：周久兰

工会 主席：李珍；副主席：孟传妍

办公室 主任：温江南；副主任：宋莲；副主任：马世飞

人事部 副主任（主持工作）：毛仕卿；副主任：杨建忠

行政部 主任：王兴军；副主任：张金魁；副主任：刘军；副主任：纪勇；主任助理：李雅涛

计划财务部 主任：孙成刚；副主任：汪红；副主任：齐学耕

保卫部 主任：黄剑华；副主任：赵修明；副主任：钟强

广告部 主任：王澎；副主任：买剑平；副主任：张晓耕

经营管理部 主任：孙洪斌；副主任：刘方平

基建办公室 主任：王开平；副主任：程云泽；副主任：张宇青；主管工程师：朱晓宇

研究发展部 主任：蒋虎；副主任：闫军才；副主任：马克燕

史志办 主任：冯平

艺委会 主任：齐建新；副主任：刘冰

京视传媒公司 总经理：霍胜

老干部工作办公室 负责人：韩梅

（截止日期：2009年12月31日 党委办公室）

在职科级干部

关于曹勇等同志续聘、聘任职务的通知

各中心、部、室：

根据《北京电视台科级干部选聘管理暂行办法》，经台党委会研究决定：

继续聘任曹勇同志为办公室通讯科副科长（主持工作）；

继续聘任李宇同志为办公室通讯科副科长；

继续聘任贾岩同志为办公室通讯科副科长；

继续聘任刘锐同志为总编室信息资料科科长；

继续聘任黄新荣同志为总编室信息资料科副科长；

继续聘任何蔚同志为总编室节目管理科科长；

继续聘任黄晋同志为总编室节目管理科副科长；

继续聘任周红同志为总编室规划编排科科长；

继续聘任杨文华同志为总编室规划编排科副科长；

继续聘任徐京英同志为总编室导播科科长；

继续聘任黄桂芳同志为总编室磁带管理科科长；

继续聘任肖崴同志为总编室磁带管理科副科长；

继续聘任罗丽红同志为总编室宣传科科长；

继续聘任丁军同志为总编室宣传科副科长；

继续聘任李诚同志为总编室版权管理科科长；

继续聘任王华同志为总编室播音主持业务科科长；

继续聘任连燕青同志为总编室播音主持业务科副科长；

继续聘任焦晶淼同志为总编室形象设计科科长；

继续聘任左晶同志为总编室形象设计科副科长；

继续聘任史兵同志为研究发展部研发科科长；

继续聘任宁文茹同志为研究发展部媒介信息调研科科长；

继续聘任李玲同志为研究发展部媒介信息调研科副科长；

继续聘任秦新春同志为研究发展部战略发展研究科科长；

继续聘任马英男同志为研究发展部战略发展研究科副科长；

继续聘任陈冬同志为人事部人事调配科科长；

继续聘任唐乐平同志为人事部职称教育科科长；
继续聘任王京梅同志为人事部工资福利科科长；
继续聘任李耀仙同志为计财部节目核算一科科长；
继续聘任冯妍同志为计财部节目核算一科副科长；
继续聘任李天莉同志为计财部节目核算二科副科长；
继续聘任高微同志为计财部财务管理科科长；
继续聘任石慧同志为计财部财务管理科副科长；
继续聘任赵景瑞同志为计财部内部核算科科长；
继续聘任李培云同志为计财部资产管理科科长；
继续聘任杨维玲同志为计财部节目预算管理科科长；
继续聘任戴晋军同志为保卫部内保一科科长；
继续聘任张建宁同志为保卫部内保一科副科长；
继续聘任李锐同志为保卫部内保二科科长；
继续聘任张毅同志为保卫部消防科科长；
继续聘任王喜宗同志为保卫部消防科副科长；
继续聘任毕小兵同志为保卫部技术防范科副科长（主持工作）；
继续聘任段平同志为行政部综合科科长；
继续聘任闫欣同志为行政部车管科科长；
继续聘任曹京立同志为行政部车管科副科长；
继续聘任祁景田同志为行政部车管科副科长；
继续聘任李金明同志为行政部房管科科长；
继续聘任张红燕同志为行政部房管科副科长；
继续聘任郭建忠同志为行政部修缮科科长；
继续聘任朱洪同志为行政部修缮科副科长；
继续聘任王金生同志为行政部膳食科科长；
继续聘任姜涛同志为行政部膳食科副科长；
继续聘任侯宏炜同志为行政部总务科科长；
继续聘任马树军同志为行政部总务科副科长；
继续聘任张贵芬同志为基建办财务综合科科长；
继续聘任李有成同志为基建办合同招投标科科长；
继续聘任李学红同志为基建办工程科科长；
继续聘任张向华同志为基建办工程科副科长；
继续聘任赵宏伟同志为总工办技术发展规划科科长；
继续聘任徐志军同志为总工办综合科科长；
继续聘任洪建军同志为总工办器材科科长；
继续聘任叶晋卿同志为总工办器材科副科长；
继续聘任李湧同志为总工办技术工程管理科科长；
继续聘任王志华同志为播出部播出中心一科科长；
继续聘任苏力同志为播出部播出中心一科副科长；
继续聘任肖春艳同志为播出部播出中心一科副科长；
继续聘任刘威同志为播出部播出中心二科科长；
继续聘任武岳同志为播出部播出中心二科副科长；
继续聘任梁建华同志为播出部播出中心三

科科长；
继续聘任王辉同志为播出部播出中心三科副科长；
继续聘任董秀琴同志为播出部播出中心四科科长；
继续聘任张宏斌同志为播出部播出中心四科副科长；
继续聘任安贵江同志为播出部播出中心五科科长；
继续聘任于先靖同志为播出部播出中心五科副科长；
继续聘任刘新同同志为播出部节目技审科科长；
继续聘任褚存同志为播出部节目技审科副科长；
继续聘任王峥同志为播出部技术管理调度科科长；
继续聘任贾京蓉同志为播出部技术管理调度科副科长；
继续聘任王进同志为播出部节目传送科科长；
继续聘任赵悦同志为播出部节目传送科副科长；
继续聘任金强同志为播出部设备维修科科长；
继续聘任程宏同志为播出部设备维修科副科长；
继续聘任张皓同志为播出部备播科科长；
继续聘任张勃同志为播出部备播科副科长；
继续聘任于莹同志为播出部综合业务科副科长；
继续聘任李皓同志为播出部网络运营维护科科长；
继续聘任杨建英同志为播出部网络运营维护科副科长；
继续聘任左云彩同志为动力部技术科副科长（主持工作）；
继续聘任孙少英同志为动力部技术科副科长；
继续聘任方亦军同志为动力部电梯科科长；
继续聘任殷鹏同志为动力部电梯科副科长；
继续聘任黄晓峰同志为动力部电梯科副科长；
继续聘任陶维强同志为动力部电气科科长；
继续聘任杜伟同志为动力部电气科副科长；
继续聘任郭宝成同志为动力部空调科科长；
继续聘任赵阔同志为动力部空调科副科长；
继续聘任张岩同志为动力部空调科副科长；
继续聘任赵国圣同志为动力部动力科科长；
继续聘任张焱同志为动力部动力科副科长；
继续聘任苑宏伟同志为动力部动力科副科长；
继续聘任王晓光同志为技术设备管理部技术资源管理科科长；
继续聘任王克同志为技术设备管理部维修科科长；
继续聘任翟小辉同志为技术设备管理部维修科副科长；
继续聘任贾玉升同志为技术设备管理部监录科科长；
继续聘任徐冬丽同志为技术设备管理部技术质量管理科科长；
继续聘任张保军同志为技术设备管理部技术质量管理科副科长；
继续聘任邹庆同志为技术设备管理部资产管理一科副科长；
继续聘任刘顺平同志为技术设备管理部资产管理二科副科长；
继续聘任王立冬同志为信息网络管理部媒资系统管理科科长；
继续聘任许之明同志为信息网络管理部网络技术科科长；

继续聘任徐鸣同志为信息网络管理部网络监控科科长；
继续聘任李程同志为信息网络管理部办公网管理科科长；
继续聘任冯新春同志为信息网络管理部办公网管理科副科长；
继续聘任宋健强同志为转传部管理科科长；
继续聘任魏建国同志为转传部管理科副科长；
继续聘任韩士聪同志为转传部传输科科长；
继续聘任谢苏文同志为转传部传输科副科长；
继续聘任叶志云同志为转传部转播一科科长；
继续聘任郝纪同志为转传部转播一科副科长；
继续聘任张倞同志为转传部转播二科科长；
继续聘任康金平同志为转传部转播二科副科长；
继续聘任谢原同志为转传部转播二科副科长；
继续聘任杨梓江同志为转传部转播三科科长；
继续聘任刘燕伟同志为转传部转播三科副科长；
继续聘任姜世杰同志为转传部音响科科长；
继续聘任马捷同志为转传部音响科副科长；
继续聘任张宝生同志为网络信息编辑室网络编辑科科长；
继续聘任王烨同志为网络信息编辑室网络编辑科副科长；
继续聘任孙兵同志为网络信息编辑室网络编辑科副科长；
继续聘任侯国强同志为网络信息编辑室运营维护科科长；
继续聘任王毅同志为新闻节目中心新闻编辑部北京您早编辑科科长；
继续聘任赵欣同志为新闻节目中心新闻编辑部北京您早编辑科副科长；
继续聘任宋扬同志为新闻节目中心新闻编辑部北京您早编辑科副科长；
继续聘任刘晓隽同志为新闻节目中心新闻编辑部特别关注编辑科副科长；
继续聘任周永萍同志为新闻节目中心新闻编辑部北京新闻编辑科科长；
继续聘任张晓鲁同志为新闻节目中心新闻编辑部北京新闻编辑科副科长；
继续聘任张文天同志为新闻节目中心新闻编辑部晚间新闻报道编辑科科长；
继续聘任柏广群同志为新闻节目中心新闻编辑部晚间新闻报道编辑科副科长；
继续聘任张俭同志为新闻节目中心新闻编辑部新闻导播科科长；
继续聘任林力同志为新闻节目中心新闻编辑部特别报道组副科长；
继续聘任赵学军同志为新闻节目中心新闻编辑部新闻手语科科长；
继续聘任王晔同志为新闻节目中心新闻编辑部播音科副科长；
继续聘任赵金春同志为新闻节目中心要闻采访部时政新闻采访科副科长；
继续聘任马国颖同志为新闻节目中心要闻采访部经济新闻采访科副科长；
继续聘任李斌同志为新闻节目中心社会新闻采访部城市管理新闻采访科科长；
继续聘任赵松建同志为新闻节目中心社会新闻采访部城市管理新闻采访科副科长；
继续聘任代晓同志为新闻节目中心社会新闻采访部文卫新闻采访科科长；
继续聘任邵晶同志为新闻节目中心社会新闻采访部新闻晚高峰编辑科副科长；

继续聘任李大功同志为新闻节目中心综合管理部通联科科长；
继续聘任齐海民同志为新闻节目中心综合管理部宣传规划科科长；
继续聘任孙湘源同志为新闻节目中心综合管理部宣传规划科副科长；
继续聘任史月光同志为新闻节目中心综合管理部内参科科长；
继续聘任史慎同志为新闻节目中心综合管理部信息管理科科长；
继续聘任董二兵同志为新闻节目中心综合管理部行政管理科科长；
继续聘任徐志贤同志为新闻节目中心综合管理部行政管理科副科长；
继续聘任吴群同志为新闻节目中心新闻评论部专题节目科科长；
继续聘任张若南同志为新闻节目中心新闻评论部专题节目科副科长；
继续聘任赵波同志为新闻节目中心新闻评论部专题新闻科科长；
继续聘任裴晓林同志为文艺节目中心综合科科长；
继续聘任张文华同志为文艺节目中心综合科副科长；
继续聘任王炳川同志为文艺节目中心综合科副科长；
继续聘任李长林同志为文艺节目中心《天天影视圈》副制片人；
继续聘任唐荦同志为文艺节目中心《天天影视圈》副制片人；
继续聘任庄小红同志为文艺节目中心《神州音话》制片人；
继续聘任吴长林同志为文艺节目中心摄像科科长；
继续聘任姜力同志为文艺节目中心摄像科副科长；
继续聘任孙洪信同志为文艺节目中心大型活动节目科科长；
继续聘任王晰同志为文艺节目中心大型活动节目科副科长；
继续聘任朱礼庆同志为文艺节目中心《每日文娱播报》制片人；
继续聘任王强同志为文艺节目中心《每日文娱播报》副制片人；
继续聘任付德刚同志为文艺节目中心《百姓秀场》制片人；
继续聘任李伟同志为文艺节目中心《艺苑新视角》制片人；
继续聘任田歌同志为文艺节目中心《光荣绽放》制片人；
继续聘任盛启立同志为文艺节目中心《笑动2009》制片人；
继续聘任郭悦同志为文艺节目中心《笑动2009》副制片人；
继续聘任郑黔同志为文艺节目中心《喜来坞》副制片人；
继续聘任许世忠同志为科教节目中心综合科科长；
继续聘任李永国同志为科教节目中心综合科副科长；
继续聘任田雨果同志为科教节目中心节目编排科科长；
继续聘任姚远同志为科教节目中心特别节目科科长；
继续聘任王锦同志为科教节目中心特别节目科副科长；
继续聘任韩斗斗同志为科教节目中心《传奇（中国）》制片人；
继续聘任施卫平同志为科教节目中心《健康北京》制片人；
继续聘任郑兵同志为科教节目中心《养心堂》制片人；

继续聘任毕华同志为科教节目中心《养心堂》副制片人；
继续聘任王壮壮同志为科教节目中心《现场说法》制片人；
继续聘任董炬光同志为科教节目中心《现场说法》副制片人；
继续聘任王旭东同志为科教节目中心《大家说法》副制片人；
继续聘任许越同志为科教节目中心《非常说名》制片人；
继续聘任吴江同志为科教节目中心《非常女人》副制片人（主持工作）；
继续聘任高艺微同志为科教节目中心《魅力科学》副制片人；
继续聘任郑长红同志为科教节目中心《魅力自然》副制片人（主持工作）；
继续聘任刘继东同志为生活节目中心综合科科长；
继续聘任王昆同志为生活节目中心综合科副科长；
继续聘任张军同志为生活节目中心《7日7频道》制片人；
继续聘任黄殿琴同志为生活节目中心《7日7频道》副制片人；
继续聘任高燕同志为生活节目中心《生活面对面》制片人；
继续聘任钱丹丹同志为生活节目中心《时尚装苑》制片人；
继续聘任倪小康同志为生活节目中心《食全食美》制片人；
继续聘任韩鹤同志为生活节目中心《食全食美》副制片人；
继续聘任许亮同志为生活节目中心《我爱我车》制片人；
继续聘任侯振威同志为生活节目中心《生活秀》副制片人；
继续聘任宋虹君同志为生活节目中心《大城小事》副制片人（主持工作）；
继续聘任李璐同志为生活节目中心《心灵密码》副制片人；
继续聘任王宏同志为生活节目中心《生活+》制片人；
继续聘任王蔚然同志为生活节目中心《生活+》副制片人；
继续聘任赵华同志为体育节目中心综合科科长；
继续聘任秦爽同志为体育节目中心综合科副科长；
继续聘任李长平同志为体育节目中心赛事转播科科长（制片人）；
继续聘任德莉巴尔同志为体育节目中心赛事转播科副科长（副制片人）；
继续聘任李铮同志为体育节目中心赛事转播科副科长（副制片人）；
继续聘任潘春同志为体育节目中心赛事转播科副科长（副制片人）；
继续聘任周欣同志为体育节目中心足球节目科科长（制片人）；
继续聘任王奇同志为体育节目中心足球节目科副科长（副制片人）；
继续聘任曹晓磊同志为体育节目中心专栏节目科科长（制片人）；
继续聘任魏光磊同志为体育节目中心专栏节目科副科长（副制片人）；
继续聘任胡宁扬同志为体育节目中心时尚体育科科长（制片人）；
继续聘任高海宁同志为体育节目中心时尚体育科副科长（副制片人）；
继续聘任冯雪霞同志为体育节目中心健身节目科副科长（副制片人）；
继续聘任胡晓飞同志为体育节目中心专题节目科科长（制片人）；

继续聘任章玫同志为体育节目中心频道运营科科长；

继续聘任司虹同志为体育节目中心频道运营科副科长；

继续聘任郭斐同志为体育节目中心体育新闻科科长（制片人）；

继续聘任张洪同志为体育节目中心体育新闻科副科长（副制片人）；

继续聘任林琛同志为体育节目中心体育新闻科副科长（副制片人）；

继续聘任田丰同志为体育节目中心《天天体育》节目科副科长（副制片人）；

继续聘任寇建国同志为海外节目中心综合科科长；

继续聘任徐春梅同志为海外节目中心综合科副科长；

继续聘任姜华同志为海外节目中心外送节目科科长；

继续聘任沈澜同志为海外节目中心外送节目科副科长；

继续聘任张洁同志为海外节目中心《环球冲浪》制片人；

继续聘任张苏同志为海外节目中心《环球冲浪》副制片人；

继续聘任李孜同志为海外节目中心《纪实天下》副制片人；

继续聘任武玲同志为海外节目中心《纪实天下》副制片人；

继续聘任伊国庆同志为公共频道节目中心综合科科长；

继续聘任王浚同志为公共频道节目中心综合科副科长；

继续聘任张耀同志为公共频道节目中心《红绿灯》制片人；

继续聘任范红军同志为公共频道节目中心《红绿灯》副制片人；

继续聘任颜匀同志为公共频道节目中心《我的父亲母亲》制片人；

继续聘任凌英同志为公共频道节目中心《四海漫游》制片人；

继续聘任卢晓南同志为公共频道节目中心《四海漫游》副制片人；

继续聘任李欣同志为公共频道节目中心《这里是北京》制片人；

继续聘任朱晓梅同志为公共频道节目中心《京郊大地》制片人；

继续聘任谢燕秋同志为公共频道节目中心《故事汇》副制片人；

继续聘任白平同志为财经节目中心综合科科长；

继续聘任刘钊同志为财经节目中心节目导视科科长；

继续聘任沈军同志为财经节目中心《首都经济报道》制片人；

继续聘任杨健同志为财经节目中心《首都经济报道》副制片人；

继续聘任杨衍颖同志为财经节目中心《首都经济报道》副制片人；

继续聘任李志兵同志为财经节目中心《城市》制片人；

继续聘任李铁军同志为财经节目中心《城市》副制片人；

继续聘任鲍文同志为财经节目中心《城市》副制片人；

继续聘任孙放同志为财经节目中心《天下财经》制片人；

继续聘任刘浩同志为财经节目中心《天下财经》副制片人；

继续聘任肖艳萍同志为财经节目中心《天天理财》制片人；

继续聘任李春玮同志为财经节目中心《经济法眼》制片人；

继续聘任王春元同志为财经节目中心《财智人物》制片人；

继续聘任张立同志为青少年节目中心综合科科长；

继续聘任章向东同志为青少年节目中心综合科副科长；

继续聘任刘虎同志为青少年节目中心节目管理科科长；

继续聘任张晓薇同志为青少年节目中心节目管理科副科长；

继续聘任王旗同志为青少年节目中心新媒体科科长；

继续聘任刘健辉同志为青少年节目中心《八区帮帮忙》制片人；

继续聘任董宁同志为青少年节目中心《动感秀场》制片人；

继续聘任张弘同志为青少年节目中心《SK状元榜》制片人；

继续聘任郭巍同志为青少年节目中心《青春歌会》副制片人（主持工作）；

继续聘任刘岩同志为青少年节目中心《替身》制片人；

继续聘任孙小喆同志为青少年节目中心《八区故事》制片人；

继续聘任李晓军同志为青少年节目中心《北京青年》制片人；

继续聘任吴筠同志为青少年节目中心《情感部落格》副制片人；

继续聘任贾晋平同志为影视剧中心综合科科长；

继续聘任严澍同志为影视剧中心节目科科长；

继续聘任陈彤同志为影视剧中心节目科副科长；

继续聘任张立新同志为影视剧中心审片科科长；

继续聘任段威同志为影视剧中心审片科副科长；

继续聘任于晓红同志为影视剧中心电影栏目管理科科长；

继续聘任刘越峰同志为影视剧中心电影栏目管理科副科长；

继续聘任鹿新新同志为影视剧中心编辑科科长；

继续聘任郭宏同志为影视剧中心宣传科科长；

继续聘任杨凌一同志为影视剧中心宣传科副科长；

聘任高国华同志为卫视节目中心综合科科长；

聘任周波同志为卫视节目中心综合管理部研发监察科副科长（主持工作）；

聘任宗昊同志为卫视节目中心综合管理部节目编排科科长；

聘任周方同志为卫视节目中心综合管理部主持人经纪管理科科长；

聘任景林同志为卫视节目中心综合管理部落地办公室科长；

聘任海仑同志为卫视节目中心专题部《真情》制片人；

聘任秦蕾同志为卫视节目中心专题部《身边》制片人；

聘任国培源同志为卫视节目中心专题部《五星夜话》副制片人；

聘任韩勇同志为卫视节目中心专题部《天下收藏》副制片人；

聘任李彬同志为卫视节目中心大型活动部制片科副科长。

以上同志聘期自原聘期满之日起，至2009年12月31日止。

聘任王昕同志为办公室秘书科科长；

聘任李晗同志为办公室公关外事科科长；

聘任田爱民同志为总编室综合科科长；
聘任张婕同志为总编室高清频道管理科科长；
聘任李昕同志为总编室媒体资产管理科科长；
聘任赵亚波同志为计财部节目核算二科科长；
聘任陈方同志为计财部综合核算科科长；
聘任程毅同志为动力部电气二科科长；
聘任李玲同志为技术设备管理部资产管理一科科长；
聘任王嘉同志为技术设备管理部资产管理二科科长；
聘任金雯同志为技术设备管理部技术科科长；
聘任楚钊同志为新闻节目中心社会新闻采访部政法新闻采访科科长；
聘任袁朴同志为新闻节目中心新闻编辑部特别关注编辑科科长；
聘任胡阳同志为新闻节目中心新闻编辑部编辑科科长；
聘任陈楠同志为新闻节目中心要闻采访部时政新闻采访科科长；
聘任姚大禹同志为新闻节目中心综合管理部制片科科长；
聘任赵楠同志为文艺节目中心《影视风云录》制片人；
聘任段嵘同志为文艺节目中心《星夜故事秀》制片人；
聘任林燕同志为科教节目中心《非常接触》制片人；
聘任张鹏同志为科教节目中心《非常父母》制片人；
聘任穆彤同志为科教节目中心《非常夫妻》制片人；
聘任伍立同志为科教节目中心《养生堂》制片人；
聘任杨韵仟同志为科教节目中心《科学实验室》制片人；
聘任蓝霖同志为科教节目中心《魅力科学》制片人；
聘任陶继忠同志为科教节目中心《大家说法》制片人；
聘任王勇同志为科教节目中心《法治进行时》制片人；
聘任孙松同志为体育节目中心健身节目科科长（制片人）；
聘任吴玮同志为海外节目中心《纪实天下》制片人；
聘任王子军同志为公共频道节目中心《故事汇》制片人；
聘任马莉同志为公共频道节目中心《手机江湖》制片人；
聘任胡泊同志为公共频道节目中心《北京故事》制片人；
聘任韩梅同志为财经节目中心研发科科长；
聘任牛振清同志为卫视节目中心专题部《天下收藏》制片人；
聘任于瀛同志为卫视节目中心专题部《中华文明大讲堂》制片人；
聘任吕军同志为卫视节目中心专题部《档案》制片人；
聘任齐婷同志为卫视节目中心专题部《片场》制片人；
聘任曹征同志为卫视节目中心专题部纪实节目工作室科长；
聘任杨播同志为办公室秘书科副科长；
聘任张铭同志为办公室公关外事科副科长；
聘任王伟同志为办公室公关外事科副科长；
聘任李鹏同志为总编室《电视先锋榜》副制片人；
聘任苏小兵同志为总编室导播科副科长；

聘任史楠楠同志为计财部综合核算科副科长；

聘任崔国飞同志为行政部物业监管科副科长；

聘任陈宇同志为信息网络管理部生产网络管理一科副科长（主持工作）；

聘任韩益亚同志为信息网络管理部生产网络管理二科副科长（主持工作）；

聘任孙波同志为信息网络管理部媒资系统管理科副科长；

聘任陈栩同志为新闻节目中心要闻采访部城市建设新闻采访科副科长；

聘任汪俊同志为新闻节目中心新闻评论部人民记忆编辑科副科长；

聘任白红洁同志为科教节目中心《养生堂》副制片人；

聘任杨子云同志为科教节目中心《非常网络》副制片人；

聘任马晓冬同志为科教节目中心节目编排科副科长；

聘任彭浩同志为科教节目中心《科学实验室》副制片人；

聘任李翔同志为生活节目中心《生活实验室》副制片人；

聘任徐剑同志为海外节目中心《国际双行线》副制片人（主持工作）；

聘任李蓓同志为海外节目中心《国际双行线》副制片人；

聘任王赤同志为海外节目中心《纪实天下》副制片人；

聘任高潮东同志为财经节目中心《五道午间茶》副制片人；

聘任赵彬同志为财经节目中心《环渤海新视野》副制片人；

聘任宋北光同志为财经节目中心《天天理财》副制片人；

聘任吕楠同志为青少年节目中心《八区帮帮忙》副制片人；

聘任崔笑田同志为青少年节目中心新媒体科副科长；

聘任张小南同志为卫视节目中心大型活动部《志愿者真情耀中华》副制片人（主持工作）；

聘任李丽君同志为卫视节目中心大型活动部《志愿者真情耀中华》副制片人；

聘任王悦同志为卫视节目中心综合管理部研发监察科副科长；

聘任郑蓉同志为卫视节目中心综合管理部媒体协调科副科长（主持工作）；

聘任王丹英同志为卫视节目中心综合管理部媒体协调科副科长；

聘任卿晨同志为卫视节目中心综合管理部品牌包装科副科长；

聘任俞恺同志为卫视节目中心专题部摄像舞美科副科长。

以上同志聘期自 2009 年 4 月 8 日起，至 2009 年 12 月 31 日止。

特此通知。

北京电视台

2009 年 4 月 17 日

关于刘伟立等同志续聘、聘任职务的通知

各中心、部、室：

根据《北京电视台科级干部选聘管理暂行办法》要求，经台党委会研究决定：

继续聘任刘伟立同志为制作部综合制作科科长；

继续聘任章文博同志为制作部综合制作科副科长；

继续聘任韩烜同志为制作部调度科科长；

继续聘任匡葵同志为制作部特技制作科科长；

继续聘任赵新生同志为制作部特技制作科副科长；
继续聘任李文军同志为制作部制作二科科长；
继续聘任程军同志为制作部演播一科科长；
继续聘任陈嘉超同志为制作部演播一科副科长；
继续聘任周东红同志为制作部演播二科科长；
继续聘任李建同志为制作部灯光一科科长；
继续聘任崔歌平同志为制作部灯光二科科长；
继续聘任石伟文同志为制作部新闻演播科科长；
继续聘任冯耀华同志为制作部新闻演播科副科长；
继续聘任周海峰同志为制作部新闻演播科副科长；
继续聘任梁爽同志为制作部新闻制作科副科长；
继续聘任姚银壮同志为制作部录音科科长；
继续聘任余一华同志为制作部录制设备管理科科长；
继续聘任石巍同志为制作部录制设备管理科副科长；
继续聘任何旭同志为制作部制作三科科长；
继续聘任孙游同志为制作部舞美制作科科长；
继续聘任杨春生同志为制作部整备科科长；
继续聘任陈立强同志为制作部整备科副科长；
继续聘任陈志明同志为制作部整备科副科长；
聘任李力同志为制作部技术科科长；
聘任陆军同志为制作部演播设施管理科副科长；
聘任郭振渊同志为制作部灯光一科副科长；
聘任韩正雷同志为制作部灯光一科副科长；
聘任王江同志为制作部灯光二科副科长。

以上同志聘期自原聘期满之日起，至2009年12月31日止。

聘任殷亮同志为制作部制作一科科长；
聘任王建业同志为制作部综合管理科科长；
聘任孙海峰同志为制作部新闻制作科科长；
聘任王浩同志为制作部演播设施管理科科长；
聘任覃刚同志为制作部制作一科副科长；
聘任张硕同志为制作部制作二科副科长；
聘任孙大庆同志为制作部制作三科副科长；
聘任李勇同志为制作部新闻制作科副科长；
聘任刘光辉同志为制作部演播一科副科长；
聘任郑岩同志为制作部演播二科副科长；
聘任周宏同志为制作部技术科副科长；
聘任崔子强同志为行政部车管科副科长。

以上同志聘期自2009年6月20日起，至2009年12月31日止。

特此通知。

北京电视台
2009年6月29日

人员情况

政治面貌情况

项目 人员	合计	政治面貌		
		中共党员	共青团员	其他
在编人员	1605	875	60	670

年龄情况

项目 人员	合计	年龄情况				
		≤30	31－40	41－50	51－60	≥61
在编人员	1605	51	706	573	275	0

学历情况

项目 人员	合计	学历						
		博士	硕士	大本	大专	中专	高中	初中及以下
在编人员	1605	2	147	1201	212	12	15	16

专业技术人员情况

专业技术资格系列	初级	副高级	正高级	中级	未评聘	(空白)	总计
未评聘					276		276
播音	23	6	3	26			58
档案管理	1	1					2
工程	47	92	4	123			266
会计	20	10		8			38
经济	3	6		33			42
审计	1			2			3
统计	2	1		1			4
图书资料	4			2			6
卫生				2			2
新闻	167	146	26	375			714
艺术	32	37	3	62			134
政工	16	11		14			41
(空白)						19	19
总计	316	310	36	648	276	19	1605

(截止日期：2009 年 12 月 31 日　人事部)

七、频道·栏目

BTV
Beijing Television

（一）频道设置

BTV 北京

BTV 北京（北京卫视）是以新闻节目为龙头，汇集精品专题节目及优秀电视剧的综合频道，全天 24 小时播出。BTV 北京自开播以来，在宣传营销、节目研发、编排、整体包装，以及大型社会公益活动、大型综艺娱乐节目制作、影视剧首映策划及播出等方面，探索创新，寻求突破，并以“文化品位、大家风范”为主基调，追求高尚品位和文化情趣，依托首都的地缘优势，整合资源，打造具有全国影响力的节目播出平台。

北京卫视播出的主要栏目有：《北京新闻》、《北京您早》、《特别关注》、《新闻晚高峰》、《晚间新闻报道》、《真情耀中华》、《这里是北京》、《档案》、《五星夜话》、《天下收藏》、《中华文明大讲堂》、《身边》、《聚星坊》、《国际双行线》等。

BTV 文艺

感受恒久文化魅力，彰显经典文艺精神；在文艺中陶冶，在品位中升华。北京电视台文艺频道，以宽泛的视角，采撷文艺精粹；以独到的见解，引领娱乐观念；以恢宏的气度，展示文明风采。

北京电视台文艺频道以“传播时代强音　服务首都百姓”为宗旨，始终坚持正确的舆论导向，最大程度发掘已有资源，开创新锐文艺娱乐形象。

2009 年，文艺频道继续以深层次的综艺内容打造北京电视台的前沿看点，以新形态的文娱形式提升北京人的生活品质。在现有基础上进一步整合频道资源，遵循电视节目制作规律，对频道各栏目进行更深层次的打造和开发，全面提升节目的收视率、美誉度和文化品质。

目前，文艺频道共有 13 档节目，包括日播栏目 5 个，周播栏目 8 个，另有编辑类节目 3 档，涵盖了明星访谈、影视专题、综艺互动、曲艺专题、文娱资讯、音乐歌曲等不同风格、不同类型的文艺节目，具体栏目有：文娱资讯：《每日文娱播报》；影视专题：《天天影视圈》；音乐歌曲：《音乐风云榜》；曲艺专题：《笑动 2009》、《经典回眸》；明星访谈：《光荣绽放》、《神州音画》、《最佳现场》；综艺互动：《百姓秀场》、《影视风云路》、《喜来坞》、《星夜故事秀》。

BTV 科教

打开科教频道，点亮智慧人生！

2009 年，科教频道集合法治、科技、健康、人文栏目全新上“视”！将“点亮”的创意贯穿始终！我们为您点亮生活：晚间八点黄金档，七天七档故事讲述“非常人生故事汇”；我们为您点亮智慧：全新推出《科学实验室》，用实验的方法讲述科学道理。我们为您点亮人生：以《法治进行时》为龙头的午间法治时段再次更新；同时名牌栏目《魅力科学》、《传奇》、《祝你健康》再添新意；晚间魅力剧场，更是异彩纷呈，好戏连连。

2009 年科教频道全力搭建传播知识、启迪人生的智慧平台：将广博的科技信息，先进的教育理念，全新的知识系统，深厚的文化底蕴精彩奉献。

BTV 影视

北京电视台影视剧频道是影视剧中心的大本营，全天 24 小时不间断播出精彩电视剧，以“你就生活在这里”为口号，全力打造北京百姓的家庭电视剧频道。影视剧频道凭借主打剧场的品牌成熟度和一流的精品电视剧在北京地区赢得了良好的品牌美誉度和品牌忠诚度，在第二届中国电视网络影响力评奖中，荣膺中国最具网络影响力的地面频道奖项。

BTV 影视剧频道全天滚动播出 8 档电视剧场，1 档影院，每周共播出电视剧 168 集（98 集首播 +70 集重播）和 7 部电影。具体栏目有：《黄金剧场》、《英雄剧场》、《家和剧场》、《情景剧场》、《明星影院》、《星光剧场》。

BTV 财经

创新成就梦想，远见开启未来，智慧创造财富！

北京电视台财经频道是一个以传播财经知识、解析经济热点、服务观众理财为特点的专业财经频道。自成立以来，以“专业化、大众化、权威化”的频道定位，实施不断创新的频道发展战略。

历经多年的探索和实践，北京电视台财经频道确立了以财经资讯栏目和证券节目为主干、以深度经济报道和理财服务性栏目为主体的节目框架。目前，财经频道已经拥有各类栏目 13 个，形成了以《首都经济报道》、《天下财经》为龙头，以《城市》、《天天理财》、《经济法眼》、《财经五连发》为侧翼，以《环渤海新视野》、《北京议事厅》、《超级访问》、《名人堂》等为延伸的栏目构架。

有梦想才有进步，有远见方能创新。多年来，北京电视台财经频道始终坚持创新、拼搏、务实、高效的频道精神，秉承着“创新推动进步，智慧创造财富”的频道文化，努力成为财经领域的舆论领袖。

BTV 体育

北京电视台体育频道于 2002 年 1 月 1 日正式开播，覆盖全市。2006 年起实现 24 小时全天播出。频道汇集赛事转播、体育新闻、专栏节目，包容竞技体育、全民健身活动。

赛事转播包含中超、亚冠、CBA、NBA、英超、意甲、西甲、网球、排球、羽毛球、田径等中外重点赛事，直击比赛现场，为广大体育爱好者提供精彩的赛事直播；新闻方面，《天天体育》、《体坛资讯》两档节目通过大量国内外自采新闻，详细解读每天国内外体坛发生的重大事件，权威报道国内外体育新闻，并通过网络平台，加强与观众的互动交流；《足球 100 分》、《快乐健身一箩筐》、《步步为赢》、《篮球风云路》等专栏节目多方位满足不同观众的收看需求；2009 年起，为了继续传承奥运理念、响应全民健身的号召，频道主办了“BTV 杯国际斯诺克北京邀请赛”、“海洋沙滩狂欢节”、“鸟巢冰雪季”等大型活动，取得了社会广泛的好评。

BTV 生活

BTV 生活频道于 1996 年 11 月 8 日正

式开播，一直以“根植生活、立足服务、贴近百姓、关注民生”为宗旨。历经十几年的发展，生活频道观众基础非常深厚，已经成为北京收视市场的一个品牌频道。

生活频道明确以生活服务为主打定位，几年时间陆续催生了多档品牌节目，影响力非同凡响。除了《生活面对面》、《7日7频道》、《食全食美》、《快乐生活一点通》、《生活实验室》几档家喻户晓的生活服务类节目外，还有《大城小事》、《生活广角》、《你该怎么办》、《心灵密码》等以生活故事、家庭情感为主要内容的节目。

2009年，生活频道共设置12个日播节目，12个周播节目，以“生活频道，生活有滋有味”为核心理念，着力打造“都市生活服务频道第一品牌”。在编排策略上运用“观众流”的理念，注重节目的衔接，摸索出一个有效利用编排拉动收视的方法。经过多方调研，继续主打晚间黄金时段，强化日播节目晚间“两大服务时段”的板块化编排，即由生活服务时段和情感服务时段这两大时段合理控制收视流。在18:00—21:00时段，将《食全食美》、《生活面对面》、《7日7频道》、《快乐生活一点通》、《生活大调查》和《时尚装苑》等偏重资讯、调查、信息、窍门、服务等形态相似的节目，组合成为一个生活服务板块，放大频道优势。在21:00—23:00时段，串联频道的故事、情感类节目，将《大城小事》、《生活广角》、《你该怎么办》和《选择》等几个具有情感共性的节目组合成一个情感服务大版面。实践证明，“两大服务时段”板块化的编排思路，实现了节目收视效果的最大化。

BTV 青少

北京电视台青少频道于2002年1月1日正式开播，2007年2月1日全新改版，强力推出“第八区”品牌。经过几年的精心打造，已经成功构建起一个青春、励志、时尚、亲切的青年电视社区。

2009年，BTV－青少频道全新亮相首都荧屏，以“新北京、新青年”为频道口号，重磅推出一系列以“青春”为主打、以“新锐”为特色的新青年节目群。

在整体节目品类上，形成了以《北京青年》、《八区帮帮忙》为代表的“资讯服务节目群”；以《谁在说》、《情感部落格》、《替身》为代表的“沟通节目群”；以《探索》、《SK状元榜》、《悦读会》、《八区故事》为代表的“文化节目群”；以《青春歌会》、《北京男孩》、《快乐起飞》、《炫影院》为代表的“娱乐节目群”，在整体编排上，已形成日播“五横”、周末“两纵”的成熟播出格局。

同时，频道另一大特色就在于构架起全方位的传播平台。互动力强大的第八区网站（www. tv8zone. com）更是吸附大量新锐人群。

青少频道自改版以来，已成功推出2007年大型情境合唱剧《红孩子》、2008年国家大剧院版音乐诗画儿童剧《红孩子》，以及《托起明天的太阳》首都青少年爱心慈善晚会，在社会上引起了巨大的反响。2009年青少频道还将通过《青春走过60年》大型电视行动、《北京青年榜样颁奖盛典》、《北京青年公益时尚文化节开幕式》演出等大型主题活动，凸显频道品牌价值，打造在北京地区乃至全国具有特殊影响力的“新青年电视”。

不论您的青春正在进行，还是您的青春渐行渐远，BTV－青少频道都将以最新潮的视角、最迅捷的反应、最贴心的服务，为您见证青春岁月，共享青春记忆。

BTV 公共

2009 年，BTV 公共频道继续以交通、旅游为频道定位。北京地区唯一的交通节目《红绿灯》，以每日 3 档的超大规模继续服务百姓出行，追踪交通事件；以《四海漫游》、《这里是北京》和《京郊大地》为主打的精品旅游类节目继续带领观众从京城云游到海外，品味不同地域的历史和文化。电视报告文学类讲述节目《故事汇》继续讲述古今中外、真实精彩的故事。周末还特别奉献真情孝亲类节目《我的父亲母亲》和手机业界权威专题节目《手机江湖》。

贴近百姓生活，充满时代气息，富有文化底蕴，是公共频道崇尚的品格；自然、亲切、平实、睿智是公共频道倡导的文风。明确定位，深入发现，打造品牌，创造精彩。公共频道宣传语：关注出行，畅通生活；怀抱自然，放眼天下；融汇交通旅游中的大事小情；传递平凡生活里的真情实意；公共频道，您不可或缺的朋友。

卡酷动画卫视

北京卡酷动画卫视开播于 2004 年 9 月 10 日，是国内首家开播的专业动画卫星频道，是国内落地范围最广、收视人口最多、影响力最强的动画第一平台。

坚持“内容为王”，打造精品栏目，八大动画剧场、八大品牌栏目，全天候 24 小时不间断播出，少儿收视北京地区独占鳌头，全年收视领跑全国动画少儿媒体，收视排名稳居全国 40 余家省级地方卫视前 16 位。

2009 年，北京卡酷动画卫视的节目设置更趋完善。形成了以《卡酷中国制造》、《卡酷酷片酷映》、《卡酷午喜欢》、《卡酷周末超级大连播》、《卡酷周周聚》、《卡酷幼幼堂》、《卡酷冬令营》和《卡酷夏令营》等动画剧场为支撑，以《十分开心》、《闪天下》、《七色光》、《卡酷全卡通》、《漫画天下》等品牌栏目为亮点的节目架构。

长城平台 BTV 频道

2004 年 10 月 1 日长城平台正式开播，是全球最大的中文电视平台，包括美国、亚洲、欧洲、加拿大、拉美、东南亚共六个平台。北京电视台频道的节目在上述六个平台以每天首播 6.5 小时、24 小时滚动的方式播出，目前全球付费用户已突破 10 万户。

（二）优秀栏目

卫视节目中心优秀栏目

《档案》

2007年，北京电视台面向社会征集优秀电视方案，《档案》栏目经过观众和专家测评，总成绩排名第一。2009年2月4日起，《档案》栏目在北京卫视每周三晚上21:35播出，并获得业界同行和广大观众的良好口碑。《档案》栏目被一些业内人士称为现场电视栏目。该现场由一个讲述人，在1000平方米的摄影棚内，游走于大屏幕区（30平方米LED）、档案区、幻灯区、16毫米放映区、录音区、沙盘区、中央演示区和景片区。由讲述人运用所有的现场手段，通过翻阅、播放、展示、聆听、演示等元素把一个个故事“掰开了，揉碎了”讲给观众听，展示给观众看。《档案》是一个现场讲故事的独幕舞台剧，用看得见、摸得着的细节，勾连现实的时空和历史的时空。《档案》栏目的每期节目需要通过对现场二百多个分镜头的拍摄，带领观众到现场的情景中去，和讲述人一起分享故事。所有的档案材料、影像、声音、图片、三维特技、实物、道具等都在现场产生和发生。

《档案》栏目目前的主持人是影视剧演员石梁。

《天下收藏》

《天下收藏》是北京电视台2007年开播的一档大型文化类演播室节目，该节目由著名演员、主持人及收藏家王刚担当主持人，节目时长50分钟。北京卫视每周五晚间21:35播出。

《天下收藏》聚焦中国传统文化艺术精品，突显北京地域特色。与其他同类节目相比，这档节目最大的不同在于，用现代化的传播方式及国际化的视角来系统地诠释中国古代艺术品的精湛与美艳，与此同时，“去伪存真”的节目宗旨彰显出与众不同的威严与立场，在温情与柔美之外展现节目冷竣与个性的一面。360度全景演播室将整个收藏界浓缩为一个“圈”——面对摄像机，藏宝人、明星嘉宾、国内外知名鉴赏家汇聚一起，共同就“宝物”的收藏与鉴赏展开论战。在这里，每期上演的都是一场“真”与“假”的较量，“质”与“价”的争锋，一幕幕看不见的刀光剑影，连连上演在收藏的“天下”。

开播三年来收视率和在北京地区的排名一年上一个新台阶。2007年《天下收藏》的平均收视率为2.0，在北京卫视节目中排名第八；2008年《天下收藏》的平均收视率为2.5，在北京卫视排名第六；2009年《天下收藏》的平均收视为3.5，在北京卫视排名第四，稳居北京地区前50名排名的第十位左右，而且还被评为上半年北京电视台优秀节目。

《中华文明大讲堂》

解读中华文明的文化底蕴，揭秘中华文明的背后故事，感知中华文明的精神内涵，传播中华文明的久远影响，是《中华文明大讲堂》栏目的宗旨。《中华文明大讲堂》通过北京卫视面向全国播出，同时节目还通过北京电视台海外频道覆盖北美、亚洲和欧洲国家和地区。

自2007年开播以来，文化品位和栏目影响力逐步提升，也形成了较为稳定的观众群，在文化传播等方面有效发挥了电视媒体的功能，体现了北京卫视追求“文化品位、大家风范”的鲜明文化特色。

2009年，《中华文明大讲堂》被国家广播电影电视总局推选为“2009年全国创新创优典型电视节目形态”，摘得了第21届星光奖的三等奖，收获了中国广播电视协会颁发的“知识讲坛类创优电视节目奖”和“北京市广播影视优秀电视栏目奖”。

《五星夜话》

《五星夜话》属于高端文艺评论节目，节目形式为主持人和嘉宾的演播室访谈。该栏目以“秉持传统主流价值观，坚持多元文化的多元展现”为宗旨。节目选题以“六大”为准则，即大片、大剧、大书、大人物、大事件、大活动。节目口号为：“《五星夜话》情怀天下”。播出时间为北京卫视每周四21:35，播出时长：50分钟。

作为一档高端文艺评论节目，设立之初就明确定位——打造一档“汇聚五星级嘉宾，具有首都台文化气质的‘高品质’、‘高收视’的文艺评论节目”。“高品质”就是指节目舆论导向正确，内容健康向上，制作精良，能体现出较高的文化内涵；而“高收视”就是“叫座”，是指节目符合大众收视心理，能够赢得较高收视率。2009年，《五星夜话》录制了“于丹·谭盾——《大音自成曲》”、“林清玄·于丹——《拆字连心》”、《席慕容的诗样人生》等一系列文化访谈节目，把音乐的美、文字的秀、哲学的妙，通过朴实平和的方式传达给大众。同时，《五星夜话》加强对热播剧的评论力度。其中，《潜伏》、《北风吹》、《闯关东（中篇）》、《龙须沟》等剧，既体现出了特有的文化品质，又巧妙借势，取得了良好收视。充分体现了北京电视台首都大台的文化传播形象，受到社会和文化界人士的一致好评。《五星夜话》被中国广电协会评为2008年度“中国电视网络影响力”的十大卫视栏目。

《真情耀中华》

2009年2月16日开播的《真情》栏目于同年6月8日，与《志愿者真情耀中华》栏目合并，更名为《志愿者真情耀中华》；2010年1月1日，又更名为《真情耀中华》。该栏目宗旨是“呼唤真情、感受真情、传递真情”。栏目播出时间：每周一21:35；节目时长：50分钟；播出方式：周播；全年播出共52期。

《真情耀中华》向全国征集发生在我们身边的感人的真情故事，从中选择最动人的故事作为选题，每一期节目讲述一个故事，展现小人物身上体现出来的人性光芒，展现他们所带给我们的爱与情、真诚与善良、温暖与感动，然后汇聚明星、企业、慈善基金会等社会力量给他们以必要的帮助，展现社会大爱。栏目汇聚明星、企业、慈善基金会等社会力量，为真情人物解决经济困难，或帮助其完成某个特殊心愿，最终观众将会在感动中共同见证真情人物的命运转变。《真情耀中华》自开播至今获得了社会舆论诸多好评，其中“草原寻狼”，已经入围“北京市广播影视奖‘长纪录片’奖”。

新闻节目中心优秀栏目

《北京新闻》

《北京新闻》是北京电视台最重要的一档新闻栏目，是北京市委、市政府的喉舌和重要的舆论宣传阵地。《北京新闻》具有政策性强、收视率高、影响力大的特点，收视率稳居全台日播栏目第一、卫视频道栏目收视第一和占有率第一，是北京地区收视率最高的新闻栏目。

近年来，《北京新闻》栏目秉承“权威发布政策信息，悉心关怀百姓冷暖”的宗旨，坚持正确的政治导向，坚持党的路线、方针不动摇，成为展示北京市改革开放、经济发展、社会进步的重要窗口；同时，致力于提高新闻质量和报道水平，创新报道方式，实现“导向正确、宣传有力、收视稳定”目标。

《北京新闻》不断创新工作机制，创造了优异的收视成绩。2009 年，《北京新闻》全年收视 8.18%，继续保持了全台日播栏目收视第一。凭借 2007 年 8 月 8 日奥运倒计时一周年和 2008 年 8 月 8 日奥运开幕当天的节目，两度荣获“中国新闻奖编排类一等奖”。

2009 年，《北京新闻》围绕全市应对国际金融危机、新中国成立 60 年、席卷全球的甲型 H1N1 流感、“5·12”汶川地震一周年等系列重大新闻事件和重要时间节点，先后实施了《扩内需　保增长　促发展》、《记者走一线》、《乡村新发现》、《我和我的祖国》、《魅力北京　喜迎国庆》、《积极“防控甲型 H1N1 流感”》、《京什携手　共建家园》等系列报道和组合报道，助推北京经济发展，营造良好舆论氛围。

《北京您早》

《北京您早》开播于 1991 年 7 月，是国内最早开播的一档早间电视新闻节目。栏目定位于“第一时间看北京、看中国、看世界”。

2009 年，《北京您早》始终坚持及时丰富、清新朝气的节目理念，每天早晨给北京和全国观众送上新闻早餐，全年的收视率在全国同时段节目中保持遥遥领先的位置。

2009 年是新中国成立 60 周年，《北京您早》充分发挥节目时间长、采编队伍年轻、主持人充满朝气活力的优势，先后策划播出了“走进阅兵村”、“游行方队训练纪实”等系列报道。

2009年9月28日，北京电视台又在全国率先开播了高清节目。当天，随着《北京您早》的片头音乐响起，高清电视用户收看到了16:9格式的高清晰度的电视节目。新的演播室和高清画面的崭新亮相，又在北京电视台的发展史写下浓墨重彩的一笔。

《特别关注》

《特别关注》是一档以民生新闻为特色的综合性新闻栏目。始终坚持“关注社会发展、贴近百姓生活”的栏目宗旨，力求用特快的速度、特别的视角、特色的电视手段，突出时效性、地域性、服务性的特点，致力于真实客观地诠释新闻事件，理性细致地关注点滴生活。

为百姓排忧解难，倾听百姓心声，报道百姓关心的事、身边的事、困难的事、烦心的事，一直是《特别关注》的栏目特色。在2009年，《特别关注》栏目根据现实需要对栏目定位进行了微调，从以舆论监督为主转变为以舆论引导为主，以党和政府的声音引导舆论、以党和政府的观点解疑释惑，成为沟通政府与市民的一座桥梁。同时，栏目还大力扩宽新闻视野，从一档纯粹的本地新闻转变为一档涵盖本地新闻、外埠新闻和国际新闻的综合新闻栏目，节目内容更加丰富，时效性更强。

《特别关注》自2000年11月16日开播，9年以来，在北京一直拥有非常高的收视率，成为北京卫视频道午间时段的王牌栏目。

《新闻晚高峰》

从2009年1月1日起，每天18:00，《新闻晚高峰》以直播形态登录北京卫视。这是一档具有首都特点的都市新闻，立足首都，直面政府百姓关注的新闻话题。《新闻晚高峰》以“都市新闻”和重大事件实时报道为主要特色，节奏轻快、信息涵盖面广、时效性强，在编排上打破国内、国外、本市等地域界限，新闻的段落顺序完全以“新闻性”为划分标准，突出新闻性、时效性、贴近性、服务性。

开播以来，《新闻晚高峰》以时尚的包装、快节奏的编排和丰富的信息迅速脱颖而出，2009年平均收视率比上年同时段提升62%。《新闻晚高峰》正逐步成为首都电视新闻的一个新品牌。

栏目突出都市化品质，主打新闻“高峰”的理念，即新闻容量的高峰、新闻速度的高峰、新闻深度的高峰、新闻视野的高峰、新闻现场的高峰。28分钟平均播发新闻30~50条，含本市新闻、国际新闻、体育新闻、晚报速读、路况直播、SNG直播、高峰人物等板块，直播中随时插播最新消息，此外，还为北京都市人群提供当晚的出行指南，集新闻性、服务性于一身。

《新闻晚高峰》既有都市化的资讯，又有全球化的视野，坚持首都特色与国际视野的结合，用首都视角编排新闻，与新华社、中国国际广播电台、中央电视台等建立了密切的新闻合作渠道，大大拓宽了报道内容和视角。

《新闻晚高峰》在LOGO、角标、演播室、宣传片等包装设计方面都采用了鲜丽的红白色调。为了配合主流、时尚且快捷的节目风格定位，节目选择几位颇具白领气质、具有都市魅力的主播作为“门面”，打破成规以站姿播报，并在播报语速上要求高，这样也为节目要求的大信息量提供空间。

《晚间新闻报道》

《晚间新闻报道》是一档集北京本地新闻、国内新闻和国际新闻于一体，以深度见长，以评论为特色的综合新闻栏目。

《晚间新闻报道》关注所有重大、重要或热点新闻事件和新闻现象，在保障时效性和大信息量的同时，强调报道的深度。全面反映新闻事件，理清事件的来龙去脉，透析其内涵是《晚间新闻报道》的重要报道方式。

《晚间新闻报道》把评论性定位为栏目的主要特色，对新闻事件的解读评析贯穿于节目的始终。

在播发常规新闻报道的同时，《晚间新闻报道》下设以下固定挂标板块。

《晚间观察》：以新闻与演播室访谈相结合的方式，通过播报新闻、主持人与新闻观察员的现场交流对话，对当日一个或多个热点事件进行报道、点评或解读。访谈进行期间，不断穿插相关的背景资料，对新闻事件予以立体反映。担任《晚间观察》的新闻观察员为各领域有影响的专家、政府官员或新闻评论员。

《晚间短评》：对无须进行演播室访谈、但又有可评空间的新闻进行简短评论。

《国内新闻速览》、《国际新闻速览》：以简洁的方式，快速播报一组没有必要单条播发，但又相对很重要的国内、国际新闻。

《晚间聚焦》：集纳整合各媒体之言，对热点事件进行评论。以编辑成新闻短片的方式播出，强调评论的言之有物和表达的锐度。

《气象直播》：通过与在北京气象台的气象主播现场连线，预报未来天气，播报、分析相关的天气现象。

《晚间新闻报道》采用男女双播的方式播报新闻，节目时长为50分钟，北京卫视每晚22:30播出。

文艺节目中心优秀栏目

《每日文娱播报》

作为北京电视台自办的一档大型日播资讯类栏目，《每日文娱播报》一直强调独家内容、独特视角、独到观点，在忠实记录文化娱乐事件的同时，力求从更深的层次进行分析，解读娱乐真相，发出不一样的声音，在文化娱乐界形成了强大的话语权和影响力。2009年，栏目狠抓节目质量，在四个方面下功夫：一是加大节目信息量，增强节目时效性，更加突出播报“短、平、快”的特点。二是增强新闻报道的独家性，与各大经纪公司、演艺公司进行沟通，开展广泛合作，争取对新闻事件和艺人的独家报道权，充分发挥在业内的影响力。三是栏目形象的推广和建设。

每季度邀请一位有号召力的明星做代言人，以其为主角制作内容新颖、富有创意的宣传片，进行循环播出，以提高栏目知名度。同时，《每日文娱播报》还策划如歌友会、校园巡演、大片影迷见面会等一系列有影响力的大型活动，巩固栏目在业界的领先地位。四是继续进行娱乐新闻社会化的实践与探索。继续挖掘某些热点娱乐事件的社会化内涵，使之上升为全社会关注的焦点，引发广大市民的热烈讨论，增强观众的参与感，从而提升栏目的影响力和话语权。

《每日文娱播报》播出时间：周一至周日19:00；节目时长：27 分钟。

《天天影视圈》

《天天影视圈》作为一档日播的影视专题类节目，确定了“对影视圈深度报道”的节目方向，在内容设置上包括“深度对话”、“片场实录”和“天天酷评”等板块，主打热点影视事件和影视剧的深度点评、片场探班和对热点影视人物的专访。

2009 年，《天天影视圈》保留现有模式，强化节目风格，突出栏目特色，加强与观众的互动，加强节目的评论性，力求用独特的视角引导观众以全新的眼光看待影视圈的热点人物和热点事件。在节目形式上，对演播室重新置景，更换栏目包装，着力打造名主持人，进一步树立栏目的品牌效应。

《天天影视圈》播出时间：周一至周五22:10；节目时长：25 分钟。

《星夜故事秀》

《星夜故事秀》在 2009 年全新改版为大型户外喜剧真人秀。打破喜剧类节目以演播室访谈和演出为主的陈旧形态，强力打造“户外喜剧真人秀” + “演播室观众互动点评”的全新节目形态，用一辆穿行在大街小巷的超级快乐巴士、一群热爱表演的喜剧新人，贯穿新版《星夜故事秀》，为众多有表演能力和表演欲望的大众搭建自我表现的平台。栏目总体风格轻松、欢快，在娱乐的同时包含许多表演方面的专业内容，具备一定的知识性。环节设置：梦幻小屋自我展示、明星布置神秘任务、考核、演播室才艺展示、现场考核，一位表现最好者获胜。每季所有获胜者共同拍摄一部原创喜剧短篇。

《星夜故事秀》播出时间：周六21:25；节目时长：70 分钟。

《神州音画》

自 2007 年全新改版以来，《神州音画》在收视率和影响力上都得到很大提升。2009 年，《神州音画》定位于以名人影响力为核心，讲述打动老百姓的温情故事，描绘小明星的“精彩故事”，讲述大明星的“普通人生”。除继续延续演播室内主持人、嘉宾、观众三方互动的大型访谈节目特质外，更加强调真诚、细腻、平民化视角的讲述风格，融入更精彩的人性化情节设置，展示明星们鲜为人知的才艺和情怀，突出温情、温馨、温暖的生活滋味。

《神州音画》播出时间：周五21:25；节目时长：42 分钟。

《光荣绽放》

2008 年登陆 BTV 文艺的《光荣绽放》是国内首个以明星现场演绎为主、直观讲述人物命运的综艺访谈类节目。通过现场讲述、经典回放、情景再现、才艺展示等手段，让嘉宾现场“演”自己的故事。观众们可以“看”到明星们的才艺，“看”到他们在奋斗中的挣扎，更“看”到人物命运与职业生涯的神秘联系。现场演绎、经典回放、主持人的犀利提问和嘉宾的理性思辨，凭借这种新颖的形式和精良的制作，《光荣绽放》在较短时间里得到了观众的认可，收视始终处在《每日黄金档》的前列。

《光荣绽放》播出时间：周二21:25；节目时长：42分钟。

科教节目中心优秀栏目

《法治进行时》

《法治进行时》是北京电视台每天中午12:00在BTV-3科教频道播出的一档法制节目。这个节目开播于1999年12月27日，历经十年风雨，致力于法制新闻的报道，关注百姓身边的法律故事，以独特的新闻视角和第一时间的现场报道，真实记录一个个鲜活的案例，帮助广大观众学法、守法、用法。新的一年该栏目力求以最快速对发生在北京的法治事件做出反应，将消息传递给观众，并保持节奏快、信息量大的特点。

《养生堂》

《养生堂》栏目2009年1月1日开播，周一至周六17:25首播，时长25分钟。这是一档以“传授养生之道，传授养生之术”为宗旨，以演播室访谈加专题片的形式，请专家介绍中医养生知识的栏目。栏目秉承传统医学理论，根据中国传统养生学“天人合一”的指导思想，既系统地介绍中国传统养生文化，又有针对性地介绍实用的养生方法。

《八点非常故事汇》

《八点非常故事汇》是一档晚八点开播的综合性栏目。包括：

《非常网络》首播周一20:00，重播次周一08:00，时长50分钟。

一只鼠标在手，世界任你遨游，《非常网络》讲述人和网络的故事。脱口秀：e网打尽最全最新最奇网络事件；事件秀：e呼百应最热最爆最锐网上话题；人物秀：e睹为快最红最酷最火网络红人。品时尚网络文化，听真情网络故事，看快乐网络生活，尽在《非常网络》。

《非常说名》首播周二20:00，重播次周二08:00，时长50分钟。

北京电视台科教频道自2007年起，在晚间黄金时间段播出了50分钟大型文化访谈系列节目——“强档故事会”，2009年，科教中心对这一档节目进行整合，节目全周打通，统一冠以“非常”系列，进一步强化明星、名主持的风采，其中，周二播出的是传记性访谈节目《非常说名》。主持人是在演艺界有着良好口碑的蔡国庆。

“讲述我和文化名人故事”是《非常说名》的内容核心。邀请演艺界名人讲述他们和在世的或已经故去的历史文化名人的故事，披露他们鲜为人知的趣闻轶事、爱恨情仇，探讨他们的成功与失败。观众会从第三人称的叙述中，进一步探寻他们的人格风采，发人深省、引人遐想。与目前电视上占主流的访谈节目不同，《非常说名》不是邀请当事人现身说法，而是以第三者的眼光评述人生，因此可以更加灵活大胆，角度多样。

《非常接触》首播周三20:00，重播次周三08:00，时长50分钟。

《非常接触》栏目是北京电视台科教节目中心原创，以推介名人名著为内容的大众读书栏目。

《非常接触》栏目的宣传语是：要想立志先读书，只有读书能立志，《非常接触》讲述读书人生的故事。

《非常接触》是50分钟现场访谈节目，出过书的嘉宾通过自己的书，讲述自己的人生故事。没出过书的嘉宾，模仿出书的方式由主持人在现场为嘉宾出一本书，内容包括：书名、封面、简介、序、目录、附录等内容。以出书的方式来讲述嘉宾个人奋斗的励志故事。

《非常接触》的主持人为侯耀华，主持人幽默风趣，为节目加入了轻松、娱乐的时尚元素，通过快乐传播手段达到启迪人生目的。

《非常夫妻》首播周四20:00，重播次周四08:00，时长50分钟。

《非常夫妻》是一个大型谈话节目，每期请一对夫妇为嘉宾，以主持人与嘉宾夫妇的谈话为载体，探讨婚姻、恋爱、家庭等方面的社会话题。栏目遵循轻松地探讨严肃的话题，真诚地讲述真实的故事的原则，把名人当作凡人，从平凡中开掘不平凡，向观众提供成功或失败的经验与教训。

栏目特邀有文化品位、有生活阅历、有亲和力、并有智慧的英达为主持人。至今，已有贺敬之、黄蜀芹、姜昆、韩美林、李永波、盛中国、刘欢、凌峰、娄乃鸣、白燕升、陈冲、王楠等四百多对嘉宾夫妇，与英达共同演绎了精彩的《夫妻剧场》节目。

栏目的标志是一个心型的指纹上书写“夫妻剧场”。在茫茫人海中，只有两个人能够成为夫妻，也只有两个人的指纹能够重合为心型。意味着爱情珍贵，应珍惜婚姻。

《非常父母》首播周五20:00，重播次周五08:00，时长50分钟。

名人是社会的财富，他们的经历大多充满着自强不息的奋斗精神，他们成功的背后是一个又一个百折不挠的故事，他们将自己人生的体验传递给下一代，形成生生不息的优秀的生命链条。如今，他们的后代遍布茫茫人海，多数成为社会的栋梁。展示代际传承，揭秘成长背景，挖掘成功动力，是一件有意义的事情，也是百姓愿意聆听的故事。节目在娱乐观众的同时，也能给观众带来收获和启迪。栏目口号是：非常父母，讲述真情年代的故事。非常父母，点亮智慧人生。

节目以5条富有悬念的线索层层展开。讲述嘉宾是如何在名人前辈的教育、影响、鼓励和帮助下走向成功的曲折故事。

《非常女人》首播周六20:00，重播次周六08:00，时长50分钟。

全新栏目《非常女人》讲述女性故事，从女性视角切入，具有启迪智慧、开拓视野的功能。体现人性光辉和人文主义精神。既有一定的新奇感和代表性，又有跌宕起伏的发展过程。每期节目以一部纪录片为主，配合主持人画龙点睛的补充与点评。具有普遍性的生活场景营造贴近性和亲切感、各种极致、突发事件的冲撞构成节目看点，而结果的未知性和人生经历的传奇性将对广大观众产生巨大的吸引力。

《警法目录》首播周日20:00，重播次周日08:00，时长50分钟。

2009年，《警法目录》成为全新形式的演播室互动法制节目。该栏目以情景剧为故事构架、演播室现场断案为节目主体、有明星嘉宾、警务专家和现场观众参与来共同推进案件侦破进程的新节目。通过这样一档新形式的法制节目，增强法制观念，普及法律知识，提高全民防范意识，弘扬公平、正义，维护百姓合法权益，推进法制建设进程。

《大家说法》

《大家说法》每天12:20，次日6:50重播。《大家说法》是从《法治进行时》的专题节目衍生出来的栏目，旨在对法治事件进行深度剖析和提出警示参考意见，是对《法治进行时》报道内容的补充。在《大家说法》节目中，用纪实的手法跟踪当事人亲历法治事件的过程，把观众带进当事人最生活化的状态当中。演播室的嘉宾不再是旁观者和评论家，他们以专家的身份参与到这一事件当中，用他们的专业知识对事件亲历者的行为提出可行性建议，使得观众看到更多选择、触类旁通。当观众看完这期《大家说法》后，他们也陪着事件当事人走完了全过程，从而达到栏法、守法、用法和参与法律构建的目的。

《魅力科学》

《魅力科学》每天中午12:45首播，次日07:30重播，时长20分钟。

《魅力科学》是北京电视台科教频道一档知名的日播电视栏目，栏目以“科学好看、科学好玩、科学改变生活”为节目创作理念，充分运用故事化、悬念化的表现手法，结合不同的题材类型，赋予了节目或轻松谐趣、或悬疑凝重的氛围，使栏目更加时尚化、生活化、精品化。《魅力科学》现拥有七个不同风格的周刊：周一《魅力视线》、周二《奇闻天下》、周三《创意东西》、周四《拍案惊奇》、周五《惊奇人物榜》、周六《妙想无边》、周日《时尚一周刊》。

影视剧中心优秀栏目

《红星剧场》

《红星剧场》在北京卫视频道播出，播出时间：19:44；播出集数：每天2集。

《红星剧场》立足于“大戏看北京”的定位，精选年度首播、独播大戏，全力提升北京卫视晚间黄金档的收视率和份额排名。2009年北京电视台推行全新的电视剧运营战略，精心的差异化编排、声势浩大的宣传推广，将北京卫视《红星剧场》的收视抬升至前所未有的高度，《潜伏》、《闯关东（中篇）》、《勇者无敌》、《北风那个吹》、《战北平》等大戏的播出，使《红星剧场》收视高潮迭起，收视热点频现，跻身全国省级卫视“三甲”。在第二届中国电视网络影响力评选中，北京电视台摘得“中国最具网络影响力的省级卫视频道”奖项，并被搜狐网站评选为“最佳电视剧收视平台”。

《黄金剧场》

《黄金剧场》在北京电视台影视频道播出，播出时间：19:30；播出集数：每天3集。

影视频道《黄金剧场》以“你就生活在这里”的亲切姿态将观众牢牢地锁定在电视机前。与以“大戏”著称的卫视《红星剧场》不同，影视频道《黄金剧场》擅长将家庭伦理、现实情感类的故事娓娓道来，走贴近百姓路线，抒写生活滋味，二者形成了差异化的完美互动。2009年影视频道《黄金剧场》平均收视高达6.0%，在全国地面频道中保持强势地位。《错爱》（第二部）、《中国家庭》（第一部）、《王贵与安娜》、《战后之战》、《我的丑娘》等电视剧的热播，冲击着收视的高峰。

《炫剧场》

《炫剧场》在北京电视台文艺频道播出，播出时间：19:35；播出集数：每天2集。

《炫剧场》原名《北京剧场》，作为晚间黄金时间的又一重点电视剧场阵地，“北京剧场”与黄金档的两大强势剧场“红星”和“黄金”形成差异化组合拳，带来更富动感、时尚、青春和都市情趣的电视剧作，全面丰富BTV频道组的黄金时间的剧场产品线。2009年播出的电视剧《延安锄奸》、《侦探成旭》之《千年迷局》、《家有公婆》、《决战黎明》和《生死谍恋》，位居收视前五名。

《星月剧场》

《星月剧场》在北京电视台科教频道播出，播出时间：22:10；播出集数：每天2集。

针对高收入、高学历的观众特点，《星月剧场》坚持黄金档热剧重播+精品首播剧的混合编排思路，获得了良好的收视效果，平均收视从2008年的0.65%，提升到2009年的1.3%，提升幅度高达100%。《星月剧场》坚持首播剧精品思路，首播剧《少林寺传奇（2）》、《蓝色档案》、《国家宝藏之觐天宝匣》收视平均在1.6%以上，超出2008年首播剧平均收视1个点。另外，《星月剧场》与BTV影视主打电影的《明星影院》一起，共同形成了北京电视台影视收视新亮点。

《英雄剧场》

《英雄剧场》在北京电视台影视频道播出，播出时间：17:00；播出集数：每天2集。

影视频道《英雄剧场》定位精准，主打警匪剧、公安剧、涉案剧，连续三年稳居北京地区同时段榜首。作为成功的细分化类型化剧场，《英雄剧场》投入与收益形成了高性价比。2009年《英雄剧场》平均收视2.8%，《大追捕》、《柳叶刀》、《29天半》、《重案六组（第三部）》等剧均收获了3.5%左右的较高收视率，《迷雾重重》更是获得了4%的收视率，登上本剧场的榜首。《英雄剧场》已进入较为成熟的发展阶段，无论首、重播均有尚佳表现，对全频道市场份额有重要贡献。

《明星影院》

《明星影院》栏目是2007年由原北京电视台《周末新影院》、《风采亚洲影院》等电影节目整合而成两个日播通档栏目，分别在BTV文艺频道每日12:30和BTV影视频道22:40播出。栏目自开播以来，播出了大量广大观众喜闻乐见的娱乐影片，同时，在一些重大宣传活动中，如国庆60周年宣传，该栏目播出了很多主旋律影片，受到有关方面和广大观众的好评。

财经节目中心优秀栏目

《首都经济报道》

节目宗旨："关注百姓身边的新闻，透视新闻背后的经济。"

1998年5月4日开播的大型直播节目《首都经济报道》是北京电视台目前唯一一档直播经济资讯栏目。节目采用主持人"脱口秀"的形式，以真实、准确、客观、公正的立场，从百姓的视角来报道首都市民经济生活的方方面面，为广大电视观众提供内容实用鲜活、形式丰富多彩、节奏明快简洁的经济资讯，已成为北京台的品牌栏目。2009年栏目将突出大视野、大财经概念。内容增加评论、多媒体传播、嘉宾访谈等内容，加大评论空间和与观众的互动性。

《天下财经》

节目宗旨："挥帜天下，纵览财经。"

财经资讯节目《天下财经》，作为北京地区唯一一档以资本市场为关注主体，集财经资讯与投资服务相结合的节目，旨在以最快的节奏和最权威的分析，为观众提供及时的国内外重要财经资讯，为投资者提供快捷的信息服务，充分反映资本市场和世界经济的发展状况。

《天下财经》以体现首都风范为己任，同时充分利用首都地缘优势和人脉资源，全面关注、提示和报道国家财经政策、产经消息、行业和企业状况、国际财经事件、包括股市、期市、汇市等在内金融资本市场的最新事件、最新变化、运行情况、基本数据和对可能产生的影响进行分析。在为投资者提供准确资讯的同时，还将在“公开、公正、公平”的基础上，最大限度地发挥媒体的监督功能。为投资者服务，为中国证券市场健康、有序的发展服务。

《天下财经》2009 年将在晚间黄金时间增加财经热点评论板块。推出自己的财经评论员，通过评论员本人个性化的表达和观点，吸引观众的注意力，奠定财经频道在业内的权威性和独家性。同时强化表达方式创新，力争成为财经节目的风向标，实现信息资源平台价值最大化。

《城市》

节目宗旨：“浓缩城市文化，挖掘财富价值。”

财富态度决定财富。《城市》栏目将以故事化的形式寻找并记录最能反映时代特征的财富现象和财富故事。区别于《天下财经》的时效性服务及《天天理财》对家庭财产的微观调控，《城市》讲述的是财富的流向、分配、裂变以及足迹。

2009 年《城市》栏目继续突出微观财经的人文风格，进一步强化电视表现力和表达力，突出主体主持人符号，加强观众的忠诚度。在“分析、调查、评论”选题的基础上，加上故事化的手段进行新的尝试，比如介入式讲述方式，增加讲述的主动性和参与性。

内容：强化微观故事本体，让故事本身更精彩。

表现形式：挖掘演播室元素，实现多种元素叠加，实现形态上的创新。

《经济法眼》

节目宗旨：“任何社会现象都有经济背景，所有经济背景都有法理可循。”

《经济法眼》是由北京电视台财经节目中心与北京市高级人民法院通力合作，共同打造的一档以经济、生活、商务等典型、离奇案例分析解读为主的经济类节目。

《经济法眼》不同于一般意义上的法制节目，它是以经济案件为由头为百姓举案说法，所举案例全部来源于百姓经济生活，通过剖析一个个生动具体的案例，增强百姓法律知识，让百姓在日常经济生活中知法、守法、用法。说故事、设悬念。每期一个经济案例，通过模拟法庭将法理戏剧化，改变经济类法制节目情节单一，法理晦涩难懂的局面。

2009 年《经济法眼》将加大嘉宾的作用，进一步突出他们的答疑解惑及精辟的法理分析分量。联系实际，扩充法制节目内涵，增强节目的服务型。

《财经 5 连发》

《财经 5 连发》是北京电视台财经频道 2009 年全新打造的一档具有鲜明经济特色和独特风格的日播类多元化财经评论节目，由北京电视台知名主持人姚常盛担纲主持，著名主持人曹景行等担任嘉宾。

《财经 5 连发》每期将邀请两位财经

领域权威嘉宾，以全球化的高度、多元化的尺度以及大众化的角度向受众阐释和解读每天在身边周围发生的财经事件，并针对当日的头条财经新闻进行分析、评论，依照嘉宾特点展开个性化的、多元的、通俗的解读。

体育节目中心优秀栏目

《天天体育》

《天天体育》的前身是《晚间体育新闻》，开播于1999年，2006年正式更名为《天天体育》，21:25开播，直播时长50分钟。

作为BTV体育频道重点打造的王牌栏目，《天天体育》秉承客观公正、开拓创新的专业精神以及“我在现场”的报道风格，不遗余力地为京城体育迷奉献着一道道体育大餐。2007年，《天天体育》在直播的同时开创了观众实时参与短信互动的先河，不但增强了节目的可参与性，同时也对栏目影响力和收视率的提升形成了强力支撑。通过几年的不懈努力，如今《天天体育》无论是在影响力还是在收视率方面都取得了丰硕的成果，《天天体育》已经成为了在北京地区家喻户晓的一个品牌，收视群体稳步增加。

《体坛资讯》

《体坛资讯》同样是BTV体育频道重点培养的新闻栏目。有别于《天天体育》专业、深刻的节目风格，《体坛资讯》则更注重于为观众提供海量的信息。考虑到节目开播时间的特殊性（很多重要赛事都是19:30开始），从2010年5月起，栏目还承担起了部分赛事前包装的工作，以中超国安队为例，无论是主客场比赛，《体坛资讯》都会有行进式前后方视频对播连线的环节，最大程度的满足了观众对于赛事信息量的需求。

《足球100分》

《足球100分》节目创办于2005年，节目时长为105分钟，每周一晚19:35直播，至今已经是第6年了，目前已经成为北京电视台体育频道重点打造的一档王牌栏目。

节目初期以国际足球为报道对象。从2007年开始，《足球100分》节目开始转型。目前以报道国内联赛，特别是围绕北京国安来进行策划、拍摄、采访、制作。

2009年，北京国安足球俱乐部投入巨大，力争中超联赛冠军，《足球100分》节目也投入空前大的力度，对于北京国安队进行报道，伴随了北京国安队一个赛季的风风雨雨，并且见证了北京国安队在10月31日最终捧起冠军奖杯。

特别是在联赛最后阶段，原本处在全运会阶段，但是在北京国安夺冠形势渐趋明朗的时候，体育节目中心领导果断作出调整，《足球100分》节目组在全中心配合下，承担起了10月31日大型直播节目《争冠进行时》的制作、报道和播出工作。在短短两个星期内，节目组广发开发资源，同时利用过去几年积累的宝贵素材和人脉关系，充分调动起各方面积极因素，圆满完成了报道任务，给北京电视台、给体育节目中心，也给北京足球留下了一笔宝贵的财富。

《BTV赛场》

《BTV赛场》包括所有体育赛事转播节目。节目内容涵盖了足球、篮球、排球、乒乓球、羽毛球、斯诺克、田径等广受观众喜爱的体育项目。节目以国内外众多高水平赛事为依托，力求将最精彩的体育赛事第一时间完美呈现给广大观众，其中有国外顶级足球赛事英超、意甲、西甲、德甲；四大满贯网球公开赛澳网、温网以及国内足球、篮球、排球、乒乓球职业联赛。每个周末的《BTV赛场》节目还会进行通档直播，让广大观众尽享精彩体育赛事。《BTV赛场》播出的转播节目还多次获奖，《中国足球超级联赛》、《万人太极拳表演》等节目获得了“中国广播电视学会电视转播一等奖”。

《快乐健身一箩筐》

《快乐健身一箩筐》是一档日播谈话类节目，也是北京电视台体育频道重点打造的一档健身类栏目，于2007年5月7日正式开播。聘请北京市科学健身专家讲师团秘书长、国家级社会体育指导员、著名运动健康专家赵之心教授和其他专家学者，与主持人一起，以轻松的方式谈论健身之道，内容横跨医学界和健身界，寻找隐藏在大众身上的健康杀手，开出简便易行的运动健身药方，并奉送独家健身秘诀和实用健身知识。

生活节目中心优秀栏目

《生活面对面》

《生活面对面》从开播至今已经进入第9个年头，始终秉承贴近北京都市生活、服务北京大众民生的宗旨。节目内容涉及老百姓衣食住行的方方面面，以清新质朴的风格、新鲜实用的信息、权威深刻的解读、方便贴心的帮助而受到京城百姓的喜爱。观众在“点滴之间体会生活，便利之间感受关怀”的同时，也得到精神上的抚慰和时尚生活的引领。

《生活面对面》栏目可以说是北京人生活的全记录和北京人生活的实用手册。节目形式以演播室主持人播报点评和外拍短片为主。表现手法灵活多样，信息故事化、故事情节化、情节细节化，实现了“趣味信息有效传播、有效信息趣味传播”。因为节目内容既包括发生在北京的大事小情、与生活密切相关的生活资讯，又涵盖指导消费、养生健康的实用知识，而且通过热线电话为观众排忧解难，化解矛盾，因此培养了庞大的收视群体，成为北京市民日常生活的不可或缺的一档电视栏目。

《7 日 7 频道》

《7 日 7 频道》创办于 2002 年，是一档都市资讯节目。

它植根于普通百姓的生活，在北京人中极具亲和力，播出伊始便以其鲜明的个性赢得了观众的认可，主持人充满智慧的点评，成为不少北京人评判身边大事小情的依据，在很大程度上影响着北京人的生活。几年来，栏目从开播时的每天 15 分钟发展到如今每期 28 分钟，收视率始终处于生活节目中心前列，已成为北京电视屏幕上一个独特的品牌。

开播至今，《7 日 7 频道》始终注重保持平民视角，展现平民智慧。在节目发展进程中，结合环境的变化以及观众诉求的不同，逐渐明晰了更为具体的节目样态，即强调以故事为载体，增强可视性，以点评为特色，突出节目风格。追踪时事热点，紧跟都市话题，固化节目的新闻特质。

《第 7 日》

《第 7 日》创办于 1999 年，它植根于普通百姓的生活，在北京人中极具亲和力，播出伊始便以其鲜明的个性赢得了观众的认可，10 年来，它已成为北京乃至全国电视屏幕上一个独特的品牌。

随着社会生活的发展以及观众诉求的变化，《第 7 日》也在不断调整着自己的定位，特别是从新闻中心调整到生活中心以后，节目以突出服务性作为重点，在几年的摸索中，逐渐形成新的风格。节目追求时尚大气，但平民视角却是始终如一；节目强化服务功能，但故事化的有现手段却依然坚持；节目选题类型日益丰富，但新闻特质却坚守如初。总之，几年来，《第 7 日》栏目有坚持，有放弃，有创新，有借鉴。在不断变化和调整中，逐步形成了关注都市时尚，评点新闻热点，展示百姓生活的全新栏目定位。

《大城小事》

《大城小事》作为生活节目中心制作的一档栏目剧，于 2007 年 1 月 4 日开播，每周一至周六播出，每期节目 30 分钟。

《大城小事》以“说百姓身边事，演百姓身边人”为节目定位，演绎在北京老百姓身上的家长里短、人间真情、新闻事件、警示案例，以平民的视角、故事化的叙事方式，描述社会生活的方方面面。每期一个故事，由短剧和主持人演播室串播构成，短剧将尽可能地追求生活化的形态，它要比纪录片更具有故事性，比电视剧更贴近现实，让老百姓以一种看自己身边发生的故事的心态来欣赏节目，并进而产生共鸣。

《大城小事》最大特色是真实、感人、亲民、自然。为了达到这一效果，栏目组在故事策划、剧本创作和拍摄制作等环节上狠下工夫，在追求收视率的同时，坚持不猎奇、不造作，着眼点始终放在京城老百姓身上，努力捕捉日常生活中最真实、最感人的故事并将其进行艺术加工，着力描绘人性中的真善美，弘扬正义、诚信、友爱等精神追求和道德风尚，展现充满活力的北京人的精神风貌。

《大城小事》栏目的另一大特色是大量起用非专业演员参与演出，让他们在演出中找到“星”的感觉，给他们搭建最强势的表演平台，充分释放“民星”的才华，激发“民星”的潜力，同时强调“民星”与百姓的互动，真正做到“老百姓的故事老百姓演，老百姓的明星老百姓选”。

《食全食美》

《食全食美》栏目是北京电视台生活频道推出的一档面对百姓家庭的饮食节目，也是目前唯一一档日播美食节目。节目的宗旨是“饮食也娱乐”，在娱乐的同时又非常强调实用性。节目自2002年1月1日开播以来，深受广大观众的喜爱，收视率节节攀升。为了满足观众越来越高的需求，节目由原来的周播改为2004年的周一至周五，再到2006年的周一至周六，节目时长不断地在扩展，形势也不断地在变化。

从2006年起，《食全食美》开始“走百姓路线，寻找私家菜”，至今已有上千位各行各业各个年龄段的民间厨艺高手参与了节目制作，为京城的电视观众奉献了数千道美味佳肴，极大地丰富了人们的餐桌，同时又给广大的美食爱好者提供了一个展示自我风采的舞台。与此同时，《食全食美》栏目还适时地加入了“健康美食”理念，请来了资深营养师现场烹制简单易学，适用于家庭的健康主打菜，并对私家菜进行科学合理的点评，使百姓能够既吃出美味又能够吃出健康。从2008年开始，《食全食美》栏目增加了周末版，带您足不出户吃遍京城的大街小巷，品遍世界各地美食。目前《食全食美》栏目已成为北京电视台A类品牌栏目，在京城家喻户晓，已成为越来越多的观众每天生活之组成部分。为了满足不同家庭的各种需要，节目现分为《您点菜，大厨做》、《私房菜》、《一招鲜》三个板块。

《生活大调查》

《生活大调查》是集健康知识、生活百科于一身的都市生活问题的深度调查节目，于2009年1月1日创办，以绝对贴近生活的内容，轻松活泼的形式赢得观众的喜爱。

在选题上，《生活大调查》主要围绕健康知识或生活中的冷知识，即观众听说又未曾考证过的事件；在内容上，绝对贴近生活，符合老百姓当下的关注热点；在切入点上独具匠心，被喻为电视版的“十万个为什么”；在形式上，以演播室内主持人风趣幽默的谈论和外景调查短片相结合的方式来架构整体节目。生活调查员的现场体验使节目更具真实性，科学的实验环节充分体现了科学求证过程的趣味性，街头采访环节直接和大众做面对面的交流，权威专家现身说法力求保证节目的科学性和权威性。

三位主持人身兼调查员的身份——漂亮知性的悦悦、帅气调皮的陈旭、憨厚亲切的火旺——由他们组成的精锐调查团队将用一种与众不同的方式带领观众探究生活的奥秘。为了突出调查的真实性和现场感，主持人亲赴调查第一线，带给观众第一手的调查资料。

《生活大调查》与传统的生活服务类栏目所不同的是，节目用更时尚的包装、更有趣的形式、更健康的内容、更独特的视角、更娱乐的精神、更科学的态度切入身边的健康资讯、生活百科，突出趣味感、互动感、实验感，摒弃死板说教的生活科学解谜，寓教于乐，用各种充满趣味性的调查深入浅出的解构复杂问题，力求带给观众最娱乐化的“生活百科全书”。

青少年节目中心优秀栏目

《北京青年》

《北京青年》栏目是青少频道制作播出的一档日播资讯节目，于2007年6月30日开播，目前的播出时间是每周一至周五20:03—20:33。

《北京青年》栏目定位青年，秉承“以年轻人的视角观察世界，以年轻人的行动改变生活”的节目理念，“观察”和“行动”是栏目的核心关键词。在这一理念的引领下，《北京青年》在内容上充分贴近当下年轻人的收视心理，选取年轻人关注的热点话题，为他们打开了解世界的窗口，为他们架起沟通世界的桥梁，为他们提供切实可行的帮助与服务，为他们搭建能发出声音的平台。《北京青年》风格清新、活泼，改变了传统资讯节目刻板的面貌，从主持人到包装等都采取易于被年轻人接受的形式，在众多资讯类节目中独树一帜。“行动”是《北京青年》栏目特有的属性，栏目记者不仅充当发现者、报道者、同时也参与到事件当中去，和年轻人一起改变事件的走向。《北京青年》不仅是报道者，同时也是引领者，召集人，各种富有特色的活动，让年轻人围绕在《北京青年》身边，成为忠实的观众、朋友。

《悦读会》

《悦读会》是2008年10月份开播的读书访谈类周播节目，每周日21:56播出，以书为媒介，以最新文化事件为内核，个性、时尚、新锐和实用的谈话类节目。每期由1位主持人、1位主嘉宾、3至5位书友团及20位观众组成，栏目秉承以娱乐化的表达，批判的精神解读最受关注的书和与书有关的文化事件，普及国民读书氛围，以期成为图书市场的风向标。

《悦读会》将受众定位于以“高学历、高收入、高职务、年龄轻”为特征的中国社会主流人群。对于很多观众来说，《悦读会》不仅可以帮助他们用最少的时间读一本书，也是一个协助他们选书的过程。

《谁在说》

《谁在说》是一档大型日播谈话类节目，自2007年2月1日改版后，每天19:30—20:00在BTV－8播出，现在该节目已经形成稳定的收视群，在京城百姓当中也有着比较大的影响力。从选题和收视群来看，大众关注的青年热点话题和全面充分的讨论就成为《谁在说》栏目内容的取材方向。在具体事件的选取上，以“新锐”、“贴近”、“冲突”、“好看”为基本原则，根据事件的典型性、可开掘性和社会性来设计节目环节，在了解事件相关信息之后，以深入而新颖的角度提炼出事件或现象背后的理念作为讨论主题，亲切自然的演播室环境可以让讲述者倾诉他们的真情实感，与受众分享不同寻常的喜怒哀乐，引起大家的广泛思考，体现了节目关注民生、详解热点、兼容并蓄、多元碰撞、观点交锋的总体特征，力图打造成一个草根群众广泛参与的话语平台。

《谁在说》荣获“2009年中国电视网络影响力——社会制片十佳称号”。

《情感部落格》

《情感部落格》是北京电视台青少频道于2007年推出的一档情感访谈类节目，节目时长50分钟，播出时间为每周六、日20：00。

节目倡导真实的故事、真人的演绎、真挚的情感，密切关注各年龄层人群情感生存状态。在节目开播的两年中，已有数百名当事人通过节目热线报名参与了节目的录制。在节目中，他们敞开心扉，与大家一起分享那些触人心弦的情感故事，一起梳理情感生活中的点滴得失。虽然，来到节目的当事人中没有什么明星大腕，有的只是普普通通的老百姓，但恰恰是他们所带来的最贴近生活的故事和情感，反而显得愈加鲜活和感人。同时，也正是这一点，时时刻刻地督促着栏目要更加真诚地面对，要以更敏锐的视角去诠释。

公共频道节目中心优秀栏目

《这里是北京》

《这里是北京》自2004年开播以来，始终坚持立足于北京本土文化，挖掘城市变迁背后的历史渊源，将一个城市的古老与现代、深沉与幽默完美地融合在一起。再加之栏目独创的“幽默的叙述方式”、“以古鉴今的思维方式”、“戏剧化的结构方式”，从人性化的角度与历史人物进行对话，以百姓的心态审视发生在京城的各类历史事件，从而使各个层次的观众，都能够深入浅出地了解北京的传统文化。

工业链式的人员结构，是《这里是北京》主创团体的一大特点。电视节目制作中的选题、撰稿、摄像、采访、后期编辑等多个环节，被一一分解，每个环节设置专业的创作组，由此形成“选题策划组”、“撰稿组”、“摄像组”、“前采组”和“后期编辑组”，由此达到每个环节的“精英最大化”，进而实现节目整体水平的大幅度提高，更重要的是保持了“语言风格”、“拍摄风格”、“包装风格”的高度统一，从而打造出一个不可复制、不可模仿、独树一帜的《这里是北京》。

《手机江湖》

《手机江湖》栏目于2007年3月3日在北京电视台公共频道正式开播，是目前唯一一档以手机为主题的综合性电视周刊节目。主打服务牌，解决百姓在手机日常使用中碰到的各种问题，全方位地展示手机给生活带来的便利。

内容设置中“手机情报站”，以主持人串讲的方式，播报最新资讯及趣闻。特点是内容丰富、信息量大。“手机连连看”，以外景主持人走进京城各大手机卖场，介绍卖场的打折促销信息，并根据不同消费人群提出的要求设置主题，推荐两到三款手机。“手机实验室”，打造资深“手机百事通”形象，外景主持人针对观众对手机产生的各种疑惑进行解答。“手机真人秀”是普通观众的手机试用报告，将一部最新面市的手机交到评测员手中，让评测员在试用过后客观地描述试用体验，给出这部手机从外观到功能各个方面的一个综合评价。

《红绿灯》

《红绿灯》1997年7月5日开播，播出时间为周一至周六。栏目特色在于“内容”的精髓性、权威性、独家性、深度性。在遇到有重大、重要事件的时候，《红绿灯》能够向观众提供全方位的报道，除了保持交通新闻节目的时效性以外，在交通新闻和事件的深度报道上也投入了更大的精力，并且做足文章。

深度报道主要采取的是新闻调查的方式，所传递的观点代表着交通业内的最高级别和最专业化的水准，追求深度性和调查性。在北京地区《红绿灯》栏目在交通报道和交通问题的探讨上，拥有着最高端和最准确的话语权。

《四海漫游》

《四海漫游》1996年开播，是北京电视台唯一一档旅游专题类节目。栏目以介绍国内外的人文、自然、地理、旅游为主要内容；全面、丰富、快速反应旅游业动态，以新颖独特的视角，对所拍摄的地区进行全景式细致的报道。节目内容涉及全国各地及世界各国旅游胜地、民俗风情及旅途中的奇闻轶事，推荐旅行线路、航空、酒店、旅行社等全方位的服务。我们的节目为观众提供有价值的信息资讯，强调节目的参与性、互动性、趣味性和服务性，因为这是打通节目和电视机前的观众进行有效沟通的方式。

《四海漫游》节目以轻松的主持风格，新颖的节目形式为观众制作出一档具有专业的、权威的旅游节目。正如栏目的名字一样，我们的节目以带观众云游四海为目的，以“好看、好玩、好用”为宗旨进行着节目的运营制作。

《我的父亲母亲》

《我的父亲母亲》是一档服务于父母家庭的孝亲节目。栏目推出“孝亲工作室”的概念，从衣食住行，健康养生，养老方式，家庭伦理等多方面入手，为父母家庭提供全方位的生活服务，并为观众搭建情感沟通的桥梁。栏目理念：替儿女尽孝，为父母解忧。

内容设置中《天下父母汇》：遍访神州大地德高望重的名人名家以及民间有故事的健康乐观老人，讲述他们的晚年生活，健康养生经验。《我的养老故事》为中老年朋友寻找各种不同的养老故事，帮助父母选择最适合自己的方式安度晚年。《为您找老伴儿》为单身的中老年朋友征婚、征友搭建平台，帮助他们寻找老年生活的另一半。《各家小秘招》观众可以借助这个板块把自己在生活中的窍门和绝招与其他观众分享。《福寿锦囊》邀请著名中西医专家与主持人一起为父母观众介绍简便易学的养生妙招，也针对一些常见的病症提供不一样的治疗方式，为父母家庭的健康提供切实的解决之道。《食疗小厨》结合不同时令节气，邀请专家以养生为切入点，教授观众烹调出应季的健康美食。《天下奇闻串串烧》网罗世界各地老人的奇闻趣事，不仅提供八方资讯，还邀请专家点评，提供实用的服务。

《京郊大地》

《京郊大地》栏目于1996年开播，由北京市委农工委与北京电视台联合策划、制作，深度探索北京乡村生活的各个侧面，着力推介京郊第二、三产业，服务于百姓的假日出行、餐桌菜篮，倡导安全、绿色、健康的现代生活理念。以诚信、亲切、贴心的服务为北京市民提供京郊出行服务、展示城乡一体化进程下的魅力新乡村。栏目深度解读每个区县的优势资源，找到与城市观众需求的契合点，融合了城乡关系，真正做到了城市、乡村百姓都认可的双向服务。

内容设置中“京郊全知道”及时发布京郊动态信息，“当周热点、政策发布、灵活解读”。独家记者体验报告，为百姓度身定制乡村出行的预算方案。“都市农庄，精彩无限——成就你的田园梦想!”网罗京郊时尚旅行线路，乡村金牌美食，紧密配合区县年度大型活动，为观众提供新鲜及时、诚信权威的出行指南。带您品尝，教您挑选，深度认识北京特产，推广“京”字品牌的优秀农产品！

动画节目中心优秀栏目

《七色光》

北京电视台少儿节目《七色光》始创于1988年，2009年卡酷动画卫视投入巨资对《七色光》栏目进行了大规模的改版，每周五晚20:00卡酷动画卫视播出。

2009年5月，《七色光》打出“卡酷七色光　会玩你就来”的口号，让孩子在节目当中充分释放，充分发挥自己的天性。10月，卡酷《七色光》再次改版，凭借北京卡酷动画卫视平台资源，整合卡酷热播动画片推出全新节目样态。新的卡酷《七色光》与热播动画紧密结合，融入动漫COSPLAY和游戏对抗等流行元素，让参与的小朋友尽情在动画世界中游戏娱乐。节目引用卡酷热播动画片《喜羊羊与灰太狼》为故事背景，首先在演播室中设立出狼与羊对立的现场：狼堡与羊村。让整个节目呈现出一种回归童话世界的感觉。

《闪天下》

《闪天下》创办于2004年9月10日；每天21:30在卡酷动画卫视播出。

国内第一档与动画结合的青春时尚搞笑脱口秀节目——全球最热辣的资讯话题，最好看的动画短片，尽在每天《闪天下》。《闪天下》是当下青年流行文化的大展台，是家长老师了解自己身边这群“小鬼”在关心什么的第一窗口。每一期，全球最热门、最热辣、最古怪的资讯和观点，都会被《闪天下》拿来玩。观众只要锁定《闪天下》，足不出户，就能知道最流行的词语，最潮的玩意。

《十分开心》

《十分开心》于2006年10月开播，每天19:30在卡酷动画卫视播出。

《十分开心》是一档以4岁至14岁为主要收视群，且适合全龄段观众收看的自制动画类娱乐栏目。该栏目推崇“健康向上、快乐生活”的理念，并通过动画主持人王烦和二秃子脱口秀的主持方式，传递“贴近生活、贴近社会、贴近百姓”的节目主旨。《十分开心》独特的节目形式：栏目全自制动画形式；《十分开心》优秀的节目口碑：网络上点击量最高的动画栏目；《十分开心》卓越的收视表现：动画频道收视率最高栏目，2009年月均收视1%，单期最高收视率2.83%；《十分开心》坚韧的进取精神：在保证收视的前提下，尝试新形式丰富新内容。

《卡酷中国制造》

动画栏目《卡酷中国制造》每天17:00—18:00、18:00—19:30首播，节目时长：150分钟。

《卡酷中国制造》是北京电视台卡酷动画卫视的黄金档动画剧场栏目，专门播出最精彩的国产动画片。《喜羊羊与灰太狼》、《三国演义》、《百变猪猪侠》、《家有儿女》等大受好评的动画都曾在《卡酷中国制造》栏目中首播，受到了观众的热烈好评，取得了优异的收视成绩。《卡酷中国制造》观众，年龄分布广泛，不仅是广大中小学生喜欢看，很多青年观众也从中找到了乐趣。想看最棒的国产动画片，那就锁定《卡酷中国制造》吧。

热情、可爱、个性十足的彩虹姐姐是《卡酷中国制造》的主持人，在动画片播出前后，她会出镜与观众朋友们互动，回答观众的问题，展示观众的才艺作品，并为观众讲述一个又一个又长知识又好玩的小故事。同时，还有灰太狼、孙悟空等诸多知名动画人物作为嘉宾主持登场，真人和动画角色搭档主持，新奇有趣，在同类节目中还不多见。节目整体主持风格诙谐幽默，配合诸多丰富的图片和动画，具有很强的趣味性和观赏性。

从2009年暑期开始，作为卡酷动画剧场的代表，《卡酷中国制造》在为观众奉献更多更精彩的国产动画的同时，还开展了为期一年的“看动画、赢大奖”有奖参与活动。

海外节目中心优秀栏目

《天下天天谈》

《天下天天谈》栏目是一档具有人文关怀的国际热点话题的述评节目，周一到周六13：05北京卫视播出。

《天下天天谈》栏目强调主题事件化，事件人物化，人物细节化，嘉宾冲突化，冲突话题化，话题传播化。围绕热点新闻事件，关注重大事件中的人，通过新闻事件中当事人和关联人的亲历、亲为和亲感交代新闻背景，分析解读事实，挖掘新闻中的未知点，讲述老百姓不知道的故事，关注百姓的利益和情感命运。自2009年4月27日开播以来收视率和市场份额均表现出色，已经形成一定的品牌知名度。

《国际双行线》

《国际双行线》是北京电视台一档大型国际性谈话类节目，节目采用中外观众感兴趣的、对人类发展和现实生活有积极意义的话题，让现场观众、嘉宾和主持人面对面地交流。每期节目时长50分钟，BTV卫视每周日13：05首播，自1999年年底在北京电视台卫视频道开播至今，以其独特的视角、无障碍的交流形式、或诙谐幽默或蕴涵深厚人文精神的节目风格而创造出了自己的发展空间，已经具备了一定的收视群体和品牌效应。

八、观众调查

关于2009年1—10月北京电视台收视情况的报告

宁文茹

2009年全球仍然处在金融危机阴影的笼罩之下，北京电视市场在经历了“北京奥运会”中国电视业集体经受国际电视业竞争的洗礼之后，又逢新媒体的发展已进入临界突破状态，以及中央电视台全面改版，省级卫视掀起新一轮娱乐节目的高潮。在强大的多重竞争压力之下，北京电视台继续保持从2006年连续三年高速上升的态势，成为本地区唯一连续上升的传统电视频道组。进入2009年，打破北京地区多年来“三分天下”的局面，已经占据绝对优势地位，收视市场份额是省卫视频道组的两倍，领先中央台频道组超过10个百分点，成为北京地区收视排头兵，创造了历史性的突破。

2009年年初，北京电视台召开高层战略发展会议，对2006—2008年北京电视台收视发展情况和品牌发展状况进行了全面深入的分析，制定了精细化、品牌化发展的战略，北京电视台各专业频道迅速贯彻这一部署，加大节目创新力度和节目调整速度，不断涌现新做法、尝试新举措、探索新模式，产生了很多值得借鉴和推广的成功经验。

一、北京电视台收视实现历史性突破

（一）首次突破“三分天下”的格局

2009年1—10月，北京电视台市场份额保持强劲增长态势，市场份额占北京市场的39.25%，分别高于中央电视台频道组和卫视频道组10.8个百分点和19.73个百分点，继续保持北京地区市场首位的地位，并首次打破北京市场多年的“三分天下”格局，实现历史性突破。

其中北京电视台2009年前10个月有24周市场份额保持在40%以上，单周最高达到44%以上，遥遥领先于所有频道组，具有绝对优势地位。

进入2009年，数字电视的整体转换已经连续三年推进，速度不断加快，观众从目前能接收到60多个频道变为能接受到100多个频道，从这个角度来说，目前38%～39%市场份额竞争力可以同比于两年前42%～43%以上市场份额的竞争力。

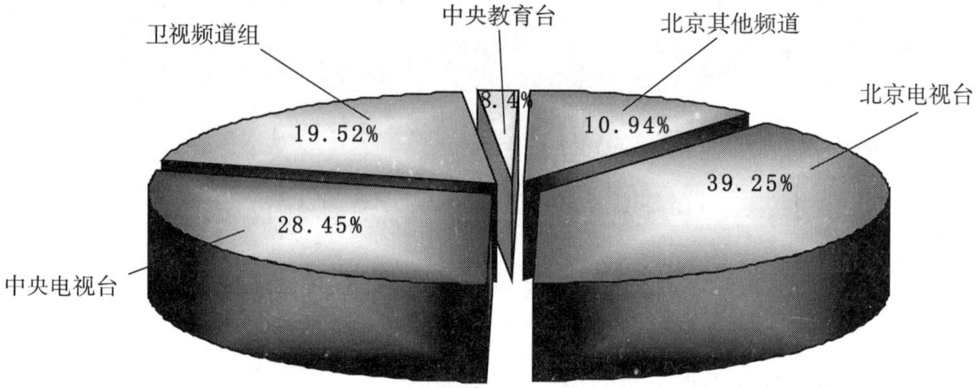

表：2007—2009年北京地区数字有线频道组收视发展

	2007年		2008年		2009年（1.1—8.29）	
频　道	收视率（%）	市场份额（%）	收视率（%）	市场份额（%）	收视率（%）	市场份额（%）
数字有线电视	0.31	2.18	0.97	6.71	1.56	10.67

数据来源：CSM北京

（二）北京电视台已经进入稳定高速成长轨道

在包括数字电视在内的“其他频道组”大幅上涨（上升幅度高达89.84%）的情况下，与去年同比，在三个传统频道组（北京电视台、中央电视台和省级卫视）中，北京电视台是唯一上升的频道组，中央电视台整体大幅下降，省卫视频道组与去年相比略有下降，只有北京电视台整体市场份额逆市上扬，与去年同比增长了4.01个百分点，增长幅度达到11.38%。北京电视台自2006年起，已经保持连续四年稳固的增长比率，说明北京电视台频道群已经进入到稳定高速的成长轨道，具有可持续性和充足的后劲。

中央台2009年1—10月在北京地区市场份额为28.45%，而去年同期为36.31%，今年与2008年同期相比下降7.86个百分点，下降幅度超过20%；在数字电视的迅速发展中，中央台所受到的冲击最为显著。

表：北京地区2009年1—10月和去年同期不同频道组收视份额比较

频道＼日期	2009年1—10月	2008年1—10月	增长幅度
北京电视台频道组收视份额（%）	39.25	35.24	11.38%
中央电视台频道组收视份额（%）	28.45	36.31	-21.65%
卫视频道组收视份额（%）	19.52	20.34	-4.03%

数据来源：CSM

二、北京电视台多个频道上升显著，收视第二梯队逐渐形成

2009上半年北京电视台各频道的收视份额与去年同期相比，北京卫视、文艺频道、科教频道、生活频道、体育频道、卡酷动画卫视市场份额上升显著，其中，科教频道的收视份额增长幅度最大，达到了59%，排名提升了6名，入主北京地区频道排名前三，也是北京地区市场份额和排名提升最快的频道。北京卫视市场份额与去年同比提升了24.35%，排名跃居北京地区首位。文艺频道提升了7.71%，排名上升了1位，跻身频道排名前4。生活频道市场份额同比提升了8.42%，体育频道同比提升了6.9%。

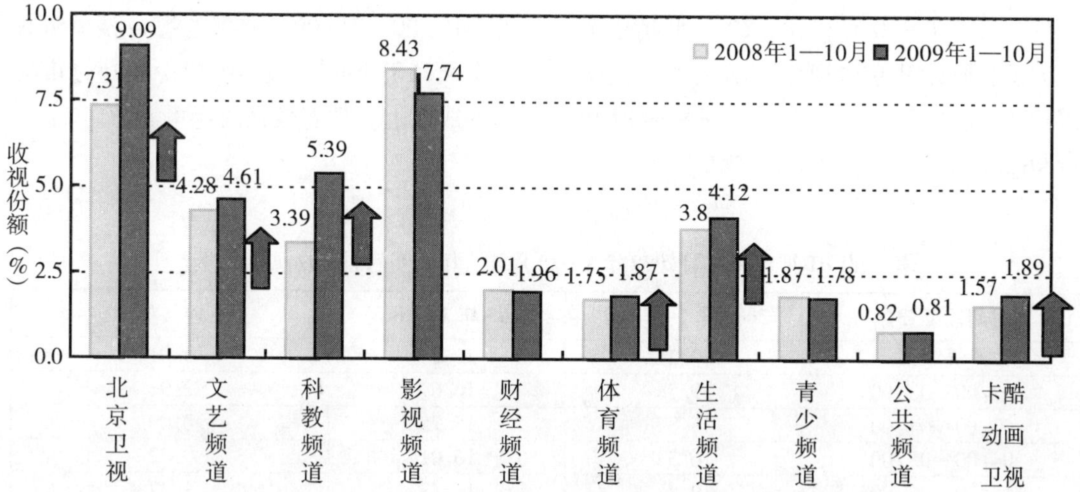

图：**2009**年**1—10**月北京电视台各频道收视份额与去年同期比较

表：北京地区所有频道**2009**年**1—10**月收视份额排名

排　名	频　道	2009年1—10月	2008年1—10月	增　幅	名次变化
1	北京卫视	9.09	7.31	24.35%	上升1名
2	北京电视台影视频道	7.74	8.43	-8.19%	下降1名
3	北京电视台科教频道	5.39	3.39	59.00%	上升6名
4	北京电视台文艺频道	4.61	4.28	7.71%	上升1名
5	中央电视台六套	4.17	4.9	-14.90%	下降1名
6	北京电视台生活频道	4.12	3.8	8.42%	下降2名
7	中央电视台综合频道	3.99	6.16	-35.23%	下降4名
8	中央电视台三套	3.7	4.07	-9.09%	下降2名
9	中央电视台八套	2.89	3.64	-20.60%	持平
10	中央电视台五套	2.46	3.81	-35.43%	下降4名

续表

排名	频道	2009年1—10月	2008年1—10月	增幅	名次变化
11	湖南电视台卫星频道	2.4	2.21	8.60%	上升2名
12	中央电视台四套	2.2	2.51	-12.35%	持平
13	中央电视台二套	1.96	2.88	-31.94%	下降2名

三、各时段收视全面提升，上升时段超过96%

与去年1—10月相比，2009上半年全天大部分时段北京电视台频道组的收视份额均有不同幅度的提升，上升的时段超过96%。

通过北京电视台频道组各时段收视份额变化对比，从标注黄色的时段可以看出，早间6:00—8:00、午间12:00—13:00和晚间18:00—21:00，北京电视台频道组收视份额高于40%，最高收视份额超过市场的五成以上，拥有较强的竞争实力。

表：北京电视台频道组2009年1—10月和去年同期各时段收视份额对比

时间段\日期	2009年1—10月	2008年1—10月	差值
全天时段	39.25	35.24	4.01
02:00—03:00	19.58	16.67	2.91
03:00—04:00	15.84	15.75	0.09
04:00—05:00	16.33	16.01	0.32
05:00—06:00	19.8	16.43	3.37
06:00—07:00	43.3	34.01	9.29
07:00—08:00	47.68	42.85	4.83
08:00—09:00	33.42	30.93	2.49
09:00—10:00	29.04	28.04	1
10:00—11:00	29.61	26.35	3.26
11:00—12:00	36.6	31.57	5.03
12:00—13:00	55.32	50.01	5.31
13:00—14:00	34.78	29.74	5.04
14:00—15:00	27.84	24.55	3.29
15:00—16:00	28.98	22.87	6.11
16:00—17:00	28.71	24.55	4.16
17:00—18:00	35.1	34.32	0.78
18:00—19:00	51.91	52.32	-0.41
19:00—20:00	47.49	45.33	2.16
20:00—21:00	44.27	37.42	6.85
21:00—22:00	39.8	33.05	6.75
22:00—23:00	39.06	35.35	3.71
23:00—00:00	28.94	24.34	4.6
00:00—01:00	25.8	23.18	2.62
01:00—02:00	29.59	24.08	5.51

数据来源：CSM

四、北京地区电视剧排名前十北京电视台包揽8名

在2009年1—8月北京地区电视剧收视前十排名中，北京电视台播出剧目一举包揽了8部，其中《潜伏》、《错爱》（第二部）、《王贵与安娜》分别以9.12%、8.83%、8.38%的平均收视率在北京地区电视剧排行中分列前三甲。在4月份播出的《潜伏》成为了今年截至8月份北京地区剧目收视的最高点，成为今年内唯一一部收视率超9%的电视剧。8月份北京电视台又一年度力作《闯关东（中篇）》在北京卫视开播该剧收视一路飘红，剧目平均收视达到7.44%，最高单集收视达到10.67%，剧目播出历时27天，全程稳坐同时段北京地区收视首位。

表：北京地区**2009**年**1－8**月电视剧收视排名TOP**10**

序　号	剧目名称	播出频道	收视率（%）
1	《潜伏》	北京卫视	9.12
2	《错爱》（第二部）	北京电视台影视频道	8.83
3	《王贵与安娜》	北京电视台影视频道	8.38
4	《我的丑娘》	北京电视台影视频道	7.8
5	《解密档案之眼中钉》	北京电视台影视频道	7.44
6	《闯关东》（中篇）	北京卫视	7.44
7	《纸醉金迷》	北京电视台影视频道	7.24
8	《走西口》	中央电视台综合频道	7.2
9	《血色迷雾》	北京电视台影视频道	7.12
10	《我的兄弟叫顺溜》	中央电视台综合频道	7

五、品牌栏目数量稳定上升、节目后备资源储备丰富

品牌栏目是频道收视的中坚力量，也是塑造北京电视台影响力的核心力量。2009年强势频道的品牌栏目依然是观众的收视首选。截至目前，北京电视台平均收视达到2%以上的栏目共有29个，达到1%以上的共63个，与去年相比，品牌栏目数量增加显著，在多周的北京市场前50节目排名中，北京电视台入榜栏目高达40个以上，占据了北京地区最高收视节目总量的80%以上。

六、北京电视台上半年收视热点

（一）春节联欢晚会再创6年来新高

北京电视台2009年春节晚会延续了北京电视台春晚连续三年来的持续增长，形成了“首都春晚特色”，再创北京电视台晚会历年新高，在北京地区收视率达到14.75%，与去年春晚对比收视上升幅度为14.1%，市场份额为39.58%，收视率与市场份额直逼中央电视台春节联欢晚会。

中央电视台2009年春节联欢晚会收视率在北京地区历史上首次进入“十时代”，

收视率为19.56%，比2008年下降了8.29个百分点，降幅为29.83%。

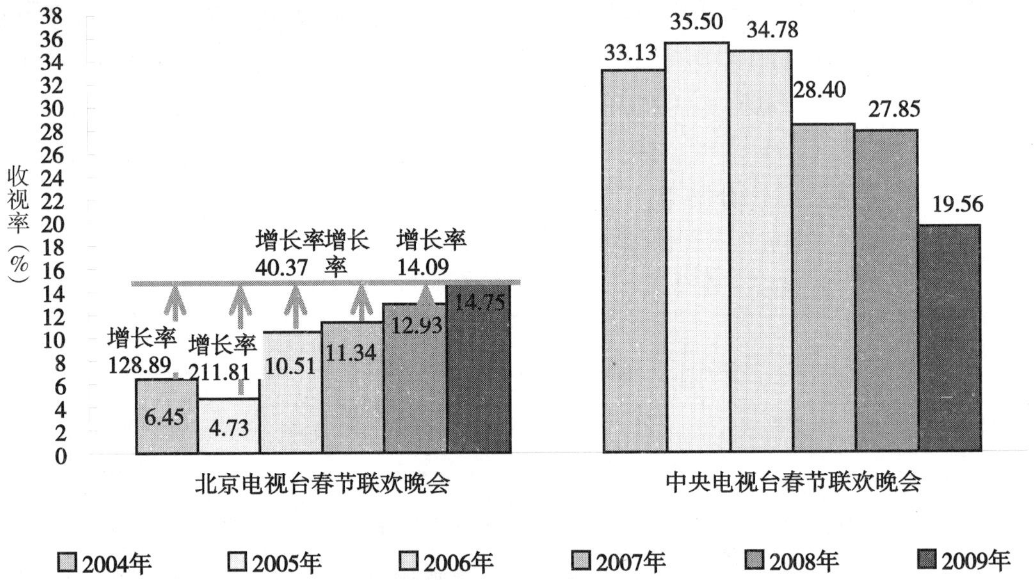

表：**2009**年中央电视台、北京电视台春节联欢晚会收视率与**2008**年对比（索福瑞数据）

	2009年收视率（%）	2008年收视率（%）	升降点数	升降幅度
中央电视台春节联欢晚会	19.56	27.85	-8.29	-29.8%
北京电视台春节联欢晚会	14.75	12.93	+1.82	+14.1%

在22个收视仪调查城市中，北京电视台春节联欢晚会收视率高达2.37%，市场份额为7.39%，全国同时段排名遥遥领先。当晚上海、深圳、河南、广西等卫视均有春节联欢晚会播出，但北京电视台春晚收视超过排名第二的上海东方卫视《华人群星大联欢》收视几乎2倍，具有绝对优势。

（二）影视大典彰显品牌影响力

《北京电视台年度影视盛典》是由北京电视台文艺节目中心举办的年度影视颁奖盛典，该盛典以“汇集首都影视资源，繁荣文化创意产业”为追求，旨在打造艺术精品，展示首都文化产业的最新成果。晚会格调高雅，气势宏大，2009年5月2日播出当晚收视率达到5.18%，充分显示了品牌的力量。

（三）《潜伏》创北京卫视电视剧收视纪录

《潜伏》开播前日播出《BTV揭秘版潜伏首播庆典》，力邀剧组主要成员悉数到场，为大剧播出提前预热，同时在剧目播出间隙中穿插《潜伏秘密档案》，迅速吸引到大批观众，该剧首集收视即达到8.36%，创北京卫视电视剧收视纪录。《潜伏》全剧平均收视达到9.12%，最高收视超过14%，成为2009年截至目前北京地区电视剧收视冠军。

（四）《点击年关键》占据财经影响力制高点

《点击年关键》是财经频道推出的大型论坛季播节目，内容围绕2009年发生的国际、国内以及北京的重大经济事件，以“关键词”的方式进行回顾和评论，使观众系统地了解国内外经济形势的现状及走势，提振对中国经济的信心。《点击年关键》收视1.02%，2008年同时段为0.48%，收视增长了0.54%，涨幅113%。

（五）《青春走过60年》彰显青春品牌

《青春走过60年》是北京电视台青少频道为庆祝国庆60周年，共同回望共和国青春记忆而推出的大型电视活动，5月3日青少频道连续播出近14小时，突破该频道同一主题的连续播出纪录。播出后获得了广泛的社会影响和各方面好评。其中“青春中国先锋对话”当晚最高收视率达到了1.5%。“青春之歌”主题歌会于5月4日在北京卫视晚间重播，收视达到1.36%。

（六）《新闻晚高峰》延伸新闻产品线，成功开辟次黄金时段

新闻节目中心《新闻晚高峰》开辟了北京电视台傍晚时段新闻节目的新尝试，与2008年同时段相比收视提升幅度达到54.46%，极大的提高了次晚间时段北京卫视的整体收视水平；《晚间新闻报道》经历改版调整后全新亮相，节目时长扩版至50分钟，以海量新闻资讯和评论为主，在后晚间时段播报当日重要信息，与2008年相比同时段收视提升显著。

（七）科教频道板块化编排效果凸显；“非常档”成功营销，创北京电视台周播节目收视纪录

科教频道今年节目改版以来强调节目板块覆盖，并根据竞争环境的变化判断，做出相应调整。下午时段《养生堂》与《健康北京》等节目一同打造频道的“健康时段”，收视效果立竿见影，板块效应初现：在板块化编播之外，科教频道非常注重利用假期特殊编排和特别节目进行品牌营销。《非常故事汇》制作的“小沈阳”专访获得10.18%的高收视，创北京电视台周播节目纪录。

（八）《探红楼·飞梦传奇》电视剧宣传的突破性尝试

《探红楼·飞梦传奇》是大型直播与互动活动，对电视剧拍摄过程的直播在全国尚属首次。两个小时的直播，全貌展示了《红楼梦》里奢华恢宏的建筑场景，可谓深度娱乐报道与通俗专业解析兼顾。获得较高关注度，当日平均收视达到4.74%，与2008年同时段相比，收视增幅达135%，在全国收视也进入当周所有节目收视排行前29和娱乐节目排行第14位。

（九）《红孩子》获“五个一工程”奖

《红孩子》通过演绎经典红色歌曲，再现了我国第一、二次国内革命战争、抗日战争和新中国成立后等不同时期的历史画卷，有利于爱国主义精神在青少年中的传承，是一部难得的艺术精品，今年该剧还荣获了中宣部第十一届精神文明建设“五个一工程”奖。

为了更好的实现主旋律的大众化传播，《红孩子》还联手北京儿艺进行跨界合作，成为国家大剧院开幕以来的首部儿童大戏，也是电视产品探索多元化经营的有益尝试。

（十）大型纪录片《我爱你　中国》献礼60年大庆

《我爱你　中国》通过对大时代、大

事件背景下普通中国人的关注，并运用了360度实景旋转舞台，以及60组60年经典日常生活场景，生动的还原了新中国成立60年来不同代际典型人生记忆，堪称是一部个人记忆中的国家进步史。纪录片首播当天就出现了收视率近4%的高收视，自2009年9月14日播出以来，已播出近半，成绩斐然，平均收视率2.20%。

（十一）《百花》获广泛好评

20集专题片《百花》是第一部全面梳理新中国文艺作品的电视文化纪事片，共20集，是北京电视台打造建国60周年献礼片。这种将电影、电视、歌舞、音乐、戏剧、文学界的300位顶尖艺术家，放到60年的时空坐标系上去讲述本身就构成了一组生动的四代同堂的人物群像，这在电视史上还是第一次。节目平均收视率1.61%，市场份额4.33%。新华社、《人民日报》、《光明日报》等中央级媒体均对《百花》发表文章，高度评价。

北京卡酷动画卫视2009年收视情况

动画节目中心

2009年，卡酷动画卫视坚持“内容为王”的发展理念，不断加强节目原创、研发、引进和整合力度，着力提升重点时段重点节目的影响力和观众忠诚度，全年分阶段打造频道不同主题和风格的收视亮点，以点带面拉动频道的整体收视，实现了卡酷内容品质和品牌价值的全面升级。

卡酷节目设置更趋完善，形成了以《卡酷中国制造》、《卡酷酷片酷映》、《卡酷午喜欢》、《卡酷周末超级大连播》、《卡酷周周聚》、《卡酷幼幼堂》、《卡酷冬令营》和《卡酷夏令营》等动画剧场为支撑，以《十分开心》、《闪天下》、《七色光》、《卡酷全卡通》、《漫画天下》等品牌栏目为亮点的节目架构。购买动画片29部，1700集，约36000分钟，既有《大耳朵图图》、《郑和下西洋》、《哈皮父子与水金刚》等广电总局推荐的优秀国产片，也包括《百变猪猪侠》、《小牛向前冲》、《恐龙宝贝》等收视强片，这些优秀剧目受到4岁至14岁核心观众的热爱，为频道争取良好的收视奠定了基础。

卡酷原创动画产量持续上升，2009年自主创作《中华五千年》、《卡酷漫游记》、《我们小孩有力量》、《太空大冒险》等11部原创动画作品，共4465分钟，产量位居北京第一，全国第九位。

卡酷收视取得骄人成绩，品牌价值大幅提升。核心受众收视份额在北京地区独占鳌头，持续保持在15%左右；全龄收视领跑全国动画少儿媒体（3倍、4倍高于同类卡通上星频道），收视排名稳居全国40余家地方卫星频道前16位。全年共有10周进入北京地区所有频道占有率排名前

10位，其中第33周升至第7位。全年共有26周进入35个城市卫视频道占有率排名前20位，其中第45周和第52周跃至第12位。卡酷动画卫视在24个城市央视和卫视频道占有率排名中有6次进入前25位，充分显示出卡酷动画卫视在节目、宣传和市场等方面的综合实力和发展潜力。

由于落地广泛、收视业绩良好，频道荣获国家广电总局“2009年全国少儿节目精品及动画精品评审优秀动画频道一等奖”。

附：2009年卡酷动画卫视在北京地区及全国卫视占有率排名表

卡酷动画卫视进入北京地区所有频道占有率排名前**10**位的情况

时　间	排　名	占有率（%）
第32周	10	2.83
第33周	7	3.24
第34周	10	2.69
第45周	8	2.89
第46周	9	2.87
第47周	8	2.74
第48周	9	2.63
第51周	10	2.47
第52周	10	2.26
第53周	9	2.41

卡酷动画卫视在**35**个城市卫视频道占有率排名中进入前**20**的情况

时　间	排　名	占有率（%）	时　间	排　名	占有率（%）
第3周	17	0.49	第41周	14	0.63
第4周	19	0.46	第42周	18	0.58
第6周	20	0.39	第43周	17	0.6
第30周	17	0.53	第44周	14	0.69
第31周	16	0.61	第45周	12	0.76
第32周	14	0.66	第46周	13	0.81
第33周	13	0.72	第47周	13	0.78
第34周	14	0.63	第48周	14	0.76
第35周	14	0.66	第49周	14	0.73
第37周	17	0.51	第50周	13	0.65
第38周	19	0.5	第51周	15	0.67
第39周	20	0.51	第52周	12	0.73
第40周	13	0.6	第53周	16	0.68

卡酷动画卫视在24个城市央视和卫视频道占有率排名中进入前25位的情况

时　间	排　名	占有率（%）
第45周	25	0.74
第46周	24	0.81
第47周	25	0.77
第48周	25	0.75
第49周	25	0.71
第52周	24	0.70

2009年北京卫视、卡酷动画卫视、高清频道在全国落地情况

卫视节目中心

一、北京卫视落地情况

实现35个重点城市的落地接收（包括省会城市、直辖市、计划单列市）；

实现271个地级市的落地接收；

实现1727个县级市的落地接收；

实现35个重点城市的121家省政府直属迎宾酒店落地；

维护235家四、五星级酒店继续落地。

北京卫视在全国的可接收人口，从2008年的6.54亿增加到了2009年的8.21亿。

二、北京电视台卡酷动画卫视落地情况

实现17个重点城市的落地接收；

实现54个地级市的落地接收。

2009年，卡酷动画卫视在全国的总覆盖人口达3.5亿。

三、北京卫视高清频道落地情况

为尽快提升北京卫视高清频道在全国的影响力，北京电视台为14个重点城市、38个地级市、7个县提供了落地接收解密卡。

九、获奖、表彰

BTV
Beijing Television

2009年北京电视台节目获奖名单

艺委会

奖项名称	获奖作品	获奖部门	获奖人员	获奖等级
第19届中国新闻奖	新闻编排《北京新闻》	新闻节目中心	集体	一等奖
第19届中国新闻奖	消息《点燃激情　传递梦想——用身躯捍卫圣火的尊严》	新闻节目中心	宗燕红 崔睿 任效松	二等奖
第19届中国新闻奖	新闻访谈《奥运会主题歌演唱者创作者专访》	体育节目中心	朱江 杜研 寇建国 张宾 周波 马宏	三等奖
第11届“五个一工程”奖	《福娃奥运漫游记》	动画节目中心		
第11届“五个一工程”奖	《红孩子》	青少年节目中心		
第11届“五个一工程”奖	电影《铁人》	紫禁城、北京金桔海公司、上海电影集团三家合作		同时获华表奖
第2届中华优秀出版物（音像）奖	专题片《红飘带——纪念中国工农红军长征胜利70周年特别报道》	新闻节目中心		
中国广播影视大奖广播电视节目奖	《点燃激情　传递梦想——用身躯捍卫圣火尊严》	新闻节目中心		消息类大奖
中国广播影视大奖广播电视节目奖	《警车开道护送断指工人》	新闻节目中心		消息类大奖
中国广播影视大奖广播电视节目奖	《寻找赵爷爷》			提名奖
中国广播影视大奖广播电视节目奖	长消息《闭幕式的背后：56个民族共唱国歌》	新闻节目部中心	陈栩 李琪	提名奖
中国广播影视大奖广播电视节目奖	《幻觉与疯狂》			评论类大奖提名奖
中国广播影视大奖广播电视节目奖	《生活面对面》	生活节目中心		栏目类大奖提名奖
中国广播影视大奖广播电视节目奖	《平价医院的生命力》			专题类大奖提名奖

续表

奖项名称	获奖作品	获奖部门	获奖人员	获奖等级
中国广播影视大奖 广播电视节目奖	《流畅之美—— 香港交通面面观》	公共频道 节目中心		专题类大奖 提名奖
中国广播影视大奖 广播电视节目奖	系列片《盛典——解读 历届奥运会开幕式》	体育节目中心	杜研 李岩 张海军 寇建国	专题类大奖 提名奖
中国广播影视大奖 广播电视节目奖	《有轨飞行》			专题类大奖 提名奖
中国广播影视大奖 广播电视节目奖	《自行车回归》	海外节目中心		对外电视类大奖
中国广播影视大奖 第21届星光奖	《福娃奥运漫游记》	动画节目中心		电视动画片大奖
中国广播影视大奖 第21届星光奖	《电视往事》	影视剧中心	郭宏	电视纪录片大奖
中国广播影视大奖 第21届星光奖	《SK状元榜》	青少年 节目中心		少儿节目大奖
中国广播影视大奖 第21届星光奖	《梨园春潮——十八省 市地区元宵戏曲晚会》	文艺节目中心、 多台合作		戏曲节目大奖
中国广播影视大奖 第21届星光奖	《中华文明大讲堂》	科教节目中心		提名荣誉奖
中国广播影视大奖 第21届星光奖	《同贺中国年—— 外国人中华才艺大赛》	海外节目中心		提名荣誉奖
中国广播影视大奖 第21届星光奖	《北京记忆》	新闻节目中心		提名荣誉奖
中国广播影视大奖 第21届星光奖	《千秋华宴——十六 省市新年戏曲音乐会》	文艺节目中心、 多台合作		提名荣誉奖
中国广播影视大奖 第21届星光奖	《妈妈别哭》			提名荣誉奖
中国广播影视大奖 第13届华表奖	《铁人》	紫禁城 三家合拍		优秀故事片奖
中国广播影视大奖 第13届华表奖	《赤壁》	紫禁城等		优秀 合拍片奖
第27届金鸡奖 最佳数字电影奖	《走四方》	紫禁城		第9届电影频道 数字电影百合奖 一等奖
中国播音主持金话筒奖		生活节目中心	刘文燕	电视播音主持人奖
中国龙国际奖 人文类特别奖大奖	《重现老城门》		傅琼等	

续表

奖项名称	获奖作品	获奖部门	获奖人员	获奖等级
中国龙国际奖 人文类特别奖大奖	《北京》	卫视节目中心		
中国国际科教影视展评暨制作人年会2009组委会				人文类三等奖
第15届上海国际电视节（白玉兰奖）				入围最佳历史文化类纪录片奖
第6届中国纪录片国际选片会				十大纪录片奖、最佳制作奖
2009年度十佳影片奖	纪录片《北京》	卫视节目中心		
新中国60年有影响的广播电视大事人物节目栏目	《这里是北京》	公共频道节目中心		
新中国60年有影响的广播电视大事人物节目栏目		科教节目中心	徐滔	
全国广播电视生活节目创优评析		公共频道节目中心	李欣	最佳（一等）制片人
全国广播电视生活节目创优评析		生活节目中心	钱丹丹	最佳（一等）制片人
全国广播电视生活节目创优评析		公共频道节目中心	卢文龙	最佳（一等）主持人
全国广播电视生活节目创优评析		公共频道节目中心	张妍	最佳（二等）编导
全国广播电视生活节目创优评析		生活节目中心	孙凤玲	最佳（二等）编导
全国广播电视生活节目创优评析		生活节目中心	吴迪 刘园园 杨春华 高宇博 田赢	最佳（三等）编导
全国广播电视生活节目创优评析	《毛戈平的彩妆世界》	生活节目中心	钱丹丹 吴迪 孙凤玲 陈宁 马勇杰 石岩 阿德 倪大海 刘学军	一等创优时尚节目
全国广播电视生活节目创优评析	《中国国际时装周2009春夏系列》	生活节目中心	钱丹丹 吴迪 刘园园 杨春华 张亚珩 金丹 田赢 马勇杰 石岩 阿德 倪大海 刘学军	二等创优时尚节目
全国广播电视生活节目创优评析	《时尚养牛》	生活节目中心	钱丹丹 吴迪 田赢 石岩 阿德 倪大海 刘学军	三等创优时尚节目
全国广播电视生活节目创优评析	《2008春夏流行时装指南》	生活节目中心		三等创优时尚节目

续表

奖项名称	获奖作品	获奖部门	获奖人员	获奖等级
全国广播电视生活节目创优评析	《城里的月光》	生活节目中心		三等创优时尚节目
2008年度全国少儿节目精品及动画精品评审	《SK状元榜》	青少年节目中心		优秀少儿电视栏目一等奖
2008年度全国少儿节目精品及动画精品评审	《托起明天的太阳——首都青少年爱心慈善晚会》	青少年节目中心		优秀原创少儿电视节目二等奖
2008年度全国少儿节目精品及动画精品评审	《“乐满神州——欢动2008”动画春节联欢晚会》	动画节目中心		优秀原创少儿电视节目二等奖
2008年度全国少儿节目精品及动画精品评审		北京卡酷动画卫视		优秀少儿频道、动画频道一等奖
全国广播电视体育节目创优评析	《国歌唱响在埃菲尔铁塔下》		刘娜 史晓松 林琛 张洪	新闻类一等创优节目奖
全国广播电视体育节目创优评析	《北京奥运会男足决赛》		朱江 马骏 宋健生 李长平 李铮 潘春 熊晖 薛涛	直播类一等创优节目奖
全国广播电视体育节目创优评析	《走向巅峰》		焦少波 张庆 王伟 张丽 王园 史晓松	栏目类二等创优节目奖
全国广播电视体育节目创优评析	《共享精彩》		王少华 刘茹 白芸 吕莳 唐俊飞 徐泽龙	栏目类三等创优节目奖
全国广播电视体育节目创优评析	《阳光下的红舞鞋》		孙路 周海川 郭斐 王一男	专题类二等创优节目奖
全国广播电视体育节目创优评析	《故人归来》		贾天宁 卢山 李京海 朝乐萌	专题类三等创优节目奖
纪念改革开放30周年中国优秀纪录片评选	《与梦齐飞》			银奖
2008年度全民健身好新闻奖	《与梦齐飞》			一等奖
创优健康栏目	《养生堂》	科教节目中心	李黎 潘浩 李静 白红洁 王宁 竺光伟	一等奖
创优健康栏目	《健康北京》	科教节目中心	徐滔 李志国 施卫平 郑兵 王立军 陈中颖 郭颖 高珊 路君慈 王萌 马晓东	三等奖
创优健康节目	《生死一线》	科教节目中心		二等奖
创优健康节目	《草根健康学——洪昭光的健康理念》	科教节目中心		三等奖

续表

奖项名称	获奖作品	获奖部门	获奖人员	获奖等级
创优健康节目	《追踪鞍山女孩体重骤增之谜》	科教节目中心	徐滔 李志国 施卫平 郑兵 王立军 田天 陈中颖 焉然 王萌 刘涛 高珊 马晓东	三等奖
科学卫生健康类创优节目	《潜伏在香烟背后的误区》	科教节目中心		三等奖
创优旅游节目奖	《四海漫游——湛江》	公共频道节目中心	卢晓南 谭焱 刘冬锐 王晓东	一等奖
电视网络影响力调查	《五星夜话》	卫视节目中心		2008 年度最具网络影响力的省级卫视栏目
第 2 届中国旅游电视艺术周	《这里是北京》	公共频道节目中心		栏目类最佳奖
第 2 届中国旅游电视艺术周	《边境第一鲜城》	公共频道节目中心		栏目类好作品奖
第 2 届中国旅游电视艺术周	《魅力塞舌尔》	公共频道节目中心		专题类最佳奖
第 2 届中国旅游电视艺术周	《潭柘寺的五大怪》	公共频道节目中心		优秀景点景区宣传类好作品奖
第 2 届中国旅游电视艺术周	《第 10 届北京国际旅游文化节盛装行进表演现场直播》	公共频道节目中心		特别节目类优秀奖
全国春节文艺晚会及春节特别节目评选	《2009 年北京电视台春节联欢晚会》	卫视节目中心		春节文艺晚会最佳作品
主持人优秀论文评选	《论电视节目创新中的主持功能演化》	公共频道节目中心	高月	二等奖
主持人优秀论文评选	《美丽的发现——浅谈兴趣培养对体育电视节目主持工作的重要性》	体育节目中心	李雪	二等奖
主持人优秀论文评选	《中国体育解说的语音发声标准》	体育节目中心	毛正宇	二等奖
主持人优秀论文评选	《解说体会及转播问题思考》	体育节目中心	魏祺	三等奖
北京新闻奖	消息《点燃激情 传递梦想——用身躯捍卫圣火的尊严》	新闻节目中心	宗燕红 崔睿 任效松	一等奖
北京新闻奖	消息《闭幕式的背后：56 个民族共唱国歌》	新闻节目中心	陈栩 李琪	一等奖

续表

奖项名称	获奖作品	获奖部门	获奖人员	获奖等级
北京新闻奖	系列报道《见证新北京》	新闻节目中心	张亮 艾冬云 张冬林 周永萍 陈楠 赵波 李光军 刘彤 王欢 白雪微 李莲 陆林 陈栩 王乒 邓耀明等	一等奖
北京新闻奖	专题报道《16 万人与 90 分钟——开幕式疏散纪实》	新闻节目中心	张丽 邵晶 王欢 陆林 董丽萍 郝欣 陈军 杨钧	一等奖
北京新闻奖	消息《缉毒英雄迈出康复步伐》	新闻节目中心	罗嘉 金谊	二等奖
北京新闻奖	消息《汽车业百亿工程　提速推进》	新闻节目中心	马国颖 梁岚 崔睿 王晓龙 王一	二等奖
北京新闻奖	连续报道《连体婴儿手术成功　兄弟俩顺利“分手”》	新闻节目中心	白云 戴兴华 蔡崴丞 魏三军	二等奖
北京新闻奖	专题报道《让世界充满爱》	新闻节目中心	成强 姜建材 孔洁 刘海宁 秦蕾 李烨 王振 王鹏 牛月华 张亮 袁子勇	二等奖
北京新闻奖	消息《现在多种一点，国家负担就减轻一点》	新闻节目中心	马国颖 梁岚 王晓龙	三等奖
北京新闻奖	消息《跨越千里的生命支架》	新闻节目中心	马国颖 梁岚 王晓龙 陈栩	三等奖
北京新闻奖	连续报道《残奥 1 +1》	新闻节目中心	崔睿 任效松 尹磊 张亮 徐京玲	三等奖
北京新闻奖	连续报道《北京医疗队成为灾区伤员转运主力军》	新闻节目中心	白云 戴兴华 周琼 舒予	三等奖
北京新闻奖	现场直播《你好！奥林匹克——奥运圣火北京传递》	海外节目中心	张洁 朱静 张苏 吕军 陈大力 高扬 严崴 杨东 沈澜 李蓓 武玲 薛菁 吕凌 姜华 宋民 徐剑 俞恺 李孜 林斐 李文潮 徐春梅	三等奖
北京新闻奖	新闻访谈《奥运会主题歌演唱者创作者专访》	体育节目中心	朱江 杜研 张宾 周波 王未央 胡宁扬 王旭东	三等奖
北京新闻奖	专题报道《重生——24 小时的生命速递》	新闻节目中心	张晓沁 刘民 汪俊 苑秋宝 牛月华 张亮 袁子勇 刘继葳 王振	三等奖
北京新闻奖	消息《微笑北京——探访奥运外籍志愿者》	海外节目中心	白小玲 李博羿	三等奖

续表

奖项名称	获奖作品	获奖部门	获奖人员	获奖等级
北京新闻奖	专题报道《经济适用房能否出租》	财经节目中心	孟立昕 张栩 梁超华 董军	三等奖
北京新闻奖	专栏《北京新闻》	新闻节目中心		优秀奖
北京新闻奖	专栏《特别关注》	新闻节目中心		优秀奖
北京市广播影视奖	新闻类			
北京市广播影视奖	短消息《点燃激情 传递梦想——用身躯捍卫圣火的尊严》	新闻节目中心	宗燕红 崔睿 任效松	一等奖
北京市广播影视奖	长消息《闭幕式的背后：56 个民族共唱国歌》	新闻节目中心	陈栩 李琪	一等奖
北京市广播影视奖	新闻编排《北京新闻（8 月 8 日）》	新闻节目中心	张亮 艾冬云 潘全心 张冬林 周永萍 陈楠 曹静 李玲 刘非非 谢小岩 李光军 刘彤	一等奖
北京市广播影视奖	组织策划《让世界充满爱》	新闻节目中心	张亮 秦蕾 李烨 成强 王振 等	一等奖
北京市广播影视奖	长消息《16 万人与 90 分钟——开幕式疏散纪实》	新闻节目中心	张丽 邵晶 王欢 陆林 董丽萍 郝欣 陈军 杨钧	二等奖
北京市广播影视奖	长消息《缉毒英雄迈出康复步伐》	新闻节目中心	罗嘉 金谊	二等奖
北京市广播影视奖	长消息《汽车业百亿工程 提速推进》	新闻节目中心	马国颖 梁岚 崔睿 王晓龙 王一	二等奖
北京市广播影视奖	连续报道《连体婴儿手术成功 兄弟俩顺利“分手”》	新闻节目中心	白云 戴兴华 蔡崴丞 魏三军	二等奖
北京市广播影视奖	组织策划《见证新北京》	新闻节目中心	张亮 艾冬云 张冬林 周永萍 陈楠 李莲 王欢 李光军	二等奖
北京市广播影视奖	短消息《现在多种一点，国家负担就减轻一点》	新闻节目中心	马国颖 梁岚 王晓龙	三等奖
北京市广播影视奖	长消息《跨越千里的生命支架》	新闻节目中心	马国颖 梁岚 王晓龙 陈栩 夏晓东	三等奖
北京市广播影视奖	连续报道《残奥 1 +1》	新闻节目中心	张亮 徐京玲 崔睿 任效松 尹磊	三等奖

续表

奖项名称	获奖作品	获奖部门	获奖人员	获奖等级
北京市广播影视奖	连续报道《北京医疗队成为灾区伤员转运主力军》	新闻节目中心	白云 周琼 舒予 戴兴华	三等奖
北京市广播影视奖	专题《重生——24小时的生命速递》	新闻节目中心	张晓沁 刘继葳 苑秋宝 牛月华 王振 汪俊 刘民	三等奖
北京市广播影视奖	现场直播《你好！奥林匹克——奥运圣火北京传递》	海外节目中心	张洁 朱静 张苏 吕军 刘颖等	三等奖
北京市广播影视奖	新闻访谈《奥运会主题歌演唱者创作者专访》	体育节目中心	朱江 杜研 张宾 周波 王未央 胡宁扬 王旭东	三等奖
北京市广播影视奖	系列报道《奥运荣耀 百姓情缘》	新闻节目中心	周永萍 陈楠 曹静 陆放 何海东	三等奖
北京市广播影视奖	评论《北京机会》	财经节目中心	周泳 沈军 丁莉 王磊 高潮东 姚长盛	三等奖
北京市广播影视奖	社教类			
北京市广播影视奖	长纪录片《北京记忆》	新闻节目中心	张亮 袁子勇 吴群 张民	一等奖
北京市广播影视奖	专题片《精彩北京 闪耀天使之城——奥运花车巡游洛杉矶》	新闻节目中心	白艳军 任效松 尹磊	一等奖
北京市广播影视奖	系列片《揭秘——第二十九届奥运会开幕式筹备档案》	体育节目中心	杜研 寇建国 韩旭 康健	一等奖
北京市广播影视奖	专题《北京印象》	海外节目中心	吴玮 李果	一等奖
北京市广播影视奖	长纪录片《同样精彩的明星》	新闻节目中心	付海龙 杨玉卓 徐磊 汪俊 刘民	二等奖
北京市广播影视奖	长纪录片《转身》	财经节目中心	周泳 王春元 郑雪涛 郭婷 杨扬 张欣 梁少君 赵曼 赵武 王超	二等奖
北京市广播影视奖	系列片《人间和田玉》	财经节目中心	周泳 杨晓轩 李志兵 李铁军 鲍文 宋北光 贺俊 张曙光 李谦 张洪宽 黄羽	二等奖
北京市广播影视奖	系列片《盛典——解读历届奥运会开幕式》	体育节目中心	杜研 李岩 张海军 寇建国	二等奖
北京市广播影视奖	特别节目《次贷惊魂——美国房地产危机实录》	财经节目中心	孙旭 赵建春 杜冰 李婧 李海峰	二等奖
北京市广播影视奖	专题片《生活秀——我的北京记忆》	生活节目中心	侯振威 彭凡 李威 史焕龙 夏磊	三等奖

续表

奖项名称	获奖作品	获奖部门	获奖人员	获奖等级
北京市广播影视奖	专题片《民国疑影大揭秘》	公共频道节目中心	黄瑨 李欣 张妍 张宁	三等奖
北京市广播影视奖	专题片《奥运会开幕式科技筑梦》	新闻节目中心	韦嘉 武江	三等奖
北京市广播影视奖	系列片《电视往事》	影视剧中心	张强 郭宏 梁建忠 刘瑜 冯涛 霍庆海	三等奖
北京市广播影视奖	特别节目《中韩高中生知识大赛》	青少年节目中心	庞玉珍 周星 张弘 郝涛 刘虎等	三等奖
北京市广播影视奖	科普节目《筑造梦想 2008》	科教节目中心	李志国 蓝霖 李维韦 李晨阳等	三等奖
北京市广播影视奖	境外播出			
北京市广播影视奖	《自行车回归》	海外节目中心	薛菁 朱欣翔	一等奖
北京市广播影视奖	《微笑北京——探访奥运外籍志愿者》	海外节目中心	白小玲 李博羿	二等奖
北京市广播影视奖	《我和你》	海外节目中心	吴玮 段静欢	三等奖
北京市广播影视奖	电视优秀栏目			
北京市广播影视奖	《特别关注》	新闻节目中心	袁 朴等	
北京市广播影视奖	《生活面对面》	生活节目中心	高 燕等	
北京市广播影视奖	《北京新闻》	新闻节目中心	周永萍等	
北京市广播影视奖	《天下收藏》	财经节目中心	牛振青等	
北京市广播影视奖	电视播音与主持			
北京市广播影视奖	播音与主持《灾区群众来京投亲 八旬老太紧急寻人 真爱创奇迹 希望就在身边》	体育节目中心	张栗坤	一等奖
北京市广播影视奖	主持作品《特别关注》	新闻节目中心	曹一楠 王巍	二等奖
北京市广播影视奖	播音主持《光绪之死 当铺 曹氏风筝 马文化博物馆》	公共频道节目中心	卢文龙	二等奖
北京市广播影视奖	主持《北京新闻》	新闻节目中心	王业	三等奖
北京市广播影视奖	主持《流感季节防病有招》	生活节目中心	高燕	三等奖
北京市广播影视奖	播音与主持《红绿灯》栏目 2008 年 4 月 17 日节目	公共频道节目中心	范红军	三等奖
北京市广播影视奖	电视文艺			
北京市广播影视奖	综艺《2008 年北京新春大联欢》	文艺节目中心	齐建彤 段嵘 毕鲁克 孙勤 陈小健 朱沿延	一等奖

续表

奖项名称	获奖作品	获奖部门	获奖人员	获奖等级
北京市广播影视奖	音乐《岁月如歌》	文艺节目中心	张帆 王淳华 孙宇 李雪萍 苗毅 王炳川	一等奖
北京市广播影视奖	专题《大爱无疆》《光荣绽放》抗震救灾特别节目	文艺节目中心	田歌 全维润 司马南 尤征 王心语 郭树欣 王晔 魏连信 刘晓东	一等奖
北京市广播影视奖	综艺《托起明天的太阳——首都青少年爱心慈善晚会》	青少年节目中心	庞玉珍 董宁 王荣起 武志荣 李晓军 崔笑田	二等奖
北京市广播影视奖	综艺《2007 北京最美的乡村颁奖盛典》	公共频道节目中心	郝洪 伊国庆 裴晓林	二等奖
北京市广播影视奖	综艺《龙的传人——大型电视选拔活动启动晚会》	文艺节目中心	王炳川 石涛 王小雄 刘爽 范幼龙 崔道宁等	二等奖
北京市广播影视奖	动画《乐满神州·欢动 2008——动画春节联欢晚会》	动画节目中心	帅民 李果 池浩洋 苏侠	三等奖
北京市广播影视奖	歌舞《2008 年国庆晚会——我和我的祖国》	文艺节目中心	裴晓林 宁馨儿 叶蔚宁 何晓彬 任卫新	三等奖
北京市广播影视奖	综艺《2008 年北京迎新春双拥文艺晚会》	文艺节目中心	姬荣 任卫新 张良 张冠雷	三等奖
北京市广播影视奖	综艺《2007 年影视盛典》	文艺节目中心	孙仝 李雪萍 朱礼庆 李友谊 李媛 王春华	三等奖
北京市广播影视奖	综艺《七色光擂台挑战赛》	青少年节目中心	吴今月 路漠 刘强 胡俊叶 张楠	三等奖
北京市广播影视奖	戏曲《真情家园同此凉热——首都京剧名家赈灾义演》	公共频道节目中心	张炜 杨晓飞 杨晓春 王浚 伊国庆 黄瑨	三等奖
北京市广播影视奖	戏曲《第三届文博会开幕式晚会》	文艺节目中心	谢鑫 李蓓 徐博 李健 张晓华 姜力	三等奖
北京市广播影视奖	戏曲《2007 年北京青年榜样颁奖盛典》	青少年节目中心	王旗 田向平	三等奖
北京市广播影视奖	电视节目技术质量			
北京市广播影视奖	《北京记忆》	制作部	郑星 赵新生 贺文林 黄锐	视频图形片头类一等奖
北京市广播影视奖	《北京电视台 2009 年春节晚会》	制作部	周宏 周宝伟 刘旖旎 翟海云 姚银壮 范强 张志杰 李建	高清综艺类一等奖

续表

奖项名称	获奖作品	获奖部门	获奖人员	获奖等级
北京市广播影视奖	《北京记忆》第十五集《大都会》	制作部	周宏 彭楠 王申为 翟海云	标清专题类一等奖
第16届北京电视春燕奖	《爱心融化冰雪——首都大型赈灾慈善义演》	文艺节目中心		最佳综合电视文艺节目奖
第16届北京电视春燕奖	《岁月如歌》	文艺节目中心	张帆 王淳华 孙宇 李雪萍 苗毅 王炳川	最佳音乐电视节目奖
第16届北京电视春燕奖	《2008立白星夜新年喜乐会之7天大胜》	文艺节目中心	段嵘 欧阳江峰 吴涛 李狄 李木子 张鹏	最佳专题电视文艺节目奖
第16届北京电视春燕奖	《喜来坞——新街口PK生命绿洲》	文艺节目中心		最佳电视艺术栏目奖
第16届北京电视春燕奖	《抗震救灾宣传片动画版》	动画节目中心		最佳电视广告片奖
第16届北京电视春燕奖	《陈小二乘以二》	文艺节目中心		最佳电视小品奖
第16届北京电视春燕奖	《北京电视台2007年度影视盛典》	文艺节目中心	孙仝	最佳电视文艺节目导演奖
第16届北京电视春燕奖	《2008北京新春大联欢——2008北京电视台春节联欢晚会》	文艺节目中心	姜力	最佳电视文艺节目摄像奖
第16届北京电视春燕奖	《和谐家园》	文艺节目中心	孙继范	最佳电视文艺节目歌曲作品奖
第16届北京电视春燕奖	《岔道城》	科教节目中心	傅琼	最佳电视纪录片编导奖
第16届北京电视春燕奖	《岔道城》	科教节目中心	窦焱 李力	最佳电视纪录片摄像奖
第16届北京电视春燕奖	《北京记忆》	新闻节目中心	刘祺	最佳电视纪录片录音奖
第16届北京电视春燕奖	《福娃奥运漫游记》	动画节目中心	邹静之	最佳电视美术片编剧奖
第16届北京电视春燕奖	《福娃奥运漫游记》	动画节目中心	曾伟京	最佳电视美术片导演奖
第16届北京电视春燕奖	《秦时明月》	动画节目中心	沈乐平	最佳电视美术片形象设计奖
第16届北京电视春燕奖		动画节目中心	曾伟京	第六届北京电视十佳工作者
2008年北京体育暨奥运会好新闻奖	《冠军面对面——专访张怡宁 郭跃》		白芸 张雪冰 孟文 徐晨 丁丁 孙佳伟	特等奖
2008年北京体育暨奥运会好新闻奖	《舞动梦想的女孩——徐程程》		吴瑞 穆鑫	一等奖

续表

奖项名称	获奖作品	获奖部门	获奖人员	获奖等级
2008年北京体育暨奥运会好新闻奖	《属于孩子的冬天》		刘茹 郑伟	二等奖
2008年北京体育暨奥运会好新闻奖	《北京小丫倪红——为你骄傲》		李晓明 徐泽龙 郑伟	二等奖
2008年北京体育暨奥运会好新闻奖	《北京姑娘梦圆家乡》		张丽 穆鑫	二等奖
2008年北京体育暨奥运会好新闻奖	《农运一家亲》		胡婷婷 杨萌 许云龙	二等奖
2008年北京体育暨奥运会好新闻奖	《北京小伙突破 双亲不禁流泪》		李允 郑磊	二等奖
2008年北京体育暨奥运会好新闻奖	《北京国安客场阻击申花》		梁毅志 贾天宁	二等奖
第14届北京科技声像作品银河奖	《玩转科技馆》	科教节目中心		一等奖
第14届北京科技声像作品银河奖	《闲不住的院士——韩济生》	科教节目中心		二等奖
第14届北京科技声像作品银河奖	《高清来了》	科教节目中心		三等奖
个人获奖				
全国优秀新闻工作者		新闻节目中心	马国颖	
第4届中国青年丰田环境保护奖事迹表彰奖（媒体唯一个人）		财经节目中心	颜莹	
第6届全国德艺双馨电视艺术工作者		科教节目中心	徐滔	
第6届全国德艺双馨电视艺术工作者		新闻节目中心	桑朝辉	
第4届北京中青年文艺工作者德艺双馨奖		文艺节目中心	齐建彤	
第14届北京市优秀新闻工作者			王少华 张东林 段嵘 齐建彤 李欣	
国庆60周年新闻宣传突出贡献奖			马婷 周波 宗昊 孙京戎	

艺委会统计（截止日期：2010年1月28日）

2009 年北京电视台技术获奖名单

总 工 办

奖项名称	获奖作品	获奖部门	获奖人员	获奖等级
2009 年度广电总局电视节目技术质量奖（金帆奖）	《北京新闻》		视频：德旻辉 张京春；音频：张一平；灯光：张文伊	标准清晰度节目录制新闻类一等奖
2009 年度广电总局电视节目技术质量奖（金帆奖）	《志愿者——真情耀中华》		视频：殷亮 覃刚 张鹏程 许鹏	标准清晰度节目录制专题类三等奖
2009 年度广电总局电视节目技术质量奖（金帆奖）	《同贺中国年》		视频：何旭 雷燕 张莹 谢大威；音频：俞滨 张铭元 王健伟 李碧彤	标准清晰度节目录制综合文体类二等奖
2009 年度广电总局电视节目技术质量奖（金帆奖）	《北京记忆》		视频：刘宏亚 赵宏伟 周宏 彭楠 赵博；音频：范强	高清晰度节目录制专题类一等奖
2009 年度广电总局电视节目技术质量奖（金帆奖）	《北京奥运会男子足球决赛巴西 VS 阿根廷》		视频：安晓军 韩帅 冉晓峰 张骞 杜波 侯毅；音频：常京生 黄玮	高清晰度节目录制体育类三等奖
2009 年度广电总局电视节目技术质量奖（金帆奖）	《北京记忆》片头		匡葵 赵新生 贺文林	视频图形制作片头类一等奖
2009 年度广电总局电视节目技术质量奖（金帆奖）			卢英锁 程宏 钱大成 张勃 王永利 高鹏 石伟文 周东红 芮浩 孙波 谢锋 郭宝成 章泽群 谢原 孙红伟	播出技术二等奖
2009 年度广电总局科技创新奖	《电视台网络化制播系统模拟运行环境应用案例分析》	北京电视台	田方 毕江 詹枫	论文奖二等奖
2009 年度广电总局科技创新奖	GY/T 224－2007《数字视频、数字音频电缆技术要求和测量方法》的技术标准	北京电视台	李迅 程宏 龚波 聂明杰	标准奖二等奖
2009 年度广电总局科技创新奖	《北京电视台磁带库管理系统》	北京电视台	田方 李迅 周旭辉 冯新春 栾花 黄桂芳	科技成果应用与技术革新奖三等奖
2009 年度广电总局广播电视技术能手奖			程毅	供配电系统三等奖

续表

奖项名称	获奖作品	获奖部门	获奖人员	获奖等级
2009年度中国新闻技术工作者联合会“新闻科技论文奖”	《全台网络化节目制播体系监控系统设计》		毕江 颜涛	一等奖
2009年度中国新闻技术工作者联合会“新闻科技论文奖”	《北京电视台新址工艺接地系统》		蒋琬 李力	二等奖
2009年度中国新闻技术工作者联合会“新闻科技论文奖”	《BTV数字标清节目音频标准的应用》		李力 蒋琬	三等奖
2009年度中国新闻技术工作者联合会“新闻科技论文奖”	《分布式硬件架构的播出视频服务器及北京电视台新台播出服务器系统方案设计》		金强	三等奖
2009年度北京市广播电影电视局广播电视技术能手奖			程毅	供配电系统一等奖
2009年度北京市广播电影电视局广播电视技术能手奖			赵江怀	监测系统三等奖
2009年度北京市广播电影电视局科技创新奖	《北京电视台磁带库管理系统》	北京电视台	田方 李迅 周旭辉 冯新春 栾花 黄桂芳 刘朵 李昕 许之明 李程 徐鸣 许莉娜	科技成果应用与技术革新奖一等奖
2009年度北京市广播电影电视局科技创新奖	GY/T 224－2007《数字视频、数字音频电缆技术要求和测量方法》的技术标准	北京电视台	李迅 程宏 龚波 聂明杰	标准奖一等奖
2009年度北京市广播电影电视局科技创新奖	《电视台网络化制播系统模拟运行环境应用案例分析》	北京电视台	田方 毕江 詹枫	论文奖一等奖
2009年北京市广播电影电视局百日安全播出竞赛		转播传送部传输科		先进集体一等奖
2009年北京市广播电影电视局百日安全播出竞赛		动力部电气维修科 制作部灯光二科		先进集体二等奖
2009年北京市广播电影电视局百日安全播出竞赛		网管部生产网络管理二科 播出部播出中心一科 技术管理部监录科		先进集体三等奖

续表

奖项名称	获奖作品	获奖部门	获奖人员	获奖等级
2009年北京市广播电影电视局百日安全播出竞赛			王喆 刘晓光 赵悦 易 刚 张一平 张海峰 梁征 周淼 李谦	先进个人 一等奖
2009年北京市广播电影电视局百日安全播出竞赛			周旭辉 李湧 谢苏文 刁继旺 陈蕾 武文举 钱大成 邓永革 卢泽辉 郭振渊 德旻晖 贾敬 姜正宇 郑岩 张京铭	先进个人 二等奖
2009年北京市广播电影电视局百日安全播出竞赛			徐徐 黄可 宋建 黎辉 张高琦 吴巍 李萍 李明嘉 赵涛 苏爽 谢原 黄玮 殷勤生 程毅 张猋 杜伟 张铁明 宋明防 贾玉升 王静	先进个人 三等奖
2009年北京市广播电影电视局电视节目技术质量奖（华彩杯）	《北京记忆》第十五集《大都会》		周宏 彭楠 王申为 翟海云	标清专题类一等奖
2009年北京市广播电影电视局电视节目技术质量奖（华彩杯）	《北京电视台2009年春节晚会》		周宏 周宝伟 刘旖旎 翟海云 姚银壮 范强 张志杰 李建	高清综艺类一等奖
2009年北京市广播电影电视局电视节目技术质量奖（华彩杯）	《北京记忆》		郑星 赵新生 贺文林 黄锐	视频图形片头类 一等奖
2009年中国电影电视技术学会影视科技优秀论文奖	高清制作系统中的传输损耗问题	制作部	叶志云	一等奖
2009年中国电影电视技术学会影视科技优秀论文奖	电视系统数字化改造经验谈	播出部	卢英锁	一等奖
2009年中国电影电视技术学会影视科技优秀论文奖	新北京电视中心播出系统六大特点	播出部	卢英锁	二等奖
2009年中国电影电视技术学会影视科技优秀论文奖	电视台网络化制播系统模拟运行环境应用实例分析	北京电视台	田方 毕江	二等奖
奖项名称	**获奖作品**	**组织指导者**	**主要参加成员**	**获奖等级**
2009年华北地区电视技术协作会技术评奖	《北京记忆》	田方 李迅 傅治栋 郑星	周宏 彭楠 刘宏亚 赵宏伟	高清制作奖一等奖

续表

奖项名称	获奖作品	组织指导者	主要参加成员	获奖等级
2009年华北地区电视技术协作会技术评奖	《光荣与梦想》	鲁高潮	孙游 杨硕 李建 王江	美工灯光奖一等奖
2009年华北地区电视技术协作会技术评奖	《志愿者——真情耀中华》	林平	许鹏 张鹏程	视频制作奖二等奖
2009年华北地区电视技术协作会技术评奖	《北京电视台新址宣传片》	王方	贺文林 黄锐 张晨旭 赵博	特技制作奖 高端合成二等奖
2009年华北地区电视技术协作会技术评奖	《北京记忆》	郎志平	姚银壮 范强 吴铮	音频制作奖一等奖
2009年华北地区电视技术协作会技术评奖	《同贺中国年》	郑星	雷燕 张莹 王祥	综合制作奖一等奖
2009年华北地区电视技术协作会技术评奖	《2008年北京奥运会男排预赛中国VS美国》	王喆	朱雨稼 谢原 康金萍 姜士杰 杜波	综合制作奖三等奖
2009年华北地区电视技术协作会技术评奖	《2008年奥运火炬传递直播》	王喆	王喆 韩士聪 谢苏文 叶志云 杨梓江 郝纪 王卫平 段然	安全播出奖 现场直播一等奖
2009年华北地区电视技术协作会技术评奖	《北京电视台播出部节目传送科安全播出》	卢英锁	卢英锁 王进 赵悦 牛强 白国涛 杨立 郭江平 李硕 钱大成 李伟刚 王卫平	安全播出奖 综合传输一等奖
2009年华北地区电视技术协作会技术评奖	《北京电视台播出部安全播出》	祝志超	祝志超 梁建华 董秀琴 安贵江 刘威 王志华 武岳 王辉 张宏斌 于先靖 苏力 张皓 张勃 谢锋 郭宝成	安全播出奖 播出中心一等奖
2009年华北地区电视技术协作会技术评奖	《北京电视台新大楼播出信号实时监测系统》	周旭辉 贾玉升	周旭辉 贾玉升 崔雨 赵江怀 谢红丽 王海晨 屈鲲	革新改造奖 一等奖
2009年华北地区电视技术协作会技术评奖	《北京电视台磁带库信息管理系统》	冯新春	冯新春 栾花 刘朵 王燕清	革新改造奖 二等奖
2009年华北地区电视技术协作会技术评奖	《北京电视台技术管理奖评奖》	田方 李迅 傅治栋	田方 李迅 傅治栋 刘宏亚 徐志军 邹斌	技术管理奖 一等奖

续表

奖项名称	获奖作品	组织指导者	主要参加成员	获奖等级
2009年华北地区电视技术协作会技术评奖	《北京电视台播出设备维修》	周治宪	周治宪 金强 肖春艳 王峥 程宏 贾京蓉 武文举 陈蕾 刘新同 于莹 杨建英	设备维修奖一等奖
2009年华北地区电视技术协作会技术评奖	《搞好维修管理提供技术保证》	田方 李迅 赵志成 王克	田方 李迅 赵志成 王克 翟小辉 金凯	设备维修奖二等奖
2009年华北地区电视技术协作会技术评奖	《标准清晰度电视串行数字视频通道技术要求和测量方法》	田方 李迅 徐冬丽	田方 李迅 徐冬丽 曲瑞庆 薛频 陈蕾	新技术应用奖一等奖
2009年华北地区电视技术协作会技术评奖	《北京电视台新址工艺接地系统》	田方 李迅	田方 李迅 李力 蒋琬 尹言	新技术应用奖二等奖
2009年华北地区电视技术协作会技术评奖	《新闻舆情报告系统》	芮浩	芮浩 许之明 李程 栾花 冯澈	新技术应用奖二等奖
2009年华北地区电视技术协作会技术评奖	《北京电视台新址工程中的接地》	李力	李力 蒋琬	优秀论文译文奖一等奖
2009年华北地区电视技术协作会技术评奖	《广播电视监测机房改造系统》	徐鸣	徐鸣 杨向东	优秀论文译文奖一等奖
2009年华北地区电视技术协作会技术评奖	《单网结构非线性后期制作网络的实际应用及发展趋势探讨》	郑星 林平	郑星 林平 殷亮	优秀论文译文奖一等奖
2009年华北地区电视技术协作会技术评奖	《高清制作系统中电缆传输损耗问题的研究》	杨磊	叶志云	优秀论文译文奖二等奖
2009年华北地区电视技术协作会技术评奖	行业标准《数字视频、数字音频电缆技术要求和测量方法》解读	李迅 程宏	李迅 程宏 龚波 聂明杰	优秀论文译文奖二等奖
2009年华北地区电视技术协作会技术评奖	《北京电视台新台播出网络系统设计与实施》	贾京蓉	贾京蓉	优秀论文译文奖二等奖
2009年华北地区电视技术协作会技术评奖	《北京电视台新址CATV系统》	尹言	鲁高潮 王晓龙 尹言 毕小兵 蒋琬 崔雨	优秀论文译文奖三等奖
2009年华北地区电视技术协作会技术评奖	《浅谈金帆奖后期制作》	周宏	周宏 周宝伟	优秀论文译文奖三等奖

总工办统计（截止日期：2009年12月31日）

BTV

Beijing Television

十、节目播出时间表

BTV
Beijing Television

2009年北京电视台节目播出时间表

总编室

2009年BTV-1(北京卫视)节目编排方案

<table>
<tr><th>时间</th><th>星期一</th><th>星期二</th><th>星期三</th><th>星期四</th><th>星期五</th><th>星期六</th><th>星期日</th><th>时间</th></tr>
<tr><td>06:00</td><td colspan="7">广告2′</td><td></td></tr>
<tr><td>06:02</td><td rowspan="2">国际双行线
50′</td><td colspan="6">法治进行时20′</td><td rowspan="2">06:02</td></tr>
<tr><td>06:22</td><td colspan="6">天下天天谈30′</td></tr>
<tr><td>06:52</td><td colspan="7">广告2′、早间气象服务2′、广告2′、宣传1′</td><td>06:52</td></tr>
<tr><td>07:00</td><td colspan="7">北京您早(直播)90′</td><td>06:02</td></tr>
<tr><td>08:30</td><td colspan="7">新闻手语8′</td><td>08:30</td></tr>
<tr><td>08:38</td><td colspan="7">〈商务专题〉15′</td><td></td></tr>
<tr><td>08:53</td><td colspan="7">宣传2′、广告2′、上集回放1′、广告2′</td><td></td></tr>
<tr><td>09:00</td><td colspan="7">重播《红星剧场》电视剧(2集)第一集:正片47′(中插广告1′)+广告2′+下集预告1′+广告2′
第二集:正片47′(中插广告1′)+下集预告1′</td><td></td></tr>
<tr><td>10:42</td><td colspan="7">〈商务专题〉20′</td><td></td></tr>
<tr><td>11:02</td><td colspan="7">宣传2′、广告2′</td><td></td></tr>
<tr><td>11:05</td><td>天下收藏
50′</td><td>志愿者真情
耀中华50′</td><td>这里是北京
50′</td><td>档案
50′</td><td>五星夜话
50′</td><td>电视先锋榜
50′版</td><td>中华文明
大讲堂50′</td><td>11:05</td></tr>
<tr><td>11:55</td><td colspan="7">广告3′</td><td></td></tr>
<tr><td>11:58</td><td colspan="7">身边28′</td><td>11:58</td></tr>
<tr><td>12:26</td><td colspan="7">宣传1′、广告3′</td><td></td></tr>
<tr><td>12:30</td><td colspan="7">特别关注(直播)(28′节目+2′午间气象服务)</td><td>12:30</td></tr>
<tr><td>13:00</td><td colspan="7">广告3′、宣传2′</td><td></td></tr>
<tr><td rowspan="2">13:05</td><td colspan="5" rowspan="2">天下天天谈30′</td><td>天下天天谈30′</td><td rowspan="2">国际双行线
50′</td><td>13:05</td></tr>
<tr><td>垫播20′</td><td></td></tr>
<tr><td>13:35</td><td colspan="5">广告2′、上集回放1′、广告2′</td><td colspan="2">广告2′、回放1′、广告2′</td><td>13:55</td></tr>
<tr><td>13:35</td><td colspan="5">《玫瑰剧场》电视剧(2集)
第一集:正片45′(中插广告1′)
广告2′+下集预告1′+宣传1′+广告2′
第二集:正片45′(中插广告2′)
广告2′+下集预告1′</td><td colspan="2">《玫瑰剧场》电视剧(2集)
第一集:正片45′(中插广告2′)广告3′+下集预告1′+宣传2′+回放1′+广告3′
第二集:正片45′(中插广告2′)广告5′+下集预告1′</td><td>14:00</td></tr>
</table>

续表

时间	星期一	星期二	星期三	星期四	星期五	星期六	星期日	时间
15:25	《玫瑰剧场》电视剧(周一至周五 每天2集) 宣传2′+上集回放1′+广告2′ 第一集:正片47′(中插广告2′) 广告2′+下集预告1′+宣传2′+广告2′ 第二集:正片47′(中插广告2′) 广告2′+下集预告1′					〈商务专题〉15′		15:50
						SK状元榜(重) 50′/30′ 人才20′	电视先锋榜 50′	16:05
17:10	〈商务专题〉20′					电视先锋榜 50′	重播:周六 垫播节目50′	17:00
17:35	聚星坊20′							
17:55	广告1′、宣传2′、广告2′							
18:00	新闻晚高峰28′							18:00
18:28	广告/宣传2′							
18:30	北京新闻、天气预报4′、(含标版广告)30′(直播)							
19:00	转播CCTV《新闻联播》30′							
19:30	看气象5′(含广告)							
19:35	广宣4′、上集回放1′、广宣3′							
19:42	《红星剧场》电视剧　第一集:正片45′							20:28
20:28	广宣3′、下集预告1′、广宣2′、上集回放1′、广宣3′							
20:38	《红星剧场》电视剧　第二集:正片45′(中插广告2′35″)							
21:26	广告2′、下集预告1′、宣传2′、广告4′							
21:35	志愿者真情 耀中华50′	这里是北京 50′	档案 50′	五星夜话 50′	天下收藏 50′	(垫播节目) 50′	电视先锋榜 50′	
22:25	晚间新闻报道预告1′、广告4′							22:25
22:30	晚间新闻报道(节目48′+气象2′)(直播)							22:30
23:20	宣传1′、广告4′							23:20
23:25	天下天天谈23′						电视先锋榜30′ 版	23:05
23:55	宣传3′、广告3′							23:55
00:00	每日文娱播报(重播27′)							00:00
00:27	〈商务专题〉15′							
00:42	广告/宣传3′							
00:45	重播《红星剧场》电视剧(2集) 第一集:正片45′+广告/宣传2′ 第二集:正片45′+广告/宣传3′					重播《红星剧场》电视剧(2集) 第一集:正片45′+广/宣5′ 第二集:正片45′+广/宣5′		00:50
02:20	聚星坊20′							
02:40	《午夜剧场》电视剧(3集) 第一集:正片45′+广告/宣传2′ 第二集:正片45′+广告/宣传3′ 第三集:正片45′+广告/宣传5′					《午夜剧场》电视剧(3集) 第一集:正片45′+广/宣6′ 第二集:正片45′+广/宣7′ 第三集:正片45′+广/宣7′		02:30

续表

时间	星期一	星期二	星期三	星期四	星期五	星期六	星期日	时间
05:05	志愿者真情耀中华 50′	这里是北京 50′	档案 50′	五星夜话 50′	天下收藏 50′	电视先锋榜 50′	中华文明大讲堂 50′	
05:55	报告节目 1′、宣传 4′							

2009 年 BTV-2(文艺频道)节目编排方案

时间	星期一	星期二	星期三	星期四	星期五	星期六	星期日
06:00	频道宣传 3′(开播曲,节目预告)						
06:03	公共宣传 1′、频道宣传 3′						
06:07	《音乐风云榜》通档、重播、25′						
06:32	频道宣传 3′、公共宣传 1′						
06:36	《最佳现场》通档、重播、25′						
07:01	广告 3′、文艺导航 9′、频道宣传 3′、广告 3′、公共宣传 1′、上集回放 1′						
07:22	电视剧(自然重播)第一集、正片 45′(中插广告 2′30″)广告 4′下集预告 1′、共计 52′30″						
08:14	频道宣传 3′、公共宣传 1′、广告 3′、上集回放 1′						
08:22	电视剧(自然重播)第二集、正片 45′(中插广告 2′30″)广告 4′下集预告 1′、共计 52′30″						
09:15	频道宣传 2′、广告 3′、文艺导航 9′、公共宣传 1′						
09:30	《周末 70 分》重播 70′	《百姓秀场》重播 42′	《光荣绽放》重播 42′	《影视风云路》重播 42′	《喜来坞》重播 42′	《神州音话》重播 42′	《星夜故事秀》重播 70′
10:12		频道宣传 1′、广告 2′					
10:15		《天天影视圈》、重播 25′					
10:40	频道宣传 2′、广告 2′、文艺导航 9′、广告 2′、频道宣传 3′、广告 2′						
11:00	70 分钟编辑类节目						
12:10	广告 3′、文艺导航 9′、广告 3′、频道宣传 2′、广告 3′						
12:30	明星影院 100′(含广告)						
14:10	频道宣传 2′、广告 2′、公共宣传 1′						
14:15	《笑动 2009》通档、重播、25′						
14:40	文艺导航 9′、广告 1′						
09:30	《周末 70 分》重播 70′	《百姓秀场》重播 42′	《光荣绽放》重播 42′	《影视风云路》重播 42′	《喜来坞》重播 42′	《神州音话》重播 42′	《星夜故事秀》重播 70′
10:12		频道宣传 1′、广告 2′					
10:15		《天天影视圈》、重播、25′					
16:00	频道宣传 3′、广告 1′、公共宣传 1′						
16:05	《最佳现场》通档、重播、25′						

续表

<table>
<tr><th>时间</th><th>星期一</th><th>星期二</th><th>星期三</th><th>星期四</th><th>星期五</th><th>星期六</th><th>星期日</th></tr>
<tr><td>16:30</td><td colspan="7">频道宣传 2′、广告 2′、公共宣传 1′</td></tr>
<tr><td rowspan="2">16:35</td><td rowspan="2">《电视先锋榜》50′</td><td rowspan="2">《艺苑新视角》重播 42′</td><td rowspan="2">《精彩大放送—看综艺》42′</td><td rowspan="2">《精彩大放送—看电影》42′</td><td rowspan="2">《精彩大放送—看笑星》42′</td><td rowspan="2">《艺苑新视角》42′</td><td>《电视先锋榜》30′</td></tr>
<tr><td>《精彩再现》12′</td></tr>
<tr><td>17:17</td><td colspan="7">广告 2′、文艺导航 9′、广告 2′</td></tr>
<tr><td>17:30</td><td colspan="7">《 爱音乐 》通档 25′</td></tr>
<tr><td>17:55</td><td colspan="7">频道宣传 2′、广告 2′、公共宣传 1′</td></tr>
<tr><td>18:00</td><td colspan="7">《 笑动 2009 》通档 25′</td></tr>
<tr><td>18:25</td><td colspan="7">频道宣传 2′、广告 2′、公共宣传 1′</td></tr>
<tr><td>18:30</td><td colspan="7">《 音乐风云榜 》通档 25′</td></tr>
<tr><td>18:55</td><td colspan="7">频道宣传 2′、广告 3′</td></tr>
<tr><td>19:00</td><td colspan="7">《 每日文娱播报 》通档 27′</td></tr>
<tr><td>19:27</td><td colspan="7">广告 2′、频道宣传 1′、上集回放 1′、广告 2′</td></tr>
<tr><td>19:33</td><td colspan="7">电视剧　第一集:正片 45′、广告 2′、下集预告 1′、广告 2′、共计 50′</td></tr>
<tr><td>20:23</td><td colspan="7">频道宣传 1′、广告 2′、上集回放 1′、广告 2′</td></tr>
<tr><td>20:29</td><td colspan="7">电视剧　第二集:正片 45′(中插 广告 2′30″)、广告 3′30″、下集预告 1′、共计 52′</td></tr>
<tr><td>21:21</td><td colspan="7">频道宣传 2′、广告 2′</td></tr>
<tr><td>21:25</td><td>《娱乐黄金档》《百姓秀场》42′</td><td>《娱乐黄金档》《光荣绽放》42′</td><td>《娱乐黄金档》《影视风云路》42′</td><td>《娱乐黄金档》《喜来坞》42′</td><td>《娱乐黄金档》《神州音话》42′</td><td rowspan="3">《娱乐黄金档》《星夜故事秀》70′</td><td rowspan="3">《娱乐黄金档》《周末 70 分》70′</td></tr>
<tr><td>22:07</td><td colspan="5">频道宣传 1′、广告 2′</td></tr>
<tr><td>22:10</td><td colspan="5">《 天天影视圈 》25′</td></tr>
<tr><td>22:35</td><td colspan="7">频道宣传 3′、广告 2′</td></tr>
<tr><td>22:40</td><td colspan="7">《 最佳现场 》通档 25′</td></tr>
<tr><td>23:05</td><td colspan="7">广告 2′、文艺导航 9′、广告 2′</td></tr>
<tr><td>23:18</td><td colspan="7">《 每日文娱播报 》通档 27′</td></tr>
<tr><td>23:45</td><td colspan="7">广告 3′、频道宣传 2′</td></tr>
<tr><td>23:50</td><td colspan="7">《 笑动 2009 》通档 25′</td></tr>
<tr><td>00:15</td><td colspan="7">频道宣传 3′、广告 2′、公共宣传 1′、广告 2′</td></tr>
<tr><td>00:23</td><td colspan="7">明星影院 100′(含广告)</td></tr>
<tr><td>02:03</td><td colspan="7">频道宣传 2′(节目预告)</td></tr>
<tr><td>02:05</td><td colspan="7">结束</td></tr>
</table>

2009 年 BTV-3(科教频道)节目编排方案

<table>
<tr><th>时间</th><th>星期一</th><th>星期二</th><th>星期三</th><th>星期四</th><th>星期五</th><th>星期六</th><th>星期日</th><th>时段</th></tr>
<tr><td>06:00</td><td colspan="7">开播晨曲 2′</td><td rowspan="10">早间综合时段</td></tr>
<tr><td>06:02</td><td colspan="7">现场说法 25′(重播)</td></tr>
<tr><td>06:27</td><td colspan="7">频道宣传 1′+ 公共宣传 2′</td></tr>
<tr><td>06:30</td><td colspan="7">法治进行时 20′(重播)</td></tr>
<tr><td>06:50</td><td colspan="7">大家说法 20′(重播)</td></tr>
<tr><td>07:10</td><td colspan="7">频道宣传 2′+平时广告 2′+公共宣传 1′</td></tr>
<tr><td>07:15</td><td colspan="7">科学实验室 15′(重播)</td></tr>
<tr><td>07:30</td><td colspan="7">健康北京 20′(重播)</td></tr>
<tr><td>07:50</td><td colspan="7">频道宣传 1′+平时广告 2′+公共宣传 2′</td></tr>
<tr><td>07:55</td><td colspan="7">非常目录:精彩 5 分钟</td></tr>
<tr><td rowspan="2">08:00</td><td colspan="7">点亮人生　八点非常故事汇 50′</td><td rowspan="13">上午人文时段</td></tr>
<tr><td>非常网络</td><td>非常说名</td><td>非常接触</td><td>非常夫妻</td><td>非常父母</td><td>非常女人</td><td>警法目录</td></tr>
<tr><td>08:50</td><td colspan="7">频道宣传 6′+平时广告 2′+公共宣传 2′</td></tr>
<tr><td>09:00</td><td colspan="7">传奇 50′</td></tr>
<tr><td>09:50</td><td colspan="7">频道宣传 4′+公共宣传 1′</td></tr>
<tr><td>09:55</td><td rowspan="3">晚晴 35′</td><td colspan="5">珍品档案 15′(重播)</td><td rowspan="2">电视先锋榜 30′</td></tr>
<tr><td>10:10</td><td colspan="5" rowspan="2">大家说法精编版 20′(重播)</td></tr>
<tr><td></td><td>非常目录:精彩 5 分钟</td></tr>
<tr><td>10:30</td><td colspan="7">频道宣传 2′+平时广告 2′+公共宣传 1′</td></tr>
<tr><td>10:35</td><td colspan="6">现场说法精编版 24′</td><td rowspan="2">成长在北京 45′</td></tr>
<tr><td>10:59</td><td colspan="6">养生堂精编版 25′</td></tr>
<tr><td>11:24</td><td colspan="6">频道宣传 1′+公共宣传 1′+广告 4′</td><td>频道宣传 5′+公共宣传 1′+广告 4′</td></tr>
<tr><td>11:30</td><td colspan="7">现场说法 25′</td><td rowspan="4">午间法治时段</td></tr>
<tr><td>11:55</td><td colspan="7">平时广告 5′</td></tr>
<tr><td>12:00</td><td colspan="7">法治进行时 20′</td></tr>
<tr><td>12:20</td><td colspan="7">大家说法 20′</td></tr>
<tr><td>12:40</td><td colspan="7">频道宣传 1′+平时广告 4′</td><td rowspan="6">下午综合时段</td></tr>
<tr><td>12:45</td><td colspan="7">魅力科学 20′</td></tr>
<tr><td>13:05</td><td colspan="7">频道宣传 2′+平时广告 2′+公共宣传 1′</td></tr>
<tr><td rowspan="2">13:10</td><td colspan="7">点亮人生　八点非常故事汇 50′(重播)</td></tr>
<tr><td>警法目录</td><td>非常网络</td><td>非常说名</td><td>非常接触</td><td>非常夫妻</td><td>非常父母</td><td>非常女人</td></tr>
<tr><td>14:00</td><td colspan="7">频道宣传 1′+平时广告 1′+上集回放 1′+平时广告 2′+公共宣传 1′</td></tr>
</table>

续表

时间	星期一	星期二	星期三	星期四	星期五	星期六	星期日	时段
14:06	魅力剧场 50′电视剧第一集:正片 45′(中插广告 2′) + 平时广告 2′ + 下集预告 1′							下午综合时段
14:56	频道宣传 2′ + 平时广告 1′ + 上集回放 1′ + 平时广告 2′ + 公共宣传 1′							
15:03	魅力剧场 50′电视剧第二集:正片 45′(中插广告 2′) + 平时广告 2′ + 下集预告 1′							
15:53	频道宣传 3′30″ + 平时广告 1′ + 上集回放 1′ + 平时广告 1′ + 公共宣传 30″							
16:00	魅力剧场 50′电视剧第三集:正片 45′(中插广告 2′) + 平时广告 2′ + 下集预告 1′							
16:50	频道宣传 2′ + 平时广告 2′ + 公共宣传 1′							
16:55	非常目录:精彩 5 分钟							
17:00	魅力科学 20′(重播)							下午健康时段
17:20	频道宣传 4′ + 公共宣传 1′							
17:25	科学实验室 15′							
17:40	频道宣传 2′ + 平时广告 2′ + 公共宣传 1′							
17:45	养生堂 25′							
18:10	频道宣传 1′ + 平时广告 3′ + 公共宣传 1′							
18:15	健康北京 20′							
18:35	频道宣传 1′30″ + 平时广告 3′ + 公共宣传 30″							
18:40	大家说法精编版 20′							晚间人文时段
19:00	频道宣传 1′ + 平时广告 2′ + 公共宣传 2′							
19:05	传奇 50′							
19:55	频道宣传 1′ + 平时广告 3′ + 公共宣传 1′							
20:00	点亮人生 八点故事汇 50′							
	非常网络	非常说名	非常接触	非常夫妻	非常父母	非常女人	警法目录	
20:50	频道宣传 3′							
20:53	频道宣传 1′ + 平时广告 4′ + 公共宣传 2′							
21:00	北京新闻 30′(含气象服务 4′)							夜间综合时段
21:30	现场说法 25′(重播)							
21:55	频道宣传 1′ + 平时广告 1′ + 上集回放 1′ + 平时广告 2′							
22:00	星月剧场 电视剧第一集 50′:正片 45′(中插广告 2′) + 平时广告 2′ + 下集预告 1′							
22:50	平时广告 1′ + 上集回放 1′ + 平时广告 1′							
22:53	星月剧场 电视剧第二集 49′:正片 45′(中插广告 2′) + 平时广告 1′ + 下集预告 1′							
23:42	频道宣传 1′ + 平时广告 2′							
23:45	珍品档案 15′							
00:00	法治进行时 20′(重播)							

续表

<table>
<tr><th>时间</th><th>星期一</th><th>星期二</th><th>星期三</th><th>星期四</th><th>星期五</th><th>星期六</th><th>星期日</th><th>时段</th></tr>
<tr><td>00:20</td><td colspan="6">大家说法 20′（重播）</td><td rowspan="2">成长在北京
重播 45′</td><td rowspan="8">夜间
综合
时段</td></tr>
<tr><td>00:40</td><td colspan="6">频道宣传 2′ + 公共宣传 3′</td></tr>
<tr><td>00:45</td><td colspan="6">现场说法 25′</td><td>非常目录
精彩 5 分钟</td></tr>
<tr><td>01:10</td><td colspan="7">频道宣传 1′ + 公共宣传 2′</td></tr>
<tr><td rowspan="2">01:13</td><td colspan="7">点亮人生　八点故事汇 50′（重播）</td></tr>
<tr><td>非常网络</td><td>非常说名</td><td>非常接触</td><td>非常夫妻</td><td>非常父母</td><td>非常女人</td><td>警法目录</td></tr>
<tr><td>02:03</td><td colspan="7">结束夜曲 2′</td></tr>
<tr><td>02:05</td><td colspan="7">结束</td></tr>
</table>

2009 年 BTV-4（影视剧频道）节目编排方案

时间	节目名称	时间
06:00	公宣 2′	
06:02	重播 休闲剧场 -2 正片 45′（中插广告 2′）	
06:50	频宣 2′、公宣 2′	
06:54	重播 英雄剧场 -1 正片 45′（中插广告 2′30″）	
07:42	广告 2′ + 下集预告 1′ + 频宣 2′、公宣 2′	
07:49	重播 英雄剧场 -2 正片 45′（中插广告 2′30″）	
08:37	广告 2′ + 下集预告 1′	
08:40	〈商务专题〉15′	
08:55	频宣 2′、公宣 2′、广告 1′	
09:00	重播 黄金剧场 -1 正片 45′（中插广告 2′30″）	
09:48	广告 3′ + 下集预告 1′15″ + 广告 1′、频宣 1′、广告 1′	
09:55	重播 黄金剧场 -2 正片 45′（中插广告 2′30″）	
10:43	广告 3′ + 下集预告 1′15″ + 广告 2′、频宣 1′、广告 2′	
10:52	重播 黄金剧场 -3 正片 45′（中插广告 2′30″）	
11:39	广告 3′ + 下集预告 1′15″ + 广告 1′、频宣 1′、公宣 1′	
11:46	〈商务专题〉10′	
11:56	★家和剧场 -1 正片 45′（中插广告 2′）	
12:43	广告 2′ + 下集预告 1′ + 频宣 2′、公宣 2′	
12:50	★家和剧场 -2 正片 47′（中插广告 2′）	
13:39	广告 2′ + 下集预告 1′ + 频宣 1′、公宣 2′	
13:45	★家和剧场 -3 正片 47′（中插广告 2′）	

续表

时间	节目名称	时间
14:34	〈商务专题〉10′	
14:44	广告2′+下集预告1′+ 频宣1′、公宣2′	
14:50	★休闲剧场-1 正片45′(中插广告2′30″)	
15:38	广告2′+下集预告1′+ 频宣2′、公宣2′、广告2′	
15:47	★休闲剧场-2 正片45′(中插广告2′30″)	
16:35	广告2′+下集预告1′	
16:38	〈商务专题〉10′	
16:48	频宣2′、公宣2′、广告2′	
16:54	★英雄剧场-1 正片45′(中插广告2′30″)	
17:41	广告4′、下集预告1′、广告2′、频宣2′、广告2′	
17:53	★英雄剧场-2 正片45′(中插广告2′30″)	
18:41	广告4′、下集预告1′、频宣2′、公宣2′、广告3′	
18:53	★情景剧场 正片27′(中插广告2′)	
19:22	频宣1′、广告3′、上集回放1′、广告4′	
19:31	★黄金剧场-1 正片45′+广告4′+下集预告1′15″	
20:21	频宣1′、广告2′、公宣1′+上集回放1′、广告3′	
20:29	★黄金剧场-2 正片45′(中插广告2′35″)+广告4′+下集预告1′15″	
21:22	频宣1′、广告2′、公宣1′+ 上集回放1′+ 广告3′	
21:30	★黄金剧场-3 正片45′(中插广告2′35″)+广告4′+下集预告1′15″	
22:22	公宣2′、广告2′、频宣2′、广告2′	
22:30	★明星影院精彩热播95′(中插广告2′30″+ 中插广告3′、频宣1′+ 中插广告2′30″)	
00:14	频宣1′、广告2′	
00:17	重播 家和剧场-1 正片47′(中插广告1′)	
01:05	公宣1′	
01:06	重播 家和剧场-2 正片47′(中插广告1′)	
01:54	频宣1′	
01:55	重播 家和剧场-3 正片48′(中插广告1′)	
02:44	公宣1′	
02:45	午夜剧场-1 正片48′(中插广告1′)	
03:34	频宣1′	
03:35	午夜剧场-2 正片48′(中插广告1′)	
04:24	公宣1′	
04:25	午夜剧场-3 正片48′(中插广告1′)	
05:14	频宣1′	
05:15	重播 休闲剧场-1 正片45′(中插广告1′)	

2009 年 BTV-5(财经频道)节目编排方案

时间	星期一	星期二	星期三	星期四	星期五	星期六	星期日	时间
6:00	开播曲、报告节目 2′							
6:02	公共宣传 3′							
6:05	北京新闻 30′(含天气预报)							
6:35	频道宣传 2′、公共宣传 3′							
6:40	北京议事厅 20′(人大)	天天理财 20′(含广告)					北京议事厅 20′(政协)	6:40
7:00	公共宣传 2′、广告 1′							
7:03	《天下财经》周日版 30′	《天下财经》晚间版 30′(含广告)					《天下财经》周六版 30′	7:03
7:33	频道宣传 2′、公共宣传 2′、广告 1′							
7:38	首都经济报道 50′(含广告)							
8:28	频道宣传 2′、广告 2′							
8:32	城市 30′(含广告)							
9:02	公共宣传 2′、广告 1′							
9:05	环渤海新视野 25′(含广告)	经济法眼 25′(含广告)					数说北京 12′(五)	9:05
							名人堂 50′(含广告)	9:17
9:30	频道宣传 2′、广告 2′							
9:34	电视先锋榜 30′	财经五连发 30′(含广告)					广告 1′	10:07
10:04	频道宣传 2′、广告 2′							10:04
10:08	财经剧场 -1 上集回放 1′ + 广告 1′ + 正片 48′(中插广告 1′) + 广告 1′ + 下集预告 1′							
11:00	公共宣传 1′、广告 2′							
11:02	财经剧场 -2 上集回放 1′ + 广告 1′ + 正片 48′(中插广告 1′) + 广告 1′ + 下集预告 1′ + 频道宣传 2′							
11:56	公共宣传 2′、广告 2′					广告 2′		11:56
12:00	城市精编 25′					超级访问 50′(含广告)	天下收藏 50′(含广告)	11:58
12:25	频道宣传 2′、公共宣传 1′、广告 2′							
12:30	《天下财经》午间版 30′					公宣 1′、广告 2′		12:48
						数说北京 12′(四)	数说北京 12′(五)	12:51
13:00	公共宣传 2′、广告 3′					广告 2′		13:03
13:05	首都经济报道 50′							
13:55	频道宣传 2′、公共宣传 2′、广告 1′							
14:00	城市 30′(含广告)							

续表

<table>
<tr><th>时间</th><th>星期一</th><th>星期二</th><th>星期三</th><th>星期四</th><th>星期五</th><th>星期六</th><th>星期日</th><th>时间</th></tr>
<tr><td>14:30</td><td colspan="7">频道宣传2′、公共宣传1′、广告2′</td><td></td></tr>
<tr><td>14:35</td><td>经济法眼(四)</td><td colspan="5">经济法眼25′(含广告)</td><td>经济法眼(五)</td><td>14:35</td></tr>
<tr><td>15:00</td><td colspan="7">频道宣传2′、公共宣传2′、广告1′</td><td></td></tr>
<tr><td>15:05</td><td colspan="7">电视购物60′</td><td></td></tr>
<tr><td>16:05</td><td colspan="7">频道宣传2′、公共宣传1′、广告2′</td><td></td></tr>
<tr><td>16:10</td><td>天下收藏50′</td><td>电视先锋榜50′</td><td>名人堂50′</td><td>超级访问50′</td><td>天下收藏50′</td><td>超级访问50′</td><td>电视先锋榜5′</td><td>16:10</td></tr>
<tr><td>17:00</td><td colspan="5">频道宣传1′、公共宣传2′、广告2′</td><td colspan="2">公共宣传1′、广告2′</td><td>17:00</td></tr>
<tr><td>17:05</td><td colspan="5">财经五连发30′</td><td rowspan="3">名人堂50′
(含广告)</td><td rowspan="3">超级访问50′
(含广告)</td><td rowspan="3">17:03</td></tr>
<tr><td>17:35</td><td colspan="5">频道宣传2′、公共宣传2′、广告1′</td></tr>
<tr><td>17:40</td><td colspan="5">大城北京12′(含广告)</td></tr>
<tr><td>17:52</td><td colspan="5">频道宣传2′、广告1′</td><td colspan="2">公共宣传2′</td><td>17:53</td></tr>
<tr><td>17:55</td><td colspan="5">城市精编25′</td><td>环渤海新视野25′(含广告)</td><td>数说北京25′(含广告)</td><td>17:55</td></tr>
<tr><td>18:20</td><td colspan="7">频道宣传2′、广告2′</td><td></td></tr>
<tr><td>18:24</td><td colspan="5">《天下财经》下午版30′(含广告)</td><td>《天下财经》周六版30′</td><td>《天下财经》周日版30′</td><td>18:24</td></tr>
<tr><td>18:54</td><td colspan="7">广告3′</td><td></td></tr>
<tr><td>18:57</td><td colspan="7">首都经济报道50′(含广告)</td><td></td></tr>
<tr><td>19:47</td><td colspan="7">频道宣传1′、广告2′</td><td></td></tr>
<tr><td>19:50</td><td colspan="7">城市30′(含广告)</td><td></td></tr>
<tr><td>20:20</td><td colspan="7">频道宣传1′、公共宣传2′、广告2′</td><td></td></tr>
<tr><td>20:25</td><td colspan="5">经济法眼25′(含广告)</td><td>数说北京25′
(含广告)</td><td>环渤海新视野25′(含广告)</td><td>20:25</td></tr>
<tr><td>20:50</td><td colspan="7">频道宣传2′、公共宣传1′、广告2′</td><td></td></tr>
<tr><td>20:55</td><td colspan="5">天天理财20′</td><td rowspan="3">超级访问50′
(含广告)</td><td rowspan="3">名人堂50′
(含广告)</td><td rowspan="3">20:55</td></tr>
<tr><td>21:15</td><td colspan="5">频道宣传1′、公共宣传2′、广告2′</td></tr>
<tr><td rowspan="2">21:20</td><td colspan="5" rowspan="2">《天下财经》晚间版30′(含广告)</td></tr>
<tr><td colspan="2">公共宣传1′、广告2′</td><td>21:45</td></tr>
<tr><td>21:50</td><td colspan="5">频道宣传2′、公共宣传2′、广告1′</td><td rowspan="2">北京议事厅20′(政协)</td><td rowspan="2">北京议事厅20′(人大)</td><td rowspan="2">21:48</td></tr>
<tr><td rowspan="3">21:55</td><td colspan="5" rowspan="3">财经五连发30′(含广告)</td></tr>
<tr><td colspan="2">频道宣传2′</td><td>22:08</td></tr>
<tr><td>问鼎世界15′</td><td>问鼎世界15′</td><td>22:10</td></tr>
<tr><td>22:25</td><td colspan="7">公共宣传2′、广告3′</td><td></td></tr>
<tr><td>22:30</td><td colspan="7">北京新闻30′</td><td></td></tr>
<tr><td>23:00</td><td colspan="7">传奇剧场-1 上集回放1′+广告1′+正片48′(中插广告1′)+广告1′+下集预告1′</td><td></td></tr>
<tr><td>23:59</td><td colspan="7">广告1′</td><td></td></tr>
</table>

续表

时间	星期一	星期二	星期三	星期四	星期五	星期六	星期日	时间
00:02	传奇剧场-2 上集回放 1′+广告 1′+正片 48′(中插广告 1′)+广告 1′+下集预告 1′+频道宣传 2′							
00:47	电视购物 60′							
01:47	频道宣传 2′							
01:49	结束							

2009 年 BTV-6(体育频道)节目编排方案

时间	星期一	星期二	星期三	星期四	星期五	星期六	星期日
6:00	频道宣传 5′						
6:05	BTV 赛场 105′(含赛中频道宣传 5′)						
7:50	频道宣传 5′						
7:55	天天体育 50′(重播昨日)						
8:45	频道宣传 5′						
8:50	快乐健身一箩筐 30′(重播)						
9:20	频道宣传 5′						
9:25	重播午间档 30′						
9:55	频道宣传 5′						
10:00	直播:NBA	BTV 赛场 105′(含赛中 5′)		直播:NBA	BTV 赛场 105′	体坛荟萃 A/B	直播:NBA
11:45	频道宣传 5′						
11:50	体坛资讯 25′						
12:15	频道宣传 5′						
12:20	快乐健身一箩筐 30′(重播)						
12:50	频道宣传 5′						
12:55	体坛荟萃——搏击风暴 30′	体坛荟萃——足球风尚 30′	体坛荟萃——马术风云 30′	体坛荟萃——女性风韵 30′	体坛荟萃——体育风趣 30′		
13:25	频道宣传 10′						
13:35	BTV 赛场 105′(含赛中频道宣传 5′)						
15:20	频道宣传 5′						
15:25	体坛资讯 25′(重播)						
15:50	频道宣传 10′						
16:00	BTV 赛场 105′(含赛中频道宣传 5′)						
17:45	频道宣传 5′						
17:50	快乐健身一箩筐 30′(首播)						
18:20	频道宣传 5′						

续表

时间	星期一	星期二	星期三	星期四	星期五	星期六	星期日
18:25	足球世界波30′						
18:55	频道宣传5′						
19:00	中超集锦	西甲集锦	绿茵传真	中超集锦	篮坛在线	绿茵传真/篮坛在线(赛前包装)	
19:30	频道宣传5′						
19:35	足球100′	篮球风云录100′	BTV 赛场直播:CBA、中超	BTV 赛场105′	BTV 赛场直播: CBA	BTV 赛场直播:CBA、中超	BTV 赛场直播:CBA、中超
21:20	频道宣传5′						
21:25	天天体育50′						
22:15	频道宣传5′						
22:20	三味体坛	各就各位	桌上运动	待定	体育嘉年华50′		荷甲/西甲联赛
23:10	频道宣传5′						
23:15	BTV 赛场105′	京彩时刻15′	BTV 赛场105′	BTV 赛场105′	京彩时刻15′	BTV 赛场105′	
1:00	频道宣传15′						
1:15	天天体育50′(重播)						
2:05	频道宣传5′						
2:10	BTV 赛场100′						
3:50	BTV 赛场100′						
5:30	栏目重播30′						

2009年BTV-7(生活频道)节目编排方案

时间	星期一	星期二	星期三	星期四	星期五	星期六	星期日
6:00	开始曲、节目预告1′						
6:01	广告2′					广告5′	
6:03	你该怎么办30′(重播)						
6:06						生活面对面精编50′(重播)	魅力周末50′(重播)
6:33	广告3′						
6:36	健康生活20′(重播)						
6:53							
6:56	广告3′						
6:59	食全食美30′(重播)						食全食美周末版30′(重播)

续表

时间	星期一	星期二	星期三	星期四	星期五	星期六	星期日
7:29	广告 2′						
7:31	生活广角 30′(重播)					重述真情 30′(重播)	快乐周末 50′(重播)
8:01	广告 2′						
8:03	快乐生活一点通 25′(重播)						
8:21							天气预报 2′
8:23							生活实验室(重播)30′
8:28	广告 3′						
8:31	天气预报 2′						
8:33	生活面对面(重播)28′						
8:53							广告 2′
8:55							第 7 日(重播)30′
9:01	广告 2′						
9:03	7 日 7 频道 28′(重播)						
9:25							广告 3′
9:28							生活 +(重播)45′
9:31	公共宣传 2′						
9:33	生活秀 13′(重播)						
9:46	公共宣传 2′					明天我要嫁给你 30′(重播)	
9:48	广告 3′						
9:51	时尚装苑 20′(重播)						
10:11	广告 3′						
10:13							广告 3′
10:14	生活大调查 20′(重播)						
10:16						广告 2′	公共宣传 2′
10:18						心灵密码 30′(重播上周六)	心灵密码 30′(重播本周六)
10:34	公共宣传 2′						
10:36	广告 2′						
10:38	选择 30′(重播)						
10:48						广告 2′	
10:50						时尚装苑 20′(重播)	
11:08	公共宣传 2′						
11:10	广告 2′						
11:12	大城小事 30′ (重播)					大城小事周末版 30′(重播)	食全食美周末版 30′(重播)
11:42	频道宣传 1′						

续表

<table>
<tr><th>时间</th><th>星期一</th><th>星期二</th><th>星期三</th><th>星期四</th><th>星期五</th><th>星期六</th><th>星期日</th></tr>
<tr><td>11:43</td><td colspan="7">广告1′</td></tr>
<tr><td>11:44</td><td colspan="6">生活面对面(重播)28′</td><td rowspan="2">生活实验室(重播)30′</td></tr>
<tr><td>12:12</td><td colspan="6">广告2′</td></tr>
<tr><td>12:14</td><td colspan="6">7日7频道28′(重播)</td><td rowspan="2">第7日(重播)30′</td></tr>
<tr><td>12:42</td><td colspan="6">公共宣传2′</td></tr>
<tr><td>12:44</td><td colspan="5">健康生活20′(首播)</td><td rowspan="4">食全食美周末版30′(重播)</td><td rowspan="4">大城小事周末版30′(重播)</td></tr>
<tr><td>13:04</td><td colspan="5">广告2′</td></tr>
<tr><td>13:06</td><td colspan="5">公共宣传2′</td></tr>
<tr><td>13:08</td><td colspan="5" rowspan="3">真情互动45′(重播)</td></tr>
<tr><td>13:14</td><td colspan="2">广告2′</td></tr>
<tr><td>13:16</td><td rowspan="4">生活面对面精编50′(重播)</td><td rowspan="4">生活面对面精编50′(首播)</td></tr>
<tr><td>13:53</td><td colspan="5">公共宣传2′</td></tr>
<tr><td>13:55</td><td colspan="5">广告3′</td></tr>
<tr><td>13:58</td><td colspan="5" rowspan="4">时尚装苑20′(重播)</td></tr>
<tr><td>14:06</td><td rowspan="7">7日7频道精编50′(重播)</td><td>公共宣传2′</td></tr>
<tr><td>14:08</td><td>广告3′</td></tr>
<tr><td>14:11</td><td rowspan="6">7日7频道精编50′(首播)</td></tr>
<tr><td>14:18</td><td colspan="5">广告2′</td></tr>
<tr><td>14:20</td><td colspan="5">公共宣传2′</td></tr>
<tr><td>14:22</td><td colspan="5">生活广角30′(重播)</td></tr>
<tr><td>14:52</td><td colspan="5">广告4′</td></tr>
<tr><td>14:56</td><td colspan="6" rowspan="3">食全食美30′(重播)</td></tr>
<tr><td>15:01</td><td>广告2′</td></tr>
<tr><td>15:03</td><td rowspan="3">我爱我车45′(重播)</td></tr>
<tr><td>15:26</td><td colspan="6">广告2′</td></tr>
<tr><td>15:28</td><td colspan="5" rowspan="3">选择30′(重播)</td><td rowspan="3">明天我要嫁给你30′(重播)</td></tr>
<tr><td>15:48</td><td>广告3′</td></tr>
<tr><td>15:51</td><td rowspan="5">生活+(重播)45′</td></tr>
<tr><td>15:58</td><td colspan="5">广告3′</td><td></td></tr>
<tr><td>16:01</td><td colspan="5">生活秀13′(重播)</td><td></td></tr>
<tr><td>16:14</td><td colspan="5">广告2′</td><td></td></tr>
<tr><td>16:16</td><td colspan="5" rowspan="3">快乐生活一点通25′(重播)</td><td rowspan="3"></td></tr>
<tr><td>16:36</td><td>广告1′</td></tr>
<tr><td>16:37</td><td></td></tr>
</table>

续表

<table>
<tr><th>时间</th><th>星期一</th><th>星期二</th><th>星期三</th><th>星期四</th><th>星期五</th><th>星期六</th><th>星期日</th></tr>
<tr><td>16:41</td><td colspan="6">广告3′</td><td rowspan="5">生活大调查精编版45′(重播)</td></tr>
<tr><td>16:44</td><td colspan="5" rowspan="2">生活大调查20′(重播)</td><td>公共宣传2′</td></tr>
<tr><td>16:16</td><td rowspan="4">快乐周末50′(重播)</td></tr>
<tr><td>17:04</td><td colspan="5">广告2′</td></tr>
<tr><td>17:06</td><td colspan="5" rowspan="2">大城小事30′(重播)</td></tr>
<tr><td>17:22</td><td rowspan="4">重述真情30′(重播)</td></tr>
<tr><td>17:36</td><td colspan="6">公共宣传2′</td></tr>
<tr><td>17:38</td><td colspan="6">广告2′</td></tr>
<tr><td>17:40</td><td colspan="5" rowspan="4">你该怎么办30′(重播)</td><td rowspan="4">大城小事周末版30′(重播)</td></tr>
<tr><td>17:52</td><td>频道宣传1′</td></tr>
<tr><td>17:53</td><td>广告2′</td></tr>
<tr><td>17:55</td><td rowspan="3">明天我要嫁给你30′(首播)</td></tr>
<tr><td>18:10</td><td colspan="6">广告2′</td></tr>
<tr><td>18:12</td><td colspan="6" rowspan="2">食全食美30′(首播)</td></tr>
<tr><td>18:25</td><td rowspan="2">食全食美周末版30′(首播)</td></tr>
<tr><td>18:42</td><td colspan="6">生活秀13′(首播)</td></tr>
<tr><td>18:55</td><td colspan="7">频道宣传1′</td></tr>
<tr><td>18:56</td><td colspan="7">广告3′</td></tr>
<tr><td>18:59</td><td colspan="5">生活面对面28′(首播)</td><td colspan="2" rowspan="3">生活实验室(首播)30′</td></tr>
<tr><td>19:27</td><td colspan="5">广告1′</td></tr>
<tr><td>19:28</td><td colspan="5" rowspan="3">7日7频道28′(首播)</td></tr>
<tr><td>19:29</td><td colspan="2" rowspan="4">第7日30′(首播)</td></tr>
<tr><td>19:30</td></tr>
<tr><td>19:56</td><td colspan="5">频道宣传1′</td></tr>
<tr><td>19:57</td><td colspan="5">广告2′</td></tr>
<tr><td>19:59</td><td colspan="6" rowspan="3">快乐生活一点通25′(首播)</td><td>频道宣传1′</td></tr>
<tr><td>20:00</td><td>广告2′</td></tr>
<tr><td>20:02</td><td rowspan="5">快乐周末50′(首播)</td></tr>
<tr><td>20:24</td><td colspan="6">广告1′</td></tr>
<tr><td>20:25</td><td colspan="5">生活大调查20′(重播)</td><td rowspan="5">生活+45′(首播)</td></tr>
<tr><td>20:45</td><td colspan="5">广告2′</td></tr>
<tr><td>20:47</td><td colspan="5" rowspan="3">时尚装苑20′(首播)</td></tr>
<tr><td>20:52</td><td>频道宣传1′</td></tr>
<tr><td>20:53</td><td>广告3′</td></tr>
</table>

续表

<table>
<tr><th>时间</th><th>星期一</th><th>星期二</th><th>星期三</th><th>星期四</th><th>星期五</th><th>星期六</th><th>星期日</th></tr>
<tr><td>20:56</td><td colspan="5">时尚装苑20′(首播)</td><td rowspan="3">生活+
45′(首播)</td><td rowspan="9">魅力周末
50′(首播)</td></tr>
<tr><td>21:07</td><td colspan="5">频道宣传1′</td></tr>
<tr><td>21:08</td><td colspan="5">广告2′</td></tr>
<tr><td>21:10</td><td colspan="5" rowspan="2">天气预报2′</td><td>频道宣传1′</td></tr>
<tr><td>21:11</td><td>广告1′</td></tr>
<tr><td>21:12</td><td colspan="5">大城小事30′(首播)</td><td>大城小事周末版30′(首播)</td></tr>
<tr><td>21:42</td><td colspan="6">频道宣传1′</td></tr>
<tr><td>21:43</td><td colspan="6">广告2′</td></tr>
<tr><td>21:45</td><td colspan="5" rowspan="5">选择30′(首播)</td><td rowspan="2">天气预报2′</td></tr>
<tr><td>21:46</td><td>频道宣传1′</td></tr>
<tr><td>21:47</td><td rowspan="4">心灵密码30′
(首播)</td><td>广告1′</td></tr>
<tr><td>21:48</td><td>天气预报2′</td></tr>
<tr><td>21:50</td><td rowspan="4">重述真情
30′(首播)</td></tr>
<tr><td>22:15</td><td colspan="5">广告2′</td></tr>
<tr><td>22:17</td><td colspan="5" rowspan="5">生活广角30′(首播)</td><td>频道宣传1′</td></tr>
<tr><td>22:18</td><td rowspan="3">广告4′</td></tr>
<tr><td>22:20</td><td>频道宣传1′</td></tr>
<tr><td>22:21</td><td>广告1′</td></tr>
<tr><td>22:22</td><td rowspan="4">生活大调查
精编版45′
(首播)</td><td rowspan="4">我爱我车45′
(首播)</td></tr>
<tr><td>22:47</td><td colspan="5">频道宣传1′</td></tr>
<tr><td>22:48</td><td colspan="5">广告2′</td></tr>
<tr><td>22:50</td><td colspan="5" rowspan="4">你该怎么办30′(首播)</td></tr>
<tr><td>23:07</td><td colspan="2">频道宣传1′</td></tr>
<tr><td>23:08</td><td colspan="2">广告5′</td></tr>
<tr><td>23:13</td><td rowspan="6">食全食美30′
(重播)</td><td rowspan="6">电视先锋榜</td></tr>
<tr><td>23:20</td><td colspan="5">频道宣传2′</td></tr>
<tr><td>23:22</td><td colspan="5">广告3′</td></tr>
<tr><td>23:25</td><td colspan="5">生活秀13′(重播)</td></tr>
<tr><td>23:38</td><td colspan="5">广告3′</td></tr>
<tr><td>23:41</td><td colspan="5">公共宣传2′</td></tr>
<tr><td>23:43</td><td colspan="5" rowspan="2">食全食美30′(重播)</td><td colspan="2">广告3′</td></tr>
<tr><td>23:46</td><td rowspan="4">7日7频道
精编50′
(重播)</td><td rowspan="4">生活面对面
精编50′
(重播)</td></tr>
<tr><td>0:13</td><td colspan="5">广告4′</td></tr>
<tr><td>0:17</td><td colspan="5">公共宣传2′</td></tr>
<tr><td>0:19</td><td colspan="5">健康生活20′(重播)</td></tr>
</table>

续表

<table>
<tr><th>时间</th><th>星期一</th><th>星期二</th><th>星期三</th><th>星期四</th><th>星期五</th><th>星期六</th><th>星期日</th></tr>
<tr><td>0:36</td><td colspan="5">健康生活 20′(重播)</td><td colspan="2">广告 3′</td></tr>
<tr><td>0:39</td><td colspan="5" rowspan="2">广告 3′</td><td colspan="2">公共宣传 2′</td></tr>
<tr><td>0:41</td><td rowspan="6">我爱我车 45′
(重播)</td><td rowspan="6">生活大调查
精编版 45′
(重播)</td></tr>
<tr><td>0:42</td><td colspan="5">公共宣传 2′</td></tr>
<tr><td>0:44</td><td colspan="5">生活大调查 20′(重播)</td></tr>
<tr><td>1:04</td><td colspan="5">广告 3′</td></tr>
<tr><td>1:07</td><td colspan="5">频道宣传 1′</td></tr>
<tr><td>1:08</td><td rowspan="3">魅力周末
50′(重播)</td><td rowspan="3">快乐周末
50′(重播)</td><td rowspan="3">魅力周末
50′(重播)</td><td rowspan="3">快乐周末
50′(重播)</td><td rowspan="3">7 日 7 频道
精编 50′
(重播)</td></tr>
<tr><td>1:26</td><td colspan="2">广告 2′</td></tr>
<tr><td>1:28</td><td>重述真情 30′
(重播)</td><td>心灵密码 30′
(重播)</td></tr>
<tr><td>1:58</td><td colspan="7">节目预告、结束语 2′</td></tr>
<tr><td>2:00</td><td colspan="7">结束</td></tr>
</table>

2009 年 BTV-8(青少频道)节目编排方案

<table>
<tr><th>时间</th><th>星期一</th><th>星期二</th><th>星期三</th><th>星期四</th><th>星期五</th><th>星期六</th><th>星期日</th><th>时间</th></tr>
<tr><td>6:00</td><td colspan="5">开播曲、报告节目、频道宣传 1′</td><td colspan="2">频道宣传 10′</td><td>6:00</td></tr>
<tr><td>6:01</td><td>探索 50′
(周末版)</td><td colspan="4">探索 50′</td><td>探索 50′</td><td>探索 50′
(周末版)</td><td>6:10</td></tr>
<tr><td>6:51</td><td colspan="5">公共宣传 1′ + 频道宣传 1′</td><td colspan="2">频宣 1′ +公宣 2′ +频宣 2′</td><td>7:00</td></tr>
<tr><td rowspan="2">6:53</td><td colspan="5" rowspan="2">北京青年 28′</td><td>北京青年 28′</td><td rowspan="2">电视先锋榜 30′</td><td rowspan="2">7:05</td></tr>
<tr><td>7:33 公宣 2′</td></tr>
<tr><td>7:21</td><td colspan="5">广告 3′ + 公共宣传 2′</td><td colspan="2">频宣 1′ +广告 3′ +公宣 1′</td><td>7:35</td></tr>
<tr><td>7:26</td><td colspan="5">八区帮帮忙 30′</td><td rowspan="2">快乐起飞 50′</td><td rowspan="2">SK 状元榜 50′</td><td rowspan="2">7:40</td></tr>
<tr><td>7:56</td><td colspan="5">广告 2′ + 公共宣传 2′ + 频道宣传 2′</td></tr>
<tr><td>8:02</td><td colspan="5">谁在说 30′</td><td colspan="2">公宣 1′ + 广告 3′ + 频宣 1′</td><td>8:30</td></tr>
<tr><td>8:32</td><td colspan="5">八区故事 28′</td><td rowspan="2">悦读会 50′</td><td rowspan="2">替身 50′</td><td rowspan="2">8:35</td></tr>
<tr><td>9:00</td><td colspan="5">广告 2′+上集回放 1′+广告 2′</td></tr>
<tr><td>9:05</td><td colspan="5">电视剧场 54′ 正片 48′(中插广告 2′30″) +广告 2′+下集预告 1′+公共宣传 1′</td><td colspan="2">公宣 1′ + 广告 3′ +频宣 1′</td><td>9:25</td></tr>
<tr><td>9:59</td><td colspan="5">广告 2′+上集回放 1′+广告 2′</td><td rowspan="2">炫影院 90′</td><td rowspan="2">炫影院 90′</td><td rowspan="2">9:30</td></tr>
<tr><td>10:04</td><td colspan="5">电视剧场 54′ 正片 48′(中插广告 2′30″) +广告 2′+下集预告 1′+ 频道宣传 1′</td></tr>
<tr><td>10:58</td><td colspan="5">广告 2′+上集回放 1′+广告 2′</td><td colspan="2">频道宣传 1′+ 广告 3′
+公共宣传 1′</td><td>11:00</td></tr>
<tr><td>11:03</td><td colspan="5">电视剧场 53′ 正片 48′(中插广告 2′30″) +广告 2′+下集预告 1′</td><td>情感部落格 50′</td><td>情感部落格 50′</td><td>11:05</td></tr>
<tr><td>11:56</td><td colspan="5">频道宣传 2′ + 公共宣传 2′</td><td colspan="2">频道宣传 1′+广告 2′
+公共宣传 2′</td><td>11:55</td></tr>
</table>

续表

时间	星期一	星期二	星期三	星期四	星期五	星期六	星期日	时间
12:00	探索 50′（周末版）	探索 50′					探索 50′（周末版）	12:00
12:50	广告 2′ + 频道宣传 1′ + 广告 2′							12:50
12:55	情感部落格 50′	情感部落格 50′	电视先锋榜 50′	快乐起飞 50′	替身 50′	北京男孩 50′	SK 状元榜 50′	12:55
13:45	广告 2′ + 上集回放 1′ + 广告 2′							13:45
13:50	重播八区剧场 55′ 正片 48′（中插广告 2′30″） + 广告 2′ + 下集预告 1′ + 公共宣传 2′							13:50
14:45	广告 2′ + 上集回放 1′ + 广告 2′							14:45
14:50	重播八区剧场 55′ 正片 48′（中插广告 2′30″） + 广告 2′ + 下集预告 1′ + 公共宣传 2′							14:50
15:45	频道宣传 1′ + 广告 2′						频宣 6′ + 广告 2′ + 公宣 2′	15:45
15:48	电视先锋榜 30′	八区故事 28′						
16:16	广告 2′ + 公共宣传 2′					16:16 公宣 2′ + 广告 2′ + 频宣 6′	北京男孩 50′	15:55
16:20	北京青年 28′					16:26 北京青年 28′	频宣 6′ + 广告 2′ + 公宣 2′ + 广告 2′ + 公宣 1′	16:45
16:48	频道宣传 2′ + 广告 2′ + 公共宣传 2′					16:54 频宣 1′ + 广告 2′ + 频宣 1′		
16:54	谁在说 30′					谁在说 30′		16:58
17:24	广告 2′ + 公共宣传 2′					频宣 6′ + 广告 2′ + 公宣 2′		17:28
17:28	八区帮帮忙 30′					探索（周末版）50′		17:38
17:58	广告 2′ + 公共宣传 2′							
18:02	悦读会 50′	替身 50′	情感部落格 50′	情感部落格 50′	快乐起飞 50′	频宣 1′ + 广告 2′ + 公宣 1′ + 频宣 1′		18:28
18:52	频道宣传 1′ + 广告 2′ + 公共宣传 1′					SK 状元榜 50′	快乐起飞 50′	18:33
18:56	八区故事 28′							
19:24	广告 2′ + 频道宣传 1′					频道宣传 1′ + 广告 2′ + 公共宣传 1′		19:23
19:27	谁在说 30′							19:27
19:57	广告 2′					频道宣传 1′ + 广告 2′		19:57
19:59	北京青年 28′					情感部落格 50′		20:00
20:27	广告 2′					广告 2′ + 频道宣传 1′		20:50
20:29	八区帮帮忙 30′					替身 50′	悦读会 50′	20:53
20:59	频道宣传 1′ + 广告 2′ + 公共宣传 1′ + 广告 2′					广告 2′ + 频道宣传 1′		21:43
21:05	探索 50′					北京男孩 50′	探索特别节目 50′	21:46

续表

时间	星期一	星期二	星期三	星期四	星期五	星期六	星期日	时间
21:55	广告 2′ + 上集回放 1′ + 广告 2′					广告 2′ + 上集回放 1′ + 广告 2′		22:36
22:00	八区剧场 54′正片 48′（中插广告 2′30″）+ 广告 2′ + 下集预告 1′ + 公共宣传 1′					八区剧场 54′正片 48′（中插广告 2′30″）+ 广告 2′ + 下集预告 1′ + 公共宣传 1′		22:41
22:54	频道宣传 1′ + 广告 2′ + 上集回放 1′ + 广告 2′					频道宣传 1′ + 广告 2′ + 上集回放 1′ + 广告 2′		23:35
23:00	八区剧场 54′正片 48′（中插广告 2′30″）+ 广告 2′ + 下集预告 1′ + 频道宣传 1′					八区剧场 54′正片 48′（中插广告 2′30″）+ 广告 2′ + 下集预告 1′ + 频道宣传 1′		23:41
23:54	谁在说 30′					谁在说 30′		00:35
00:24	频道宣传 1′					频道宣传 1′		01:05
00:25	探索 50′					探索(周末版)50′		01:06
01:15	北京青年 28′					八区故事 28′		01:56
01:43	八区故事 28′					结束		02:24
02:11	结束							

2009 年 BTV-9(公共频道)节目编排方案

时间	星期一	星期二	星期三	星期四	星期五	星期六	星期日	时间
6:00	开播曲、报告节目、频道宣传 2′A							6:00
6:02	平安生活 30′	消费观察 30′	京郊大地 30′	手机江湖 30′	我的父亲母亲 30′	京郊大地 30′	手机江湖 30′	6:02
6:32	频道宣传 1′B + 公共宣传 2′							6:32
6:35	都市阳光 20′ 锦绣崇文	都市阳光 20′ 缤纷西城	都市阳光 20′ 华彩宣武	都市阳光 20′ 锦绣崇文	税务周刊 20′	都市阳光 20′ 缤纷西城	都市阳光 20′ 华彩宣武	6:35
6:55	频道宣传 1′A + 公共宣传 2′ + 频道宣传 2′B							6:55
7:00	红绿灯——早间直播 30′					都市阳光——DV 生活 20′ 公宣 + 频宣 10′	消费观察 30′	7:00
7:30	消费观察 30′	电视先锋榜 30′	消费观察 30′	人民记忆 30′	平安生活 30′	电视先锋榜 30′	人民记忆 30′	7:30
8:00	公共宣传 1′ + 频道宣传 2′A + 公共宣传 2′							8:00
8:05	故事汇 20′						人才 20′	8:05
8:25	频道宣传 1′B + 公共宣传 2′ + 频道宣传 2′B							8:25
8:30	身边 28′(重播卫视) + 公共宣传 2′							8:30
9:00	广告 2′ + 上集回放 1′ + 广告 2′							9:00
9:05	重播晚间电视剧 55′ 正片 48′（中插广告 2′30″）+ 广告 2′ + 下集预告 1′ + 公共宣传 2′							9:05

续表

<table>
<tr><th>时间</th><th>星期一</th><th>星期二</th><th>星期三</th><th>星期四</th><th>星期五</th><th>星期六</th><th>星期日</th><th>时间</th></tr>
<tr><td>10:00</td><td colspan="7">广告2′+上集回放1′+广告2′</td><td>10:00</td></tr>
<tr><td>10:05</td><td colspan="7">重播晚间电视剧55′ 正片48′（中插广告2′30″）+广告2′+下集预告1′+公共宣传2′</td><td>10:05</td></tr>
<tr><td>11:00</td><td>都市阳光——DV生活20′</td><td colspan="5">11:00 北京故事15′</td><td>电视先锋榜30′</td><td>11:00</td></tr>
<tr><td>11:20</td><td>公宣2′+空气质量播报′+旅游天气预报3′</td><td colspan="5">11:15 频道宣传2′A+广告2′</td><td rowspan="2">频宣2′A+广告2′+频宣1′B</td><td rowspan="2">11:30</td></tr>
<tr><td>11:30</td><td>频宣2′A+广告2′+频宣1′B</td><td colspan="5">11:19 红绿灯25′</td></tr>
<tr><td rowspan="2">11:35</td><td rowspan="2">京郊大地30′</td><td colspan="5">11:44 频道宣传1′B+广告2′</td><td rowspan="3">这里是北京50′</td><td rowspan="2">11:35</td></tr>
<tr><td colspan="5">11:47 四海漫游20′</td></tr>
<tr><td>12:05</td><td>频宣2′A+广告2′+频宣1′B</td><td colspan="5">12:07 频道宣传1′B +广告2′</td><td>12:05</td></tr>
<tr><td>12:10</td><td>税务周刊20′</td><td colspan="5">12:10 故事汇20′</td><td>频宣2′A+广告2′+公宣1′</td><td>12:25</td></tr>
<tr><td>12:30</td><td colspan="7">电视购物50′(一三五首播,二四六日重播)</td><td>12:30</td></tr>
<tr><td>13:20</td><td colspan="7">频道宣传2′A + 公共宣传2′+ 频道宣传1′B</td><td>13:20</td></tr>
<tr><td>13:25</td><td colspan="7">身边28′(重播卫视) + 公共宣传2′</td><td>13:25</td></tr>
<tr><td>13:55</td><td colspan="7">空气质量播报5′</td><td>13:55</td></tr>
<tr><td>14:00</td><td colspan="7">广告2′+上集回放1′+广告2′</td><td>14:00</td></tr>
<tr><td>14:05</td><td colspan="7">午间电视剧55′正片48′（中插广告2′30″）+广告2′ +下集预告1′ +公共宣传2′</td><td>14:05</td></tr>
<tr><td>15:00</td><td colspan="7">广告2′+上集回放1′+广告2′</td><td>15:00</td></tr>
<tr><td>15:05</td><td colspan="7">午间电视剧55′正片48′（中插广告2′30″）+广告2′ +下集预告1′ +公共宣传2′</td><td>15:05</td></tr>
<tr><td>16:00</td><td colspan="7">广告2′+上集回放1′+广告2′</td><td>16:00</td></tr>
<tr><td>16:05</td><td colspan="7">午间电视剧55′正片48′（中插广告2′30″）+广告2′ +下集预告1′+公共宣传2′</td><td>16:05</td></tr>
<tr><td>17:00</td><td colspan="7">频道宣传1′A + 广告2′+ 公共宣传2′</td><td>17:00</td></tr>
<tr><td>17:05</td><td colspan="7">红绿灯-平安行(直播)55′(含广告)</td><td>17:05</td></tr>
<tr><td>18:00</td><td colspan="7">频道宣传2′A+ 广告3′</td><td>18:00</td></tr>
<tr><td>18:05</td><td>都市阳光20′ 锦绣崇文</td><td colspan="5">四海漫游20′</td><td>都市阳光20′ 华彩宣武</td><td>18:05</td></tr>
<tr><td>18:25</td><td colspan="7">频道宣传1′B + 广告2′+ 公共宣传2′</td><td>18:25</td></tr>
<tr><td>18:30</td><td colspan="7">空气质量播报5′</td><td>18:30</td></tr>
<tr><td>18:35</td><td>都市阳光20′ 缤纷西城</td><td colspan="5">故事汇20′</td><td>税务周刊20′</td><td>18:35</td></tr>
<tr><td>18:55</td><td colspan="7">旅游天气预报3′</td><td>18:55</td></tr>
<tr><td>18:58</td><td colspan="7">广告2′</td><td>18:58</td></tr>
</table>

续表

时间	星期一	星期二	星期三	星期四	星期五	星期六	星期日	时间
19:00	平安生活30′	我的父亲母亲30′	手机江湖30′	消费观察30′	平安生活30′	消费观察30′	京郊大地30′	19:00
19:30	都市阳光——DV生活20′公宣+频宣10′	消费观察30′	平安生活30′	税务周刊20′	都市阳光20′缤纷西城	都市阳光20′华彩宣武	都市阳光20′锦绣崇文	19:30
				频道宣传2′A+空气质量播报5′+旅游天气预报3′				19:50
20:00	身边28′(重播卫视)+公共宣传2′						20:00 好戏周周看150′	20:00
20:30	电视先锋榜30′	都市阳光——DV生活20′公宣+频宣10′	消费观察30′	平安生活30′	都市阳光——DV生活20′公宣+频宣10′	人民记忆30′		
21:00	公共宣传1′+广告2′							
21:03	空气质量播报5′+旅游天气预报3′							
21:11	频道宣传2′A+广告2′							21:00
21:15	北京故事15′					京郊大地30′		21:15
21:30	广告2′					频宣2′C+广告2′+频宣1′B		21:45
21:32	红绿灯25′					我的父亲母亲30′		21:50
21:57	广告2′							
21:59	四海漫游20′					频宣2′D+广告2′+频宣1′B		22:20
22:19	广告2′					手机江湖30′		22:25
22:21	故事汇20′							
22:41	频道宣传2′B					公宣2′+广告2′+频宣1′B		22:55
22:43	广告2′+上集回放1′+广告2′					23:00		22:30
22:48	晚间电视剧55′正片48′(中插广告2′30″)+广告2′+下集预告1′+公共宣传2′					23:05 晚间剧	晚间剧	22:35
23:43	广告2′+上集回放1′+广告2′					00:00		23:30
23:48	晚间电视剧55′正片48′(中插广告2′30″)+广告2′+下集预告1′+公共宣传2′					00:05 晚间剧	晚间剧	23:35
00:43	北京故事15′					01:00 京郊大地30′	京郊大地30′	00:30
00:58	红绿灯25′						我的父亲母亲30′	01:00
01:23	四海漫游20′					01:30 我的父亲母亲30′		
01:43	故事汇20′						手机江湖30′	01:30
02:03	结束					02:00 结束	结束	02:00

2009 年 BTV-10(卡酷动画卫视)节目编排方案

时间	星期一	星期二	星期三	星期四	星期五	星期六	星期日
4:04	宣传 1 3′						
4:07	漫话天下 27′(重播本期)（含宣传 2 3′)					卡酷全卡通 57 ′(重播本周)（含宣 2 3 4)	
4:34	宣传 3 3′						
4:37	十分开心 27′(重播本期)（含宣传 4 3′)						
5:04	宣传 5 3′						
5:07	闪天下 27′(重播本期)（含宣传 6 3′)						
5:34	宣传 7 3′						
5:37	玩具总动员 Ⅲ 5′						
5:42	宣传 8 3′						
5:45	漫话天下 27′(重播上上期)（含宣传 9 3′)					七色光 57′(重播本周)(含宣 9, 10, 11)	宝贝星计划 57′(重播本周)(含宣 9,10,11)
6:12	宣传 10 3′						
6:15	乐乐园 27′(含宣传 11 3′)						
6:42	玩具总动员Ⅱ 5′	玩具总动员 Ⅱ 5′					
6:47	宣传 12 3′						
6:50	KAKU 夏令营 Ⅰ——第 1 集 27′(含宣传 13 3′)					KAKU 周末超级大连播——第 1 集 27′（含宣传 13 3′)	
7:17	宣传 14 3′						
7:20	KAKU 夏令营 Ⅰ——第 2 集 27′(含宣传 15 3′)					KAKU 周末超级大连播——第 2 集 27′（含宣传 15 3′)	
7:47	宣传 16 3′						
7:50	KAKU 夏令营 Ⅰ——第 3 集 27′(含宣传 17 3′)					KAKU 周末超级大连播——第 3 集 27′（含宣传 17 3′)	
8:17	宣传 18 3′						
8:20	KAKU 夏令营 Ⅰ——第 4 集 27′(含宣传 19 3′)					KAKU 周末超级大连播——第 4 集 27′（含宣传 19 3′)	
8:47	宣传 20 3′						
8:50	KAKU 夏令营 Ⅰ——第 5 集 27′(含宣传 21 3′)					KAKU 周末超级大连播——第 5 集 27′（含宣传 21 3′)	
9:17	宣传 22 3′						
9:20	KAKU 夏令营 Ⅰ——第 6 集 27′(含宣传 23 3′)					KAKU 周末超级大连播——第 6 集 27′（含宣传 23 3′)	
9:47	宣传 24 3′						
9:50	KAKU 夏令营 Ⅰ——第 7 集 27′(含宣传 25 3′)					KAKU 周末超级大连播——第 7 集 27′(含宣传 25 3′)	
10:17	宣传 26 3′						

续表

时间	星期一	星期二	星期三	星期四	星期五	星期六	星期日
10:20	KAKU夏令营Ⅰ——第8集27′(含宣传27 3′)					KAKU周末超级大连播——第8集27′(含宣传27 3′)	
10:47	宣传28 3′						
10:50	KAKU夏令营Ⅰ——第9集27′(含宣传29 3′)					KAKU周末超级大连播——第9集27′(含宣传29 3′)	
11:17	宣传30 3′						
11:20	KAKU夏令营Ⅰ——第10集27′(含宣传31 3′)					KAKU周末超级大连播——第10集27′(含宣传31 3′)	
11:47	宣传32 3′						
11:50	KAKU午喜欢——第1集27′(含宣传33 3′)						
12:17	宣传34 3′						
12:20	KAKU午喜欢——第2集27′(含宣传35 3′)						
12:47	宣传36 3′						
12:50	玩具总动员Ⅲ 5′	玩具总动员Ⅲ 5′					
12:55	KAKU午喜欢——第3集27′(含宣传37 3′)						
13:22	宣传38 3′						
13:25	KAKU夏令营Ⅱ——第1集27′(含宣传39 3′)						
13:52	宣传40 3′						
13:55	KAKU夏令营Ⅱ——第2集27′(含宣传41 3′)						
14:22	宣传42 3′						
14:25	KAKU夏令营Ⅱ——第3集27′(含宣传43 3′)						
14:51	宣传44 4′						
14:55	KAKU夏令营Ⅱ——第4集27′(含宣传45 3′)						
15:22	宣传46 3′						
15:25	KAKU夏令营Ⅱ——第5集27′(含宣传47 3′)						
15:52	宣传48 3′						
15:55	旗舰店Ⅰ 26′	旗舰店Ⅰ(重播)	旗舰店Ⅰ26′	旗舰店Ⅰ(重播)	旗舰店Ⅰ(重播)	旗舰店周末版26′	旗舰店周末版26′
16:22	宣传49 4′						
16:25	小神龙俱乐部27′(含宣传50 3′)						
16:52	玩具总动员Ⅱ 5′(重播)						
16:57	宣传51 3′						
17:00	KAKU中国制造Ⅰ——第1集27′(含宣传52 3′)						
17:27	宣传53 3′						
17:30	KAKU中国制造Ⅰ——第2集27′(含宣传54 3′)						
17:57	宣传55 3′						

续表

时间	星期一	星期二	星期三	星期四	星期五	星期六	星期日
18:00	KAKU 中国制造Ⅱ 57′(含宣传 56 3′ 57 3′ 58 3′)						
18:57	宣传 59 3′						
19:00	闪天下 27′(含宣传 60 3′)						
19:27	宣传 61 3′						
19:30	十分开心 27′(含宣传 62 3′)						
19:57	宣传 63 3′						
20:00	KAKU 酷片酷映——第 1 集 27′(含宣传 64 3′)				七色光 57′(含宣 64,65,66)	KAKU 酷片酷映——第 1 集 27′(含宣传 64 3′)	
20:27	宣传 65 3′						
20:30	KAKU 酷片酷映——第 2 集 27′(含宣传 66 3′)					KAKU 酷片酷映——第 2 集 27′(含宣传 66 3′)	
20:57	宣传 67 3′						
21:00	KAKU 玩具总动员Ⅲ 5′(重播)						
21:05	动漫酷地带 57′(含宣传 68 3′ 69 3′ 70 3′)						
22:02	宣传 71 3′						
22:05	漫话天下 27′(含宣传 72 3′)					卡酷全卡通 57 ′(含宣 72 73 74)	
22:32	宣传 73 3′						
22:35	KAKU 午喜欢——第 1 集 27′(重播当日)(含宣传 74 3′)						
23:02	宣传 75 3′						
23:05	KAKU 午喜欢——第 2 集 27′(重播当日)(含宣传 76 3′)					宝贝星计划 57 ′(含宣 76 77 78)	七色光 57′(重播上周)(含宣 76 77 78)
23:32	宣传 77 3′						
23:35	KAKU 午喜欢——第 3 集 27′(重播当日)(含宣传 78 3′)						
0:02	宣传 79 3′						
0:05	动漫酷地带 57′(重播当日)(含宣传 80 81 82)						
1:02	宣传 83 3′						
1:05	闪天下 27′(重播本期)(含宣传 84 3′)					卡酷全卡通 57 ′(重播上周)(含宣 84 85 86)	
1:32	宣传 85 3′						
1:35	漫话天下 27′(重播本期)(含宣传 86 3′)						
2:02	宣传 87 3′						
2:05	十分开心 27′(重播上上上期)(含宣传 88 3′)						
2:32	宣传 89 3′						
2:35	动漫酷地带 57′(重播上上期)(含宣传 90 91 92)						
3:32	宣传 93 3′						
3:35	KAKU 玩具总动员Ⅱ 5′(重播)						
3:40	闪天下 24′(重播上上期)						
	接次日						

十一、广告价目表

BTV

Beijing Television

2009 年北京电视台广告价目表

广告部

2009 年栏目广告价格表(A 类)(BTV -1)

频道	栏目	播出时间	刊例价(单位:元)		
			30 秒	15 秒	5 秒
BTV -1	《北京您早》	周一~周日 07:00	13000	7800	3900
BTV -1	《中华文明大讲堂》	周日 11:05	15000	9000	4500
BTV -1	《身边》	周一~周日 11:58	27000	16200	8100
BTV -1	《特别关注》	周一~周日 12:30	50000	30000	15000
BTV -1	《新闻晚高峰》	周一~周日 18:00	38000	22800	11400
BTV -1	《看气象》片前	周一~周日 19:30	50000	30000	15000
BTV -1	《真情》	周一 21:35	35000	21000	10500
BTV -1	《这里是北京》	周二 21:35	35000	21000	10500
BTV -1	《档案》	周三 21:35	35000	21000	10500
BTV -1	《五星夜话》	周四 21:35	40000	24000	12000
BTV -1	《天下收藏》	周五 21:35	45000	27000	13500
BTV -1	《真情耀中华》	周六 20:35	50000	30000	15000
BTV -1	《晚间新闻报道》	周一~周日 22:30	43000	25800	12900

2009 年栏目广告价格表(B 类)(BTV -1)

频道	栏目	播出时间	刊例价(单位:元)		
			30 秒	15 秒	5 秒
BTV -1	《新闻手语》	周一~周日 08:30	10000	6000	3000
BTV -1	《天下天天谈》	周一~周五 13:05	15000	9000	4500
BTV -1	《国际双行线》	周六 13:05	12000	7200	3600
BTV -1	《环球冲浪》	周日 13:05	10000	6000	3000
BTV -1	《人民记忆》	周五 23:25	10000	6000	3000

2009年A类时段广告价格表(BTV－1)

段位	频道	播出时间	刊例价(单位:元)		
			30秒	15秒	5秒
Aa01	BTV－1	11:55－11:58	18000	10800	5400
Aa02	BTV－1	12:26－12:30	33000	19800	9900
Aa03	BTV－1	13:00－13:05	20000	12000	6000
Aa04	BTV－1	17:48－18:00(周一～周五)	20000	12000	6000
Aa05	BTV－1	《看气象》片尾	44000	26400	13200
Aa06	BTV－1	明星剧场1集前	38000	22800	11400
Aa07	BTV－1	明星剧场1集上集回放	43000	25800	12900
Aa08	BTV－1	明星剧场1集下集预告	43000	25800	12900
Aa09	BTV－1	明星剧场2集前	40000	24000	12000
Aa10	BTV－1	明星剧场2集上集回放(周一～周五、周日)	45000	27000	13500
Aa11	BTV－1	明星剧场2集中插(周一～周五、周日)	60000	36000	18000
Aa12	BTV－1	明星剧场2集下集预告(周一～周五、周日)	42000	25200	12600
Aa13	BTV－1	21:29－21:35(周一～周五)	30000	18000	9000
Aa14	BTV－1	明星剧场3集前(周日)	40000	24000	12000
Aa15	BTV－1	明星剧场3集上集回放(周日)	45000	27000	13500
Aa16	BTV－1	明星剧场3集中插(周日)	60000	36000	18000
Aa17	BTV－1	明星剧场3集下集预告(周日)	42000	25200	12600
Aa18	BTV－1	22:25－22:30	30000	18000	9000
Aa19	BTV－1	23:20－23:25	20000	12000	6000

2009年B类时段广告价格表(BTV－1)

段位	频道	播出时间	刊例价(单位:元)		
			30秒	15秒	5秒
Ba01	BTV－1	06:52－07:00	10000	6000	3000
Ba02	BTV－1	重播红星剧场1集前	7000	4200	2100
Ba03	BTV－1	重播红星剧场1集上集回放	7000	4200	2100
Ba04	BTV－1	重播红星剧场1集中插	8000	4800	2400
Ba05	BTV－1	重播红星剧场1集下集预告	7000	4200	2100
Ba06	BTV－1	重播红星剧场2集前	7000	4200	2100
Ba07	BTV－1	重播红星剧场2集中插	8000	4800	2400
Ba08	BTV－1	11:02－11:05	7000	4200	2100
Ba09	BTV－1	玫瑰剧场1集前	10000	6000	3000
Ba10	BTV－1	玫瑰剧场1集上集回放	11000	6600	3300
Ba11	BTV－1	玫瑰剧场1集中插	12000	7200	3600
Ba12	BTV－1	玫瑰剧场1集下集预告	11000	6600	3300

续表

段位	频道	播出时间	刊例价(单位:元)		
			30 秒	15 秒	5 秒
Ba13	BTV－1	玫瑰剧场 2 集前	10000	6000	3000
Ba14	BTV－1	玫瑰剧场 2 集中插	12000	7200	3600
Ba15	BTV－1	玫瑰剧场 2 集下集预告	11000	6600	3300
Ba16	BTV－1	玫瑰剧场 3 集前(周一～周五)	10000	6000	3000
Ba17	BTV－1	玫瑰剧场 3 集中插(周一～周五)	12000	7200	3600
Ba18	BTV－1	玫瑰剧场 3 集下集预告(周一～周五)	10000	6000	3000
Ba19	BTV－1	玫瑰剧场 4 集前(周一～周五)	10000	6000	3000
Ba20	BTV－1	玫瑰剧场 4 集中插(周一～周五)	12000	7200	3600
Ba21	BTV－1	玫瑰剧场 4 集下集预告(周一～周五)	10000	6000	3000

2009 年 C 类时段广告价格表(BTV－1)

段位	频道	播出时间	刊例价(单位:元)		
			30 秒	15 秒	5 秒
Ca01	BTV－1	06:00－06:02	6000	3600	1800
Ca02	BTV－1	23:55－00:00	7000	4200	2100
Ca03	BTV－1	00:42－00:50	7000	4200	2100
Ca04	BTV－1	夜间电视剧时段	5000	3000	1500

2009 年栏目广告价格表(A 类)(BTV－2)

频道	栏目	播出时间	刊例价(单位:元)		
			30 秒	15 秒	5 秒
BTV－2	《明星影院》	周一～周日 12:30	14000	8400	4200
BTV－2	《笑动 2009》	周一～周日 18:00	18000	10800	5400
BTV－2	《音乐风云榜》	周一～周日 18:30	24000	14400	7200
BTV－2	《每日文娱播报》	周一～周日 19:00	38000	22800	11400
BTV－2	《百姓秀场》	周一 21:25	24000	14400	7200
BTV－2	《光荣绽放》	周二 21:25	26000	15600	7800
BTV－2	《影视风云路》	周三 21:25	24000	14400	7200
BTV－2	《喜来坞》	周四 21:25	22000	13200	6600
BTV－2	《神州音话》	周五 21:25	30000	18000	9000
BTV－2	《周末七十分》	周日 21:25	28000	16800	8400
BTV－2	《天天影视圈》	周一～周五 22:10	23000	13800	6900
BTV－2	《最佳现场》	周一～周日 22:40	20000	12000	6000

2009 年栏目广告价格表(B 类)(BTV -2)

频道	栏目	播出时间	刊例价(单位:元)		
			30 秒	15 秒	5 秒
BTV -2	《艺苑新视角》	周六 16:35	6000	3600	1800
BTV -2	《爱音乐》	周一~周日 17:30	12000	7200	3600
BTV -2	《天籁村》	周一~周日 23:50	8000	4800	2400

2009 年 A 类时段广告价格表(BTV -2)

段位	频道	播出时间	刊例价(单位:元)		
			30 秒	15 秒	5 秒
Ab01	BTV -2	12:25 -12:30	8000	4800	2400
Ab02	BTV -2	17:55 -18:00	12000	7200	3600
Ab03	BTV -2	18:25 -18:30	16000	9600	4800
Ab04	BTV -2	18:55 -19:00	22000	13200	6600
Ab05	BTV -2	北京剧场 1 集前	32000	19200	9600
Ab06	BTV -2	北京剧场 1 集上集回放	34000	20400	10200
Ab07	BTV -2	北京剧场 1 集下集预告	36000	21600	10800
Ab08	BTV -2	北京剧场 2 集前	37000	22200	11100
Ab09	BTV -2	北京剧场 2 集上集回放	38000	22800	11400
Ab10	BTV -2	北京剧场 2 集中插	42000	25200	12600
Ab11	BTV -2	北京剧场 2 集下集预告	38000	22800	11400
Ab12	BTV -2	21:21 -21:25	20000	12000	6000
Ab13	BTV -2	22:07 -22:10(周一~周五)	20000	12000	6000
Ab14	BTV -2	22:35 -22:40	18000	10800	5400

2009 年 B 类时段广告价格表(BTV -2)

段位	频道	播出时间	刊例价(单位:元)		
			30 秒	15 秒	5 秒
Bb01	BTV -2	09:15 -09:30	6000	3600	1800
Bb02	BTV -2	10:12 -10:15(周二~周六)	6000	3600	1800
Bb03	BTV -2	10:40 -10:45	8000	4800	2400
Bb04	BTV -2	11:12 -11:20	8000	4800	2400
Bb05	BTV -2	11:45 -12:00	8000	4800	2400
Bb06	BTV -2	14:10 -14:15	5000	3000	1500
Bb07	BTV -2	14:40 -14:50	5000	3000	1500
Bb08	BTV -2	17:17 -17:30	5000	3000	1500
Bb09	BTV -2	23:05 -23:18	8000	4800	2400

2009 年 C 类时段广告价格表(BTV－2)

段位	频道	播出时间	刊例价(单位:元)		
			30 秒	15 秒	5 秒
Cb01	BTV－2	重播北京剧场 1 集前	4000	2400	1200
Cb02	BTV－2	重播北京剧场 1 集中插	5000	3000	1500
Cb03	BTV－2	重播北京剧场 1 集下集预告	4000	2400	1200
Cb04	BTV－2	重播北京剧场 2 集前	4000	2400	1200
Cb05	BTV－2	重播北京剧场 2 集中插	5000	3000	1500
Cb06	BTV－2	重播北京剧场 2 集下集预告	4000	2400	1200
Cb07	BTV－2	15:32－15:35(周二～周六)	5000	3000	1500
Cb08	BTV－2	16:00－16:05	5000	3000	1500
Cb09	BTV－2	16:30－16:35	5000	3000	1500
Cb10	BTV－2	23:45－23:50	5000	3000	1500
Cb11	BTV－2	00:10－00:18	5000	3000	1500

2009 年栏目广告价格表(A 类)(BTV－3)

频道	栏目	播出时间	刊例价(单位:元)		
			30 秒	15 秒	5 秒
BTV－3	《法治进行时》	周一～周日 12:00	70000	42000	21000
BTV－3	《大家说法》	周一～周日 12:20	70000	42000	21000
BTV－3	《魅力科学》	周一～周日 12:45	15000	9000	4500
BTV－3	《传奇》	周一～周日 19:05	20000	12000	6000
BTV－3	《非常网络》	周一 20:00	18000	10800	5400
BTV－3	《非常说名》	周二 20:01	18000	10800	5400
BTV－3	《非常接触》	周三 20:00	20000	12000	6000
BTV－3	《非常夫妻》原《夫妻剧场》	周四 20:00	24000	14400	7200

2009 年栏目广告价格表(B 类)(BTV－3)

频道	栏目	播出时间	刊例价(单位:元)		
			30 秒	15 秒	5 秒
BTV－3	《晚晴》	周一 09:55	6600	3960	1980
BTV－3	《传奇中国》	周一～周日 18:40	12000	7200	3600
BTV－3	《非常父母》原《名人之后》	周五 20:00	15000	9000	4500

续表

频道	栏目	播出时间	刊例价(单位:元)		
			30 秒	15 秒	5 秒
BTV - 3	《非常女人》	周六 20:00	16000	9600	4800
BTV - 3	《科学实验室》	周一 ~ 周日 18:20	10000	6000	3000
BTV - 3	《寻秘》	周一 ~ 周六 10:35	7000	4200	2100
BTV - 3	《魅力自然》	周日 10:35	7000	4200	2100
BTV - 3	《养心堂》	周一 ~ 周六 17:00	8000	4800	2400
BTV - 3	《养生堂》	周一 ~ 周六 17:25	12000	7200	3600
BTV - 3	《珍品档案》	周一 ~ 周日 23:45	5000	3000	1500

2009 年 A 类时段广告价格表(BTV - 3)

段位	频道	播出时间	刊例价(单位:元)		
			30 秒	15 秒	5 秒
Ac01	BTV - 3	11:55 - 12:00	39000	23400	11700
Ac02	BTV - 3	12:40 - 12:45	28000	16800	8400

2009 年 B 类时段广告价格表(BTV - 3)

段位	频道	播出时间	刊例价(单位:元)		
			30 秒	15 秒	5 秒
Bc01	BTV - 3	11:25 - 11:30	11000	6600	3300
Bc02	BTV - 3	魅力剧场 1 集前	10000	6000	3000
Bc03	BTV - 3	魅力剧场 1 集上集回放	10000	6000	3000
Bc04	BTV - 3	魅力剧场 1 集中插	8000	4800	2400
Bc05	BTV - 3	魅力剧场 1 集下集预告	5000	3000	1500
Bc06	BTV - 3	魅力剧场 2 集前	5000	3000	1500
Bc07	BTV - 3	魅力剧场 2 集上集回放	5000	3000	1500
Bc08	BTV - 3	魅力剧场 2 集中插	6000	3600	1800
Bc09	BTV - 3	魅力剧场 2 集下集预告	5000	3000	1500
Bc10	BTV - 3	魅力剧场 3 集前	5000	3000	1500
Bc11	BTV - 3	魅力剧场 3 集上集回放	5000	3000	1500
Bc12	BTV - 3	魅力剧场 3 集中插	6000	3600	1800
Bc13	BTV - 3	魅力剧场 3 集下集预告	5000	3000	1500
Bc14	BTV - 3	15:55 - 16:00	5000	3000	1500
Bc15	BTV - 3	16:50 - 17:00	5000	3000	1500
Bc16	BTV - 3	17:50 - 18:00	5000	3000	1500

续表

段位	频道	播出时间	刊例价(单位:元)		
			30 秒	15 秒	5 秒
Bc17	BTV-3	18:35-18:40	7000	4200	2100
Bc18	BTV-3	19:00-19:05	10000	6000	3000
Bc19	BTV-3	19:55-20:00	10000	6000	3000
Bc20	BTV-3	20:50-21:00	12000	7200	3600
Bc21	BTV-3	星月剧场 1 集前	15000	9000	4500
Bc22	BTV-3	星月剧场 1 集上集回放	17000	10200	5100
Bc23	BTV-3	星月剧场 1 集中插	23000	13800	6900
Bc24	BTV-3	星月剧场 1 集下集预告	18000	10800	5400
Bc25	BTV-3	星月剧场 2 集前	15000	9000	4500
Bc26	BTV-3	星月剧场 2 集上集回放	16000	9600	4800
Bc27	BTV-3	星月剧场 2 集中插	20000	12000	6000
Bc28	BTV-3	星月剧场 2 集下集预告	10000	6000	3000
Bc29	BTV-3	23:42-23:45	10000	6000	3000

2009 年 C 类时段广告价格表(BTV-3)

段位	频道	播出时间	刊例价(单位:元)		
			30 秒	15 秒	5 秒
Cc01	BTV-3	07:10-07:15	5000	3000	1500
Cc02	BTV-3	07:50-08:00	5000	3000	1500
Cc03	BTV-3	08:50-09:00	5000	3000	1500
Cc04	BTV-3	10:30-10:35	5000	3000	1500

2009 年 A 类时段广告价格表(BTV-4)

段位	频道	播出时间	刊例价(单位:元)		
			30 秒	15 秒	5 秒
Ad01	BTV-4	17:18 英雄剧场 1 集中插	30000	18000	9000
Ad02	BTV-4	18:18 英雄剧场 2 集中插	38000	22800	11400
Ad03	BTV-4	19:06 情景剧场中插	40000	24000	12000
Ad04	BTV-4	19:22 晚间黄金剧 1 集前	40000	24000	12000
Ad05	BTV-4	19:27 晚间黄金剧 1 集上集回放	42000	25200	12600
Ad06	BTV-4	20:16 晚间黄金剧 1 集下集预告	45000	27000	13500
Ad07	BTV-4	20:22 晚间黄金剧 2 集前	46000	27600	13800
Ad08	BTV-4	20:26 晚间黄金剧 2 集上集回放	47000	28200	14100
Ad09	BTV-4	21:00 晚间黄金剧 2 集中插	63000	37800	18900
Ad10	BTV-4	21:17 晚间黄金剧 2 集下集预告	48000	28800	14400

续表

段位	频道	播出时间	刊例价(单位:元)		
			30秒	15秒	5秒
Ad11	BTV-4	21:23 晚间黄金剧3集前	45000	27000	13500
Ad12	BTV-4	21:27 晚间黄金剧3集上集回放	46000	27600	13800
Ad13	BTV-4	21:53 晚间黄金剧3集中插	66000	39600	19800
Ad14	BTV-4	22:17 晚间黄金剧3集下集预告	42000	25200	12600
Ad15	BTV-4	22:24-22:26	35000	21000	10500
Ad16	BTV-4	22:28 明星影院精选热播上部前	30000	18000	9000
Ad17	BTV-4	22:54 明星影院精选热播上部中插	25000	15000	7500

2009年B类时段广告价格表(BTV-4)

段位	频道	播出时间	刊例价(单位:元)		
			30秒	15秒	5秒
Bd01	BTV-4	08:59 重播晚间黄金剧1集前	6000	3600	1800
Bd02	BTV-4	09:22 重播晚间黄金剧1集中插	7000	4200	2100
Bd03	BTV-4	09:48 重播晚间黄金剧1集下集预告	6000	3600	1800
Bd04	BTV-4	09:52-09:53	6000	3600	1800
Bd05	BTV-4	09:54 重播晚间黄金剧2集前	7000	4200	2100
Bd06	BTV-4	10:22 重播晚间黄金剧2集中插	10000	6000	3000
Bd07	BTV-4	10:43 重播晚间黄金剧2集下集预告	8000	4800	2400
Bd08	BTV-4	10:47-10:49	7000	4200	2100
Bd09	BTV-4	10:55 重播晚间黄金剧3前	8000	4800	2400
Bd10	BTV-4	11:22 重播晚间黄金剧3集中插	12000	7200	3600
Bd11	BTV-4	11:39 重播晚间黄金剧3集下集预告	7000	4200	2100
Bd12	BTV-4	11:43-11:44	7000	4200	2100
Bd13	BTV-4	12:10 家和剧场1集中插	7000	4200	2100
Bd14	BTV-4	12:43 家和剧场1集下集预告	7000	4200	2100
Bd15	BTV-4	12:30-12:32	7000	4200	2100
Bd16	BTV-4	13:10 家和剧场2集中插	8000	4800	2400
Bd17	BTV-4	13:39 家和剧场2集下集预告	7000	4200	2100
Bd18	BTV-4	14:04 家和剧场3集中插	8000	4800	2400
Bd19	BTV-4	14:44 家和剧场3集下集预告	7000	4200	2100
Bd20	BTV-4	16:52 英雄剧场1集前	12000	7200	3600
Bd21	BTV-4	17:42 英雄剧场1集下集预告	22000	13200	6600
Bd22	BTV-4	17:47-17:49	25000	15000	7500
Bd23	BTV-4	17:51 英雄剧场2集前	30000	18000	9000
Bd24	BTV-4	18:41 英雄剧场2集下集预告	35000	21000	10500
Bd25	BTV-4	18:50 情景剧场前	35000	21000	10500
Bd26	BTV-4	23:21 明星影院精选热播下部前	20000	12000	6000
Bd27	BTV-4	23:46 明星影院精选热播下部中插	15000	9000	4500

2009 年 C 类时段广告价格表(BTV－4)

段位	频道	播出时间	刊例价(单位:元)		
			30 秒	15 秒	5 秒
Cd01	BTV－4	05:38 重播休闲剧场 1 集中插	4000	2400	1200
Cd02	BTV－4	06:27 重播休闲剧场 2 集中插	4000	2400	1200
Cd03	BTV－4	07:18 重播英雄剧场 1 集中插	4000	2400	1200
Cd04	BTV－4	07:43 重播英雄剧场 1 集下集预告	4000	2400	1200
Cd05	BTV－4	08:13 重播英雄剧场 2 集中插	7000	4200	2100
Cd06	BTV－4	08:37 重播英雄剧场 2 集下集预告	6000	3600	1800
Cd07	BTV－4	15:05 休闲剧场 1 集中插	8000	4800	2400
Cd08	BTV－4	15:33 休闲剧场 1 集下集预告	7000	4200	2100
Cd09	BTV－4	15:40 休闲剧场 2 集前	7000	4200	2100
Cd10	BTV－4	16:02 休闲剧场 2 集中插	8000	4800	2400
Cd11	BTV－4	16:30 休闲剧场 2 集下集预告	7000	4200	2100
Cd12	BTV－4	00:15 重播家和剧场 1 集前	4000	2400	1200
Cd13	BTV－4	00:39 重播家和剧场 1 集中插	4000	2400	1200
Cd14	BTV－4	01:29 重播家和剧场 2 集中插	4000	2400	1200
Cd15	BTV－4	02:16 重播家和剧场 3 集中插	4000	2400	1200
Cd16	BTV－4	03:06 午夜剧场 1 集中插	4000	2400	1200
Cd17	BTV－4	03:56 午夜剧场 2 集中插	4000	2400	1200
Cd18	BTV－4	04:46 午夜剧场 3 集中插	4000	2400	1200

2009 年栏目广告价格表(A 类)(BTV－5)

频道	栏目	播出时间	刊例价(单位:元)		
			30 秒	15 秒	5 秒
BTV－5	《天下财经》(午间、下午、晚间)	周一～周五 12:30 18:25　21:55	35000	21000	10500
BTV－5	《天下财经周末版》	周六日 18:25	16000	9600	4800
BTV－5	《首都经济报道》	周一～周日 19:00	25000	15000	7500
BTV－5	《天天理财》	周一～周五 20:28	20000	12000	6000
BTV－5	《经济法眼》	周一～周五 20:52	15000	9000	4500
BTV－5	《超级访问》	周六 20:52	25000	15000	7500
BTV－5	《名人堂》	周日 20:52	16000	9600	4800
BTV－5	《财经 5 连发》	周一～周五 21:20	20000	12000	6000

2009 年栏目广告价格表（B 类）（BTV－5）

频道	栏目	播出时间	刊例价（单位:元）		
			30 秒	15 秒	5 秒
BTV－5	《五道午间茶》	周一～周五 12:00	10000	6000	3000
BTV－5	《数说北京》	周一～周五 13:05	8000	4800	2400
BTV－5	《北京议事厅》（政协）	周六 20:28	15000	9000	4500
BTV－5	《北京议事厅》（人大）	周日 20:28	15000	9000	4500
BTV－5	《财智人物》	周六 21:45	15000	9000	4500
BTV－5	《环渤海新视野》	周日 21:45	15000	9000	4500

2009 年时段广告价格表（A 类）（BTV－5）

段位	频道	播出时间	刊例价（单位:元）		
			30 秒	15 秒	5 秒
Ae01	BTV－5	12:25－12:30（周一～周五）	10000	6000	3000
Ae02	BTV－5	13:00－13:05（周一～周五）	8000	4800	2400
Ae03	BTV－5	18:22－18:25（周一～周五）	12000	7200	3600
Ae04	BTV－5	18:22－18:25（周六日）	12000	7200	3600
Ae05	BTV－5	18:55－19:00	16000	9600	4800
Ae06	BTV－5	19:50－19:53	16000	9600	4800
Ae07	BTV－5	20:23－20:28	13000	7800	3900
Ae08	BTV－5	20:48－20:52	12000	7200	3600
Ae09	BTV－5	21:17－21:20（周一～周五）	12000	7200	3600
Ae10	BTV－5	21:42－21:45（周六日）	10000	6000	3000
Ae11	BTV－5	21:50－21:55（周一～周五）	10000	6000	3000

2009 年时段广告价格表（B 类）（BTV－5）

段位	频道	播出时间	刊例价（单位:元）		
			30 秒	15 秒	5 秒
Be01	BTV－5	09:23－09:27（周一～周六）	5000	3000	1500
Be02	BTV－5	重播财经剧场 1 集前（09:52－09:56）	5000	3000	1500
Be03	BTV－5	重播财经剧场 1 集上集回放	5000	3000	1500
Be04	BTV－5	重播财经剧场 1 集中插	6000	3600	1800
Be05	BTV－5	重播财经剧场 1 集下集预告	5000	3000	1500
Be06	BTV－5	重播财经剧场 2 集前（10:54－10:57）	5000	3000	1500
Be07	BTV－5	重播财经剧场 2 集上集回放	5000	3000	1500

续表

段位	频道	播出时间	刊例价(单位:元)		
			30 秒	15 秒	5 秒
Be08	BTV－5	重播财经剧场 2 集中插	6000	3600	1800
Be09	BTV－5	重播财经剧场 2 集下集预告	5000	3000	1500
Be10	BTV－5	11:56－12:00	8000	4800	2400
Be11	BTV－5	12:48－12:52(周六日)	8000	4800	2400
Be12	BTV－5	13:17－13:20	5000	3000	1500
Be13	BTV－5	17:05－17:09	6000	3600	1800
Be14	BTV－5	22:25－22:30	8000	4800	2400
Be15	BTV－5	财经剧场 1 集上集回放	5000	3000	1500
Be16	BTV－5	财经剧场 1 集中插	6000	3600	1800

2009 年时段广告价格表(C 类)(BTV－5)

段位	频道	播出时间	刊例价(单位:元)		
			30 秒	15 秒	5 秒
Ce01	BTV－5	06:47－06:50	3000	1800	900
Ce02	BTV－5	07:20－07:25	4000	2400	1200
Ce03	BTV－5	08:15－08:20	5000	3000	1500
Ce04	BTV－5	08:50－08:53	5000	3000	1500
Ce05	BTV－5	14:10－14:13	5000	3000	1500
Ce06	BTV－5	14:43－14:46	5000	3000	1500
Ce07	BTV－5	15:06－15:08	5000	3000	1500
Ce08	BTV－5	16:09－16:15	5000	3000	1500
Ce09	BTV－5	财经剧场 1 集下集预告	4000	2400	1200
Ce10	BTV－5	财经剧场 2 集前	3000	1800	900
Ce11	BTV－5	财经剧场 2 集上集回放	3000	1800	900
Ce12	BTV－5	财经剧场 2 集中插	4000	2400	1200
Ce13	BTV－5	财经剧场 2 集下集预告	3000	1800	900

2009 年栏目广告价格表(A 类)(BTV－7)

频道	栏目	播出时间	刊例价(单位:元)		
			30 秒	15 秒	5 秒
BTV－7	《食全食美》	周一～周六 18:12	31000	18600	9300
BTV－7	《食全食美周末版》	周日 18:25	31000	18600	9300
BTV－7	《生活面对面》	周一～周六 18:59	46000	27600	13800
BTV－7	《第 7 日》	周日 19:29	45000	27000	13500

续表

频道	栏目	播出时间	刊例价(单位:元)		
			30 秒	15 秒	5 秒
BTV－7	《7 日 7 频道》	周一～周六 19:28	45000	27000	13500
BTV－7	《快乐生活一点通》	周一～周六 19:59	42000	25200	12600
BTV－7	《快乐周末》	周日 20:02	42000	25200	12600
BTV－7	《生活大调查》	周一～周五 20:25	29000	17400	8700
BTV－7	《大城小事》	周一～周五 21:12	30000	18000	9000
BTV－7	《大城小事周末版》	周六 21:12	30000	18000	9000
BTV－7	《选择》	周一～周五 21:45	22000	13200	6600
BTV－7	《心灵密码》	周六 21:47	28000	16800	8400
BTV－7	《我爱我车》	周日 22:22	15000	9000	4500

2009 年栏目广告价格表(B 类)(BTV－7)

频道	栏目	播出时间	刊例价(单位:元)		
			30 秒	15 秒	5 秒
BTV－7	《健康生活》	周一～周五 12:44	12000	7200	3600
BTV－7	《真情互动》	周一～周五 13:08	8000	4800	2400
BTV－7	《生活面对面精编》	周日 13:16	11000	6600	3300
BTV－7	《7 日 7 频道精编》	周日 14:11	19000	11400	5700
BTV－7	《明天我要嫁给你》	周日 17:55	14000	8400	4200
BTV－7	《生活＋》	周六 20:25	29000	17400	8700
BTV－7	《魅力周末》	周日 20:56	15000	9000	4500
BTV－7	《真情记忆》	周日 21:50	20000	12000	6000
BTV－7	《生活广角》	周一～周五 22:17	20000	12000	6000
BTV－7	《猜猜女人心》	周六 22:22	15000	9000	4500
BTV－7	《你该怎么办》	周一～周五 22:50	14000	8400	4200

2009 年 A 类时段广告价格表(BTV－7)

段位	频道	播出时间	刊例价(单位:元)		
			30 秒	15 秒	5 秒
Ag01	BTV－7	18:10－18:12(周一～周六)	22000	13200	6600
Ag02	BTV－7	18:55－18:59	30000	18000	9000

续表

段位	频道	播出时间	刊例价(单位:元)		
			30 秒	15 秒	5 秒
Ag03	BTV -7	19:27 -19:28(周一 ~ 周六)	40000	24000	12000
Ag04	BTV -7	19:56 -19:59(周一 ~ 周六)	40000	24000	12000
Ag05	BTV -7	19:59 -20:02(周日)	40000	24000	12000
Ag06	BTV -7	20:24 -20:25(周一 ~ 周六)	28000	16800	8400
Ag07	BTV -7	20:45 -20:47(周一 ~ 周五)	28000	16800	8400
Ag08	BTV -7	20:52 -20:56(周日)	28000	16800	8400
Ag09	BTV -7	21:07 -21:10(周一 ~ 周五)	20000	12000	6000
Ag10	BTV -7	21:10 -21:12(周六)	20000	12000	6000
Ag11	BTV -7	21:42 -21:45(周一 ~ 周六)	16000	9600	4800
Ag12	BTV -7	21:46 -21:48(周日)	16000	9600	4800

2009 年 B 类时段广告价格表(BTV -7)

段位	频道	播出时间	刊例价(单位:元)		
			30 秒	15 秒	5 秒
Bg01	BTV -7	10:34 -10:38(周一 ~ 周五)	6000	3600	1800
Bg02	BTV -7	10:48 -10:50(周六 ~ 周日)	6000	3600	1800
Bg03	BTV -7	11:10 -11:12	8000	4800	2400
Bg04	BTV -7	11:42 -11:44	8000	4800	2400
Bg05	BTV -7	12:12 -12:14(周一 ~ 周六)	8000	4800	2400
Bg06	BTV -7	13:04 -13:08(周一 ~ 周五)	8000	4800	2400
Bg07	BTV -7	13:14 -13:16(周六 ~ 周日)	8000	4800	2400
Bg08	BTV -7	16:41 -16:44(周一 ~ 周六)	6000	3600	1800
Bg09	BTV -7	17:04 -17:06(周一 ~ 周五)	6000	3600	1800
Bg10	BTV -7	17:36 -17:40(周一 ~ 周六)	8000	4800	2400
Bg11	BTV -7	17:52 -17:55(周日)	8000	4800	2400
Bg12	BTV -7	22:15 -22:17(周一 ~ 周五)	12000	7200	3600
Bg13	BTV -7	22:17 -22:22(周六)	12000	7200	3600
Bg14	BTV -7	22:20 -22:22(周日)	12000	7200	3600
Bg15	BTV -7	22:47 -22:50(周一 ~ 周五)	10000	6000	3000
Bg16	BTV -7	23:07 -23:13(周六 ~ 周日)	8000	4800	2400
Bg17	BTV -7	23:20 -23:25(周一 ~ 周五)	8000	4800	2400

2009年C类时段广告价格表(BTV-7)

段位	频道	播出时间	刊例价(单位:元)		
			30秒	15秒	5秒
Cg01	BTV-7	6:01-6:03(周一~周五)	3000	1800	900
Cg02	BTV-7	6:01-6:06(周六~周日)	3000	1800	900
Cg03	BTV-7	6:33-6:36(周一~周五)	3000	1800	900
Cg04	BTV-7	6:56-6:59	3000	1800	900
Cg05	BTV-7	7:29-7:31	3000	1800	900
Cg06	BTV-7	8:01-8:03(周一~周六)	3000	1800	900
Cg07	BTV-7	8:28-8:31(周一~周六)	3000	1800	900
Cg08	BTV-7	8:53-8:55(周日)	4000	2400	1200
Cg09	BTV-7	9:01-9:03(周一~周六)	4000	2400	1200
Cg10	BTV-7	9:25-9:28(周日)	4000	2400	1200
Cg11	BTV-7	9:46-9:51(周一~周五)	4000	2400	1200
Cg12	BTV-7	10:11-10:14(周一~周五)	5000	3000	1500
Cg13	BTV-7	10:13-10:18(周日)	5000	3000	1500
Cg14	BTV-7	10:16-10:18(周六)	5000	3000	1500
Cg15	BTV-7	13:53-13:58(周一~周五)	5000	3000	1500
Cg16	BTV-7	14:06-14:11(周日)	5000	3000	1500
Cg17	BTV-7	14:18-14:22(周一~周五)	5000	3000	1500
Cg18	BTV-7	14:52-14:56(周一~周五)	5000	3000	1500
Cg19	BTV-7	15:01-15:03(周日)	5000	3000	1500
Cg20	BTV-7	15:26-15:28(周一~周六)	5000	3000	1500
Cg21	BTV-7	15:48-15:51(周日)	5000	3000	1500
Cg22	BTV-7	15:58-16:01(周一~周六)	5000	3000	1500
Cg23	BTV-7	16:14-16:16(周一~周六)	5000	3000	1500
Cg24	BTV-7	16:36-16:37(周日)	5000	3000	1500
Cg25	BTV-7	23:43-23:46(周六~周日)	7000	4200	2100
Cg26	BTV-7	23:38-23:43(周一~周五)	7000	4200	2100
Cg27	BTV-7	00:13-00:20(周一~周五)	7000	4200	2100
Cg28	BTV-7	00:36-00:41(周六~周日)	7000	4200	2100
Cg29	BTV-7	00:39-00:44(周一~周五)	7000	4200	2100
Cg30	BTV-7	01:04-01:08(周一~周五)	4000	2400	1200
Cg31	BTV-7	01:26-01:28(周六~周日)	4000	2400	1200

2009 年栏目广告价格表(A 类)(BTV－8)

频道	栏目	播出时间	刊例价(单位:元)		
			30 秒	15 秒	5 秒
BTV－8	《谁在说》	周一～周日 19:30	18000	10800	5400

2009 年栏目广告价格表(B 类)(BTV－8)

频道	栏目	播出时间	刊例价(单位:元)		
			30 秒	15 秒	5 秒
BTV－8	《炫影院》	周六 09:30	5000	3000	1500
BTV－8	《探索周末版》	周六日 17:40	12000	7200	3600
BTV－8	《北京男孩》	周日 18:35	12000	7200	3600
BTV－8	《八区故事》	周一～周五 18:57	8000	4800	2400
BTV－8	《北京青年》	周一～周五 20:03	12000	7200	3600
BTV－8	《情感部落格》	周六日 20:03	12000	7200	3600
BTV－8	《动感秀场》	周六 20:55	12000	7200	3600
BTV－8	《悦读会》	周日 20:55	12000	7200	3600
BTV－8	《第八区》	周一～周五 21:10	12000	7200	3600
BTV－8	《探索》	周一～周五 21:45	12000	7200	3600
BTV－8	《替身》	周六 21:48	12000	7200	3600
BTV－8	《八区主打星》	周日 21:48	12000	7200	3600

2009 年 B 类时段广告价格表(BTV－8)

段位	频道	播出时间	刊例价(单位:元)		
			30 秒	15 秒	5 秒
Bh01	BTV－8	电视剧场 1 集中插(周一～周五)	5000	3000	1500
Bh02	BTV－8	电视剧场 2 集中插(周一～周五)	5000	3000	1500
Bh03	BTV－8	电视剧场 3 集中插(周一～周五)	5000	3000	1500
Bh04	BTV－8	09:25－09:30(周六日)	4000	2400	1200
Bh05	BTV－8	11:00－11:05(周六日)	4000	2400	1200
Bh06	BTV－8	11:55－12:00(周六日)	4000	2400	1200
Bh07	BTV－8	12:30－12:33	5000	3000	1500
Bh08	BTV－8	13:03－13:06	5000	3000	1500
Bh09	BTV－8	重播八区剧场 1 集中插	6000	3600	1800

续表

段位	频道	播出时间	刊例价(单位:元)		
			30秒	15秒	5秒
Bh10	BTV-8	重播八区剧场2集中插	6000	3600	1800
Bh11	BTV-8	17:30-17:32(周一~周五)	7000	4200	2100
Bh12	BTV-8	17:35-17:40(周六日)	7000	4200	2100
Bh13	BTV-8	18:02-18:04(周一~周五)	7000	4200	2100
Bh14	BTV-8	18:30-18:35(周六日)	7000	4200	2100
Bh15	BTV-8	18:54-18:57(周一~周五)	7000	4200	2100
Bh16	BTV-8	19:27-19:30	10000	6000	3000
Bh17	BTV-8	20:00-20:03	10000	6000	3000
Bh18	BTV-8	20:33-20:35(周一~周五)	10000	6000	3000
Bh19	BTV-8	20:53-20:55(周六日)	10000	6000	3000
Bh20	BTV-8	21:05-21:10(周一~周五)	10000	6000	3000
Bh21	BTV-8	21:45-21:50(周六日)	10000	6000	3000
Bh22	BTV-8	21:40-21:45(周一~周五)	7000	4200	2100
Bh23	BTV-8	八区剧场1集前	8000	4800	2400
Bh24	BTV-8	八区剧场1集上集回放	8000	4800	2400
Bh25	BTV-8	八区剧场1集中插	10000	6000	3000
Bh26	BTV-8	八区剧场1集下集预告	8000	4800	2400
Bh27	BTV-8	八区剧场2集前	8000	4800	2400
Bh28	BTV-8	八区剧场2集上集回放	8000	4800	2400
Bh29	BTV-8	八区剧场2集中插	10000	6000	3000
Bh30	BTV-8	八区剧场2集下集预告	8000	4800	2400

2009年C类时段广告价格表(BTV-8)

段位	频道	播出时间	刊例价(单位:元)		
			30秒	15秒	5秒
Ch01	BTV-8	07:23-07:27(周一~周五)	3000	1800	900
Ch02	BTV-8	07:35-07:40(周六日)	3000	1800	900
Ch03	BTV-8	07:57-08:00(周一~周五)	3000	1800	900
Ch04	BTV-8	08:30-08:35(周六日)	3000	1800	900
Ch05	BTV-8	电视剧场1集前(周一~周五)	4000	2400	1200
Ch06	BTV-8	电视剧场1集上集回放(周一~周五)	4000	2400	1200
Ch07	BTV-8	电视剧场1集下集预告(周一~周五)	4000	2400	1200
Ch08	BTV-8	电视剧场2集前(周一~周五)	4000	2400	1200
Ch09	BTV-8	电视剧场2集上集回放(周一~周五)	4000	2400	1200
Ch10	BTV-8	电视剧场2集下集预告(周一~周五)	4000	2400	1200
Ch11	BTV-8	电视剧场3集前(周一~周五)	4000	2400	1200
Ch12	BTV-8	电视剧场3集上集回放(周一~周五)	4000	2400	1200

续表

段位	频道	播出时间	刊例价(单位:元)		
			30 秒	15 秒	5 秒
Ch13	BTV－8	电视剧场3集下集预告(周一～周五)	4000	2400	1200
Ch14	BTV－8	重播八区剧场1集前	5000	3000	1500
Ch15	BTV－8	重播八区剧场1集上集回放	5000	3000	1500
Ch16	BTV－8	重播八区剧场1集下集预告	5000	3000	1500
Ch17	BTV－8	重播八区剧场2集前	5000	3000	1500
Ch18	BTV－8	重播八区剧场2集上集回放	5000	3000	1500
Ch19	BTV－8	重播八区剧场2集下集预告	5000	3000	1500
Ch20	BTV－8	15:54－15:56	4000	2400	1200
Ch21	BTV－8	16:26－16:28(周一～周五)	4000	2400	1200
Ch22	BTV－8	16:26－16:31(周六日)	4000	2400	1200
Ch23	BTV－8	16:58－17:00(周一～周五)	4000	2400	1200
Ch24	BTV－8	17:01－17:05(周六日)	4000	2400	1200

2009年栏目广告价格表(B类)(BTV－9)

频道	栏目	播出时间	刊例价(单位:元)		
			30 秒	15 秒	5 秒
BTV－9	《红绿灯－早间直播》	周一～周五 7:00	5000	3000	1500
BTV－9	《红绿灯－平安行》	周一～周日 17:05	5000	3000	1500
BTV－9	《北京故事》	周一～周五 21:15	8000	4800	2400
BTV－9	《红绿灯》	周一～周五 21:32	8000	4800	2400
BTV－9	《四海漫游》	周一～周五 21:59	10000	6000	3000
BTV－9	《京郊大地》	周六 21:15	8000	4800	2400
BTV－9	《我的父亲母亲》	周六 21:50	10000	6000	3000
BTV－9	《故事汇》	周一～周五 22:21	8000	4800	2400
BTV－9	《手机江湖》	周六 22:25	7000	4200	2100

2009年B类时段广告价格表(BTV－9)

段位	频道	播出时间	刊例价(单位:元)		
			30 秒	15 秒	5 秒
Bj01	BTV－9	18:00－18:05	5000	3000	1500
Bj02	BTV－9	18:25－18:30	5000	3000	1500
Bj03	BTV－9	18:58－19:00(周一～周六)	6000	3600	1800
Bj04	BTV－9	21:00－21:03(周一～周六)	6000	3600	1800
Bj05	BTV－9	21:11－21:15(周一～周六)	6000	3600	1800

续表

段位	频道	播出时间	刊例价(单位:元)		
			30 秒	15 秒	5 秒
Bj06	BTV -9	21:30 -21:32(周一~周五)	7000	4200	2100
Bj07	BTV -9	21:45 -21:50(周六)	7000	4200	2100
Bj08	BTV -9	21:57 -21:59(周一~周五)	7000	4200	2100
Bj09	BTV -9	22:19 -22:21(周一~周五)	7000	4200	2100
Bj10	BTV -9	22:20 -22:25(周六)	7000	4200	2100
Bj11	BTV -9	22:55 -23:00(周六)	7000	4200	2100

2009年C类时段广告价格表(BTV -9)

段位	频道	播出时间	刊例价(单位:元)		
			30 秒	15 秒	5 秒
Cj01	BTV -9	重播晚间电视剧1集上集前	4000	2400	1200
Cj02	BTV -9	重播晚间电视剧1集上集回放	4000	2400	1200
Cj03	BTV -9	重播晚间电视剧1集中插	5000	3000	1500
Cj04	BTV -9	重播晚间电视剧1集下集预告	4000	2400	1200
Cj05	BTV -9	重播晚间电视剧2集上集前	4000	2400	1200
Cj06	BTV -9	重播晚间电视剧2集上集回放	4000	2400	1200
Cj07	BTV -9	重播晚间电视剧2集中插	5000	3000	1500
Cj08	BTV -9	重播晚间电视剧2集下集预告	4000	2400	1200
Cj09	BTV -9	11:15 -11:19(周二~周六)	5000	3000	1500
Cj10	BTV -9	11:30 -11:35(周日~周一)	5000	3000	1500
Cj11	BTV -9	11:44 -11:47(周一~周五)	5000	3000	1500
Cj12	BTV -9	12:07 -12:10(周一~周六)	5000	3000	1500
Cj13	BTV -9	12:25 -12:30(周日)	5000	3000	1500
Cj14	BTV -9	午间电视剧1集上集前	4000	2400	1200
Cj15	BTV -9	午间电视剧1集上集回放	4000	2400	1200
Cj16	BTV -9	午间电视剧1集中插	5000	3000	1500
Cj17	BTV -9	午间电视剧1集下集预告	4000	2400	1200
Cj18	BTV -9	午间电视剧2集上集前	4000	2400	1200
Cj19	BTV -9	午间电视剧2集上集回放	4000	2400	1200
Cj20	BTV -9	午间电视剧2集中插	5000	3000	1500
Cj21	BTV -9	午间电视剧2集下集预告	4000	2400	1200
Cj22	BTV -9	午间电视剧3集上集前	4000	2400	1200

续表

段位	频道	播出时间	刊例价(单位:元)		
			30 秒	15 秒	5 秒
Cj23	BTV－9	午间电视剧 3 集上集回放	4000	2400	1200
Cj24	BTV－9	午间电视剧 3 集中插	5000	3000	1500
Cj25	BTV－9	午间电视剧 3 集下集预告	4000	2400	1200
Cj26	BTV－9	17:00－17:05	5000	3000	1500
Cj27	BTV－9	晚间电视剧 1 集前	5000	3000	1500
Cj28	BTV－9	晚间电视剧 1 集上集回放	5000	3000	1500
Cj29	BTV－9	晚间电视剧 1 集中插	6000	3600	1800
Cj30	BTV－9	晚间电视剧 1 集下集预告	5000	3000	1500
Cj31	BTV－9	晚间电视剧 2 集前	5000	3000	1500
Cj32	BTV－9	晚间电视剧 2 集上集回放	5000	3000	1500
Cj33	BTV－9	晚间电视剧 2 集中插	6000	3600	1800
Cj34	BTV－9	晚间电视剧 2 集下集预告	5000	3000	1500

BTV

Beijing Television

十二、大事记

BTV
Beijing Television

2009 年北京电视台大事记

1 月

1 日　北京电视台各频道统一使用新台标作为播出角标，这标志着北京电视台开始全面启用新台标标识。

同日　北京卫视推出一档全新新闻节目《新闻晚高峰》，栏目时长 30 分钟，每晚 18 点开始。栏目主要设置新闻大事梳理、热点人物访谈、SNG 突发事件卫星直播、股市收报、实时路况直播、天气会商室等板块。“今晚您去哪儿”作为《新闻晚高峰》推出的明星板块，通过主播诚意推荐，将当晚最有价值的“好玩”、“好看”、“好吃”、“好逛”在 18:30，奉献于观众面前。

同日　卡酷动画卫视旗下公司运营的首家卡酷全卡通旗舰店于北京望京方恒购物中心开业，国家广电总局副总编辑、宣传管理司司长金德龙，北京市委宣传部副部长肖培，以及北京电视台台长刘爱勤等有关领导出席开业庆典。卡酷全卡通旗舰店望京方恒店汇集了玩具、音像、图书、服装等各类动漫衍生产品近两万种，营业面积近 4000 平米，这是国内首家由电视媒体运营的专业连锁卖场。

同日　《这里是北京》的姊妹篇——《北京故事》作为一档新的日播节目在公共频道顺利开播。

同日　生活频道《生活大调查》栏目开播。

同日　生活频道《选择》栏目开播。

11 日　在第五届中国品牌影响力高峰论坛年会上，北京卡酷动画卫视与盛大网络、海尔集团、中国工商银行、交通银行等知名企业一同跻身行业影响力品牌榜，并获得三项大奖：北京卡酷动画卫视获评“中国动画电视传媒最具影响力首选品牌”，百集动画片《福娃奥运漫游记》荣获“中国动画最具影响力首选品牌”，北京卡酷动画卫视总经理帅民荣获“中国品牌建设十大杰出企业家”称号。

15 日　北京电视台国贸新址播出系统顺利开播。一期迁移到新系统播出的科教频道、影视剧频道、青少频道三个频道从当天 6:00 开始正式播出，标志着新台址的正式启用，播出技术跃上一个新的台阶。

16 日～17 日　为加强团的组织建设、培养造就高素质团干部队伍，台团委组织了由 19 人参加的团干部培训班。

21 日　北京电视台召开 2008 年工作总结暨表彰大会，对 2008 年度获奖作品、优秀栏（节）目和一批先进部门及个人进行表彰。市广电局党组书记、局长孙向东出席会议并讲话。北京电视台领导、各部室主任、科长（制片人）、获奖代表及职工代表 500 余人参加了会议。

24 日　《北京市迎新春双拥文艺晚会》在北京电视台文艺频道播出，晚会由北京电视台文艺节目中心负责全部组织、策划、录制、播出工作。晚会演出阵容强大，内容丰富，从始至终洋溢着“军民一家亲”的热烈气氛。王宏伟演唱的《民意大如天》、谭晶演唱的《手拉手，心连心》、祖海演唱的《依靠》、孙悦演唱的《恭喜恭喜》、王莹演唱的《有你才有幸福的家》、常思思演唱的《这片海有我》、高原红组合演唱的《歌唱亲人解放军》以及在去年荣获世界第七界布达佩斯国际马戏节金奖的中国铁路文工团艺术家们表演的杂技《晃管》，都受到了现场观众的热烈欢迎。以北京军区华益慰医疗队的感人事迹为创作原型的小品《美丽的大雁》，体现了在抗震救灾中军民一家亲，汉藏人民心连心，领袖情系人民等多重内涵，令许多现场观众潸然泪下。之后，曾受到温总理关心的剧中原型人物陈凤小朋友以及北京军区医护人员出现在大家面前，他们手拉手共诉心声，把晚会的气氛推向了高潮。晚会现场，北京市市长郭金龙同志代表北京市委、市政府、北京奥组委为援奥部队代表颁发了锦旗。随后，航天英雄翟志刚、刘伯明、景海鹏向首都人民表达了热情真挚的新春祝福。融融的暖意，浓浓的深情，90分钟的晚会谱写了一曲新时代军爱民、民拥军的壮丽乐章。

25日 由北京电视台卡酷动画卫视制作的“新春狂想曲——2009BTV动画春晚”，在北京卫视频道和北京卡酷动画卫视频道同步播出，收到较好的社会反响。

26日 《2009北京电视台春节联欢晚会》在北京卫视频道首播。晚会围绕国庆60周年、继承奥运文化财富、改革开放30周年、重建精神家园等宏大主题展开，注重打造精品细节，力求突破创新。晚会汇集了来自内地、港台、国际的众多当红明星，由北京电视台四位新锐主播——春妮、栗坤、曹涤非、罗旭联袂担纲，特别邀请著名主持人杨澜作为嘉宾主持。歌舞节目中，李谷一、殷秀梅、胡松华、宋祖英、于魁智、李胜素、陈俊杰、孙楠、孙悦、谭晶、小柯、沙宝亮等，来自港台的成龙、张惠妹、梁咏琪等都悉数登台；瑞典钢琴家罗伯特·威尔斯、欧洲演唱比赛冠军夏洛塔·帕瑞莉，为晚会增加了国际化亮丽色彩；语言节目中，冯巩、姜昆、蔡明、牛群、郭冬临、樊光耀、朱德刚、小沈阳等，为观众带来新春最火爆的快乐；此外，刘烨、黄晓明、陆毅、黄圣依、姚迪、白冰等一批当红影视明星也纷纷献艺，带来非比寻常的精彩。整台晚会气势恢宏、时尚豪迈，舞美、灯光、服装、造型处处匠心独具，延续了北京电视台春节晚会连续三年来的“首都文化品质”与“都市时尚派对”风格，引领新春伊始的潮流风尚；在晚会串联中，加入大量真情互动元素，带来全民幸福分享、共庆团圆和谐的传统节日氛围。

同日 “2009奥林匹克森林公园卡酷春节雪上嘉年华”活动，于2009年1月26日至2月9日（农历正月初一至十五）在奥林匹克森林公园银装开场，活动以冰雪和动漫为元素、打造了一场专属孩子们自己的快乐嘉年华。本次活动异彩纷呈，亮点频频，其中主要项目有：上万平米雪地景观，邀你坐地铁来玩雪、10只超酷大企鹅快乐助阵，空降京城大拜年、“祥云火炬”等奥运会道具真品重放异彩、卡酷生日“慧”，为孩子量身打造个性生日PARTY、2009年首场动漫盛宴，精彩乐翻天。

同日 北京电视台网站与北京卫视同步网上直播《2009北京电视台春节联欢晚

会》。4 个多小时的网络直播中，来自美国、韩国、英国、印度、日本、瑞典、德国等 30 多个国家和地区的网友通过 BTV 网站收看北京电视台联欢晚会。截至 2 月 5 日中午 12:00 时，BTV 网站春晚整体宣传的访问量达到 22 万次，比去年同期增加 40%。

29 日 《寻找北京最美的乡村》暨《大地的颂歌——北京市纪念农村改革开放 30 周年大型文艺晚会》在北京卫视播出。晚会由北京市委宣传部、北京市委农工委、北京市农委、北京市旅游局、北京市文化局和北京电视台联合主办，由公共频道承办录制。晚会以展示和共享农村改革开放 30 年的成就为主题，体现城乡一体化、科学发展观以及和谐社会的理念，描绘了北京新农村翻天覆地的历史巨变，展示了北京新农民的新理念新风貌。晚会上，市有关部门领导为 2008 年度寻找北京最美的乡村活动评选出的 10 个最美乡村颁奖。

31 日 《同贺中国年》晚会播出。晚会由北京电视台海外节目中心精心策划，以改革开放 30 周年和国庆 60 周年为时代背景，在 2009 年新春佳节之际，在温暖喜庆的气氛中，邀请外国友人和有国际背景的中国人欢聚一堂，用他们的故事展现中国的发展，从他们的视角反映时代的变迁。

1 月 北京电视台 24 集大型音乐纪事系列片《岁月如歌》被国家广播电影电视局推介为 2008 年度创新创优典型节目。该节目是一部反映中国改革开放 30 年巨变的声乐作品，国家广电总局副局长胡占凡先后两次对节目做出批示，给予充分肯定。

2 月

4 日 由卫视节目中心创办的《档案》栏目，首期亮相北京卫视。

10 日 十六集大型体育文献纪录片《与梦齐飞》在北京电视台体育频道每晚 22:00 播出。十六集、每集 45 分钟的《与梦齐飞》涵盖了改革开放以来中国体育发展的各个方面，再现了 30 年里中国体育所经历的重大事件。

11 日 市委常委、宣传部长、副市长蔡赴朝到北京电视台新址检查安全防火工作，市委宣传部肖培副部长、市广电局孙向东局长、市广电局宋春华副巡视员陪同检查。蔡部长一行检查了新址安监、消防总控机房，详细询问了机房的功能、监控范围等有关情况。蔡部长提出四点要求：1. 电视台要认真贯彻落实刘淇书记在全市安全会议上的讲话精神，台领导要高度重视安全工作，台长、分管副台长要亲自抓；2. 电视台要积极配合消防局的工作，消防局严格检查，发现问题，电视台要坚决整改。电视台要做好备播工作，万一发生极端情况，苏州街办公区确保播出不间断；3. 要对全员分不同层次进行消防技能培训，要求全台人人会用灭火器；4. 加强对安监系统、门禁系统的管理，借鉴国外先进管理经验，提高安全系数。市广电局孙局长表示一定要按照蔡部长的要求进一步抓落实，开展大检查、大培训，查找隐患漏洞。电视台当前的主要任务是在确保不间断播出的前提下完成搬家工作，市广电局会全力支持电视台的工作。

14 日 北京电视台体育节目中心和转传部组成一支 33 人的转播团队启程开赴冰城哈尔滨，转播“第 24 届世界大学生冬季运动会”，历时 17 天，圆满完成了包括全部女子冰球比赛和男子冰球三四名、冠亚军决赛在内的总共 22 场冰球比赛公用信号转播任务，转播的整体水平得到组委会和大体联官员的高度评价，实现了北京电视台继出色完成奥运会BOB转播任务之后，在国际赛会公用信号转播领域的又一次新的跨越。

18日 《北京新闻》推出年度系列报道《记者走一线》。专栏通过报道企业面对挑战的具体措施、具体做法，以记者的体验式报道为主要形式，目的在于增强各行各业战胜危机的信心，鼓舞斗志。

21日 《四海漫游》栏目推出了自己的第一本图书《四海漫游——北京篇》，于春节前在西单图书大厦举办了签售会，栏目的主持人阿龙、张楠、路遥在现场签名售书，与读者见面。

3月

3日 北京电视台在新台址38层会议室召开了开展“平安北京”建设，创建“平安北京电视台”动员部署大会。市广电局党组成员、副巡视员宋春华、市消防局副局长骆原、全体台领导班子成员及处以上中层出席了动员大会，大会由张晓总编辑主持。会上，刘爱勤台长与各部门负责人现场签订了安全责任书。

5日 北京电视台文艺节目中心在门头沟区体育馆录制了《与春天同行——北京市首届旅游山会开幕式文艺演出》。该节目以歌颂情，推广首都旅游资源；以舞抒怀，树立京西绿色生态旅游品牌；以山会友，拉动2009春季旅游消费热潮。著名演员宋祖英、牛群、巫启贤、水木年华、斯琴格日勒、尚雯婕、蔡国庆、汤灿、满江以及二人转演员丫蛋、王小虎等参与了此次演出。

6日 北京电视台在新台址38层多功能厅举行2009年思想政治工作会议。北京电视台党委书记、台长刘爱勤同志围绕深入开展学习实践科学发展观活动、深化思想政治工作内涵、构建和谐电视台、推动思想政治工作制度建设等作了重要讲话，党委副书记、总编辑张晓同志主持并传达了市委宣传部、市广电局思想政治工作会议精神，党委副书记王云同志总结了2008年全台思想政治工作情况，并对2009年工作进行部署。台领导邵宣堂、田方、华艺、张强、朱江、张亮和各部门负责人，党支部（总支）书记、副书记、委员、团支部书记、工会小组长，思想政治工作部门人员共200余人出席会议。

11日 北京电视台深入学习实践科学发展观活动动员大会在BTV大剧院召开，党委书记、台长刘爱勤作动员讲话，党委副书记、总编辑张晓主持大会，党委副书记王云传达上级有关精神。市委第二批深入学习实践科学发展观活动第6指导检查组组长刘俊和指导检查组全体成员出席会议，刘俊同志对北京电视台有关工作提出要求。北京电视台深入学习实践科学发展观活动正式启动。

13日 在北京电视台、上海文广集团的共同倡议下，由国家广电总局主办，北京电视台、上海文广集团共同协办的全国省级卫视电视剧合作与发展战略研讨会在北京召开。国家广电总局电视剧管理司司长李京盛、副司长王卫平等领导出席该研讨会并作了重要讲话，来自全国二十余家省级电视台的领导和电视剧播出工作人员到会，并联合签署了电视剧播出自律公约。在研讨会上，北京电视台、上海文广集团、山东电视台、山西电视台、广东电视台、江苏电视台等各家电视台在发言中指出，在反思的基础上，大家更加清醒地认识到了媒体社会责任的重要性，意识到即使在收视压力和经济压力之下也绝不能忽略这些责任和义务。与会人员剖析了电视剧播出无序竞争的危害，倡导各兄弟台应加强合作与沟通，在共享优质资源的基础上诚信守约。大家一致认为行业自律公约的出台，是各省市电视台从我做起共创健康、有序的播出环境的起点，今后各省级卫视将会在电视剧播出中以身作则、团结协作，共同促进影视剧行业的健康、协调和可持续发展，共同揭开有序竞争和合作共赢的新篇章。

16日~18日　北京市委宣传部常务副部长陈启刚在北京电视台台长刘爱勤的陪同下，赴四川什邡走访慰问北京援建地震灾区前线分指挥部全体人员及北京电视台工作站记者，考察北京电视台援建什邡市的BTV双盛小学待建项目选址并出席援建项目签字仪式。北京电视台出资500万元在什邡市双盛镇建立“什邡市BTV双盛小学”。

16日~18日　北京电视台刘爱勤、王云等台领导来到四川什邡，看望慰问北京电视台驻什邡记者站记者，并给北京电视台驻什邡临时党支部成员孙颖、朱虎、张虎送去科学发展观学习材料。

25日~27日、4月1日~3日　北京电视台党委组织全台处级以上干部和党支部书记100多人，分两期在北京市政府宽沟招待所举行深入学习实践科学发展观活动集中培训。北京社会主义学院陈剑研究员、清华大学尹鸿教授作现场专题报告，并播放中央党校教育长李兴山同志所作的录像报告。每期培训班分四个学习小组进行集中自学与讨论，在结业式上都举行了培训成果汇报会。特别是4月3日的G8峰会论坛，形式新颖，效果突出。

26日　台团委组织“学雷锋、献爱心”团日活动，组织团员青年看望了北京松堂关怀医院的医患人员，并与慧灵智障人士服务机构的师生一起参观了国家大剧院。

3月　北京电视台为做好新中国成立60周年宣传报道工作，制作播出大型纪录片《北京记忆（第二部）青春》、大型文化系列片《百花深处——首都60年文化大繁荣纪实》、“庆祝新中国成立60周年歌舞大赛”、纪念建国60周年大型电视主题教育活动——《红孩子》、第四届“北京影响力”活动、6集专题片《人民大会堂》、《新中国体育60年》等。在新闻节目中开辟专栏进行系列报道，如《北京新闻》推出新闻专栏《60年变迁》、《同心迎佳节》，系列报道《见证新中国》，新闻专栏《我与新中国》、《过去的故事》。除投资制作拍摄33集电视剧献礼剧目《龙须沟》外，还选购电视剧《潜伏》、《战地浪漫曲》等优秀剧目，并安排播出。

3月　首届“中国移动杯北京媒体乒乓球邀请赛”在北京二中体育馆隆重开幕，来自首都各大报纸、电台、电视台等20多家媒体的二百多名工作人员参与了此次盛会。比赛采取五人对抗式团体赛，对团队的整体实力和队员之间的合作精神都有着较高的要求。经过激烈争夺，北京电视台代表队夺得团体亚军。

4月

1日　6:00北京卫视、文艺频道、科教频道、影视剧频道、体育频道、青少频道、高清频道正式在北京电视台新址开播。

这标志着北京电视台新址一期工程承载的六个标清频道、一个高清频道正式启用，同时皂君庙播出机房正式结束播出。

同日 市委宣传部副部长肖培同志来到北京电视台新址视察节目播出情况并亲切慰问工作在新闻一线的广大新闻编辑、记者。北京电视台领导刘爱勤、邵宣堂、田方、张亮陪同视察。

同日 北京电视台为庆祝新中国成立60周年展播的红色谍战大戏《潜伏》一炮打响，全剧平均收视达9.12。为延续这一强劲势头，北京电视台影视剧整体工作计划通过大剧独播和首播、现实题材展映、老剧联播三大策略，倾全力展开相关宣传工作。

4日 9:00—11:00北京卫视节目中心《中华文明大讲堂》特别节目："2009年中华大祭祖——己丑年清明公祭轩辕黄帝典礼"大型直播节目圆满成功。这是北京卫视节目中心以北京卫视"文化品位 大家风范"的定位为基本出发点，与陕西卫视联手，打造北京卫视在全国影响力和美誉度的一次成功的尝试。直播节目取得了很好的社会效益和广泛的影响力。

6日~12日 北京电视台财经节目中心策划、推出大型财经电视论坛《2009·点击年关键》（第一季），每晚21:20—22:20播出。节目以平民化的视角化解高端经济话题，为观众呈现了一幅中国经济发展的走势图。

7日 北京电视台主办的第二届北京影视盛典（2008年度）在国家大剧院隆重举行。台领导张晓、王云、邵宣堂、张强、张亮等出席盛典颁奖仪式。此影视盛典宗旨在于立足北京地区、汇聚首都文艺人才、繁荣文化创意产业，从去年的第一届到今年的第二届，影视盛典已成为我台的品牌活动，正逐步形成其独特的影响力。本届评奖邀请北京大学、清华大学、中国传媒大学的影视专家和学者担任评委，荟萃了上百位国内一线明星，共评选出30项电影、电视剧、戏剧和公益奖项。《北风那个吹》共获得了最具特色女演员（闫妮）、最佳编剧（高满堂）、最佳电视剧等三个奖项，成为当晚最大获奖赢家。《马文的战争》则获得了最佳都市题材电视剧奖。新人奖项分别颁给了北京电视台春节晚会"春姑娘"获得者唐嫣、"红楼梦中人"大型选秀活动宝钗组第一名姚笛、《龙的传人》大型选拔活动选手王海祥。

20日 台党委组织全台各党支部、各部门开展解放思想大讨论和"我为北京电视台科学发展献一策"活动，整个学习实践活动期间，共征集意见和建议975条次。

22日 中宣部文艺局局长杨新贵、副局长孟祥林同志来我台进行工作调研，市委宣传部常务副部长陈启刚、副巡视员陈建文同志陪同调研，刘爱勤台长、张强副总编，以及总编室、研发部、影视剧中心负责同志参加了调研工作座谈会。杨新贵同志听了我台的工作汇报后表示"很受鼓舞"，并对我台工作做了四点指示：第一，北京电视台的地位和影响决定他的使命，希望北京电视台高度重视做好迎接新中国60年的文化宣传工作。第二，希望台里精心策划、谋划电视剧、文艺类节目，唱响中国共产党好，社会主义好，改革开放好的主旋律。第三，希望北京电视台继续加强电视文艺评估工作。北京电视台对首都的歌舞、歌曲、电视剧、电影的推动发展有重要意义。北京电视台要在电视文艺评论工作开辟新的路子。第四，感谢北京电视台对文艺局工作的支持。

同日 美国国会顾问代表团（CECC）一行来北京电视台新址参观访问。代表团一行在总编辑张晓、副总编辑张亮的陪同下首先参观了我台新址7层、8层新闻节目中心编辑部以及新闻演播区、制作机房，了解了新闻节目中心的日常工作情况。参观结束后，美国CECC代表团与总编辑张晓、副总编辑张亮以及办公、总编室、新闻节目中心负责同志及编辑、记者就新闻管理、版权维护、新闻的真实性等问题进行了座谈。我方积极、坦诚地回答了美方的提问。

23日 由北京紫禁城影业公司拍摄的电影《铁人》在北京京西宾馆举行首映式。到场领导嘉宾：中华全国总工会主席王兆国、全国人大副主任蒋树声、全国政协副主席张明榕、广电总局电影局副局长张宏森、北京市广电局副局长李春良。剧组主创导演尹力、编剧刘恒与主演刘烨、吴刚、马苏等到场。

同日 北京电视台海外节目中心策划的国际热点话题演播室述评日播节目《天下天天谈》正式开播。节目强调"主题事件化，事件人物化，人物细节化，嘉宾冲突化，冲突话题化，话题传播化"的风格。围绕国际化热点新闻事件，关注重大事件中的人，通过新闻事件中当事人和关联人的亲历、亲为和亲感交代新闻背景，分析解读事实，挖掘新闻中的未知点，追求报道的现场感，辅以视频连线、音频连线等方式，突出锐度，爆料内幕。

30日 《劳动颂歌》——2009年北京"五一"电视晚会播出。晚会由北京市总工会、北京电视台主办，北京市劳动人民文化宫、北京电视台文艺中心承办，北京市总工会文艺中心、北京市职工文化协会协办。晚会紧紧围绕"弘扬创新精神、抒发奉献情怀、展现时代风采"的主题，通过《我和我的祖国》、《我和我的北京》、《我和我的时代》三个篇章，热情讴歌了工人阶级的优秀品质和崇高的思想境界，展示了首都工人阶级和劳动模范以主人翁姿态投身首都现代化建设的壮志豪情，彰显了"劳动光荣、创造伟大、科学发展、和谐团结"的时代精神。

5月

1日 由中广协交通电视分会、北京电视台《红绿灯》栏目联合北京40余家车友会和汽车俱乐部共同组织了《寻梦宝塔山　又见东方红》大型主题公益活动。活动为期4天，参与的车辆有40辆，参与人数达150余人，本次活动秉承着重温延安精神，追寻红色足迹，缅怀前辈英灵，寻找青春往事。

4日 北京电视台团委发出《关于2008年度优秀共青团员、优秀团干部、先进团支部评选结果的通报》，对全台37名优秀共青团员、5名优秀团干部、7个先进团支部进行表彰。

同日 由北京电视台公共频道和北京市文化局文化艺术活动中心联合举办的《2009迎国庆"我的北京我的事儿"——北京市民DV大赛》正式启动。同时，作为大赛展播平台和反映群众DV文化生活的《都市阳光DV生活》正式开播。

7日 北京电视台深入学习实践科学发展观活动辩论会举行。来自12个节目中心的12位辩手分别围绕"新媒体是否对电视媒体构成严重威胁"和"日常节目与大型活动孰轻孰重"两个辩题展开激烈辩论，吸引全台上千名职工现场观看。台领导和市委指导检查组全体成员观看了辩论会。

9日　中共中央政治局委员、市委书记刘淇来到北京电视台检查国庆60周年新闻宣传筹备情况。刘淇要求，要大力弘扬爱国主义精神，坚持正确舆论导向，通过宣传首都各项建设事业取得的辉煌成就和成功经验，进一步激励广大人民群众投身人文北京、科技北京、绿色北京建设，为新中国成立60周年营造昂扬向上、欢乐祥和、文明和谐的社会氛围。市委副书记、市长郭金龙，市委副书记王安顺一同参加。

12日　北京电视台新闻节目中心"5·12"一周年当天推出了大型直播节目《重生——纪念5·12汶川大地震一周年》。这是新闻节目中心搬入新台址之后举行的首次大型直播，同期推出的大型专题片《大爱无疆》，全面反映了北京援建什邡的历程，并策划拍摄了十二集系列报道《京什携手共建家园》。

同日　为纪念四川汶川"5·12"特大地震而拍摄的《见证·希望》晚会在北京卫视播出。晚会由四川省什邡市委、市政府主办、北京电视台协办，晚会拍摄现场在北京援建项目之一什邡市城南小学，晚会通过追忆地震中逝去的同胞，展现灾区人民一年来以坚韧顽强的意志重建家园的历程和北京对口援建工作取得的成绩。晚会的组织策划工作得到了北京市委宣传部的大力支持。

15日　在新落成的BTV大剧院里召开了纪念北京电视台建台30周年大会，中共中央研究室副主任、老台长龙新民，国家广电总局副局长张海涛，北京市委常委梁伟，市人大常委会副主任刘新成，市政协副主席王伟，中国文联党组副书记、副主席、台老领导李牧，中国记协党组书记翟惠生，中国广播电视协会会长李丹，文化部原副部长、老台长陈昌本，中国电视艺术家协会原主席杨伟光，中央电视台副台长何宗就，市委宣传部副部长严力强，市广播电影电视局局长孙向东以及海淀区、朝阳区、市记协、市广电学会、北广传媒集团等单位和北京电视台历任老领导出席了大会。中共中央政治局常委李长春，中共中央政治局委员、北京市委书记刘淇等领导给北京电视台发来贺电。

21日　中宣部新闻局《新闻评阅》以《下基层　抓活鱼　鼓实劲　北京电视台〈记者走一线〉走出新亮点》为题撰文表扬《北京新闻》系列报道《记者走一线》。《记者走一线》系列报道，紧紧围绕北京市"抓内需、保增长、促发展"的战略方针，深入采访本市企业破解金融危机中行之有效的策略与举措，播出的新闻紧贴实际，内容扎实，形式活泼，抓住了首都经济化危为机的新亮点。

同日　由国家广电总局纪检组、监察局三室主任张建军、三室干部朱英伟、宣传管理司副处长王晓亮、传媒机构管理司副处长冉军一行四人组成的调研组来北京电视台进行调研，与相关部门负责人就制播分离的有关情况进行了座谈，北京电视台有关人员汇报了近几年节目创新、广告经营以及和台外影视公司合作的情况，并针对制播分离的现状提出了意见和建议。市广电局纪检组组长王立平、监察处处长张大烨陪同座谈。

24日　《第四届北京影响力特别节目——盛世欢歌》由北京电视台录制完成，由此拉开了第四届"北京影响力"系列活动的序幕。本次特别节目聚焦文化演艺、旅游会展、广播电影电视、出版交易、艺术品收藏、网络、动漫等文化创意产业的各大门类，全面地展现了北京文化创意产业发展的盛世宏图。市委宣传部副部长陈冬、北京市文化局副局长王文光、北京市旅游局副局长曹鹏程、北京市贸促会副主任储祥银、北京市广电局副局长丁百之、北京市新闻出版局局长冯俊科、北京市文物局副局长于平、北京市经济和信息化委员会委员常青、北京市统计局副局长于秀琴等政府相关部门的领导人亲临特别节目录制现场，他们分别对各自相关的文化产业领域做了主题发言，勾勒出了北京市文化创意产业各大领域蓬勃发展的现状和充满生机的未来。

28日至6月1日 为庆祝“六一”国际儿童节，卡酷全卡通旗舰店中关村店联手中关村广场购物中心，倾力打造“卡酷中关村·六一嘉年华”主题活动，卡酷全卡通旗舰店朝外悠唐店、望京方恒店也同时举行庆祝活动，三店首次集体亮相，标志着北京地区产业链建设基本成形。

31日 为迎接“六一”国际儿童节，卡酷七色光艺术团合唱团在北京中山音乐堂内举办了一场名为《歌声与欢笑》的专场音乐会。

5月中旬~6月中旬 北京电视台会同北京大学经济学院举办了三期管理、技术岗位科级干部培训班，全台220余名科级干部参加了为期三天的《标杆管理》和《精细化管理》的业务培训。

6月

1日 2009版音乐互动儿童剧《红孩子》首轮演出完成。2009版《红孩子》是继2007版、2008版《红孩子》大型演出后，为了让这部红色题材的儿童剧更加贴近孩子们的审美需求，在新中国成立60周年之际，北京电视台青少频道再次联手北京儿艺对《红孩子》进行了全新的剧本创作，使人物形象更加丰满，剧情也更加集中充实，同时融入了众多轻松活泼的互动元素，通过极富想象力的故事情节把观众带进红孩子的故事和歌声中，让孩子们在欢乐之余体味红色故事，感受红色精神。

8日 《真情》与《志愿者真情耀中华》栏目组合并，更名为《志愿者真情耀中华》。

10日 北京电视台与第11届全国运动会组委会正式签约，将完成本届全运会垒球、拳击两个项目的电视公用信号制作。

11日 北京电视台2009年度通联工作会召开。会议由新闻节目中心综合管理部组织，来自各区县、委办局的83个记者站的负责人、通讯员以及新闻节目中心各业务部门负责人共160余人参加了会议。一批优秀记者站、优秀通联记者、优秀新闻作品、从事通联工作20年以上的特殊贡献老同志受到了表彰，为83个记者站颁发了带有新标识的北京电视台记者站标牌。

12日 北京市纪委副书记王海平、市纪委正局级纪检监察员黄顺森、市委宣传部副巡查员张伯华等领导带领北京市国有文化资产监管研究课题组来北京电视台调研国有资产运营及监管情况。我台刘爱勤、王云、邵宣堂、田方、华艺、张强、朱江、张亮等台领导和有关部门负责同志出席了会议。

13日 北京电视台工会在国家体育总局健身中心举办了北京电视台2009年乒乓球团体比赛，来自各中心、部、室的33支代表队、198名运动员进行了220场比赛。经过激烈的角逐，最终制作部1队获得了第一名；制作部2队获得了第二名；保卫部获得了第三名。四至八名分别是：转传部队、新闻节目中心1队、经营管理部队、技术设备部队、财经节目中心1队。

20日 北京电视台影视剧中心于北京卫视黄金时间隆重推出《探红楼·飞梦传奇——大型直播及互动活动》。本次直播是国内电视机构首次对电视剧的拍摄过程进行的现场直播，为电视剧制作领域的开先河之举，是北京电视台影视剧中心在电视剧推广方面做出的又一新探索。

同日 《五星夜话》荣获由中国广播电视协会等三家机构举办的第二届中国电视网络影响力颁奖礼最具网络影响力卫视栏目奖。

同日 紫禁城影业公司电影《走着瞧》在上海电影节上荣获电影频道传媒大奖最受媒体关注影片奖。岳红获最受媒体关注女演员奖，李大为、文章分获最受关注新人导演、男演员奖。

21日 由中国记协举办的2009首都新闻界游泳友好邀请赛在国家游泳中心"水立方"举行，来自首都各大媒体的24支代表队260名新闻工作者报名参赛，华艺副总编辑同来自各个部门的23名游泳好手代表北京电视台参赛。经过紧张激烈的角逐，体育节目中心刘宇、财经节目中心邱红英分获男女50米蛙泳冠军，广告部严晓晖夺得女子50米和100自由泳两项亚军，男子100米自由泳和女子100米蛙泳的铜牌则被制作部宋健和广告部陶昀摘得，刘宇、邱红英、严晓晖和胡志坚（广告部）还并肩作战，共同夺得50米混合接力的第三名，我台因为出色的组织，被组委会授予最佳组织奖。

26日 由北京市委宣传部和北京市委组织部与北京电视台合作拍摄的系列电视片《为你而歌》第七部在北京卫视播出，该片共11集，每集15分钟。播出前市委宣传部陈启刚副部长，市委组织部吕和顺副部长，审看了《为你而歌》第七部，各级领导给予本片高度评价，吕和顺副部长指出，《为你而歌》的创作，每年都有一个新的高度，每年都在变换新的表现手法，难能可贵；陈启刚副部长指出，感觉每个人物都栩栩如生，有血有肉，每集都能让故事感动人，源于生活，高于生活，贴近生活，每一个人物都可爱、可亲、可敬，增加了故事的生动性。

30日 北京电视台党委和怀柔区杨宋镇党委在杨宋镇耿辛庄村联合举办"庆七一 手拉手"党日活动，对先进党支部和优秀共产党员、优秀党务工作者进行表彰，共同展望科学发展的美好未来。市委学习实践活动第6指导检查组组长刘俊、怀柔区委书记王海平、北京电视台台长刘爱勤等出席活动，北京电视台总编辑张晓主持表彰会。

6月 北京电视台党委在"七一"前展开了慰问老党员和优秀党员的活动。

7月

7月1日~10月9日 北京电视台播出部参加市委宣传部和市广电局联合组织的全市广电系统"迎国庆、保平安，百日安全播出竞赛"活动，保证了国庆期间安全播出零事故，13个频道（11套标清节目、2套高清节目）共计安全播出24515.22小时，顺利圆满地完成了安全播出任务，向祖国60周年庆典奉献了一份厚礼。

5日晚 由北京电视台体育节目中心主办的“BTV杯国际斯诺克北京邀请赛”启动仪式暨欢迎酒会在北京电视台新址41层观景平台隆重举行。

7日~12日 北京电视台体育节目中心以“BTV杯”、世界级高水平赛事、球迷观众娱乐盛宴为三大核心，连续6天、每天奉献长达7个小时的斯诺克直播节目。

15日~30日 由市委宣传部、市教育工作委员会、市教育委员会、共青团市委、北京电视台联合主办的“花样年华”电视歌舞大赛成功举办，比赛分为社会团体组、专业艺术院校组和普通高校组，来自北京大学、清华大学、人民大学、理工大学、中国音乐学院等学校和社会团体的2000余位青年展示他们独唱、重唱、合唱、舞蹈、器乐演奏等方面的才华。选手们还通过现场讨论“理想——我的未来不是梦”、“记忆——我的花样年华”、“奋斗——我的青春我做主”、“为祖国喝彩”等话题，展现当代青年的精神境界。经过评选将有5个优胜节目在9月举行的北京电视台国庆晚会上亮相。

19日~29日 北京电视台人事部、总工办会同中仪索尼技术服务中心、索尼高清影视技术学院在北京举办了三期高清摄像技术培训班，卫视频道的18个栏目的90名摄像人员参加了为期三天的脱产培训。

20日 由北京市委宣传部和张家口市委共同主办的《京张心连心》大型文艺演出顺利举行。今年的《京张心连心》演出选址在张北县举行，主题为“天堂草原 魅力张北”。北京电视台文艺中心负责演出的具体策划、组织、录制工作，组织包括李双江、任静、付笛声、周艳泓、郭蓉、纪敏佳、尚雯婕等知名演员参加了演出，在2个小时的演出过程中，节目流畅，气氛融洽，台上台下情感交融，直到演出结束，观众们仍然久久不愿散去。北京市委宣传部领导、河北省委宣传部领导、张家口市委市政府领导和张北县领导及各界观众，一致赞扬这是一场高格调、高水准的演出，体现了北京电视台的水平、体现了北京人民对张家口人民的真情实意。

24日 国家广播电影电视总局副总局长田进，北京市委常委、宣传部长、副市长蔡赴朝来到北京电视台，分别听取了北京市广播电影电视局、北京电视台、歌华有线电视网络股份有限公司进行关于北京电视台高标清同播筹备和交互电视筹备情况的汇报，检查指导北京市电视高清化工作。

26日至31日 在北京召开的2009年北京世界魔术大会是国际魔术联盟成立61年来首次在发展中国家举办的“魔术奥林匹克”，新闻中心对此进行了重点报道，获得了主办方的好评。

28日 “2009中国播音主持金话筒奖新闻发布会”成功举办。中国广播电视协会会长李丹和北京电视台台长刘爱勤共同签署了一份委托书。至此，“金话筒奖”正式落户于北京卫视三年，并由研发部与卫视节目中心联合策划、组织、实施期各项活动及宣传。在京媒体27家、京外媒体15家采访报道了此次活动。

同日 北京卡酷动画卫视形象授权新闻发布会在国际版权交易中心隆重召开，卡酷授权文化用品首发上市。来自国家版权局、市委宣传部、市文化局及宁波市的领导出席并致词，现场数十家知名媒体一道见证了卡酷动漫产业化的新成就。此次发布会的召开标志着卡酷品牌文化用品正式完成版权授权交易，是卡酷自有品牌衍生开发向市场化迈进的重要一步。会上展示了运用卡酷动漫元素设计生产的文具产品，印有卡酷动漫故事或采用卡酷动漫形象造型的各类组合文具等几十个系列400余款产品。

8月

1日　由北京电视台体育节目中心主办的“2009海洋沙滩狂欢节”在北京朝阳公园奥运沙滩排球比赛场正式开幕。“2009海洋沙滩狂欢节”是体育节目中心在2008年奥运会后自主创新的又一大型体育类品牌活动。“2009海洋沙滩狂欢节”将是在后奥运时代传承奥运精神、倡导全民健身方面的又一重点活动。

10日~14日　北京电视台人事部、总编室、制作部联合举办了高清环境下灯光、化妆和舞美创作等电视业务系列讲座，分别邀请了中央电视台和高等院校的专家学者来台讲授相关课程，全台462人次参加了系列讲座的培训。

14日　北京电视台财经节目中心与北京卫视节目中心联合举办的第四届“北京影响力”第三场特别节目播出，本期节目聚集被寓为“远方来客”的外资企业及它们对北京经济和本土企业的影响，在回味外资企业如何打入北京市场、如何带来系列技术革新以及生活和消费方式转变的过程中，深度思考了外资企业来京的巨大影响。本场节目嘉宾群星璀璨，既有政府相关部门的领导，如北京市投资促进局局长张吉福、北京市商务委员会主任卢彦、原对外经济贸易部副部长、中国第二任WTO代表团团长，首席谈判代表，中国国际战略学会高级顾问佟志广等；也有国内知名企业带头人，如北京航空食品有限公司董事长武淑清、建国饭店第一任董事长侯锡九、北京三元食品股份有限公司董事长张福平、北京汽车工业控股有限责任公司副总经理韩勇贵等；更有国际大型企业的中国区代言人，如北京麦当劳食品有限公司总经理曹文宝、诺基亚全球副总裁邓元鋆、戴姆勒东北亚投资有限公司副总裁李洁、加拿大蒙特利尔银行北京分行行长、香港新世界中国地产北京地区总监陈子荣等。他们见证了北京经济建设的变化发展，他们的经历构成北京外资开放的历史，在他们精彩的对话中，观众可以感受到势不可当的前行力量。

17日　北京电视台举行学习实践科学发展观活动群众满意度测评大会。北京电视台台长刘爱勤同志宣读了《北京电视台学习实践科学发展观活动整改落实方案》。全台副处级以上干部、台工会委员会委员和在台工作的市政协委员代表118人认真听取了刘爱勤台长的报告，观看了我台科学发展观活动专题片《新起点　新跨越》，之后对我台科学发展观活动群众满意度情况进行了投票。根据投票结果，对北京电视台领导班子开展深入学习实践科学发展观活动满意的占78%，比较满意的占17.8%，满意和比较满意的共占95.8%。

同日　年度大戏《闯关东中篇》在北京卫视首播，翌日晚，怀旧浪漫主义作品《我们的八十年代》登陆北京影视频道，开播时间仅差一天，强强相遇，两部优秀之作均有高调表现，《闯关东中篇》多日获得全国收视冠军，《我们的八十年代》收视率也节节攀高，不容小觑。这既是北京电视台影视剧中心独特选剧视角、差异化编排操作的成果，更是独具匠心进行创新性策划、推广所取得的不俗战绩。

18日　电影《狼图腾》启动仪式暨新闻发布会举行。主办单位：北京紫禁城影业公司、北京电视台。协办单位：怀柔区委区政府、长江出版集团北京图书中心、企鹅出版集团北京分公司。到场领导嘉宾：导演让·雅克·阿诺，电影局副局长张宏森，市委宣传部巡视员陈建文，市广电局电影处处长王建，北京电视台总编辑张晓，北京电视台副总编、紫禁城董事长张强，北京紫禁城影业公司总经理许建海，北京演艺集团董事长康伟，北京新影联影业公司董事长李艳，中国电影合作制片公司总经理张珣，香港安乐电影公司总裁江志强，长江文艺出版社副社长金丽红，副社长黎波，总编辑安波舜等。国内外约100家新闻媒体记者到场进行了新闻采访。

21日　北京电视台召开深入学习实践科学发展观活动总结大会，全台党员干部近千人参加。大会由北京电视台总编辑张晓同志主持，台长刘爱勤同志作总结报告，市委第二批深入学习实践科学发展观活动第6指导检查组组长刘俊同志在发言中肯定了北京电视台开展深入学习实践科学发展观活动的做法、特色、成绩。

22日　《国粹生香——2009北京京剧票友段位评授季》在北京电视台41层多功能厅举行了启动仪式，并接受了第一批票友报名。活动由北京电视台主办，中国戏剧家协会、国家京剧院、北京京剧院、中国戏曲学院、北京戏曲艺术职业学院等单位协办，旨在进一步培养广大电视观众对国粹京剧艺术的兴趣和参与；通过段位评授培育和扩大京剧票友队伍，激励和提高京剧票友的艺术造诣；让京剧这一重要的艺术种类在电视荧屏上更加绚丽多彩、发扬光大。

24日　北京卫视黄金时段播出专题片《百花》。专题片共20集，内容是对60年来新中国社会主义文艺大繁荣、大发展的一次深情梳理。节目组历经半年，实地采访经典作品的创作者、当事人、老观众以及评论家共300多位老中青艺术家，全面展现了新中国60年来的文化成就。播出后收到了良好的社会反响，得到广电总局收听收看、市广电局收听收看的表扬，包括人民日报、新浪网等各大报纸和网站纷纷报道，评价《百花》是对新中国60年文艺发展史的主动梳理和深度对话。

30日　由北京紫禁城影业公司拍摄的电影《万家灯火》首映新闻发布会及首映电视晚会在北京电视台演播厅举行。到场领导嘉宾：国家广电总局电影局局长童刚、国家广电总局电影局艺术处处长陆亮、北京市委宣传部副部长陈启刚、市委宣传部文化处副处长王珏、市广电局副局长李春良、市广电局电影处处长王建等。导演安战军带领刘桦、金雅琴、刘琳、辛柏青、刘金山、冯谦、吴越等主演与媒体见面，紫禁城影业董事长张强、总经理许建海、华夏电影发行公司总经理魏健到场致词。

8月31日~9月1日　BTV主持人版音乐互动儿童剧《红孩子》来到什邡的校园与小朋友见面。此次活动为庆祝北京在地震灾区什邡援建小学开学。

9月

9月　北京电视台黄金海岸培训中心完成了5000多平方米的改扩建工程。

4日　奥地利维也纳音乐厅总经理兼艺术总监凯雷斯先生来华进行友好访问，

到访北京电视台考察卡酷七色光艺术团，并热情邀请艺术团未来赴维也纳进行演出。

12日 《花乡果海　激情怀来——京张心连心暨怀来葡萄（酒）节大型歌会》在张家口怀来县文化广场录制。演出由张家口市政府主办，市委宣传部、怀来县政府和北京市电视台联合承办，演出采取大型歌会的形式，分为“花乡果海　美酒欢歌”、“京张共建‘五好’家园”、“盛世祝福　举国同庆”三个篇章，著名歌手韦唯、黄安、潘美辰、阿宝，演员何静及电视剧《董存瑞》剧组的主创人员参加了演出。

14日 《我爱你　中国》在北京卫视频道黄金时间播出，该专题片汇集众多文化名人共同重温我们伟大祖国的光辉历程，把首都北京的变化汇聚成整个国家发展的进步史。视频技术全部采用数字高清格式拍摄，力求实现最完美的视觉效果，这也成为北京台迎国庆献礼节目的又一大亮点。

16日 追寻激情燃烧的岁月，翻启富国强民的乐章，在新中国成立60周年之际，来自北京电视台22个部门21个合唱团队的610名职工，用深情、响亮的歌声汇聚在1000平米演播大厅，唱响红色经典歌曲，歌颂祖国丰功伟绩。

17日 由国家广电总局主办、中国国际广播电台、中央人民广播电台、北京电视台联合承办的“情动俄罗斯”——中国人唱俄语歌大型选拔活动全国总决赛在北京电视台800平米演播室举行。经过比赛，本次活动的十强选手全部出炉，全国总决赛圆满落下帷幕，参加本次决赛的14名（组）选手是从全国1万2千多名报名参赛的选手中经过层层选拔，脱颖而出的。10月13日，金、银、铜奖的三位选手在人民大会堂获得俄罗斯总理普京亲自颁奖。

同日 “2009北京印·时尚大典”项目启动仪式新闻发布会在北京电视台新台址1000平米演播室举行。张亮副总编辑在致辞中讲到：“2009北京印·时尚大典”定义为“见证时尚的历史　彰显推动时尚的力量”，“2009北京印·时尚大典”糅和“国际视野”和“北京性格”两个维度，在营造流光溢彩的视觉张力的同时，兼具丰厚饱满的内容，堪称北京电视台在都市时尚生活领域的“破冰”之举。

27日上午 在北京电视台新址1000平米演播室举行北京卫视高清频道开播仪式，国家广电总局、市相关领导出席开播仪式。仪式上台长刘爱勤对外宣布北京卫视高清频道技术系统的建设改造及节目准备工作已经全部完成，2009年9月28日，北京卫视高清频道将正式开播，高清播出内容涵盖新闻节目、文化类品牌栏目、首播电视剧、部分纪录片和大型活动。

28日8时 北京电视台高清频道正式开播。北京电视台为高清播出储备了大量的节目如高清电视剧《咱爸咱妈六十年》、《相伴》、《铁齿铜牙纪晓岚4》等，北京电视台拍摄制作的高清纪录片和专题片《北京记忆》、《北京》、《北京胡同》、《人民大会堂》、《我爱你　中国》也将以高清节目形式在北京卫视高清频道与广大电视观众见面。同时“奥运高清”频道正式更名为“纪实高清”频道与北京卫视高清频道共同开播。

9月 大型体育人物系列访谈《光辉岁月——新中国体育名宿访谈录》在体育频道播出。该片是以高端访谈的形态，将视点放在新中国成立以来，在中国体育多个项目和领域具有奠基意义或作出重大贡献的体育元老，记录他们的光辉成就，节目共12集。

9月、10月和12月 北京电视台分别与加拿大多伦多约克大学舒立克商学院、芬兰坦佩雷大学、美国加州大学洛杉矶分校合作，举办三期中层干部高级经营管理境外培训活动，共有40余人参加。

10月

1日 北京电视台于9月30日22点30分—10月1日23点18分推出大型直播特别节目《我爱你 中国》，首次在国庆大典的核心区设立多处直播点，与祖国同庆，打造24小时播不停的概念。本次直播总长25小时，其中自制节目9小时30分钟，CCTV直播信号8小时，日播新闻节目1小时，汇编《我爱你 中国》专题片6小时。在本次直播中北京电视台与中新社等机构合作，在美国纽约、洛杉矶，日本东京，俄罗斯莫斯科，英国伦敦，澳大利亚悉尼，南非约翰内斯堡，巴西圣保罗以及中国的香港、澳门特别行政区设立报道点，连线打造全球概念。

同日 天安门广场四块大屏幕开始正式播放北京电视台海外节目中心负责制作的视频内容。国庆阅兵和群众游行期间，纪念碑两侧大屏幕内容准确无误地配合方阵通过，得到天安门城楼和观礼台上各级领导和嘉宾的赞许。国庆假期里，大量游客在大屏幕前驻足观看，长时间欣赏祖国的壮丽风光，北京市委市政府领导对此非常满意。节目组有4人获得国庆宣传工作先进个人荣誉。

同日 北京电视台生活频道制作播出了《中国节》大型中秋系列节目。《中国节》围绕——春节、端午、七夕、中秋、重阳等中国传统节日的精神内涵和民俗文化，邀请嘉宾和相关人士到现场，讲述相关知识，回答什么是春节的辞旧迎新、端午的爱国爱家、七夕的浓情密意、中秋的合家团圆、重阳的尊老爱幼。近一年来，先后共策划了29期节目，在每个传统节日到来之际，北京电视台生活频道20:20—21:00播出，每期40分钟。节目播出后在社会上受到广泛好评，同时受到中宣部新闻局《新闻阅评》表扬。

同日 北京电视台使用6讯道标清转播车，在天安门广场，圆满完成建国60周年庆典现场视频保障任务。

同日 位于天津国际商场四层的卡酷全卡通旗舰店天津国际商场店正式开业。这是北京卡酷动画卫视开设的第四家卡酷全卡通旗舰店，也是北京以外地区的第一家外埠店，成功迈出了进军全国市场的第一步。

14日 北京电视台北京卫视标清频道于19时转播中央电视台新闻联播节目。19时04分17秒，正值转播胡锦涛主席会见俄国总理普京新闻时，转播信号突然中断，切入已播出过的北京新闻画面达55秒，后出现“黑场”7秒，造成总计62秒停播事故。

20日 北京电视台手机电视自有平台FREEWAP开通，用户利用手机登录www.3gbtv.com，即可收看北京电视台手机电视节目。

30日 2010年北京电视台环球春晚的启动仪式在北京电视台41层大厅隆重举行，外交部新闻司、外交部欧洲司、国家广电总局国际合作司、北京市政府新闻办公室、北京市旅游局、北京市外办的相关领导；印度尼西亚、希腊、土耳其三国驻华大使和来自阿根廷、澳大利亚、巴西、加拿大、丹麦、法国、伊朗、日本、哈萨克斯坦、墨西哥、罗马尼亚、俄罗斯、南非、瑞士、泰国、乌克兰、英国、美国等18个国家的驻华使馆官员以及各企事业单位代表、社会各界人士等百余位中外嘉宾出席了启动仪式。“环球春晚”是北京电视台2010年春节期间倾力打造的中外明星同台、共迎新春的一场文化盛典。晚会在“牵手世界，欢动五洲”的主题下，浓缩国际巨星、喜剧元素和异域奇观，让全球在这个舞台上共同迎接美丽春天的到来。

同日 “2009北京喜剧艺术节”新闻发布会在北京电视台41层大厅举行，“2009北京喜剧艺术节”是由北京电视台京视传媒与大道文化联合发起并主办，北京电视台文艺节目中心、北广传媒城市电视协办，将于11月26日亮相北京电视台“BTV大剧院”。“北京喜剧艺术节”是中国舞台喜剧艺术的首个独立节庆活动，旨在将当代最优秀的喜剧作品集中献给观众。艺术节历时40天。演出节目《阳台》、《老宅》、《开心晚宴》、《白日做梦》、台湾地区的《萨姆雷特》、韩国《乱打》等开心喜剧。

31日 由北京电视台和中国传媒大学联合主办，北京电视台卡酷动画卫视、中国传媒大学动画学院、中国动画学会教育委员会共同承办的第四届北京（国际）大学生动画节正式落下帷幕。在颁奖典礼上来自52个国家和地区245所高等院校参赛学生代表、30余位国际动画权威人士和各界来宾共聚一堂，见证了“卡酷年度动漫特殊成就奖”、“卡酷动漫创意大奖”、“北京动漫文化创意大奖”和“白杨奖”的揭晓。

同日 第四届“北京影响力”颁奖盛典拉开帷幕，经过40天，940万首都百姓通过报纸、网络、短信和电话等多种形式参与的投票和组委会评议，首旅集团、北京公交集团等一批为北京百姓生活提供切实服务的大型企业获得“影响百姓生活的十大企业”奖。徐和谊、刘希模、张福平等各具人格魅力又在各自行业有所突破的企业家获得“影响百姓生活的十大企业家”奖项。首都农业集团获得“社会责任奖”，全聚德获得“城市名片”奖，北汽控股获得“锐意进取”奖，公交集团获得“节能减排”奖，清华同方股份有限公司获得“技术创新”奖。

北京市政协副主席熊大新，国家广播电影电视局局长李宗达，中共北京市委政法委副书记刘大伟，中共北京市委宣传部副部长陈冬，第四届“北京影响力”组委会主任、北京市广播电影电视局局长孙向东，北京市国有资产监督管理委员会副主任强新，北京市广播电影电视局副局长丁百之，第四届“北京影响力”组委会主任、北京电视台台长刘爱勤，北京电视台副总编朱江等领导同志出席颁奖典礼。

11月

5日 市政协副主席沈宝昌、秘书长阎仲秋等领导来到北京电视台，就如何做好市政协成立60周年宣传报道工作与台领导进行座谈。

5日 北京电视台组织举办了“北京电视台爱岗敬业主题报告会”。邀请了北京航天飞行控制中心的副总工程师李剑同志作了题为《我国载人航天现状与未来发展展望》的主题报告，全台1547名干部职工参加了会议。

9日　北京电视台公共频道《红绿灯》栏目与杭州数字交通频道共同策划的“走近浙江数字交警”异地采访活动，在浙江省杭州市展开，这是北京电视台作为中国广播电视协会交通宣传委员会常务会长台以来组织的第一次会员单位参加的大型活动，参加这次采访活动的会员台有北京、天津、重庆、海南、辽宁、江苏、黑龙江等省级电视台以及兰州、石家庄、成都、南京等省会城市电视台以及上海和深圳交通广播，共计十七家电视广播媒体。

15日　2009中国播音主持“金话筒奖”颁奖典礼在北京卫视播出，这是北京电视台首次承办“金话筒奖”。本次颁奖盛典实现了几项突破：1. 首次为“金话筒奖”创作了主题歌；2. 全新设计制作了“金话筒奖”奖杯；3. 精心设计了颁奖方式，以舞蹈形式引出每一组颁奖，营造出强烈的仪式感染力。

16日　北京电视台主要领导职务变动会召开。市委常委、宣传部长、副市长蔡赴朝出席会议并作重要讲话。市委组织部副部长吕和顺宣读了市委、市政府关于王晓东、刘爱勤同志职务调整的决定。王晓东任北京电视台台长。

12月

3日　市委副秘书长肖培、市委宣传部副部长严力强、市广播电影电视局局长孙向东等领导同志来到北京电视台，就电视节目高清化工作进展情况听取汇报。

同日　中宣部学习实践科学发展观领导小组办公室组织中央媒体赴安徽小岗村采访沈浩事迹，并指定北京紫禁城影业公司作为拍摄同题材电影的唯一制片单位。

10日　《2010年北京电视台·新浪网首届网络互动春节联欢晚会》新闻发布会召开。北京电视台将于春节期间举办七场网络春晚，本次网络春晚由北京电视台、新浪网与中国移动3G平台联合推出。

14日　市委常委、宣传部长、副市长蔡赴朝同志就北京电视台《北京电视》刊物上所刊登的《开门办台　外借智力　我台网络春晚征询意见》的工作信息作出批示：在我的印象中，北京电视台的主要领导同志亲自带队深入高校，听取专家学者们对办好节目的意见，似乎少有先例。这种振奋精神状态，加强作风建设，一心一意、诚诚恳恳、扎扎实实谋发展的实际行动值得倡导。希望电视台领导班子全体成员带领全台职工再接再厉，不断推动工作创新，不断开创工作新局面。

15日　第十一届精神文明建设“五个一工程”北京市获奖作品暨第六届北京市文学艺术奖表彰座谈会在京召开，卡酷动画卫视制作的百集动画片《福娃奥运漫游记》获得中共中央宣传部第十一届精神文明建设“五个一工程”奖和第六届北京市文学艺术奖两项大奖，位列本届6部“五个一工程”获奖动画类作品之首。

19日　由北京电视台体育节目中心、国家体育场有限公司及北京时博国际体育赛事有限公司联合主办的“首届鸟巢欢乐冰雪季”在国家体育场开幕。本次活动借鉴了国外体育场冬季运营的成功经验，在鸟巢主场和热身场共计五万七千平米的场地上，别具匠心地推出了为期两个月的“鸟巢欢乐冰雪季”活动。来自世界各地的游客可以实现在鸟巢中滑雪、戏雪、赏雪的梦想。

21日～27日　北京电视台财经节目中心启动大型季播特别节目《点击年关键》，

每天65分钟，点击年度“关键词”，梳理这一年来影响经济走向的力量，聆听代表中国经济坚持与自信的声音，完成《点击年关键》的2009收官之作。该片播出后受到中宣部表扬：“北京电视台财经频道2009年12月21日至27日采用电视论坛的形式，对2009年北京市的宏观经济、股市、楼市、车市、国企、2010年经济复苏和六大功能区发展潜力，以及北京新的经济增长点等七大经济要点进行了深入浅出地梳理和解读，效果良好……”

刘淇同志批示：对北京电视台财经频道提出表扬。关键是开动了脑筋，挖掘了内涵，用心去做节目，就有了好效果。

26日 市委政法委、北京电视台联合举行《法治进行时》栏目开播十周年纪念座谈会，市委副书记、市政法委书记王安顺，市委常委、宣传部长、副市长蔡赴朝，市委常委、市公安局长马振川，市政府副市长刘敬民，市高级人民法院院长池强，市检察院检察长慕平同志，市委副秘书长、市政法委常务副书记李伟同志，市委宣传部副部长严厉强市司法局局长吴玉华，市广电局局长孙向东等领导出席座谈会，市政法系统各单位主要领导、政治部主任、宣传部门负责同志以及《法治进行时》栏目编辑、记者共100余人参加。会议由北京电视台总编辑张晓同志主持。王安顺书记和蔡赴朝部长分别发表了重要讲话。《法治进行时》栏目是首都政法宣传的重要阵地，创办《法治进行时》这个栏目，是符合时代发展的要求的，是政法机关和新闻媒体形成舆论宣传合力的双赢之举，是值得总结和推广的。

26日 《这里是北京》栏目组在首都博物馆举行首都博物馆捐赠仪式和《这里是北京》图书签售会。捐赠仪式邀请300名观众现场参与。《这里是北京》的全部节目光盘、图书、手稿、道具及相关纪念品悉数入藏首都博物馆，成为全国第一个入藏省级博物馆的电视栏目。北京电视台副总编辑华艺、北京电视台公共频道主任赵福明，首都博物馆副馆长郭小凌、副馆长王武钰等出席了捐赠仪式。

十三、索　引

BTV
Beijing Television

索　引

汉语拼音索引

B

C

D

G

T

W

X

Y

Z

数字索引

英文字母索引